Theodor Heuss,
die Schoah, das Judentum, Israel.

Meinhard und Inge Tenné,
Karl-Hermann und Lisbeth Blickle
in Dankbarkeit gewidmet
für ihre Förderung des
»Stuttgarter Lehrhauses,
Stiftung für interreligiösen Dialog«

Inhalt

»Es begann, als die ersten Exzesse gegen die Juden erfolgten. Sie haben vielen Leuten nicht gefallen. Aber sie haben gesagt: ›Ist ja bloß ein Jude.‹ Und dieses ›Ist ja bloß ein Jude‹, das war der Anfang. Von dort an ist die deutsche Seele krank geworden, weil sie im Menschen nicht mehr das Menschliche, die Würde des Menschen sah.«

Aus der Berliner Rede, 18. März 1946

»Wir dürfen nicht vergessen die Nürnberger Gesetze, den Judenstern, die Synagogenbrände, den Abtransport von jüdischen Menschen in die Fremde, in das Unglück, in den Tod. Das sind Tatbestände, die wir nicht vergessen sollten, die wir nicht vergessen dürfen, weil wir es uns nicht bequem machen dürfen.«

Aus der Wiesbadener Rede, 7. Dezember 1949

»Wie konnte es dazu kommen, dass ein Volk dieser Geschichte, dieser Leistungen in diese Zeit der zwölf Jahre hineinging? Schuld, Schuld aller Deutschen? Schuld der Passivität? Wir sind alle in dieser Zeit und durch diese Zeit schmutzig geworden. Wenn man in ein Volk hineingeboren ist, in seiner geistigen Luft aufwuchs und seine Geschichte weiß, seine Landschaft kennt, dann liebt man dieses Volk … So entstand, ohne dass wir plump und vertraulich dem Beethoven oder Kant auf die Schulter klopften, das Bewusstsein, dass wir stolz darauf waren, Deutsche zu sein. Und das war das Scheußlichste und Schrecklichste, das uns der Nationalsozialismus antat, dass er uns zwang, uns schämen zu müssen, Deutsche zu sein … und dass wir Sehnsucht haben müssen nach dem Tag, wieder mit freier Seele stolz darauf sein zu dürfen, Deutsche zu sein. Das ist ein schwerer Weg der Selbstreinigung, den wir gehen müssen.«

Aus der Berliner Rede, 18. März 1946

»In zahlreichen Unterhaltungen mit Deutschen jüdischen Glaubens, mit solchen, die aus der Emigration zu Besuch hier weilten, mit solchen, die in Deutschland leben, aber auch mit Juden anderer Nation ist von mir der ganze Problemkreis oft durchgegangen worden, und ich blieb auch immer bemüht, auf diesem von Bosheit und Schuld so verwüsteten Gelände an dem Bau gangbarer Wege mitzuarbeiten.«

An Prof. Hans-Joachim Schoeps, 18. Juni 1951

»Es darf nicht beim Abbruch des Gesprächs mit Israel bleiben. Und wenn gerade der furchtbare Ausbruch der Tragik des Sich-Nichtverstehens in Hass, in Verachtung und Schändung zu unserer Zeit geschehen ist und auch an Leo Baeck, dem stillen, alten Mann, nicht vorüberging, sondern ihm furchtbare Wunden schlug, so ist sein 80. Geburtstag ein erschütternder Weckruf für die christliche Kirche.«

Zum 80. Geburtstag von Rabbi Leo Baeck 1953

»Denken Sie, ich habe mein Leben lang das Wort ›Toleranz‹ nicht leiden können, den anderen dulden, vielleicht sogar erdulden: das ist einmal Anmaßung, dann aber hat es auch den Unterton des Schwächlichen, ja Weichlichen gewonnen.«

Aus der Friedenspreis-Rede 1959

Ein Stück ungeschriebener Geschichte

Sich 50 Jahre nach seinem Tod an ihn erinnern, heisst daran erinnern, wozu dieses Land nach 1945 »angetreten« ist. Ist Theodor Heuss (1884–1963) doch nicht irgendeine Figur der Zeitgeschichte. Er hat nicht nur die Gründungsurkunde dieses Staates, das Grundgesetz, maßgeblich mitgestaltet, er hat als erster Bundespräsident dieses Land geistig mitgeformt, will sagen: in ungezählten programmatischen Reden öffentlich formuliert, wozu dieses Land – kontaminiert mit dem Gift der braunen Ideologie, traumatisiert vom totalitären Terror und zerrüttet durch einen verlorenen Krieg – gegründet wurde: auf welche politischen und ethischen Werte es sich verpflichtet hat, in welcher Verfassung es sich befindet und bleiben soll, wie es mit seiner jüngsten Vergangenheit umzugehen gedenkt, kurz: woraufhin sich dieses Land in nachfaschistischer Zeit ausrichten soll. An Theodor Heuss erinnern, heißt ohne alle Idealisierung und Stilisierung sich an einen *»founding father«* der Bundesrepublik Deutschland erinnern, der Grundlagen gelegt, auf denen wir Nachgeborene stehen, und der Maßstäbe politischen Urteilens und Handels niedergelegt hat, die auch uns verpflichten.

»Nie wieder Diktatur«, »Nie wieder Krieg von deutschem Boden aus« und »Nie wieder Rassismus und Antisemitismus«: Wenn es wahr ist, dass diese drei Sätze ausgesprochen-unausgesprochen zu den »Gründungsaxiomen« dieses Landes gehören, dann hat mit anderen Demokraten der Ersten Stunde Theodor Heuss dafür die Richtung gewiesen. Daran lohnt sich zu erinnern. Über Theodor Heuss schreiben, heißt in aller Nüchternheit einen Akt demokratischer Selbstvergewisserung vollziehen und Gründungsvoraussetzungen freilegen, auf denen dieses Land gebaut ist. Hat Heuss doch nach einem Wort des Soziologen Ralf Dahrendorf (2003) wie kaum ein anderer auf seine Art »dazu beigetragen, deutsche Demokratie dieses Mal auf feste Grundlagen zu stellen«. Er, der »wohl als erstes deutsches Staatsoberhaupt seit Menschengedenken, Zivilist durch und durch« gewesen war, wie der Frankfurter Philosoph Theodor W. Adorno 1964 in einer sensiblen und zugleich luziden Würdigung schreiben kann. Heuss habe damit ein »Bild der Repräsentanz des Staates« aufgerichtet, »wie es in so unprätentiöser und sachlicher Reinheit, so frei vom Habitus der Gewalt vor ihm in Deutschland unbekannt« gewesen sei. Diesem Bild die Treue zu halten, wäre »alles andere als Bilderdienst« (1998, 709), schreibt Adorno und präzisiert nur wenig später: Heuss verkörpere »die Idee des Bürgers einer Welt, in der man sich nicht zu fürchten« brauche. Diese Idee, und ihre deutsche Tradition, weit verschütteter als die Vorstellungen des Nationalismus, sei *doch* nicht unterzukriegen. Sie habe ihre Kraft daran, »dass sie den Menschen das verheißt, was sie eigentlich ersehnen und was ihre bösen Träume von Macht und Herrlichkeit bloß verdrängen.« (1998, 711)

Doch gerade eines dieser »Gründungsaxiome« ist im Zusammenhang mit Heuss noch kaum erforscht. Viel geschrieben wurde bis dato über den Publizisten, Feuilletonisten und Schriftsteller Heuss, den Parteipolitiker und Staatsmann, den großen Vermittler und Versöhner, den Parlamentarier, Grundgesetz-Vater und Bundespräsidenten, der dieses Amt nicht nur geprägt, vielmehr überhaupt erst geschaffen hat. Eine kritische Heuss-Forschung, im Zentrum die vorzüglich editierte und kommentierte »Stuttgarter Ausgabe« seiner Briefe und Briefwechsel (bisher sechs Bände bei zwei noch ausstehenden), hat sich in der Zwischenzeit eindrucksvoll etabliert. Portraits, Lebensabrisse, Biographien und ungezählte Einzeluntersuchungen sind erschienen.

Doch *eine* Dimension im Leben von Theodor Heuss ist noch kaum beleuchtet: sein einzigartig vielfältiges und freundschaftliches Verhältnis zu jüdischen Zeitgenossen und Weggefährten, zum Judentum überhaupt, vor allem aber sein unbeirrtes öffentliches Eintreten für eine selbstkritische Erinnerungskultur angesichts des von Deutschen zu verantwortenden organisierten Massenmords am europäischen Judentum (»Schoah«), sein Einsatz für einen erneuerten christlich-jüdischen Dialog nach dem Krieg, für eine vertraglich geregelte »Wiedergutmachung« angesichts der deutschen Verbrechen am jüdischen Volk und für eine Aussöhnung mit Israel. Es gibt viele Stimmen im Diskurs über Bedingungen und Konsequenzen der Schoah, über Entstehung, Ausdrucksformen und Verbreitung des Antisemitismus in Deutschland. Die Stimme des ersten Bundespräsidenten in diesem Diskurs ist verstummt, ignoriert, vergessen. Doch dazu ist sie in der Sache zu gewichtig, und seine Persönlichkeit ist für die politische Kultur unseres Landes zu bedeutsam, als dass dies so bleiben könnte. Es ist an der Zeit, der Stimme von Theodor Heuss im Diskurs über Schoah, Judentum und den Staat Israel wieder Gehör zu verschaffen. Es wird eine »unbequeme« Stimme werden im Geiste Lessingscher »Tapferkeit«, die so gar nicht zu einem bestimmten, verharmlosend-unpolitischen Klischee von Theodor Heuss als Bundespräsidenten passen will.

Gewiss: Schon 1964 hatte der damalige Münchner Publizist Hans Lamm (1913–1985), ab 1970 dann bis zu seinem Tod Präsident der Israelitischen Kultusgemeinde München und Oberbayern, mit Zustimmung von Heuss einen besonderen Band publiziert. Er enthält Texte von Heuss »An und über Juden« im Zeitraum von 1906 bis 1963, dem Jahr von Heuss' Tod. Eine einzigartige Quellensammlung »aus Schriften und Reden«. Sie zeigt auf ihre Weise bereits, wie breit und zugleich vielschichtig das Verhältnis von Heuss zu den verschiedenen Facetten des Komplexes »Judentum« gewesen ist. Unbekannt also war und ist diese Beziehung nie gewesen. Aber ihre Geschichte ist noch nicht erzählt. Die Zusammenstellung von heterogenen Dokumenten ist das eine und verdienstvoll, die Einordnung in eine zusammenhängende Geschichte ist das andere und unerlässlich. Das soll in diesem Buch riskiert werden. Ein erster *Versuch*, sind doch die Beziehungen von Heuss zu jüdischen Zeitgenossen und Weggefährten ungemein dicht und ist die Sachproblematik in einem gewaltigen geschichtlichen Spannungsfeld von Antisemitismus, Zionismus, Emanzipation und christlich-jüdischem Dialog äußerst komplex. Vieles noch Unpublizierte aus dem amtlichen und persönlichen Nachlass, das im Bundesarchiv in Koblenz lagert, müsste noch ausgewertet werden. In einigen Fällen konnte ich – Dank der Heuss-Stiftung in Stuttgart – auf solch unpublizierte Quellen zurückgreifen.

Und doch lassen sich aus den bisher schon veröffentlichten Texten charakteristische Grundzüge des Verhältnisses von Heuss zum Judentum rekonstruieren. Und darauf kommt es mir an. Der Versuch also sei gewagt. Auf den folgenden Seiten erzählt werden soll die Geschichte eines Mannes, der gerade nicht als Theologe oder Religionsgelehrter mit dem Judentum zu tun bekommt, vielmehr als geschichtssensibler Zeitgenosse und »*homme de lettres*« im Geist des europäischen Humanismus, als aktiv handelnder Politiker, tief geprägt vom deutschen Liberalismus, und als höchster Repräsentant eines demokratischen Staates in der Tradition des 1848er-Parlamentarismus. Mit nur wenigen anderen Spitzenpolitikern seiner Generation bildet er die Brücke über vier dramatische Perioden deutscher Geschichte: vom wilhelmischen Kaiserreich über die erste deutsche Republik und die NS-Diktatur bis zur zweiten deutschen Republik. Das macht den »Fall Heuss« für unser Thema einzigartig und exemplarisch zugleich. Ein *homo politicus* mit Sensibilität fürs Judentum und für Grundfragen des deutsch- bzw. christlich-jüdischen Dialogs! Davon haben wir in Deutschland nicht allzu viele. Heuss ist der Mann, der früh nach dem Krieg das Wort von einer »Kollektivscham« der Deutschen angesichts der Schoah zu prägen wagte, um damit gegen die Rede von einer »Kollektivschuld« ebenso zu streiten wie gegen diejenigen, die einen »Schlussstrich« unter die Vergangenheit zu ziehen fordern. Beiden, den Verewigern und Verdrängern der Schuld, wollte er es »bequem« nicht machen. Zu »Technikern des Vergessenwollens« sollte das deutsche Volk nicht werden.

Im Gegenteil: Heuss fordert einen »schweren Weg der Selbstreinigung«, den wir als Deutsche zunächst zu gehen hätten. Dabei spricht er stets von »wir« und »uns« und bezieht sich selbst damit ein. »Wenn man in ein Volk hineingeboren ist«, kann man ihn im März 1946 in einer Berliner Rede sagen hören, »in seiner geistigen Luft aufwuchs und seine Geschichte weiß, seine Landschaft kennt, dann liebt man dieses Volk … So entstand, ohne dass wir plump und vertraulich dem Beethoven oder Kant auf die Schulter klopften, das Bewusstsein, dass wir stolz darauf waren, Deutsche zu sein. Und das war das Scheußlichste und Schrecklichste, das uns der Nationalsozialismus antat, dass er uns zwang, uns schämen zu müssen, Deutsche zu sein … und dass wir Sehnsucht haben müssen nach dem Tag, wieder mit freier Seele stolz darauf sein zu dürfen, Deutsche zu sein. Das ist ein schwerer Weg der Selbstreinigung, den wir gehen müssen.« Denn: Nur wahrhaftiges Eingedenken der Vergangenheit ist für Heuss Voraussetzung für die Gewinnung einer glaubwürdigen demokratischen Zukunft.

Und *was* ist es, das wir nicht vergessen dürfen? »Wir dürfen nicht vergessen die Nürnberger Gesetze, den Judenstern, die Synagogenbrände, den Abtransport von jüdischen Menschen in die Fremde, in das Unglück, in den Tod. Das sind Tatbestände, die wir nicht vergessen sollten, die wir nicht vergessen dürfen, weil wir es uns nicht bequem machen dürfen.« Das ist der *cantus firmus* vieler Heuss'scher Interventionen im Zuge seiner »unerschrockenen Erinnerungs- und Trauerarbeit« (H. Hamm-Brücher, 1990) im Deutschland nach der Schoah. Heuss widerlegt damit die These, von Seiten der Politik habe es im Deutschland der Fünfzigerjahre noch keine selbstkritische Auseinandersetzung mit den Verbrechen der NS-Zeit gegeben, diese Auseinandersetzung habe frühestens mit dem Jerusalemer Eichmann-Prozess (1961) und dem ersten Frankfurter Auschwitz-Prozess (1963–1965) begonnen. Was immer die Wirkung von Heuss' Reden gewesen sein mag und was immer es in den Eliten von Justiz, Polizei, Ministerien, Kirchen, Wirtschaft und Parteien in den Fünfzigerjahren an Verdrängung der Schuld gegeben hat, an hartnäckig-unbelehrbarem kollektiven »Beschweigen« der jüngsten Vergangenheit, an Alibi-Produktion: Theodor Heuss gehört zu denjenigen, die nach 1945 Konsequenzen ziehen und ihre eigenen öffentlichen »Feldzüge wider das Vergessen« unternehmen. Und er ist gerade dort in höchstem Maße politisch, wo er moralisch argumentiert oder handelt.

Von daher wäre es auch abwegig, Heuss als Bundespräsident und Konrad Adenauer als Bundeskanzler gegeneinander auszuspielen im Sinne von »Realpolitik« versus »Idealpolitik«, wie es gelegentlich geschieht. Ich werde zeigen können (Kap. XI, 2–8): Weder war Adenauers »Realpolitik« in der »Judenfrage« ideallos und ausschließlich politisch kalkuliert noch war Heuss' »Idealpolitik« realitätsfremd oder ohne politisches Kalkül. Beide wussten, dass ein ehrliches Eingedenken und eine vertraglich geregelte »Wiedergutmachung« der deutschen Verbrechen am jüdischen Volk *innenpolitisch* für eine Wiederbegründung der demokratischen Kultur in Deutschland ebenso unverzichtbar ist wie *außenpolitisch* für eine Wiedereingliederung Deutschlands in die Gemeinschaft zivilisierter Völker. Und beide durften erleben, dass ihre moralisch fundierte Realpolitik durchaus auch eine politische »Dividende« erbrachte. Am Ende ihrer jeweiligen Amtszeiten (1959/1963) stand die Bundesrepublik innenpolitisch gefestigt und außenpolitisch integriert dar.

Dabei dürfen Ambivalenzen seines Bildes vom Judentum nicht verschwiegen werden. Heuss ist nicht zu idealisieren. Er ging einen »vielschichtigen, mitunter auch widersprüchlichen Lebensweg in den Verwerfungen des 20. Jahrhunderts« (E. W. Becker, 2011). So gibt es auf Seiten von Heuss vor und nach 1933 auch polemische Töne gegen ein »entwurzeltes jüdisches Literatentum«, dessen Infragestellung der Republik von Weimar Heuss befremdete. »Antisemitische Vorurteile« können denn auch bei Heuss gelegentlich dann durchbrechen, wenn er sich von Publizisten jüdischer Herkunft wie Kurt Tucholsky distanziert, die aus seiner Sicht in verantwortungsloser Weise mit ihrer stilistisch oft brillianten, aber praxisfernen Kritik die ohnehin fragile Republik noch weiter geschwächt hätten. Davon wird ohne alle moralische Besserwisserei im *geschichtlichen* Zusammenhang zu reden sein (Kap. V, 1–2.5).

Vergessen wir nicht: Als Heuss 1884 im württembergischen Brackenheim bei Heilbronn geboren wird, ist zwar die *rechtliche* Gleichstelllung von Juden in Deutschland mittlerweile verfassungsmäßig gesichert. 1862 hatte das Großherzogtum Baden als erster Staat auf deutschem Boden Juden die volle Gleichberechtigung gewährt, 1864 war das Königreich Württemberg nachgezogen, 1871 waren diese Rechte auch in die Verfassung des neuen Deutschen Reiches übernommen worden. Das alles hatte lang genug gedauert, gemessen an der Menschenrechtserklärung der Französischen Revolution vom 26. August 1789, und war in der ersten Hälfte des 19. Jahrhunderts von einem ständigen Hin und Her von Gewährung und Entzug begleitet gewesen. Aber trotz aller Rechte war die *gesellschaftliche* Lage der Juden in Deutschland nach wie vor fragil, wie der wenige Jahre vor Heuss' Geburt durch den Historiker Heinrich von Treitschke ausgelöste »Berliner Antisemitismus-Streit« ad oculos demonstriert. Er schürt gegenüber Juden in Deutschland einmal mehr Überfremdungsängste, verstärkt Verschwörungstheorien (»die Juden sind unser Unglück«!) und verschafft den Forderungen nach *Begrenzung* der Judenemanzipation gesellschaftliche Anerkennung. 1881 führt er zu der an Reichskanzler Otto von Bismarck gerichteten »Antisemitenpetition« mit dem Ziel, die bürgerliche Gleichberechtigung der Juden in Deutschland wieder zurückzunehmen.

Heuss' Leben reflektiert auf seine Weise diese prekäre Lage von Juden im Spannungsfeld von Emanzipation, Zionismus und Antisemitismus, hat doch die Heuss-Forschung nicht übersehen können und wollen, dass Heuss vor 1938 zwei Arten von Judentum nicht nur unterscheidet, sondern auch gegeneinander ausspielt oder ausspielen lässt: unzivilisierte, wurzellose »Ostjuden« gegen zivilisierte, gebildete, bürgerlich angepasste »Westjuden«, die in Deutschland integriert sind und sich mit ihrem Land identifizieren. Viele jüdische Freunde besaß Heuss schon vor 1933, und diesen gegenüber verhält er sich auch in finsterer Zeit solidarisch. »Ich liebe jetzt keine Distanzierung zu den Juden, mit denen ich befreundet bin«, wird er 1933 schreiben. Aber diese Freunde gehören ausschließlich zur »bürgerlichen« oder »gelehrten« Judenschaft, zur »eingedeutschten Judenheit«, wie damaliger Sprachgebrauch formulieren konnte.

Die Forschung hat denn auch nicht gezögert, Heuss bei entsprechenden Äußerungen eine bedenkliche Nähe zu einem »kulturellen Antisemitismus« zu attestieren, ja, »einen zutiefst konservativ-bürgerlichen Instinkt«, den er »mit der Minderheit des nicht antisemitisch orientierten protestantischen Bürgertums« geteilt habe: »...dass man vor allem jene deutsche ›Judenheit‹ respektiert, die sich assimilierte, zum ›selbstständigen Teil der deutschen Gesellschaft wurde‹, die es zu akademischem Status oder wirtschaftlichem Erfolg brachte und zur deutschen Bourgeoisie gehört.« (P. Merseburger, 2012, 332) Wenn Heuss somit vom Judentum redet und von jüdischen Weggefährten, dann hat er das bürgerlich etablierte, das in die deutsche Geschichte, Kultur und Gesellschaft integrierte Judentum vor Augen: jüdische Zeitgenossen mit Stellung und Leistung in Armee, Parteien, Medien, Medizin, Wissenschaft,

Anwaltskanzleien und Wirtschaft. Ihnen hält er die Treue auch in finsterer Zeit, fassungslos über die tödlichen Folgen einer mörderischen Rassenideologie, voll Scham über beispiellose Verbrechen an deutschen Juden im deutschen Namen. Faktoren, die seinen Einsatz nach dem Krieg für das Wohl der noch verbliebenen jüdischen Gemeinschaft »im Land der Täter« erklären. An »gangbaren Wegen« will Heuss mitarbeiten, wie er einem jüdischen Zeitgenossen 1951 schreibt: »In zahlreichen Unterhaltungen mit Deutschen jüdischen Glaubens, mit solchen, die aus der Emigration zu Besuch hier weilten, mit solchen, die in Deutschland leben, aber auch mit Juden anderer Nation ist von mir der ganze Problemkreis oft durchgegangen worden, und ich blieb auch immer bemüht, auf diesem von Bosheit und Schuld so verwüsteten Gelände an dem Bau gangbarer Wege mitzuarbeiten.«

Dazu gehört auch dies: Heuss ist der erste hohe Repräsentant Deutschlands, der während seiner Amtszeit der jüdischen Gemeinschaft öffentlich gute Wünsche zu einem ihrer hohen Feiertage, dem Neujahrsfest, Rosh ha-Shana, übermittelt. Eine kleine, aber nicht zu unterschätzende Geste, die diesen zutiefst traumatisierten Menschen ein Stück Vertrauen zurückgeben soll, in Deutschland geschätzt zu sein. Mehr noch und entscheidender: Von Hause aus kein Theologe oder Religionswissenschaftler, steht Heuss dennoch klar vor Augen, dass die christlichen Kirchen jahrhundertelang eine fatale Enterbungstheologie gegenüber dem Judentum betrieben haben, *eine* der Wurzeln dafür, warum sich das Verbrechen am jüdischen Volk hinter dem Rücken der Kirchen abspielen konnte, mit Bischöfen, Pfarrern, kirchlichen Funktionären und ungezählten Gläubigen als schweigenden Zuschauern. »Die Kirche« hatte ja auch längst alle biblisch bezeugten göttlichen Verheißungen an das Bundesvolk Israel auf sich bezogen. Sie ist jetzt alleinige Nutznießerin eines *Neuen* Bundes, sie allein repräsentiert das *neue* Volk Gottes, sie allein besitzt jenes *Neue* Testament, welches das erste Testament Israels »alt« und damit überholt aussehen lässt.

Kurz: Indem die Kirche die Synagoge beerbt und überbietet, hatte sie sich an die Stelle Israels gesetzt – mit geschichtlich verhängnisvollen Folgen für das gesamte jüdische Volk. Denn die »heilsgeschichtliche« Auslöschung Israels als einer verworfenen, veralteten und überholten Größe bereitet über die Jahrhunderte auf geistige Weise die dann vollzogene physische Auslöschung vor. Man hatte unter Christen das jüdische Volk geistig schon zu lange für tot erklärt und damit faktisch »vernichtet«, um dann noch bereit zu sein, gegen dessen physische Vertreibung oder Vernichtung öffentlich Einspruch zu erheben oder gar Widerstand zu leisten. So bereitet der jahrhundertealte kirchliche Antijudaismus den Nährboden für einen rassischen Antisemitismus, der sich im 19. Jahrhundert herauszubilden beginnt und im 20. Jahrhundert tödliche Folgen für das jüdische Volk haben wird. Mehr dazu in den Kapiteln IV, 3–4 und VIII, 1.

Heuss kennt diesen fatalen Zusammenhang von kirchlichem Antijudaismus und rassistischem Antisemitismus. Deshalb ist ihm die Gestalt des großen Rabbiners Dr. Leo Baeck als Denker und Repräsentant des trotz allem lebendigen Judentums so wichtig und zwar als ein – so wörtlich – »erschütternder Weckruf für die christliche Kirche« (s. Kap. X, 4). Das Überleben dieses Mannes, den der braune Rassenwahn noch als 70-Jährigen in das KZ Theresienstadt deportiert hatte und die Feier zu dessen 80. Geburtstag, den die Schänder und Henker für ihn nicht vorgesehen hatten, *müsste* – so Heuss –

ein Anlass dafür sein, dass »die Kirche ihm Dank zollt und das Gelöbnis zu einer neuen Stellung zu Israel ablegt und zur Tat werden lässt«. Warum? Weil die »nur allzu berechtigte Frage an die christliche Kirche« für Heuss lautet, »warum sie die Prädikate, die der jüdischen Gemeinde gehören, sich beimesse, als der wahren Gemeinde, dem wahren Israel, der eigentlichen Erbin der Verheißungen an Abraham«.

Sätze aus dem Jahr 1953. Sie bleiben lange folgenlos, bis sich die beiden christlichen Kirchen, erschrocken über ihre Verantwortung für die Folgen eines jahrhundertelang gepredigten Antijudaismus, auf eine »neue Stellung zu Israel« verpflichten. 60 Jahre sind die folgenden Sätze von Heuss alt. Man zitiert sie als Theologe heute nicht ohne Verlegenheit: »Es darf nicht beim Abbruch des Gesprächs mit Israel bleiben. Und wenn gerade der furchtbare Ausbruch der Tragik des Sich-Nichtverstehens in Hass, in Verachtung und Schändung zu unserer Zeit geschehen ist und auch an Leo Baeck, dem stillen, alten Mann, nicht vorüberging, sondern ihm furchtbare Wunden schlug, so ist sein 80. Geburtstag ein erschütternder Weckruf für die christliche Kirche.«

Geschrieben von einem Mann, der sein Leben lang das Wort »Toleranz« nicht hat leiden können. Es schmeckt ihm zu sehr nach herablassendem »Dulden« oder gar »Erdulden« des je Anderen, hat »den Unterton des Schwächlichen, ja Weichlichen«. An Gotthold Ephraim Lessings »Tapferkeit« Maß nehmend fordert er stattdessen im Wissen um die geschichtlich beispiellose Schändung von Humanität: »Das Wissen um die Würde des Menschen muss zu einer Kraft werden, die den anderen nicht in seinem Glauben und seiner Tradition ›duldet‹, sondern ihn achtet, bis und damit ein in der Menschenliebe gefestigtes Gemeingefühl unser Sein und Schicksal überwölbt.« Es ist das Vermächtnis von Lessings »Ringparabel«. Und dieses Vermächtnis will Heuss gerade angesichts der Schoah nicht den Zynikern überlassen, die alles schon für verbraucht und widerlegt halten. »Aufklärung« ist für Heuss kein »Spottwort«, sondern eine Selbstverpflichtung: »Wenn ein Mann wie Lessing genannt wird … dann fällt von dem Gespräch alles weg, was nach sentimentaler Wehleidigkeit aussehen müsste. Lessing war ein Mann von herrlicher Tapferkeit, und diese gehört zu unserem Gespräch.« Mehr dazu in Kap. IX, 4.

So gehen wir an die Aufgabe, eine Geschichte zu erzählen, die zwar nicht unbekannt, bisher aber noch weitgehend ungeschrieben ist. Die 50. Wiederkehr des Todestages von Theodor Heuss am 12. Dezember 2013 ist dazu ein würdiger Anlass. Wir beginnen biographisch mit dem Ende, Heuss' Reise nach Israel im Mai 1960 (Kap. I) und versuchen dann, ausgehend von einem Schlüsselwort der Heuss'schen Erinnerungsstrategie »Feldzüge gegen das Vergessen« (Kap. II), spiralförmig zunächst in die Tiefen der Zeit zu gehen und ein Dreifaches freizulegen:

Zum einen die Erfahrungen von Heuss mit dem Antisemitismus: Wo sind dessen Wurzeln, wo sind die Wurzeln der braunen Rassenideologie, und welche Folgen hatte der »biologische Materialismus« für seine jüdischen Weggefährten (Kap. III)?

Zum Zweiten geht es um die Erfahrungen von Heuss mit der Haltung der protestantischen Kirchenleitung zur »Judenfrage«, gespiegelt in der Figur des ihm und seiner Frau gut bekannten Berliner Generalsuperintendenten Otto Dibelius. Kirchliches Versagen erlebt Heuss erstmals anlässlich des staatlich verordneten »Judenboykotts« am 1. April 1933 (Kap. IV). Zugleich geht es um das Bild vom Judentum, das Heuss geprägt hat (Kap. V). Wovon ist es abhängig? Welche Rolle spielt der geistige Vater und große Mentor von Heuss, Friedrich Naumann? Wie ist es zeit- und milieugeschichtlich einzuordnen? Für wen und gegen wen unter seinen jüdischen Zeitgenossen spricht Heuss sich aus? Um dann danach – stets in Bezug auf Heuss und seine Gattin – das Schicksal von deutschen Juden in der NS-Zeit in zwei besonderen Kapiteln zu spiegeln: in kleinen, so gut wie unbekannten und kaum ausgewerteten Erzählungen von Elly Heuss-Knapp (Kap. VI) und in Portraits von jüdischen Weggefährten des Ehepaars Heuss, die der braune Rassenwahn entweder aus Deutschland vertrieb oder in KZs ermordete (Kap. VII). Namen, Personen, Gesichter sollen aufscheinen. Es geht nicht um anonyme Opferzahlen oder ein abstraktes Vernichtungssystem, sondern jeweils sehr konkret und hautnah um Verbrechen an lebendigen Menschen. Das soll durch dieses Kapitel bewusst werden.

Zum Dritten werden wir, ausgehend vom Begriff »Kollektivscham« (Kap. VIII), dem Schlüsselwort Heuss'scher Erinnerungskultur *nach* dem Krieg, in den letzten vier Kapiteln (IX–XII) die Konsequenzen zu schildern versuchen, die Heuss in seinem Amt als Bundespräsident aus den Erfahrungen der NS-Zeit gezogen hat: im Blick auf die Kirchen, den Dialog mit dem Judentum, die Politik und die Gesellschaft.

Überraschende Entdeckungen werden zu machen sein. Trotz aller geschichtlichen Distanz zu ihm hat Theodor Heuss uns etwas Unverwechselbares und bleibend Verpflichtendes zu sagen. Dass dies auch mit drei seiner Schlüsselreden aus den Jahren 1949 und 1952 dokumentiert werden kann, dafür bin ich den Heuss-Erben dankbar, die dem Verlag und mir die Abdruckrechte gewährten.

Das Buch habe ich *vier Personen* gewidmet, die sich in unserer Zeit große Verdienste um den Dialog der Religionen konkret vor Ort erworben haben und denen ich in besonderer Weise verbunden bin. Sie gehören zu denjenigen Menschen, die das Stuttgarter Lehrhaus möglich gemacht haben. Dieses Lehrhaus will zwar an die Tradition des Stuttgarter »Jüdischen Lehrhauses« (1926–1938) anknüpfen, seinerzeit mitgegründet von Leopold Marx und Otto Hirsch, von jüdischen Zeitgenossen mit engen Verbindungen zu Theodor Heuss. Das 2010 gegründete neue »Stuttgarter Lehrhaus. Stiftung für interreligiösen Dialog« aber hat sich von vorneherein über das Gespräch zwischen Christen und Juden hinaus auch dem trilateralen Gespräch von Juden, Christen und Muslimen geöffnet. In Dankbarkeit denke ich dabei an das Wirken von Meinhard und Inge Tenné, die das Projekt in den letzten Jahren von jüdischer Seite mit bewundernswertem persönlichem Einsatz verwirklicht, unterstützt und gefördert haben.

In Dankbarkeit denke ich auch an das langjährige, unermüdliche Wirken von Karl-Hermann und Lisbeth Blickle für den »Trialog« von Juden, Christen und Muslimen. Meine Verbindung zur Alten Synagoge in Hechingen unweit von Tübingen hat uns zusammengebracht, wo ich nach der eindrücklichen Restaurierung in den vergangenen Jahren immer wieder Vorträge und Lesungen habe halten können, zuletzt 2012 zusammen mit den Blickles ein Seminar zu Martin Bubers Auseinandersetzung mit dem Christentum. Dass es die Alte Synagoge Hechingen heute mit dieser Bestimmung gibt und darüber hinaus das Stuttgarter Lehrhaus mit diesem Profil und Programm, verdankt sich entscheidend dem großzügigen finanziellen Engagement dieses Balinger Unternehmerehepaars. Von Anfang an bin ich dieser besonderen Bildungsstätte durch eigene Veranstaltungen verbunden, und so betrachte ich dieses mein Buch auch als Fingerzeig auf Programmatik und Programm des Stuttgarter Lehrhauses.

Respekt auch für den Einsatz von Karl-Hermann und Lisbeth Blickle im Vorstand des »Freundeskreises Shavej Zion«, einem Ort in Nordisrael, 1938 von schwäbischen Juden aus dem württembergischen Rexingen (bei Horb am Neckar) gegründet, als der Druck brauner Horden sie aus Deutschland vertrieb (s. Kap. I, 3–4). Eine weitere Brücke zu Theodor Heuss. Denn im Mai 1960 wird der Alt-Bundespräsident »als Privatmann« nach Israel reisen, unter anderem Shavej Zion besuchen und dort, im Kreise noch lebender »Rexinger vom Schwarzwaldrand«, des Mannes gedenken, der das Stuttgarter Lehrhaus mitgründen half, von 1933 an in Berlin die »Reichvertretung der deutschen Juden« mitleitete und durch den rassistischen Nazi-Terror zusammen mit seiner Frau ermordet wird: Otto Hirsch. Ihm und Martha Hirsch hat man in Shavej Zion eine eindrucksvolle Gedenkstätte errichtet. Wir werden gleich mehr davon hören.

Tübingen, im Juli 2013 *Karl-Josef Kuschel*

I. Konfrontation mit der Vergangenheit: die Reise nach Israel 1960

Als er alles hinter sich hat, reist er nach Israel. Am 12. September 1959 war Theodor Heuss nach zehnjähriger Amtszeit als der erste Präsident der Bundesrepublik Deutschland aus dem Amt geschieden, vielverehrt im Volk, hochgeehrt von den Eliten. Wie sehr, zeigen der Friedenspreis des Deutschen Buchhandels, den Heuss noch im September in Frankfurt und der Goethe-Preis, den er im Oktober 1959 in Hamburg hatte entgegen nehmen können. Dann »als Privatmann« im Mai 1960 die Reise nach Israel. Noch bestehen keine diplomatischen Beziehungen zwischen Deutschland und dem jüdischen Staat. Noch ist das Verhältnis von der Vergangenheit tief überschattet.

Wie sehr, macht ein beschämender Vorfall im Vorfeld der Reise deutlich. Gezielt in der Weihnachtsnacht 1959 hatten zwei junge Mitglieder der rechtsradikalen Deutschen Reichspartei die erst im September 1959 neu eingeweihte Synagoge in Köln sowie ein Denkmal für die Opfer der Gestapo durch antisemitische Inschriften und Hakenkreuzbemalungen besudelt. Heuss weiß, was das für das Vertrauen gerade auch des Auslands zum Nachkriegs-Deutschland bedeutet. Deshalb dürften die Deutschen am allerwenigsten »den Vorgang bagatellisieren«, lässt er seine Vertraute der letzten Jahre, Toni

Stolper (wir werden mehr von ihr hören: Kap. VII, 12), am 13. Januar 1960 wissen, froh vor allem über die Gegendemonstration in Berlin. »Vor dem jüdischen Gemeindehaus«, so war ihm berichtet worden, »hätten 40 000 Jugendliche zwischen 15 und 25 Jahren eindrucksvoll demonstriert« (Tagebuchbriefe, 467), ein Signal, das Heuss wenige Wochen später in Israel gut gebrauchen kann. Prompt von einem Journalisten auf die neuesten »Hakenkreuzschmierereien an Synagogen in Deutschland« angesprochen, antwortet Heuss auf die Frage, ob »der Antisemitismus« in Deutschland wieder »sein Haupt« erhebe:

> »Nun, auch bei uns in Deutschland war die Erregung groß, als es zur Provokation des ersten gegen Juden gerichteten Vorfalls am Weihnachtsabend kam. Ich konnte leider an der Protestkundgebung, die dann in Berlin unter Teilnahme von 40 000 Menschen in der Fasanenstraße stattfand, nicht teilnehmen. Man hat mir von der Kundgebung vor dem Bauplatz, auf dem einmal die herrliche Synagoge gestanden hat, nur erzählt. Jedenfalls scheint es mir, dass sich die Empörung zahlloser Deutscher über diese Neo-Antisemiten damit ein befreiendes Ventil geschaffen hat.« (AüJ, 207)

1. Eine Vorlesung in Jerusalem und ein Grußwort Martin Bubers

Eingeladen hatten ihn Professoren der Hebräischen Universität, und genau dort hält Heuss vor gut 1.000 Zuhörern in deutscher Sprache eine Rede. Thema: »Staat und Volk im Werden«. Es ist der 9. Mai 1960.

Auf Schritt und Tritt Geschichte, tief und ungeheuer belastet, deutsch-jüdische Geschichte vor allem. »Das Vergangene ist nicht tot; es ist nicht einmal vergangen«, die Wahrheit dieses Satzes spürt auch Heuss. Der amerikanische Schriftsteller William Faulkner hatte so seinen Roman »Requiem für eine Nonne« (1951) eröffnet. Martin Buber (1878–1965) begrüßt ihn. Er hatte 1953, acht Jahre erst nach Ende der Schoah, den Friedenspreis des Deutschen Buchhandels akzeptiert (mehr dazu Kap. XII, 8). Buber weiß, wen er hier willkommen heißt. Gewiss: Theodor Heuss, den »Geschichtsschreiber und Staatenforscher, den Mann des lebendigen Gedankens und des lebendigen Wortes«, aber eben doch auch denjenigen Repräsentanten Deutschlands, »der nach Hitler« kam (RüI, 9). Unmöglich, das in dieser Stunde zu vergessen mit Hunderten von Menschen im Hörsaal, die dem Grauen deutscher Naziherrschaft in Europa gerade noch entkommen konnten.

Aber auch Heuss weiß, wen er hier vor sich hat. Einen der großen jüdischen Denker deutscher Sprache. Vertrieben aus Deutschland, war Buber mit seiner Familie im März 1938 nach Jerusalem übergesiedelt, acht Monate bevor Nazi-Horden während der Reichspogromnacht am 9. November sein Haus in Heppenheim an der Bergstraße verwüsten sollten. Seit 1916 hatte er hier mit seiner Familie gelebt. Welch ein Verlust für Deutschland, Heuss ist sich dessen bewusst. Schon in einer seiner ersten großen Reden nach dem Krieg (»Mut zur Liebe«, siehe Dokumentation in diesem Buch = Dok. I, 368–375) hatte er – in vollem Bewusstsein der »jüdischen Schicksalstragödie« – ausgerufen: Wie gern würde er heute »mit einem Mann wie Martin Buber in Israel« eine Unterhaltung führen, mit einem Mann, der ein »bewusster Jude und ein Mehrer jüdischen Geistesgutes in religiösen Dingen« sei, »aus der deutschen Geistesgeschichte der letzten vierzig Jahre einfach nicht hinwegzudenken«, mit seiner »schönen Sprache auch ein Anreicherer des deutschen Geistes«! (Dok.I, 374) Das war 1949 gewesen.

Neun Jahre später hatte Heuss Buber zu dessen 80. Geburtstag gewürdigt: Ein »verloren gegangenes oder doch vergessenes Stück jüdischer Religiosität« habe Buber neu entdeckt: »die Erscheinung des östlichen Chassidismus«. Übertragen und gedeutet habe er sie und sie dann »ins gemeindeutsche Bewusstsein geführt«, ein »bewegendes Kapitel aus der Geschichte der Frömmigkeit«. (AüJ,168) Sätze aus dem Jahr 1958 (mehr dazu in Kap XII, 8). Und jetzt, zwei Jahre später, die persönliche Begegnung mit Buber, nicht auf deutschem, sondern auf israelischem Boden!

2. Juden – deutsche Demokraten der ersten Stunde

Auf Schritt und Tritt Geschichte, tief, ungeheuer belastet. Da ist dieser junge Staat, der in wenig mehr als zehn Jahren seit seiner Gründung Staunenswertes an Aufbauleistung vollbracht hat. Ein junger Staat und ein uraltes Volk, das – über Jahrhunderte in alle Winde zerstreut – in Israel sich wieder gesammelt hat und das aus der Jahrtausende alten Sprache, dem Bibelhebräisch, eine moderne Kommunikationssprache zu machen verstand: das Iwrith. Heuss schaut, zeichnet wie oft auf seinen Reisen Landschaften und Orte und lernt. Aber geschichtsbewusst, wie er ist, erinnert er in seiner Vorlesung als deutscher Demokrat, verwurzelt in der Tradition des Frankfurter Paulskirchen-Parlaments von 1848 (eine eigene Monographie dazu hatte er noch 1948 vorgelegt) seine jüdischen Zuhörer in Israel gezielt auch daran: In der Frankfurter Nationalversammlung hat es einen »jüdischen Mann« gegeben, Abgeordneter des Herzogtums Lauenburg. Er heißt Gabriel Riesser (1806–1863), stammt aus Hamburg und war einer der Vizepräsidenten des Parlaments gewesen. Brillianter Jurist, der er war, habe er »eindrucksvoll und beredet« ein »deutsches Kaisertum der preußischen Hohenzollern« gefordert. (RüI, 29) In der Tat hatte Riesser am 21. März 1849 in diesem Sinn seine nachmals berühmte »Kaiserrede« gehalten. Aber genauso wichtig war seine mitreißende Rede vom 29. August 1848 gewesen, in der er vor der Frankfurter Nationalversammlung für eine volle Gleichberechtigung von Juden in Deutschland eingetreten war, ein altes Anliegen, für das er bereits 1831 mit seiner Schrift »Über die Stellung der Bekenner des mosaischen Glaubens in Deutschland« leidenschaftlich und argumentationsscharf zugleich geworben hatte.

Aber es hatte noch eine weitere jüdische Persönlichkeit gegeben, Eduard von Simson (1810–1899), der sogar als Präsident der Nationalversammlung amtiert hatte. Heuss erinnert auch an ihn. Er wird an der Spitze derjenigen Paulskirchen-Delegation stehen, die am 3. April 1849 dem Preußen-König Friedrich Wilhelm IV. seine Wahl zum Deutschen Kaiser überbringt, eine Mission, die bekanntlich scheitert, weil der Preuße nach wie vor »von Gottes« und nicht von des »Volkes Gnaden« Kaiser sein will. Maßlos enttäuscht zieht sich Riesser, der es zum ersten jüdischen Richter in Deutschland bringt, aus der Nationalversammlung ebenso zurück wie von Simson, den man den »ersten deutschen Verfassungsvater« genannt hat. Es ist ein Doppelsignal. Heuss lässt es gezielt in seiner Jerusalemer Vorlesung aufblitzen. Ein Signal der Ermutigung an ein Volk, das eben erst ein großes Experiment in Sachen parlamentarischer Demokratie begonnen hat. Die Botschaft lautet: Juden haben zu den ersten Demokraten in Deutschland gehört, und zwar an führender Stelle! Ein Signal aber auch an eine deutsche Öffentlichkeit, die, geschichtsvergessen, diesen Anteil des deutschen Judentums am deutschen Parlamentarismus zu ignorieren oder gar zu verleugnen pflegt.

Auf Schritt und Tritt Geschichte, tief, ungeheuer belastet. Aber Heuss ist auch ein Sammler von Augenblicken. Es sind die oft kleinen Szenen des Alltags, in denen ihn »Schicksal« anspringt. Irgendwo auf der Reise durchs Land trifft er auf einen Friseur und wundert sich, wie gut der »harmlos heitere Mann« Deutsch spricht, wenn auch mit einem »etwas fremden Akzent«. Heuss spricht ihn an. Er sei nicht aus Deutschland, aber spreche gut Deutsch. Und der Mann antwortet: »In zwei Konzentrationslagern gelernt«. Heuss verschlägt es für einen Moment die Sprache (RüI, 72). Deutschstunde im Konzentrationslager! Und während er noch durchs Land reist, das Tote Meer sieht, die Städte Akko und Cäsarea am Mittelmeer, die alte biblische Stadt Hazor im Landesinneren und Ministerpräsident David Ben-Gurion (1886–1973) bei einem Essen trifft, platzt die Nachricht herein: Adolf Eichmann geschnappt! Der israelische Geheimdienst hat *den* Organisator von Hitlers »Endlösung der Judenfrage« in Buenos Aires in seine Gewalt gebracht. Es ist der 11. Mai 1960. Alles im Land ist auf einmal wie elektrisiert. Auch Heuss bekommt das zu spüren. Gut zehn Tage später gelingt auch die Überstellung Eichmanns nach Israel. So kann ein Jahr darauf einer der spektakulärsten Prozesse der Justizgeschichte im Blick auf den Völkermord am europäischen Judentum beginnen: »Eichmann in Jerusalem«!

3. In Shavej Zion – einem Stück schwäbischen Israels

Die deutsche Vergangenheit – hier in Israel ist sie unmittelbare Gegenwart. Wie sehr, zeigt der nächste Tag, der 12. Mai 1960. Heuss fährt nach Shavej Zion (zu Deutsch: »Rückkehr nach Zion«), an einen Ort, den man ein Stück israelischen Schwabenlands oder schwäbischen Israels nennen könnte, bei Naharija an der nördlichen Mittelmeerküste gelegen. Schwäbisch-jüdische Bauern leben hier. Sie stammen aus dem württembergischen Dorf Rexingen bei Horb am Neckar und sind nach Palästina ins damalige britische Mandatsgebiet ausgewandert, als auch ihr Leben in Deutschland unhaltbar geworden war.

Seit dem Dreißigjährigen Krieg, seit gut 300 Jahren also, hatte es eine jüdische Gemeinde in Rexingen gegeben; der alte jüdische Friedhof und die alte Synagoge zeugen noch heute

Heuss in Shavej Zion, begleitet von Leopold Marx (links) und Dr. Manfred Scheuer (rechts).

davon. Einstmals hatten Juden rund ein Viertel der Dorfbevölkerung gestellt: rund 260 Menschen. Nach 1933 ändert sich auch ihre Lage schlagartig. Der Druck der braunen Horden lastet auch auf ihnen, die eben noch von der Freiwilligen Feuerwehr bis zum Sport- und Gesangsverein das normale Leben mit ihren katholischen Nachbarn geteilt hatten. Ein Teil der Rexinger Juden entschließt sich zur Emigration in die USA, ein weiterer Teil, im Ganzen 41 Menschen, zur Ansiedlung in Palästina, wo man ab März 1938 mit anderen deutsch-jüdischen Emigranten in Shavej Zion eine Agrarsiedlung auf genossenschaftlicher Basis aufbauen kann. Wer dennoch in Rexingen verbleibt, wird am Ende deportiert und in KZs ermordet, im Ganzen noch einmal rund 120 Menschen. Nicht mehr als drei überleben. Rexingen: Ein Ort, der für viele steht. Hunderte von Jahren jüdisches Leben in Deutschland mit allen Höhen und Tiefen. Und immer wieder ein neuer Anfang. Dann das Ende. Endgültig. (Einzelheiten bei: G. u. L. Petzold, Shavei Zion, 1993)

4. Rexingen und die Erinnerung an Berthold Auerbach

Als geschichtsbewusster Schwabe kennt Heuss diese Geschichte. Denn den Kontakt verdankt er einem alten Bekannten: Leopold Marx (1889–1983), einem in Cannstatt bei Stuttgart geborenen württembergischen Landsmann. Beruflich noch vor dem 1. Weltkrieg als Unternehmer seines elterlichen Textilbetriebs tätig, hatte sich Marx nach dem Krieg mit Gedichten, Erzählungen und Feuilletons auch zu einem der bedeutendsten Schriftsteller deutsch-jüdischer Literatur entwickelt. 1926 hatte er zusammen mit seinem Schwager Karl Adler, dem langjährigen Direktor des Konservatoriums für Musik, und mit Dr. Otto Hirsch in Stuttgart das jüdische Lehrhaus (»Bet Hamidrasch«) gegründet, jetzt immer stärker auch an Fragen jüdischer Identität, aber auch des Dialogs im Geiste Martin Bubers interessiert. Durch Zwangsarisierung hatte er 1938 sein Unternehmen verloren, war nach der Reichspogromnacht – auch in Stuttgart brennt die Synagoge! – für kurze Zeit ins KZ Dachau deportiert worden und nach einer erneuten Verhaftung durch die Gestapo nach Palästina ausgewandert. Mit seiner Frau lässt er sich ab Oktober 1939 in Shavej Zion nieder, dort jetzt ebenfalls Arbeiten in der Gärtnerei und der Landwirtschaft übernehmend. Seine Söhne Jehoschua und Ephraim waren schon ein Jahr zuvor nach »Erez Israel« ausgewandert. Jehoschua Marx wird im Unabhängigkeitskrieg Israels nach der Staatsgründung 1948 sein Leben verlieren, ein erschütterndes Erlebnis, das Marx später in einer eigenen Dichtung verarbeiten wird: »Jehoschua, mein Sohn. Lebensbild eines früh Gereiften« (1979). Im Vorfeld der Reise hatte Marx Theodor Heuss am 12. März 1960 einen bewegenden Brief geschrieben und ihn als »Sprecher in der Sache des Friedens« gewinnen wollen (mehr dazu Kap. XII, 7).

Mit vielen Menschen vor Ort schon vertraut, kann Heuss somit die »Rexinger vom Schwarzwaldrand« in ihrer »neuen Heimat« direkt ansprechen – im Wissen darum, dass »Euch Euer und Eurer Eltern Geburtsland zum Friedhofsacker gemacht werden sollte« (RüI, 61). Er habe den »Lehrer und Kantor Spatz« gekannt, teilt Heuss mit, bei dem viele der hier Anwesenden gewiss »die Grundlagen eines Schwäbisch-Hebräisch« gelernt hätten, was diese lebhaft zustimmend mit »heiterem Beifall« quittieren. Lehrer und Kantor Spatz aus Rexingen, gewürdigt am Mittelmeer auf israelischem Boden!

Und belesen, wie er ist, setzt Heuss nach: Mit diesem Spatz habe er sich über eine »Merkwürdigkeit« unterhalten. Welche? »Ziemlich in Eurer früheren Nähe liegt Nordstetten, und dort ist Berthold Auerbach geboren und dieser jüdische Sohn einer Bauerngemeinde hat mit seinen ›Schwarzwälder Dorfgeschichten‹ vor bald 120 Jahren eine neue Umwelt für die deutsche Dichtung aufgeschlossen.« (RüI, 61) In der Tat: Auf dem jüdischen Friedhof von Nordstetten, heute ein Stadtteil von Horb am Neckar, liegt der Mann begraben, dem die deutsche Literatur die Erzählgattung »Dorfgeschichte« verdankt: Berthold Auerbach (1812–1882). Europäische Größen in der Welt der Literatur haben sich von ihm beeinflussen lassen: Honoré de Balzac, Iwan Turgenjew und Lew Tolstoi, mit dem Auerbach korrespondiert hat. Aber auch diesem Mann bleiben antisemitische Anfeindungen nicht erspart. Gegen Ende seines Lebens muss er, der ein großes Werk an Romanen, Novellen, Volkserzählungen und Schauspielen hinterlassen hat, verbittert konstatieren, es sei schwer, ein deutscher Schriftsteller und noch dazu ein Jude zu sein.

II. Feldzüge gegen das Vergessen

Aber in Shavej Zion erwartet Heuss noch eine andere Erinnerung, und man gewinnt den Eindruck, dass der Besucher jetzt den tiefsten Moment persönlicher Ergriffenheit erlebt. Die Auswanderer aus Württemberg hatten nämlich nahe am Meeresstrand einen eigenen Hain angelegt.

1. Eine Gedenkstätte für Otto und Martha Hirsch

Und in diesen Hain hatte man einem großen Schwaben jüdischen Glaubens ein eindrucksvolles Denkmal gesetzt: dem

Heuss in Shavej Zion, zwischen Leopold Marx und Dr. Manfred Scheuer (am Pult).

soeben erwähnten Dr. Otto Hirsch (1885–1941). Hier wird Heuss das Wort ergreifen, nachdem vor ihm Dr. Manfred Scheuer (1893–1983) gesprochen hatte. Er ist der erste Bürgermeister der Gemeinde. Heuss kennt auch ihn und zwar von Heilbronn her. Schwer verwundet als Unteroffizier aus dem Ersten Weltkrieg heimgekommen, hatte Scheuer Rechtswissenschaft studiert und in Heilbronn gemeinsam mit Dr. Siegfried Gumbel eine Rechtsanwaltspraxis betrieben (wir werden von Gumbel noch eigens hören: Kap. VII, 6). Doch schon 1937 war der überzeugte Zionist mit seiner Frau und seinen drei Kindern nach Palästina ausgewandert. Zuvor war er als Leiter des zionistischen Gruppenverbandes tätig gewesen, hatte u.a. auch die Rexinger im Vorfeld ihrer Ausreise beraten. Angesichts des damals völlig ungewöhnlichen, tollkühnen Plans der Ausreise einer ganzen Gruppe in ein obendrein von den Engländern kontrolliertes Gebiet mit restriktiven Siedlerzahlen hatte er zunächst abgeraten, sich dann aber überzeugen lassen und sich schließlich in Palästina dem Unternehmen angeschlossen. So ist er einer der »Geburtshelfer« von Shavej Zion geworden.

Dann Heuss' Rede »Zum Gedenken an Otto Hirsch«. Dieser war von 1933 an bis zu seiner Ermordung im KZ Mauthausen 1941 geschäftsführender Vorsitzender der »Reichsvertretung der deutschen Juden« gewesen an der Seite von Rabbiner Dr. Leo Baeck (s. Kap. X, 2) als Präsidenten. »Reichsvertretung«? Sie ist eine jüdische Selbstorganisation, die dafür sorgt und sorgen muss, deutschen Juden in den Jahren der Diskrimininierung und Verfolgung beizustehen und sie gegebenenfalls bei der Emigration zu unterstützen. Vor 1933 war Hirsch, ein 1885 in Stuttgart geborener Jurist mit exzellenten Fachkenntnissen in Wasserwirtschaft, zunächst im Innenministerium Württembergs als jüngster Ministerialrat tätig gewesen, bevor er in den Vorstand der Stuttgarter Neckar AG berufen worden war und jetzt wesentlich zum Bau des Neckarkanals zwischen Mannheim und Plochingen beitragen konnte. Bis heute wird im Stuttgarter Neckarhafen durch eine Brücke und eine Gedenktafel an den »geistigen Vater des Neckarkanals« erinnert.

Unvergessen bis heute auch, dass Hirsch (zusammen mit Leopold Marx und Karl Adler) 1926 zu den Gründern des Stuttgarter jüdischen Lehrhauses gehört, einer Anregung von Martin Buber (1878–1965) folgend, der auf das seit 1920 in Frankfurt bestehende und von Franz Rosenzweig geleitete Freie Jüdische Lehrhaus hatte verweisen können und der über die Jahre in Stuttgart der jüdische Gesprächspartner in Dialogen mit Christen sein wird (Einzelheiten in meinem Band »Martin Bubers Schriften zum Christentum«, 2011). Das Stuttgarter Lehrhaus wird bis 1938 bestehen und sowohl dem *intrareligiösen* Dialog (Orthodoxe und Reformer innerhalb des Judentums) als auch dem *interreligiösen* Dialog dienen: dem Gespräch zwischen Juden und Christen. Geistige Vertiefung jüdischer Identität nach innen und Dialogizität nach außen sollte kein Widerspruch sein. 1930 hatte sich Hirsch zum Präsidenten des Oberrats der Israelitischen Religionsgemeinschaft Württembergs wählen lassen. Ohne Weiteres hätte dieser Mann Deutschland verlassen können, wie es seine drei Kinder Hans Georg (geb. 1916), Grete (geb. 1921) und Ursula (geb. 1925) tun werden, die 1938/39 nach England bzw. in die USA auswandern. Angebote dazu hatte er genug. Auch eine Reise nach Palästina, die er Anfang 1936 unternimmt, um sich an Ort und Stelle ein Bild von den Einwanderungsmöglichkeiten zu machen, ändert daran nichts. Otto Hirsch bleibt in Deutschland und hilft unter Einsatz seines Lebens Ungezählten, noch rechtzeitig durch Emigration der Deportation in die Vernichtungslager zu entkommen.

So auch den Rexinger Juden, denen er in dramatischer Stunde, als ihr Plan noch einmal in Frage steht, zur Auswanderung nach Palästina verhelfen kann. Kein Zufall also, dass die Rexinger ihm eine Gedenkstätte errichten, eingeweiht im Juli 1959, gut ein Jahr, bevor Heuss Shavej Zion besucht. Für Hirsch selber – so der Stuttgarter Staatsarchivdirektor Paul Sauer in seinem »Lebensbild von Otto Hirsch« (1985) – bildete die »israelitische Religion« das »Fundament seiner Existenz. Ihr geistig-moralisches Kräftereservoir sollte ihm ein Leben als bewusstem Deutschen, deutschem Staatsbürger jüdischen Glaubens ermöglichen. Das Jüdische für sich selbst wie auch für seine jüdischen Freunde und Glaubensgenossen fruchtbar werden zu lassen, zu seinen Quellen zurückzukehren, aus ihnen als schon weit von der israelitischen Religion Entfernter und daher Unwissender zu schöpfen, zugleich Lernender und Lehrender zu sein, war ihm ein zentrales Anliegen. Männer wie Franz Rosenzweig und Martin Buber betrachtete er als geistige Führer und Weggenossen.« (S. 31)

Und Heuss? Er hatte den ein Jahr jüngeren schwäbischen Landsmann Otto Hirsch schon früh kennengelernt, und zwar 1905, seit sie eine gemeinsame Zeit in Berlin verbracht hatten. Schon das erste erhaltene Dokument ihrer Beziehung enthält einen geradezu prophetischen Satz. Man werde sich einmal wieder »die Hand geben« und »gute Worte tauschen«, schreibt Heuss am 5. Juli 1906 dem zum Jurastudium nach Tübingen gewechselten Freund von Berlin aus: »Ich freu mich darauf, denn wir beide werden uns immer gut verstehen.« (Briefe 1892–1917, 152) Ja, die so frühe freundschaftliche Begegnung wird zum »Fundament eines warmen Vertrauensverhältnisses, das durch Jahrzehnte, bis zu seinem tragischen Ende« währen sollte (RüI, 56), so Heuss in seiner Rede in Shavej Zion. Sie bezieht auch Martha Hirsch mit ein, die das erschütternde Schicksal ihres Mannes teilt (s. Kap. II, 2).

Wenige Menschen hat Heuss so häufig erwähnt und so warmherzig geschildert wie Otto Hirsch. Ein »bewusster und stolzer Jude« sei er gewesen, aber »kein Zionist« (RüI, 60). Schon in einer seiner ersten Reden nach dem Krieg, als Heuss in seiner damaligen Eigenschaft als für Erziehung und Bildung zuständiger »Kultminister« (= Kultusminister) des soeben neu geschaffenen Landes (Nord-)Württemberg-Baden am 25. November 1945 im Landestheater zu Stuttgart »In Memoriam« zu sprechen hat (s. Kap. VIII, 4), fällt Hirschs Name. Und welch ein Vergleich: Wenn das Wort von »Blut und Boden« überhaupt einen Sinn gehabt haben soll, erklärt Heuss, dann habe »dieses Zusammentreffen von jüdischem Blut und schwäbischem Boden« im Fall von Hirsch »etwas Schönes und Großes geschaffen. Ein grundgescheiter, ein edler Mann« (AüJ, 98). Ein Satz, der auf israelischem Boden noch einmal aufgenommen und verstärkt wird, verstärkt auch durch eine Warnung vor dem Verschleiß der großen, mit Pathos gesprochenen Worte, die dann umso glaubwürdiger wirken sollen: »Aber wenn ich ein Freundeswort sagen darf, in das Scham, Wehmut und Dank eingeschlossen ist, so finde ich nur dies: er war, Großes leistend, Böses leidend, ein edler Mensch, ein Mann von seelischem Adel.« (RüI, 63) Immer wieder nach dem Krieg kommt Heuss auf das Schicksal von Otto Hirsch zu sprechen, ja bekennt er auch öffentlich seine »Liebe« zu diesem Mann (AüJ, 171). So bei einem seiner Glückwünsche zum jüdischen Neujahrsfest, 1951: »Für mich ist in den letzten Wochen mancherlei Anlass gewesen, an den Leiter der Reichsvertretung, den unvergesslichen Ministerialrat Otto Hirsch, zu denken, einen Studienfreund und württembergischen Landsmann, einen der edelsten Menschen, denen ich begegnet bin. Der harrte dort aus, tapfer, treu und illusionslos, bis auch ihn die Mörderhand holte.« (AüJ, 114)

2. Was hat Heuss von der Schoah gewusst?

Konsequent schließt sich daran die Frage an: War Heuss vor Ende des Krieges die NS-Judenvernichtungspolitik bekannt? Kannte er Faktum und Ausmaß systematischer Judenermordung? Die Quellenlage zu dieser Frage ist außerordentlich dünn. Die Forschung hat bisher auch nur auf eine öffentliche und eine briefliche Äußerung von Heuss verweisen können, ein spätes, bisher unpubliziertes Dokument kommt hinzu.

Die *öffentliche Äußerung* fällt 1952 in der großen Rede »*Das Mahnmal*« aus Anlass der Einweihung eines Gedächtnismales für die Opfer des Konzentrationslagers Bergen-Belsen (s. Dok. III, 392–398). Folgendes lässt Heuss hier durchblicken:

Erstens: Das Wort *Belsen* habe er »zum erstenmal im Frühjahr 1945 aus der BBC gehört«. Nicht zufällig, waren es doch britische Truppen, die das KZ Bergen-Belsen am 15. April 1945 befreit hatten (s. Komm. zum Dok. III, 386–392).

Zweitens: Er habe von »*Dachau, Buchenwald bei Weimar, Oranienburg*« gewusst, ursprünglich »Ortsnamen bisher heiterer Erinnerungen«, über die jetzt aber »eine schmutzig-braune Farbe geschmiert« sei. Dort seien Freunde und Verwandte gewesen, hätten davon erzählt.

Drittens: Früh habe man auch das »Wort *Theresienstadt*« gelernt. In unserer Studie werden wir diesem Wort im Zusammenhang mit dem Schicksal von Rabbi Leo Baeck wiederbegegnen (s. Kap. X, 1), ein KZ, ´das die Nazis zu Propagandazwecken zu nutzen versuchen. Heuss weiß das, wenn er davon spricht, dass Theresienstadt »sozusagen zur Besichtigung durch Neutrale präpariert« gewesen sei.

Viertens: Heuss erwähnt neben Theresienstadt auch *Ravensbrück*. Der Name steht für das größte Konzentrationslager der SS für weibliche Häftlinge im Deutschen Reich. Wir werden diesem Grauenort im Zusammenhang mit dem Schicksal der mit Heuss befreundeten Familie von Fritz Elsas wiederbegegnen (s. Kap. VII, 10).

Fünftens: An einem »bösen Tag« habe er den Namen »*Mauthausen*« gehört, so Heuss, wo sein Freund Otto Hirsch »liquidiert« worden sei. Gehört »aus dem Mund seiner Gattin«, die er, Heuss, »zu schützen und zu beraten« gesucht habe. Aber Belsen? Dieser Name hätte in seinem »Katalog des Schreckens und der Scham« gefehlt, »auch Auschwitz«!

Ein erstaunlich breites Wissen. Von KZs in Dachau, Buchenwald und Oranienburg gewusst, von Theresienstadt, Ravensbrück und Mauthausen irgendwann erfahren. Hier spricht nicht jemand, der den Ahnungslosen und Unbetroffenen spielt. Umso glaubwürdiger seine Ahnungslosigkeit, dass es Orte gegeben hat, die das Grauen noch zu steigern wussten: Bergen-Belsen, Auschwitz.

Was *Mauthausen* angeht, wird die öffentliche durch eine *briefliche Äußerung* bestätigt und zwar durch einen Brief von Heuss an Eberhard Wildermuth (1890–1952), den späteren Wirtschaftsminister von Württemberg-Hohenzollern und Bundesminister für Wiederaufbau, geschrieben am 8. Juli 1941. Der Freund dient zu dieser Zeit als Soldat an der Balkan-Front. Heuss muss vorsichtig sein. Zensoren könnten solche Briefe mitlesen. Deshalb bedient er sich Abkürzungen und Andeutungen: »Otto H[irsch] (Kanalverein) ist kürzlich gestorben; er hatte Ende Febr. s[eine] Frau verlassen müssen, ohne dass sie ahnte warum, seit Anfang Mai in e[inem] Lager an der Donau; sie hört nichts von ihm oder über ihn, bis ihr vor 14 Tagen von e[inem] Schupo der Totenschein ins Haus gebracht wird«. (Briefe 1933–1945, 426)

In der Tat: Am 26. Februar 1941 war Otto Hirsch verhaftet und ohne Angabe eines Verstoßes ins Berliner Gefängnis am Alexanderplatz eingesperrt worden. Am 23. Mai ins Konzentrationslager Mauthausen deportiert, kommt er hier am 19. Juni ums Leben. Die genauen Umstände seines Todes sind bis heute unbekannt. Seine Frau Martha überlebt ihn zunächst, bis auch sie am 26. Oktober 1942 deportiert wird. Sie stirbt in Riga am 29. Oktober. In Shavej Zion gedenkt Heuss auch ihrer: »Frau Martha bewies in aller schrecklichen Sorge eine wunderbare Haltung. Es ist richtig und gerecht, dass ihr Name auf diesem Mal verzeichnet ist. Otto Hirsch brachte man nach Mauthausen und ließ ihn, der der ärztlichen Hilfe bedurfte, grausam hinsterben. Frau Martha wurde – ich selber, damals nicht in Berlin wohnend, erfuhr das erst später – eines Morgens ›abgeholt‹, ›Transport‹ in den Osten, Schweigen, Ende, niemand weiß, wann und wo …« (RüI, 62).

In der Tat dürfte Heuss nicht wesentlich mehr vom Schicksal von Otto und Martha Hirsch gewusst haben. Als deren Sohn, Hans Georg Hirsch, sich nach dem Krieg brieflich aus den USA bei ihm nach dem Schicksal seiner Eltern erkundigt, insbesondere dem seiner Mutter, kann er ihm immerhin noch einige Details aus der *Vorgeschichte* berichten. Unter Anspielung auf eine von ihm noch 1940 veröffentlichte Biographie über Anton Dohrn (1840–1909), einen der Pioniere der modernen Zoologie, der 1870 eines der ersten modernen Forschungsinstitute, die Zoologische Station in Neapel, begründet hatte, schreibt Heuss am 29. Januar 1946:

»Etwa zehn Tage, ehe Ihr Vater verhaftet wurde, waren die Eltern noch einen Nachmittag bei uns; der Vater hatte eben mein Buch über Anton Dohrn in Neapel gelesen und war deshalb etwas erstaunt, dass so viele jüdische Menschen in dem Buch noch als mitwirkend am Lebensaufbau von Dohrn [und] an seinem Werk genannt und gewürdigt waren. Ich konnte ihm dann noch manches erzählen, was ihn sehr interessierte unter dem Gesichtspunkt der Leistung jüdischer Menschen, diesem Stück deutschen wissenschaftlichen Wirkens. Als er dann weggeholt worden war, habe ich die Mutter natürlich sofort besucht und sie in meinem ja damals sehr geringen Maß zu beraten getrachtet. Es scheint mir auch heute eine Pflicht anzuerkennen, dass sich der Alt-Oberbürgermeister [von Stuttgart] Lautenschlager sehr darum bemühte, auf die Haftentlassung Einfluss zu gewinnen und dass [sich] auch der nationalsozialistische Oberbürgermeister [von Stuttgart] Dr. Strölin, wie ich mich aus einem Schreiben, das die Mutter in der Hand hatte, überzeugen konnte, unter Lautenschlagers Einfluss aktiv für Ihren Vater einsetzte wegen seiner Verdienste um die württembergische Heimat. Aber es blieb erfolglos. Ich war dann bei der Mutter am Tag, nachdem sie durch einen Polizeibeamten die Todesnachricht ins Haus gebracht erhielt. Sie hat sich wunderbar gehalten. Beide Eltern wussten ja um die dauerhafte Gefährdung. Als die Mutter dann weggeführt war, habe ich das erst Wochen später erfahren, denn die Zahl der jüdischen Freunde war gering geworden, und sie waren verscheucht, auch ängstlich, noch einen aufzusuchen. Die Möglichkeit, etwas in Erfahrung zu bringen, fiel weg. Das Schicksal dieser beiden, von

> mir und meiner Frau so geschätzten, ja geliebten Menschen hat uns in dieser Zeit, wo das Herz so maßlos viel an allgemeinem Elend und individueller Tragik erleben musste, ganz besonders bedrückt, und wir haben oft daran gedacht, wie sich für Sie und Ihre Schwestern nun die Dinge in der Verstreuung und Vereinsammung gestalten.« (Briefe 1945–1949, 147)

Wir fragen noch einmal und mit neuem Nachdruck: Was genau hat Heuss vor 1945 von der Schoah gewusst?

3. Informiert über das Faktum, nicht das Ausmaß

Die neuere Heuss-Forschung hat zu dieser Frage ein Doppeltes konstatiert. Zum *einen*: »Dass Heuss über die Deportations- und Vernichtungspolitik informiert war, lässt sich in den ermittelten Briefen – angesichts der Brisanz nicht überraschend – nur an einer Stelle erkennen: Dem an der Front befindlichen Eberhard Wildermuth berichtete Heuss handschriftlich von der Deportation und Ermordung Otto Hirschs« (S. 63), so Elke Seefried in der Einleitung zu dem von ihr in der Stuttgarter Ausgabe betreuten Band der Heuss-Briefe von 1933–1945. Spätestens also im Sommer 1941 wird Heuss von »Liquidationen« von Juden in KZs gewusst haben. Zum *Zweiten* aber: »das Ausmaß dieses Völkermordes«? Das kannte Heuss, so Ernst Wolfgang Becker, »vor 1945 vermutlich nicht« (Becker, 2011, 92). Zwar weiß er offensichtlich von KZs in Dachau, Buchenwald und Oranienburg, weiß, was Namen wie Theresienstadt und Ravensbrück bedeuten, aber nur im Zusammenhang mit Mauthausen spricht er von einer »Liquidation«, sprich: einer gezielten Ermordung eines jüdischen Häftlings wie Otto Hirsch. Peter Merseburger deutet in dieselbe Richtung, wenn er in seiner Biographie unter Bezugnahme auf den

Wildermuth-Brief vom 8. Juli 1941 festhält: »Ohne Zweifel weiß Heuss um den inzwischen eliminatorischen Charakter des nationalsozialistischen Antisemitismus, aber dass er über das ganze Ausmaß des grausamen, industriell betriebenen Massenmords in den Lagern des Ostens, dass er über den Holocaust informiert ist, bleibt unwahrscheinlich.« (S. 356)

Dabei blitzt in einem ganz späten, bisher unpublizierten Brief noch eine andere Erinnerung aus der Kriegszeit auf. Im Zusammenhang der Abfassung seiner »Erinnerungen«, die dann 1963 erscheinen werden, wendet sich Heuss in einem Brief vom 6. Mai 1963 an den früheren sozialdemokratischen Reichstagspräsidenten Paul Löbe (1875–1967). Er bittet ihn um den Namen eines »bayerischen Generalstabsmajors«, in dessen Wohnung (in der Prinzregentenstraße zu Berlin-Wilmersdorf) Löbe bei einem Treffen während des Krieges den Brief eines seiner »Parteifreunde von der Ostfront vorgelesen« habe. Dieser Brief sei »für uns alle bestürzend« gewesen. Warum? »Juden einer Stadt« seien »gezwungen« gewesen, habe dort zu lesen gestanden, »Gräben auszuheben, sich völlig zu entkleiden, um dann von Litauern rücklings erschossen zu werden. Die Kleider galten als Textilvorrat.« Es sei »das erste Mal« gewesen, fügt Heuss noch an, »dass wir von solcher Art der Menschenvernichtung erfuhren. Der Gastod war noch nicht erfunden.« (Briefe 1959–1963, Nr. 187)

Auch hier wieder dasselbe Muster: Informiert ist Heuss über Einzelaktionen, offenbar nicht über das ganze »Ausmaß« der Schoah. Stichwort »Gastod«! Wichtig auch: Heuss macht diese »Nichtinformiertheit« keineswegs zum Alibi achselzuckender Unbetroffenheit. Gegenüber einer gängigen Entlastungsrhetorik vieler Deutscher nach dem Krieg, »Wir haben nichts gewusst«, stellt er in Bergen-Belsen 1952 unmissverständlich klar: »Wir *haben* von den Dingen gewusst. Wir wussten auch aus den Schreiben evangelischer und katholischer Bischöfe, die ihren geheimnisreichen Weg zu den Menschen fanden, von der systematischen Ermordung der Insassen deutscher Heilanstalten. Dieser Staat, der menschliches Gefühl eine lächerliche und kostenverursachende Sentimentalität hieß, wollte auch hier tabula rasa – ›reinen Tisch‹ – machen, und der reine Tisch trug Blutflecken, Aschenreste – was kümmerte das? Unsere Phantasie, die aus der bürgerlichen und christlichen Tradition sich nährte, umfasste nicht die Qualität dieser kalten und leidvollen Vernichtung.« (Dok. III, 393)

4. Was man nicht vergessen kann

Heuss aber kennt das Schulterzucken und die vorgeschobene Ahnungslosigkeit vieler seiner Landsleute, wenn es um die Verbrechen des NS-Regimes geht. Schon sieht er sich gezwungen, zu diesen Fragen öffentlich Stellung zu nehmen. Wie früh, zeigt seine schon genannte *Stuttgarter Rede im November 1945* unter dem Titel »In Memoriam« (s. auch Kap. VIII, 4). Der Krieg liegt noch kein halbes Jahr zurück. Schon hier sieht man Heuss vehement gegen das Vergessen anreden, gegen den Drang nach einem Schlußstrich: »Wollt ihr das in Ewigkeit treiben, wollt ihr denn immer diese Grässlichkeiten, diese KZ- und Foltergeschichten, diese Verleumdungen und Verschleppungen, dieses Umgebrachtwerden, dieses Unrecht um Unrecht, wollt ihr denn immer davon reden?« Solche Fragen hatten ihm bereits vielfach aus dem Volk entgegengetönt. Deshalb greift er sie offensiv auf: »Könnt ihr denn das Volk nicht hinausführen in anderes Denken und in anderes Empfinden? Es will nichts mehr davon hören! Heißt denn dies alles nicht Selbstquälerei?« (AüJ, 94)

Aber Erinnern hat für Heuss mit »Selbstquälerei« nichts zu tun. Im Gegenteil. Erinnern geschieht nicht nur aus Achtung vor den Leiden der Opfer, sondern auch »um unserer moralischen Volkszukunft willen« (AüJ, 94). Erinnern hat einen für die Zukunft befreienden Charakter. Heuss kann auch von einem »volkspolitischen Sinn für die Zukunft« sprechen, von »Mahnung, Warnung und Verpflichtung« (AüJ, 95). Und weil es um die Gewinnung der Zukunft für ein anderes, ein demokratisch-republikanisches Deutschland geht, macht Heuss in derselben Stuttgarter Rede 1945 eine Gegenrechnung auf. In wenigen Strichen zeichnet er die »innere Geschichte« Deutschlands unter dem Staatsterror der Nazis nach. Herausgekommen ist einer der dichtesten und anschaulichsten Texte zur NS-Zeit, die Heuss je geschrieben hat:

> »Es war ein Zustand des latenten Bürgerkriegs, wo nur eine Gruppe die Waffen trug. Mit der Auflösung der Kommunistischen Partei, mit der Verhaftung ihrer Führer, die zum Teil 12 Jahre der Freiheit beraubt blieben, fing es an, der Kampf gegen die anderen Gruppen folgte, Verfolgung der Juden, Auflösung der Gewerkschaften, Feindseligkeit gegen die Kirchen und all das andere. Nun blühte jenes System auf, jenes teuflische System, das nebeneinander Verlockung, Verführung, Umschmeichelung der Massen kannte, jene Abfolge von Orden, Prämien, Titeln, Auszeichnungen, die ganze Hierarchie von Pöstchen, die das Subalterne in dem Deutschen ansprach und an sich zog. Und dann das andere: Terror, Bespitzelung, Haussuchung, Briefkontrolle, Vorladung, Denunziantentum, Verhaftung ohne Vernehmung, Quälerei, Zwangsarbeit, Tötung. ›Auf der Flucht erschossen‹, das war noch aus der Zeit der verkleideten Scham, die bald als offener

Hohn wirkte. Später hat man wortlos, schamlos gemordet. Es ist von irgendwann das fast banal gewordene Wort überliefert, bei dem wir uns nicht allzu viel gedacht haben: ›Zuckerbrot und Peitsche‹: Das war es, was diese 12 Jahre in Deutschland regiert hat. Die Ration Zuckerbrot ist allmählich schmäler geworden, die Peitsche bekam mehr Knoten und Eisenteile, bis ein Volk unter seinen blutigen Hieben schier erlag.« (AüJ, 95f.)

Nichts mehr davon hören?

Kaum drei Monate im Amt des Bundespräsidenten, muss Heuss in seiner *Wiesbadener Rede im Dezember 1949* (Dok. I, 368–375) daran erinnern, dass jetzt immer noch in Deutschland jüdische Friedhöfe geschändet würden. Solche »Friedhofschändungen« seien für Deutschland »in seinem Kampf um seine Stellung unter den Nationen eine verlorene Schlacht«, meint er. (Dok. I, 373) Nein, ruft er seinen Zuhörern in Wiesbaden zu: »Wir dürfen nicht einfach vergessen«! Er sage das selbst auf die Gefahr hin, »in den kommenden Wochen darüber Briefe zu erhalten, anonyme Briefe und auch offene Briefe«. (Dok. I, 369f.) Und *was* dürfen wir nicht vergessen? »Wir dürfen nicht vergessen die Nürnberger Gesetze, den Judenstern, die Synagogenbrände, den Abtransport von jüdischen Menschen in die Fremde, in das Unglück, in den Tod. Das sind Tatbestände, die wir nicht vergessen sollen, die wir nicht vergessen dürfen, weil wir es uns nicht bequem machen dürfen.« (Dok. I, 370)

5. Schlußstrich? »Um unseretwillen nicht«!

»Bequem« – das ist ein Schlüsselwort bei Heuss im Zusammenhang mit »Erinnern«. »Bequem« können und dürfen sich

Deutsche ihr Verhältnis zur jüngsten Geschichte nicht machen. In fast allen seinen Reden zur NS-Vergangenheit aktiviert Heuss diese *Bequemlichkeitsmetapher*. Ihm kommt ja auch allerhand zu Gehör aus dem Volk (wie er in seiner Rundfunkrede 1952 durchblicken lässt):

- Der Nationalsozialismus – ein »Stück geschichtliches Schicksal, wie es eben über die Völker kommt«! – »*So* bequem dürfen wir es uns nicht machen.«
- »Vergiss das doch« alles! – »Aber *so* bequem ist das nun auch nicht für ungezählte Menschen.«
- Jüdischen Menschen gegenüber muss man unverfroren sagen: »Vergesst das doch«! – »So billig, das Wort im moralischen wie materiellen Sinn, wird Hitlers Hinterlassenschaft nicht beglichen – es ist eine unerhört schwere Aufgabe, durch das Erbe dieser Geschichte sich hindurchzuarbeiten.« (Dok. II, 384)

»Nicht bequem«, »nicht billig«: Psychologisch geschickt spekuliert Heuss als Redner damit auf das Einverständnis seiner Zuhörer, indem er unterstellt, man wolle sich als Deutscher – schon auf Grund seiner Erziehung – das Leben ohnehin »bequem« und »billig« nicht machen.

Der Bequemlichkeits- entspricht spiegelbildlich bei Heuss die *Tapferkeitsmetaphorik*. Es gelte »tapfer zu sein lernen gegenüber der Wahrheit«, kann man ihn in Bergen-Belsen und anderswo sagen hören (Dok. III, 392). Es gehe um die »innere Freiheit«, die »volle Grausamkeit der Verbrechen« zu erkennen, »die hier von Deutschen begangen« worden seien. (Dok. III, 392) Auch diese Mahnung zieht sich wie ein roter Faden durch viele Reden und Erklärungen von Heuss. Auch sie ist sein »*ceterum censeo*«.

Gerade der Besuch in Israel wird ihn darin noch einmal bestärken. Dem Journalisten Thilo Koch gegenüber betont Heuss denn auch in einer Fernsehsendung, ausgestrahlt am 28. Juni 1960, im Rückblick auf seine Israel-Reise: Gewiss, die Israeli seien zu ihm »persönlich alle nett« gewesen, und doch hätten sie keinen Augenblick »den furchtbaren Geschichtsvorgang« vergessen: den Versuch der »Massenaustilgung, der Massenvernichtung ungezählter unschuldiger Männer, Frauen, Kinder«. (AüJ, 221f.) Und auch wir, wir Deutschen, dürften diesen Vorgang »aus *unserem* Bewusstsein nicht ausscheiden«. Und Heuss fügt hinzu: Das wäre »einfach Feigheit gegenüber der Wahrheit! Das können wir uns nicht gestatten, um *unserer* Seele willen.« Dabei weiß Heuss sehr wohl: »Was ich hier sage, das gefällt vielen Leuten nicht. Die sagen: Schluss, Schluss, Schluss mit dieser Geschichte.« Doch Heuss hält dagegen: »Derlei ist nicht erlaubt – *um unseretwillen nicht.*« (AüJ, 222) Später wird er für sein Engagement zugunsten einer selbstkritischen »Vergangenheitspolitik« und einer demokratischen Erinnerungskultur das Wort vom »Feldzug gegen das Vergessen« prägen. (Tagebuchbriefe, 206f.)

III. Der Rassenantisemitismus und seine tödlichen Folgen

Wir setzen die Zeitspirale in Gang und versuchen, mit Heuss die Wurzeln des braunen Antisemitismus freizulegen.

1. Wider den braunen Rassismus: das »Hitler«-Buch von 1932

Ein Buch erregt sofort unsere Aufmerksamkeit, das zu Heuss' wichtigsten, erfolgreichsten und zugleich folgenlosesten Publikationen gehört: *»Hitlers Weg. Eine historisch-politische Studie über den Nationalsozialismus«*, erschienen 1932, in dem Jahr, in dem die NSDAP bei den Reichstagswahlen vom 31. Juli von 18% bei der Wahl zwei Jahre zuvor auf über 37% der Wählerstimmen anschwellen sollte. Heuss, der seit der Reichstagswahl vom 14. September 1930 wieder zu der kleinen Schar von Reichstagsabgeordneten der Deutschen Demokratischen Partei gehört hatte, angetreten damals unter ihrem neuen Namen »Deutsche Staatspartei«, war 1932 ebenfalls wiedergewählt worden. Durch seine Wahlkämpfe vor Ort hatte er mittlerweile genügend Erfahrungen mit dem rücksichtslosen Totalitarismus, aggressiven Antisemitismus und der öffentlichen Brutalität der Hitler-Partei gemacht, um sie noch länger zu ignorieren. Aber als einer der wenigen Publizisten seiner Zeit hatte er sich der Mühe unterzogen, sich in die ideologische Gedankenwelt von Nationalsozialisten einzuarbeiten, ihre »Bewegung« kultur-, religions- und geistesgeschichtlich einzuordnen, um sie dann politisch zu bewerten. »Hitlers Weg« wird denn auch zu einer der ersten sachlich fundierten Auseinandersetzungen mit dem braunen Gedankengut, die nicht zufällig noch im Jahr 1932 acht Auflagen und Übersetzungen ins Schwedische, Niederländische und Italienische erlebt.

Aus heutiger Sicht wird man einiges Kritische zu diesem Buch sagen müssen. Das muss uns hier nicht im Detail beschäftigen. Es hat den Grad ideologischer Verblendung, die Menschenverachtung der Rassenlehre und die mörderischen Konsequenzen für das jüdische Volk eher noch unterschätzt. In den Erinnerungen des schwäbischen Dichter-Pfarrers Albrecht Goes (1908–2000) an die freundschaftlichen Begegnungen mit Theodor Heuss, der schon seinen Pfarrer-Vater Eberhard Goes (1874–1958) aus der Heibronner Schulzeit gut gekannt hatte (vgl. Briefe 1949–1954, 176f.; 375f.), ist ein glaubwürdiges Wort der Selbstkritik von Heuss an seinem »Hitler«-Buch überliefert und zwar schon kurz nach Hitlers Machtantritt. Seit 1930 Pfarrer in Unterbalzheim bei Illertissen, steht Goes im Jahr 1934 plötzlich Heuss gegenüber. Dieser hatte an seiner Pfarrhaustür geklingelt. Bei einem gemeinsamen »tüchtigen Gang ins Ried an der Iller« soll Heuss plötzlich stehengeblieben sein und mit einem »ganz ungeschützten Ernst« ausgerufen haben:

> »Und wer ist schuld? Ich. Ich bin schuld. Ich habe ihn unterschätzt. Ich habe ein Buch geschrieben ›Hitlers Weg‹ – ich weiß nicht, ob es Ihnen einmal in die Hand gekommen ist – es ist, glaub' ich, ganz gescheit, aber es ist auch ganz verkehrt;

> ich habe damals noch gemeint, er sei dumm. Ich habe nicht gewusst, dass er der Teufel ist, und der Teufel ist nicht dumm.« (Vierfalt, 1993, 129)

Für unseren thematischen Zusammenhang ist vor allem das Kapitel »Volk und Rasse« aufschlussreich. Denn durchgearbeitet hat Heuss gerade auch die »antisemitische Kampfliteratur«, vor allem Adolf Hitlers »Mein Kampf« (1925/26) sowie das Machwerk des Chefideologen der NS-Bewegung Alfred Rosenberg über den »Mythus des 20. Jahrhunderts« (1930), in dem die Menschheitsgeschichte als »ewiger Kampf« zwischen den nordisch-atlantischen und den jüdisch-semitischen Völkern dargestellt und der Herrschaftsanspruch der »nordisch-arischen Rasse« verkündet wird, sind doch nach Rosenberg die »Arier« die einzige Rasse, die kulturelle Leistungen hervorzubringen in der Lage ist. Im Gestus ungläubigen Staunens referiert Heuss:

> »Blauäugige Blondheit ist der Ausweis eines Herrschaftsanspruchs, ja mehr, der Ruf einer Herrschaftspflicht. Wir verdanken ihr das Wort von der ›Aufnordung‹, die als Aufgabe gestellt ist. Das Irrationale der Lebensbedingungen wird in die Nähe einer Gestütsordnung gerückt; Kinder und Enkel sind gezwungen, Eltern und Ahnen zu fluchen, wenn ihre Vereinigung die Chancen der Herrschaftsteilnahme, der schöpferischen Kulturkraft verdorben. Dies ist der Exzess des naturalistischen Denkens, weil es die ganz nüchterne Frage der Eugenik, der gesunden Volkserhaltungssorge mit fremden Maßstäben des Wertens durchsetzt. Dort aber, wo die Rassepolitik auf ihre groben Folgerungen verzichtet und sich in dem Anspruch auf ein bloßes Bekenntnis zu den ›nordischen‹ Werten sublimiert, wird sie sofort nichts anderes als eine billige Romantik, der sich häufig genug die Minderwertigkeitsgefühle als einer Hilfestellung bedienen.« (Hitlers Weg, 38)

Fassungslos ist Heuss vor allem über die Konstruktionen, die vom geschichtlichen Einfluss von Juden handeln. Er nennt sie »verzerrt und kenntnislos« (Hitlers Weg, 40), die Rede vom Absterben eines »Wirtsvolks« durch den zersetzenden Einfluss von Juden als »Parasiten« »subaltern und brutal«. (Hitlers Weg, 41) Was hilft es da, auf »glanzvolle Statistiken wissenschaftlicher und künstlerischer Namen« von Juden hinzuweisen oder auf Statistiken über »jüdische Opfer« als Soldaten im Ersten Weltkrieg? Für die verblendeten Ideologen geht es bei Juden in jedem Fall um eine »Verallgemeinerung«. Will sagen: Die tatsächliche Leistung steht »für solche Art Betrachtung von vorneherein außerhalb der Würdigung«. Schlimm genug, findet Heuss, schlimm genug auch, dass eine solche Haltung »eine Zeitlang in den akademischen Kreisen Zunftstil gewesen« sei und »es heute wieder werden soll«. Konsequenz:

> »Wir wollen uns an diesen Auseinandersetzungen nicht beteiligen. Sie sind für manche Juden tragisch und eine Quelle reizbarer Empfindlichkeit, sie verderben jüdischen Menschen die Unbefangenheit ihrer Jugend, sie müssten für uns andern ein Anlass der Scham sein. Nicht aus mitleidvoller Sentimentalität. Der eine Jude darf gewiss solches Gefühl erwarten, der andere ganz und gar nicht. Es handelt sich viel mehr um eine gemeindeutsche Angelegenheit als um eine jüdische. Die Zweckstatistik über jüdische Opfer des Weltkrieges ist für die Juden sicher ein Schmerz, vielleicht eine Ehre, für die nichtjüdischen Deutschen ist sie eine Peinlichkeit. Die Zerstörung jüdischer Friedhöfe muss eine Gemeinschaft tief treffen, in der, im Widerspruch zu allem Geschwätz von der individualistischen Auflösungskraft des Jüdischen, die Familie lebensvolle Bindung auch in die Vergangenheit bedeutet, sie beschmutzt uns alle. Wir tragen einen Fleck an uns her-

> um, seit in Deutschland solches, feig und ehrfurchtlos, möglich wurde.« (Hitlers Weg, 41f.)

Hier, mit diesem Text, ist sie vorgebildet: die spätere Heuss'sche Rede von der »Kollektivscham« (s. Kap. VIII). Und hier ist auch deren ursprünglicher Sinn schon erkennbar: Mit der Rede davon, dass »alle«, alle Deutschen, beschmutzt sind, dass »wir« – kollektiv – als Deutsche »einen Fleck« tragen, wenn in Deutschland beispielsweise jüdische Friedhöfe geschändet werden. Denn dann sind auch diejenigen betroffen, die eine Zerstörung jüdischer Friedhöfe weder aktiv betrieben, noch konkret vollzogen noch im Nachhinein gutgeheißen haben. *»Scham«* also hätte man im deutschen Volk über den Umgang mit Juden schon längst empfinden sollen! Das gibt Heuss mit diesem Text zu verstehen, schon längst, *bevor* es zum Schlimmsten hatte kommen können: der systematischen, staatlich angeordneten Massenvernichtung des europäischen Judentums. Scham, aus der heraus politischer Widerstand hätte erwachsen sollen: »Die Nichttäter schämen sich für die Täter und verhindern dadurch vielleicht künftige Untaten«, wie Ernst Simon in Jerusalem hoffte. Stattdessen klebt ein »Fleck an uns«, meint Heuss, nicht zufällig mit einem solchen Bild den »Judenstern« vorwegnehmend, denjenigen »Schandfleck«, den alle Juden im Deutschen Reich ab September 1941 öffentlich sichtbar zu tragen hatten. Der klebt freilich umgekehrt eher an den Deutschen.

2. Wie die Nazis die Judenfrage »lösen« wollen

Und Heuss weiß bereits auch, dass die NSDAP die Judenfrage *»lösen«* will. Wie? Durch »Ausweisung«? Bei »Nichtdeutschen« mag das gehen, aber bei Deutschen? Heuss selbst rechnet in seinem »Hitler«-Buch nicht mit der direkten Ausweisung von Juden aus Deutschland »in ihrer Gesamtheit« und fügt sarkastisch hinzu: »man wird ihrer durch Wirtschaftmaßnahmen schon Herr zu werden wissen«. Wohl aber rechnet er mit der *Beraubung aller staatsbürgerlichen Rechte*: »Sie werden weder wählen noch ein öffentliches Amt versehen«, prophezeit er und zitiert die entsprechenden markanten Nazi-Sprüche: »Staatsbürger kann nur sein, wer Volksgenosse ist, Volksgenosse kann nur sein, wer deutschen Blutes, ohne Rücksichtnahme auf Konfession. Kein Jude kann daher Volksgenosse sein.« Konsequenz? »Die öffentlichen Rechte sind dem so umschriebenen Staatsbürger vorbehalten: ›Wer nicht Staatsbürger ist, soll nur als Gast in Deutschland leben können und muss unter Fremdgesetzgebung stehen.‹« (Hitlers Weg, 44f.)

Eine Aberkennung elementarer Bürgerrechte von jüdischen Mitbürgern in Deutschland, oft schon über Generationen in Deutschland verwurzelt, kann Heuss sich also auf Grund seiner Kenntnisse der braunen Rassenideologie bereits vorstellen, ja er erwartet sie. Sie kommt schneller, als ihm lieb sein konnte, sobald ab dem 30. Januar 1933 Adolf Hitler und Seinesgleichen die staatlichen Machtapparate in die Finger bekommen. In kürzester Zeit überschlagen sich jetzt die Ereignisse:

27. Februar: *Brand des Reichstags*. Nur ein Tag später die »Verordnung zum Schutz von Volk und Staat«. Das neue Regime nutzt die Gelegenheit zu ersten willkürlichen Massenverhaftungen politisch Andersdenkender, insbesondere von Kommunisten und Sozialdemokraten.

5. März: *Erneute (und letzte) Wahl zum Reichstag*. Das Kalkül der braunen Machthaber geht auf. Die NSDAP legt noch einmal zu und zwar auf 43,9% der Wählerstimmen und verfügt jetzt zusammen mit der Deutschnationalen Volkspartei (DNVP: 8%) über die absolute Mehrheit im Reichstag.

24. März: Das »*Gesetz zur Behebung der Not von Volk und Reich*« macht auf »legale Weise« den Weg endgültig frei zu einer totalitären Herrschaft der Nationalsozialisten in ganz Deutschland. Hitlers Plan, den Reichstag auszuschalten und die Verfassung *de facto* außer Kraft zu setzen, geht auf. Vor einer Drohkulisse illegal am Schauplatz der Handlung, der »Krolloper«, aufmarschierter SA- und SS-Angehöriger wird dasjenige Gesetz beschlossen, das unter dem Namen »*Ermächtigungsgesetz*« in die Zeitgeschichte eingegangen ist. Der Vorsitzende der größten Oppositionspartei, der SPD-Abgeordnete Otto Wels, begründet in seiner später legendär gewordenen »letzten freien Rede« vor den Reichstagsabgeordneten die entschiedene Ablehnung des Gesetzes durch die deutsche Sozialdemokratie u.a. mit dem Satz: »Freiheit und Leben kann man uns nehmen, die Ehre nicht.« Die fünf Abgeordneten der Deutschen Staatspartei, darunter Theodor Heuss und Reinhold Maier, stimmen trotz schwerer Bedenken zusammen mit der katholischen Zentrumsfraktion zu, ein Schandfleck in Theodor Heuss' politischer Biographie, für den er sich nach 1945 immer wieder neu zu rechtfertigen haben wird. Ähnlich wird es seinem Fraktionskollegen und württembergischen Landsmann Reinhold Maier (1889–1971) ergehen, können doch beide, Heuss und Maier, im März 1933 nicht ahnen, dass sie noch einmal eine wichtige politische Rolle im Nachkriegs-Deutschland spielen werden: Maier als Ministerpräsident des Landes (Nord-)Württemberg-Baden (1945–1952) und erster Ministerpräsident des später dann vereinigten Landes Baden-Württemberg (1952/53), Heuss als für Bildung und Erziehung zuständiger Kultusminister im ersten Kabinett Maier (1945/46) und von 1949 an als Bundespräsident. Beide werden sich vor einem eigens dafür eingesetzten parlamentarischen Untersuchungsausschuss des Landtags von Württemberg-Baden für ihr Abstimmungsverhalten am 24. März 1933 verantworten. (Einzelheiten bei E.W. Becker, 2001 und 2003 und im autobiographischen Heuss-Fragment »Die Machtergreifung und das Ermächtigungsgesetz«, 1967)

1. April: *Tag des »Judenboykotts«.* Erstmals kommt es zum durch die NSDAP geschürten öffentlichen Terror gegen jüdische Mitbürger. Jüdische Geschäfte, Rechtsanwälte und Ärzte werden boykottiert. SA-Posten hindern Kunden am Betreten entsprechender Geschäfte und Praxen, hinzu kommen antisemitische Agitationen, erste Festnahmen und Misshandlungen. Die Bevölkerung, vom Terror eingeschüchtert, verhält sich weitgehend passiv. Die Kirchen schweigen. (mehr dazu im Kap. IV)

7. April: Mit dem »*Gesetz zur Wiederherstellung des Berufsbeamtentums*« beginnt die systematische und öffentliche Diskriminierung und Isolierung jüdischer Mitbürger. Unter Anwendung des »Arierparagraphen« dieses Gesetzes sind künftig alle Juden vom aktiven Staatsdienst ausgeschlossen. Wer als Beamter bisher tätig war, wird aus dem Staatsdienst »entfernt«, »Nichtarier« werden künftig nicht mehr eingestellt.

All diese Maßnahmen werden das Leben von Theodor Heuss und Elly Heuss-Knapp in den Jahren der Diktatur stark in Mitleidenschaft ziehen. Die völlige Entrechtung jüdischer Mitbürger hatte er erwartet. Tempo und Gründlichkeit ihrer Umsetzung haben ihn überrascht. Schon gar nicht hatte er sich vorstellen können, dass der offene Rassenantisemitismus in Deutschland später einmal zu einer gezielten, staatlich organisierten Politik der Vernichtung des gesamten jüdischen Volkes in KZ-Gaskammern führen würde. Nach dem Krieg steht auch Heuss vor dem erschütternden Faktum: Der »biologische Naturalismus« der braunen Ideologie, den er im »Hitler«-Buch analysiert hatte, hatte tödliche Folgen von unvorstellbarem Ausmaß. Glaubwürdig klingt deshalb, was Heuss 1952 in Bergen-Belsen gesteht: »Unsere Phantasie, die aus der bürgerlichen und christlichen Tradition sich nährte, umfasste nicht die Qualität dieser kalten und leidvollen Vernichtung.« (Dok. III, 393)

3. Rassenlehre: »Piefke aus Moabit als Herrenmensch und Held«!

Diese schon geleistete gründliche Auseinandersetzung, insbesondere mit der Rassenlehre, mag erklären, warum Heuss es in seinen Reden nach dem Krieg bei Andeutungen belässt. Was er im »Hitler«-Buch einen »Exzess des naturalistischen Denkens« nennt, wird in den Nachkriegs-Reden mit Begriffen wie »biologischer Materialismus« (AüJ, 123) oder »biologischer Naturalismus« umschrieben. »Was hat die sogenannte Rasselehre für Unheil angerichtet«, ruft Heuss in seiner *Rundfunkansprache 1952* seinen Hörern zu, »indem sie die sittliche Selbstverantwortung und die menschliche Bewertung des anderen in einem wissenschaftlich verkleideten Naturalismus auflöste!« (Dok. II, 383)

Dieser »biologische Naturalismus« war in der Tat das Besondere an dieser Form der Judenverfolgung gewesen. Denn mit »Rassegesetzen, Ehegesetzen, Gesetzen über Erbkrankheiten« sei die »Hybris des Menschen« Geschichte geworden, so Heuss in seiner Berliner Rede 1946. Keine Spur von Ehrfurcht mehr. Der »Kreisarzt mit seiner Unterschrift«? Der sei jetzt »an die Stelle eines göttlichen Schicksals« getreten. Konsequenz?

> »Von diesem Augenblick an beginnt die Auswucherung, in der die ethische Fragestellung gegenüber dem Ökonomischen gleichgültig geworden war, in der der Mensch nicht mehr als Seele, sondern als Nützlichkeitsobjekt gesehen wurde. Als wir soweit waren, kam dann das andere, dass sich nun in diese biologisch-materialistische Betrachtung des Menschen als Rohstoff des Staates für seine Zwecke das andere hereinmischte, um diesem materialistischen Weltbild eine Verbrämung zu geben. Dieser deutsche Mensch begann sich selbst zu erhöhen und ließ es sich gefallen, als der von der Schöpfungsordnung so gestaltete Mensch zu gelten, bis in ihm schließlich Herrschaftsanspruch, Herrschaftsrecht, Herrschaftspflicht gegenüber den anderen Völkern zum ›nordischen‹ Selbstbewusstsein wuchs. Deutsch, deutscher, am deutschesten! Der nordische Mensch, Piefke aus Moabit, als Herrenmensch und Held! Das tat ihm wohl, wenn er sich so dargestellt sieht.« (Aufzeichnungen, 194f.)

Was Zeitdiagnostiker im Blick auf die Schoah später »Zivilisationsbruch« (1988) nennen werden, so der Historiker Dan Diner (geb. 1946) oder die politische Theoretikern Hannah Arendt (1906–1975) das Erscheinen des »radikal Bösen«, hat Heuss mit diesen Sätzen schon 1946 auf seine Weise zu umschreiben versucht. Seine Stichworte zu Bedingungen und Folgen der Schoah sind:

– völlige Vergleichgültigung des Ethischen;
– Menschen nicht mehr von ihrer »Seele«, sprich: von ihrer

Personwürde her gesehen, sondern als »Nützlichkeitsobjekte«, als »Rohstoff des Staates für seine Zwecke«;

- Selbsterhebung des »deutschen« (=»nordischen«) Menschen zum gottgewollten und gottähnlichen Status eines »Herrenmenschen« mit der Folge, dass jeder beliebe Spießer, eben jener »Piefke aus Moabit«, sich diesen gottähnlichen Status hatte anmaßen können, wenn er nur »nordisches Selbstbewusstsein« genug hat.
- Der Suspendierung des Ethischen entspricht die Aufkündigung von Menschenwürde und Menschrechten aller Nichtdeutscher und die Anmaßung von »Herrschaftsanspruch, Herrschaftsrecht, Herrschaftspflicht« gegenüber anderen Völkern. All das ist Ausdruck dessen, was schon an der Wiege der europäischen Zivilisation bei den griechischen Klassikern »Hybris« genannt worden war: Selbstüberschätzung, Größenwahn, Allmachtsanmaßung, kurz: Frevel und Fluch.

Die politische Theoretikern Hannah Arendt (wie werden mehr von ihr hören: Kap. VIII, 2) hat dies ebenfalls schon früh erkannt. Aus ihrem US-amerikanischen Exil New York schreibt sie am 4. März 1951 an ihren alten akademischen Lehrer Karl Jaspers (1883–1969) nach Heidelberg (zu Jaspers s. Kap. VIII, 3):

> »Das Böse hat sich als radikaler erwiesen als vorgesehen. Äußerlich gesprochen: Die modernen Verbrechen sind im Dekalog nicht vorgesehen. Oder: Die abendländische Tradition krankt an dem Vorurteil, dass das Böseste, was der Mensch tun kann, aus den Lastern der Selbstsucht stammt; während wir wissen, dass das Böseste oder das radikal Böse mit solchen menschlich begreifbaren, sündigen Motiven gar nichts mehr zu tun hat. Was das radikal Böse nun wirklich ist, weiß ich nicht, aber mir scheint, es hat irgendwie mit den fol-

genden Phänomenen zu tun: Die Überflüssigmachung von Menschen als Menschen (nicht sie als Mittel zu benutzen, was ja ihr Menschsein unangetastet läßt und nur ihre Menschenwürde verletzt), sondern sie qua Menschen überflüssig zu machen. Dies geschieht, sobald man alle unpredictability [Unvorhersagbarkeit] ausschaltet, der auf Seite des Menschen die Spontaneität entspricht. Dies alles wiederum entspringt, oder besser hängt zusammen mit dem Wahn von einer Allmacht (nicht einfach Machtsucht) *des* Menschen. Wäre *der* Mensch qua Mensch allmächtig, dann wäre in der Tat nicht einzusehen, warum es *die* Menschen geben sollte – genauso wie im Monotheismus nur die Allmacht Gottes ihn zu EINEM macht. In diesem Sinne: die Allmacht *des* Menschen macht die Menschen überflüssig.« (BW Arendt-Jaspers, 1985, 202)

Heuss spricht im selben Zusammenhang der Berliner Rede vom März 1946 davon, Menschen hätten während der NS-Herrschaft ihr »Gewissen abgelegt wie gegen eine Garderobengebühr«, entsprechend dem Wort eines der NS-Bonzen, Robert Ley: »Ich habe kein Gewissen. Mein Gewissen heißt Adolf Hitler«. Worauf Heuss sarkastisch antwortet: »Das war dessen Pech und wurde unser vaterländisches Unglück, dass der auch kein Gewissen hatte. Es begann, als die ersten Exzesse gegen die Juden erfolgten. Sie haben vielen Leuten nicht gefallen. Aber sie haben gesagt: ›Ist ja bloß ein Jude.‹ Und dieses ›ist ja bloß ein Jude‹, das war der Anfang. Von dort an ist die deutsche Seele krank geworden, weil sie im Menschen nicht mehr das Menschliche, die Würde des Menschen sah.« (Aufzeichnungen, 190)

4. Die »Pedanterie des Mordens«: das spezifisch Deutsche der Schoah

Die deutsche Seele krank geworden: Wie krank, zeigt nicht nur das Phänomen »deutsch-nordischer Spießer als Halbgott mit Allmachtswahn«; das ist für Heuss nur die *eine* Folge einer Ideologie des »biologischen Naturalismus«. Die andere hat zu dem geführt, was Heuss den *spezifisch deutschen Beitrag* am »Schauerlichen« dieser Vorgänge nennen kann. Schon in der Wiesbadener Rede von 1949 geht er darauf ein. Er hatte gespürt, dass etwas geschichtlich Neues geschehen war, etwas bisher gegenüber Juden Beispielloses. Pogrome? Die kennt man aus der Vergangenheit von Russland oder Rumänien. Jetzt aber bei den deutschen Nazis? Da war, so Heuss, keine spontane Gefühlsaufwallung mehr am Werk, sondern die »kalte Grausamkeit der rationalen Pedanterie«. Und genau das ist »der sonderlich deutsche Beitrag zu diesem Geschehen«, meint Heuss, ohne sich in Spekulationen über ein angebliches »deutsches Wesen« oder den sogenannten deutschen Nationalcharakter zu verlieren. »Essentialisierungen« dieser Art sind Heuss fremd. Stattdessen hält er sehr nüchtern fest: »Und das Schrecklichste ist, dass dieser Vorgang sich nicht sozusagen emotional vollzog, was ja auch schlimm genug ist, sondern sich der Paragraphen bediente und eine Weltanschauung für lange Zeit sein sollte.« Welche Art »Weltanschauung«? »Das war der biologische Materialismus, der keine moralischen Kategorien kannte, aber sie vertreten wollte, und der nichts wusste davon, dass es individuelle Wertsetzungen zwischen Mensch und Mensch gibt.« (Dok. I, 370)

Drei Jahre später arbeitet Heuss in seiner Rede in Bergen-Belsen das *geschichtlich Neuartige* an der NS-Judenvernichtung noch präziser heraus – und zwar unter Berufung auf den damaligen Präsidenten des World Jewish Congress, Dr. Nahum Goldmann (1895–1982), den jüdischen Redner in Bergen-Belsen, dessen Text er vorher hatte einsehen können (s. Komm. zu Dok. III, 386–392). Dieser Text ist auch für uns greifbar, wurde er doch wenige Tage nach der Rede in einer Zeitung veröffentlicht. Liest man ihn, wird deutlich, dass Heuss sich gerade durch folgende Passage der Ansprache Goldmanns hatte bestätigt sehen können:

> »Ein Drittel unseres Volkes wurde mit teuflischem Raffinement und mit wissenschaftlicher Gründlichkeit ausgerottet. Die Weltgeschichte kennt auch andere Fälle der Ausrottung und Vernichtung ganzer Gruppen. Was die Vernichtung der europäischen Juden durch das Hitlerregime kennzeichnet und sie zu einem einzigartigen grauenhaften Geschehen macht, ist die kalte Berechnung, die systematische Gründlichkeit, die organisierte Planung dieses Ausrottungsprozesses. Was im Verlauf von Jahren an den Juden Europas geschah, war nicht der Ausbruch wilden Hasses, ungezügelter Mordlust oder besinnungsloser Massenhysterie, es war eine ausgedachte, in allen Einzelheiten berechnete, mit kalter Gründlichkeit geplante und durchgeführte Ausrottungsaktion. Dies gibt ihr ihren einzigartigen, grauenhaften Charakter und macht sie zu einer einmaligen Tragödie, auch in der Geschichte unseres an Tragödien reichen Volkes.« (»Allgemeine Wochenzeitung der Juden in Deutschland«, 5.12.1952)

Daran hatte Heuss anknüpfen können, gerade in *Bergen-Belsen 1952*. Mit Goldmann sieht auch er, dass es Judenverfolgungen in der Vergangenheit vielfach gegeben hat, teils aus »religiösem Fanatismus«, teils aus »sozial-ökonomischen Konkurrenzgefühlen«. Doch, so Heuss, von »religiösem Fanatismus« habe im Deutschland des Jahres 1933 keine Rede mehr sein können, sei doch »den Verächtern der Heiligen Schriften des Alten und des Neuen Bundes, den Feinden der religiösen Bindungen« jedes metaphysische Problem fremd gewesen. Und das Sozialökonomische habe ebenfalls nicht ausgereicht, um zu erklären, warum das, was den Juden in Deutschland zwischen 1933 und 1945 geschah, das »Furchtbarste« gewesen sei, »was die Juden in ihrer Geschichte erfuhren.« Nein, Heuss bleibt dabei:

> »Im Grunde drehte es sich um etwas anderes. Der Durchbruch des biologischen Naturalismus der Halbbildung führte zur Pedanterie des Mordens als schier automatischen Vorgang, ohne das bescheidene Bedürfnis nach einem bescheidenen quasimoralischen Maß. Dies gerade ist die tiefste Verderbnis dieser Zeit. Und dies ist *unsere* Scham, dass sich solches im Raum *der* Volksgeschichte vollzog, aus der Lessing und Kant, Goethe und Schiller in das Weltbewusstsein traten.« (Dok. III, 396)

»*Kalte Grausamkeit der rationalen Pedanterie*«, »*Pedanterie des Mordens als schier automatischer Vorgang*«: Solche Formulierungen erlauben uns einen Brückenschlag in eine andere Welt, in der Wirkung nicht minder bedrückend. Im Jahr der Bergen-Belsen-Rede wird ein jüdischer Schriftsteller aus Czernowicz, Paul Celan (1920–1970), dessen Eltern der Schoah zum Opfer fielen, in deutscher Sprache einen Gedichtband unter dem Titel »Mohn und Gedächtnis« (1952) veröffentlichen und hier sein Gedicht »Todesfuge« aufnehmen. Dieses Gedicht wird eines der bittersten Worte über die Rolle von Deutschen im Prozess der Schoah prägen: »Der Tod ist ein Meister aus Deutschland«. Auf einen »Mann« in einem KZ anspielend, endet das Celansche Poem mit den Zeilen:

> »Schwarze Milch der Frühe wir trinken dich nachts
> wir trinken dich mittags der Tod ist ein Meister aus Deutschland
> wir trinken dich abends und morgens wir trinken und trinken

der Tod ist ein Meister aus Deutschland sein Auge ist blau
er trifft dich mit bleierner Kugel er trifft dich genau
ein Mann wohnt im Haus dein goldenes Haar Margarete
er hetzt seine Rüden auf uns er schenkt uns ein Grab in der Luft
er spielt mit den Schlangen und träumet der Tod ist ein Meister
aus Deutschland
dein goldenes Haar Margarete
dein aschenes Haar Sulamith«
(*Die Gedichte in einem Band, hrsg. u. komm. von Barbara Wiedemann, Frankfurt/M. 2003, S. 41*)

Suspendierung des Ethischen, Herrenmenschtum. Allmachtsanmaßung, Größenwahn, Hybris: Es ist Heuss, der um Frevel und Fluch der Schoah weiß, um das Zerstörerische der »frechen Überheblichkeit« und der sich deshalb veranlasst sieht, die Deutschen in die »abendländische Ordnung« zurückzurufen. So am 27. Mai 1946 – gut ein Jahr nach Ende des Krieges – in einer großen Rede vor Studierenden der Universität Tübingen über »Die deutsche Nationalidee im Wandel der Geschichte«. Diese Rede lässt Heuss mit den Sätzen enden:

»Abendländische Ordnung, die in Deutschland und durch Deutschland zerschellt war, will dies besagen: Formung durch Antike und Christentum. Beide sind eingeborene Elemente unseres nationalen Werdens und Seins gewesen und geblieben, auch wenn sie vom Wortschwall der Tagerede überschwemmt worden sind. Rückkehr wohin? Aus dem Maßlosen in das Maßvolle, in das Gemäße, aus dem wüsten und vermessenen Abenteurertum, erlauben Sie ein altmodisches Wort, in die bürgerliche Redlichkeit, aus den Militärmärschen, die lärmend den Tod angehen, in die Melodie eines sinnvoll erfüllten Lebens, aus dem Hass und der Angst in die Liebe und in die Freiheit, zwischen mir und dir, zwischen Deutschland und den Völkern.« (Nationalidee, 31)

IV. Der »Judenboykott« und das Versagen der Kirchen

Wir haben mit dieser Rekonstruktion Gründe freigelegt, warum Theodor Heuss gegen einen Antisemitismus im Sinne der NS-Ideologie (»Rassenantisemitismus«) vor und nach 1933 immun war. Umso stärker horchen wir auf, wenn auch andere Töne bei Heuss erklingen, Nebentöne, die hier und da durchbrechen. Die kritische Forschung jedenfalls hat sie nicht überhören können und wollen.

1. Heuss' Balanceakte zwischen Anpassung und Widerstand

Gewiss: So wie Heuss kein Antisemit war, war er Zeit seines Lebens auch *kein Philosemit*, jemand also, der Juden idealisiert und glorifiziert, nur weil sie Juden sind. »Lassen Sie mich ein persönliches Wort zu dem jüdisch-deutschen und jüdisch-christlichen Problem aus meinen eigenen Erfahrungen heraus sprechen«, erklärt Heuss schon in *Wiesbaden 1949* in einer für seine Reden typischen Wendungen ins persönlich Erlebte und fährt fort: »Wenn ich an die vier oder fünf nächsten Freunde in meinem Leben denke, die mich begleitet und mein Leben mit aufgebaut haben, so waren zwei oder drei davon Juden. War ich mit ihnen befreundet, weil sie oder trotzdem sie Juden waren? Ich war mit ihnen befreundet, weil der Funke der menschlichen Liebe zwischen uns sprang. Es hat auch Juden gegeben, denen ich in einem schlichten Bogen ausgewichen bin; aber nicht weil sie Juden waren, sondern weil sie mir nicht lagen.« (Dok. I, 370f.)

Das klingt harmlos, weil menschlich nachvollziehbar. Ist man kein Antisemit, muss man noch lange kein Philosemit sein. Doch persönliche Briefe und einige Zeitungsartikel aus der Zeit nach der Machtergreifung verraten noch etwas anderes, wie wir sehen werden (Kap. V, 1–2). Beruflich ist Heuss im März 1933 noch in ein Netz verschiedener Tätigkeiten eingebunden. Er ist Dozent an der Deutschen Hochschule für Politik in Berlin (seit 1920), Vorstandsmitglied des Deutschen Werkbundes (seit 1924), einem von Friedrich Naumann 1907 mitgegründeten liberal geprägten Verband, der in der industrialisierten Moderne Kunst, Handwerk und Massenproduktion zu harmonisieren versucht. Überdies ist Heuss Reichstagsabgeordneter der Deutschen Staatspartei (seit 1930) und Herausgeber der Wochenzeitschrift »Die Hilfe« (seit dem 1. Januar 1933), des Blattes, welches das nationalsoziale Gedankengut Friedrich Naumanns (1860–1919) verbreitet, einer epochalen Gestalt des deutschen Nationalliberalismus in der Zeit des Kaiserreichs. Ein Wort zu ihm, dessen Einfluss auf Heuss gar nicht überschätzt werden kann. Nicht zufällig dankt Heuss noch in seiner Antrittsrede als Bundespräsident am 12. September 1949 zwei Menschen namentlich: seinem schon früh verstorbenen leiblichen Vater Ludwig (»Louis«) Heuss (1853–1903), der ihn mit der lebendigen demokratischen Tradition des 1848er Paulskirchen-Parlaments vertraut gemacht habe und seinem geistigen Vater Friedrich Naumann. Ohne diesen, bekennt Heuss, wäre er nicht der geworden, der er heute sei. Ein

Doppeltes habe er von ihm gelernt. Erstens: Eine Nation kann nur leben, wenn sie »von der Liebe der Masse des Volkes getragen« wird und zweitens: »die soziale Sicherung« ist »mit die Voraussetzung der politischen Sicherung«. (GrR I, 88)

In der Tat: In Sachsen zum protestantischen Pfarrer ausgebildet und lange Zeit als solcher tätig, hatte Naumann unter dem Eindruck einer immer stärker werdenden deutschen Sozialdemokratie die »soziale Frage« in den industriellen und urbanen Ballungszentren entdeckt, und dieses Interesse hatte ihn 1891 in die Evangelischen Arbeitervereine geführt. Die »soziale Frage« sollte nicht länger den prinzipiell religions- und kirchenfeindlichen Sozialisten überlassen werden. Für Naumann ist deren Lösung eine Konsequenz aus der Botschaft des Evangeliums. Die evangelische Kirche hat deshalb ihr eigenes »soziales Programm« umzusetzen! Jetzt immer stärker auch als Politiker und Publizist tätig, gründet Naumann 1896 den Nationalsozialen Verein (NSV), der die *nationale* Frage (Machtentfaltung des Deutschen Reiches) mit der *sozialen* (Verbesserung der Lebensbedingungen der Arbeiterschaft) zu verbinden trachtet und der in dem seit 1895 erscheinenden Blatt »Die Hilfe« sein öffentliches Sprachrohr erhält. Nach dem Scheitern des NSV schließt sich Naumann dem Lager des politischen Liberalismus an, verschmilzt 1903 seinen Nationalsozialen Verein mit der »Freisinnigen Vereinigung« und zieht für diese bei den Wahlen 1907 in den Reichstag ein.

Theodor Heuss und Friedrich Naumann kennen sich seit 1902, dem Jahr, in dem Heuss auf dem Heilbronner Karlsgymnasium das Abitur ablegt. Und seit ihrer ersten Begegnung wird der 24 Jahre ältere Naumann zum väterlichen Freund und großen Mentor des jungen Schwaben aus dem Wein-Ort Brackenheim bei Heilbronn. Schon 1905 hatte Heuss nach

Abschluss seines Münchner Nationalökonomie-Studiums mit einer Promotion bei Lujo Brentano (1844–1931) die Stelle eines Redakteurs bei der »Hilfe« angenommen. Er ist ganze 21 Jahre alt. Im Naumann-Kreis hatte er auch die Elsässerin Elly Knapp kennengelernt. Die Trauung erfolgt 1908 unter Assistenz von Albert Schweitzer (1875–1965), damals noch ein evangelischer Universitätstheologe und Bach-Forscher, der in Straßburg allerdings schon Medizin zu studieren begonnen hatte, um einmal in Afrika als Missionsarzt tätig zu werden. Bis 1912 wird Heuss die Redaktionstätigkeit für »Die Hilfe« weiterführen. 1907 wird er seinem Mentor Naumann im Wahlkampf erfolgreich zu seinem Reichtagsmandat verhelfen – in Heuss' Heimat, der Region Heilbronn. Mehr noch: 1918 wird sich Heuss für die im selben Jahr neu gegründete linksliberale Deutsche Demokratische Partei (DDP) engagieren, mitgegründet u.a. von Max und Alfred Weber, zu deren erstem Vorsitzenden Friedrich Naumann gewählt werden wird. Nach dessen allzu frühem Tod schon im August 1919 wird Heuss in eine eigene politische Abgeordneten-Karriere einzusteigen versuchen. Mehrfach scheitert er, bis er bei den Wahlen vom Mai 1924 erstmals für die DDP in den Reichstag einziehen kann. Weg, Werk und Wirkung von Friedrich Naumann wird Heuss noch eigens würdigen. 1937 erscheint seine mit knapp 600 Seiten wahrhaft monumentale Biographie über den »Mann, das Werk, die Zeit«, die bis heute Maßstäbe gesetzt hat.

All diese Zusammenhänge muss man kennen, um den Grad von Abhängigkeit und Verletzlichkeit zu ermessen, als die Verhältnisse in Deutschland umschlagen. Heuss ist zu prekären Balanceakten zwischen Anpassung und Widerstand gezwungen. Seine Briefe aus dieser Zeit geben davon Zeugnis, gerade auch derjenige Brief, in dem Heuss auf den »*Juden-*

boykott« vom 1. April 1933 reagiert. Wir nehmen ihn pars pro toto. Geschrieben ist er auf der Fahrt zu einer Parteiversammlung im Raum Frankfurt am Main und gerichtet an Friedrich Mück (1879–1936). Seine Frau Elly sei sehr »unglücklich« gewesen, als er weggefahren sei, teilt Heuss dem Heilbronner Bankier und Parteifreund mit, sie habe »fast einen Nervenkollaps mit Weinen usw.« bekommen. Schuld daran sei »Stolper«, der »gestern in einer Art Panikstimmung« gewesen sei, »sein Geld« zu ihm gebracht und ihn »beschimpft« habe, »jetzt zu politischen Veranstaltungen« abzureisen, »bei denen ich ausgehoben werde, in Schutzhaft komme«. (Briefe 1933–1945, 129f.)

2. Terror, Angst und ein »Kropf von verschluckten Wahrheiten«

Diese »Panikstimmung« am Vortag des 1. April erklärt sich aus der Tatsache, dass Gustav Stolper (1888–1947) jüdischer Herkunft ist. In Wien geboren, studierter Ökonom und Jurist, lebt er mit seiner Frau Antonia (»Toni«) Stolper (1890–1988), einer ebenfalls promovierten Ökonomin, seit 1925 in Berlin, wo er zunächst den Posten eines Chefredakteurs des Berliner »Börsen-Couriers« bekleidet. Ein Jahr später gründet und leitet Stolper den »Deutschen Volkswirt«, eine »Zeitschrift für Politik und Wirtschaft« und wird zu einem der profiliertesten Wirtschaftsjournalisten seiner Zeit. Eine tiefe Freundschaft zum Ehepaar Heuss entwickelt sich, die nicht zuletzt auch auf politischem Gleichklang beruht. Stolper ist kooptiertes Mitglied des Vorstandes der Deutschen Demokratischen Partei (DDP) auf Reichsebene, maßgeblicher Mitverfasser des Wirtschaftsprogramms der Partei und erobert genauso wie Heuss für die Deutsche Staatpartei zwischen 1930 und

1932 ein Mandat für den Reichstag. Ein Mann von politischem Format und intellektuellem Gewicht also, der noch 1930 mit dem Buch »Die wirtschaftlich-soziale Weltanschauung der Demokratie« hervortreten kann. Wir werden mehr von den Stolpers und ihrer Freundschaft zu Heuss hören (Kap. VII, 12).

Begreiflich, dass ein solcher Mann in Panik gerät angesichts der braunen Horden und ihrer antisemitischen Hetze und sein Geld in Sicherheit bringen will. Am Fall von Toni und Gustav Stolper erlebt das Ehepaar Heuss erstmals hautnah, welche Geister jetzt in Deutschland über jüdische Freunde herfallen und zugleich die große Masse einschüchtern. Aber noch ist Heuss Reichtagsabgeordneter und als solcher will er sich behaupten: »Gerade wir paar Abgeordneten müssen uns jetzt zur Verfügung halten«, fährt Heuss in seinem Brief vom 1. April fort, »um die persönlichen Beziehungen nicht völlig abreißen zu lassen. Ich habe mich grundsätzlich bereit erklärt, an solchen Besprechungen im Lande teilzunehmen, mit öffentlichen Versammlungen wird es ja einstweilen nichts sein, weil die Leute Angst haben, terrorisiert zu werden. Am letzten Sonntag war ich in Leipzig, 30 Leute in einem Geschäftslokal wie bei den ersten Christen die Katakomben.« (Briefe 1933–1945, 130)

Terror erzeugt Angst, und Angst hat Wegducken zur Folge. Welch ein Vergleich: Keine acht Wochen nach Hitlers Machtantritt geht es vielen in Deutschland bereits so wie den ersten Christen unter dem Wahnsinns-Kaiser Nero in Rom: Sie müssen sich für ihre Versammlungen in Katakomben verstecken, um nicht im »Circus Maximus« abgeschlachtet zu werden. »Ich finde es beelendend, moralisch«, heißt es denn auch gegen Ende des Briefes vom 1. April, »dass man das jetzt nicht sagen kann, weil es keine Zeitung abdrucken würde. Man kriegt einen Kropf von verschluckten Wahrheiten. Was soll denn aus all den Menschen werden, die man jetzt auf die Straße wirft?« (Briefe 1933–1945, 132) Ja, was soll aus solchen Menschen werden?

3. Der »Tag von Potsdam«: Heuss' Predigtempfehlung für Otto Dibelius

Aber gibt es nicht noch die *christlichen Kirchen*, deren Repräsentanten einflussreich sind und die sich mit ihrer ganzen Autorität schützend vor die jüdischen Mitbürger stellen könnten? Wo bleiben sie an diesem 1. April angesichts von »Judenboykott« und »Judenhetze«? Wo bleibt ein Mann wie Otto Dibelius (1880–1967) beispielsweise, zunächst Pfarrer in Berlin-Schöneberg, seit 1925 Generalsuperintendent der Kurmark und damit der höchste Repräsentant des Berliner Protestantismus? Das Ehepaar Heuss hat seit langem gute Beziehungen zu ihm. Anlässlich der Konfirmation eines Patenkindes in der Schöneberger Kirche »Zum Heilsbronnen« kurz nach dem 1. Weltkrieg war insbesondere Elly Heuss-Knapp vom Gottesdienst des damaligen Pfarrers Dibelius derart beeindruckt gewesen, dass sie sich fortan aktiv an der Gemeindearbeit beteiligt hatte. Ostern 1926 hatte das Ehepaar Heuss ihren 1910 geborenen Sohn Ernst Ludwig (1910–1967) von Dibelius konfirmieren lassen.

Diese persönliche Verbindung erklärt, dass Heuss noch keine zwei Wochen vor dem 1. April direkt an Dibelius geschrieben hatte (15. März 1933). Er hatte erfahren, dass dieser in der Potsdamer Nikolai-Kirche die Predigt für die protestantischen Abgeordneten aus Anlass der Eröffnung des Reichstags halten wird. Das soll am 21. März geschehen, an dem Tag, der als »Tag von Potsdam« in die Geschichte eingehen wird, als sich in einer großen Propagandainszenierung das Nazi-Regime in Gestalt des neuen Reichskanzlers Adolf Hitler mit der preußischen Tradition in Gestalt des damals schon uralten Reichspräsidenten und Ex-Generalfeldmarschalls Paul von Hindenburg (1847–1934) zu »versöhnen« sucht.

Ein erstaunlicher Brief. Zwar geht Heuss nicht so weit, dem Kirchenmann für dessen Predigt direkte »Vorschläge zu machen«, doch die Erwartungen, die er in seinem Brief zu Papier bringt, lassen an persönlichem Selbstbewusstsein und inhaltlicher Deutlichkeit nichts zu wünschen übrig. Es würde »in der historischen Durchschau heute nichts verhängnisvoller sein« für die Kirche »als eine opportunistische Haltung« gegenüber dem Staat, schreibt Heuss dem Kirchenmann. Eine »parteipolitisch kommandierte Kirchlichkeit« tauge nicht sehr viel mehr als »eine parteipolitisch angeordnete Unkirchlichkeit«. Die Kirche besitze dem Staat gegenüber nur dann Autorität, wenn sie »Mahnerin des Gewissens« sei. Konkret: In dieser geschichtlichen Stunde müsse »ein starkes und vernehmbares Wort gesprochen werden, das dem staatlichen Leben im Walten der Gerechtigkeit gegenüber der bloßen Machttechnik den tieferen Sinn« zurückgäbe. Zurückgäbe! (Briefe 1933–1945, 123)

Gerechtigkeitsdenken gegen pure Machttechnik: Das ist die Formel, die Heuss anmahnt, besser: Das ist Sorge, die einen erfahrenen Politiker wie ihn umtreibt, angesichts eines Reichstags, der seit dem 5. März vom deutschnationalen Fanatismus majorisiert ist. Und dann verweist der liberale Reichstagsabgeordnete noch auf zwei Bibelverse, überreicht sie dem Theologen und Prediger gewissermaßen auf dem silbernen Tablett: »Es gibt einen prachtvollen Spruch bei Hosea 10,12«, das ist der eine Hinweis. Und der andere: »Es müsste vor allem das

Wort aus den Sprüchen [14,34] über diese Tage gestellt werden: ›Gerechtigkeit erhöht ein Volk, aber die Sünde ist der Leute Verderben‹.« (Briefe 1933–1945, 123) Hosea 10,12? Dieser Vers lautet nach Luthers Übersetzung: »Darum säet euch Gerechtigkeit und erntet Liebe und pflügt anders, weil es Zeit ist, den Herrn zu suchen; bis dass er komme, regne über euch Gerechtigkeit.« »Gerechtigkeit erhöhet ein Volk«: So wird Heuss selbst seine Antrittsrede als Bundespräsident am 12. September 1949 vor der ersten Bundesversammlung enden lassen. (GrR I, 96)

Dibelius aber entscheidet sich anders. Er macht einen Satz aus dem Römerbrief zur Grundlage seiner Predigt am 21. März: »Ist Gott für uns, wer mag gegen uns sein?« (Röm 8,31) Der Kommentar von Heuss ist entsprechend ambivalent, wie er seine Frau am Tag danach in einem Brief wissen lässt. »Formal sehr gut«, diese Predigt von Dibelius, schreibt er ihr, »nach meinem Eindruck wieder etwas zu gut, sehr gebildet, allerhand historische Zitate, aber auch so, dass er meinen Wunsch ordentlich erfüllt hat.« (Briefe 1933–1945, 126) Das Letztere bezog sich offensichtlich darauf, dass Dibelius in seiner Predigt unter dem Titel »Ein Reich, ein Volk, ein Gott« durchaus *auch* vor der Verletzung rechtsstaatlicher Grundsätze gewarnt und insofern den neuen Machthabern auch »ins Gewissen« geredet hatte.

Ansonsten aber ist seine Predigt stramm nationalkonservativ und an der lutherischen Zwei-Reiche-Lehre orientiert: »Und wenn es um Leben oder Sterben einer Nation geht, dann muss die staatliche Gewalt durchgreifen und kraftvoll eingesetzt werden, es sei nach außen oder nach innen«, hatte Dibelius ausgerufen, keine vier Wochen nach dem Brand des Reichstags und einer ersten großen Verhaftungswelle gegen politisch Andersdenkende. »Wir haben von D. Martin Luther gelernt, dass die Kirche der rechtmäßigen staatlichen Gewalt nicht in den Arm fallen darf, wenn sie tut, wozu sie berufen ist. Auch nicht, wenn sie hart und rücksichtslos schaltet. Wir kennen die furchtbaren Worte, mit denen Luther im Bauernkrieg die Obrigkeit aufgerufen hat, schonungslos vorzugehen, damit wieder Ordnung im Lande werde.« Damit war klar geworden, dass Dibelius den Machtantritt Hitlers und der Seinen aus Gründen »nationaler Erhebung« im Grundsatz gutgeheißen hatte. Worte wie »hart«, »rücksichtslos« und »schonungslos« bei der Herstellung von »Ordnung«: Das hören diejenigen gern, die sich jetzt nach den Wahlen als »rechtmäßige staatliche Gewalt« aufspielen können und ihre Rollkommandos gegen politisch Andersdenkende losschicken. Dass man ihnen nach Potsdam von Seiten der protestantischen Kirche »in den Arm fallen« würde, hatten sie nicht mehr zu befürchten.

Zugleich aber hatte Dibelius auch deutlich Vorbehalte gegen einen Staatstotalitarismus angemeldet und für die Kirche nach wie vor ein Wächteramt beansprucht. Auch diese Sätze fallen am 21. März in der Nikolai-Kirche zu Potsdam: »Aber wir wissen auch, dass Luther mit demselben Ernst die christliche Obrigkeit aufgerufen hat, ihr gottgewolltes Amt nicht zu verfälschen durch Rachsucht und Dünkel, dass er Gerechtigkeit und Barmherzigkeit gefordert hat, sobald die Ordnung wiederhergestellt war. [...] Wir wären es nicht wert, eine evangelische Kirche zu heißen, wenn wir nicht mit demselben Freimut, mit dem Luther es getan hat, hinzufügen wollten: staatliches Amt darf sich nicht mit persönlicher Willkür vermengen! Ist die Ordnung hergestellt, so müssen Gerechtigkeit und Liebe wieder walten, damit jeder, der ehrlichen Willens ist, seines Volkes froh sein kann.« (alle Zitate nach H. Fritz, Otto Dibelius, 1998, 399f.)

Einerseits – andererseits also, zwar – aber: Die ganze Predigt des Otto Dibelius ist »von diesem hin- und herschwankenden Zauder-Rhythmus« durchzogen, einem Schaukelspiel zwischen »einer nationalen Defensiv- und einer kirchlichen Offensivhandlung«. (H. Fritz, Otto Dibelius, 1998, 396f.) Entsprechend hört jeder, was er hören will. Auch Heuss. Er hört Sätze, die ihn offensichtlich ermutigten, keine zwei Wochen nach Potsdam angesichts des »Judenboykotts« noch einmal auf die Autorität der protestantischen Kirchenführer zu setzen. Noch hat er Vertrauen. Wie stark es ist, zeigt der genannte Brief an Friedrich Mück vom 1. April 1933 ebenfalls: »Wir haben gestern früh Dibelius, Deißmann und eine Anzahl anderer Theologen alarmiert; es ist dann auch, wie mir Deißmann (Theologe an der Berliner Universität) telefonierte, eine Art von Demarche der kirchlichen Stellen erfolgt. Aber der heutige Boykott in den Straßen von Berlin war schlechthin beschämend.« (Briefe 1933–1945, 132)

4. »Immer als Antisemiten gewusst«: Otto Dibelius und die »Judenfrage«

Eine Demarche? Wirklich? Bestenfalls intern. Denn Tatsache ist: Bei aller Empörung Einzelner in bestimmten Kreisen des deutschen Protestantismus: Die Kirchenleitungen sehen von einem *öffentlichen* Protest gegen den »Judenboykott« ab. Am 1. April 1933 stehen die deutschen Bürger jüdischer Herkunft alleine da. Dibelius hatte es ja auch gleichsam kirchenamtlich von der Kanzel herab für tolerabel erklärt, dass der Staat in einer Übergangszeit politischer Unordnung weitreichende Ausnahmeregelungen treffen und beispielsweise Grundrechte zeitweise einschränken oder aussetzen könne. Erst *nachdem* die Ordnung wiederhergestellt sei, seien dann wieder »Gerechtigkeit und Barmherzigkeit« zu üben. Entsprechend weist er noch am 3. April in einer nach den USA über Kurzwelle ausgestrahlten Radioansprache Meldungen über Terror in Deutschland zurück und zwar mit dem Ziel, Glaubensgenossen in Amerika von weiterer »Agitation gegen Deutschland« abzuhalten (zit. nach W. Gerlach, Als die Zeugen schwiegen, 1993, 40). Ja, einen Tag später äußert Dibelius im Berliner »Evangelischen Sonntagsblatt« Verständnis für die Ereignisse vom 1. April:

> »Die letzten fünfzehn Jahre haben in Deutschland den Einfluss des Judentums außerordentlich verstärkt. Die Zahl jüdischer Richter, der jüdischen Politiker, der jüdischen Beamten in einflussreicher Stellung ist spürbar gewachsen. Dagegen wendet sich die Stimmung eines Volkes, das mit den Folgen der Revolution aufräumen will.« (zit. nach W. Gerlach, Als die Zeugen schwiegen, 1993, 40)

Und wiederum nur wenige Tage später (9. April) wiegelt Dibelius in einem Berliner Sonntagsblatt noch einmal ab: Die Reichsregierung habe erklärt, dass in den »stürmisch bewegten Tagen der großen Umwälzung auch Übergriffe« vorgekommen seien, was »in solchen Zeiten« niemals ausbleibe. Doch habe sie sich genötigt gesehen, »den Boykott jüdischer Geschäfte zu organisieren« und zwar »in der richtigen Erkenntnis, dass durch die internationalen Verbindungen des Judentums die Auslandshetze« dann am ehesten aufhöre, »wenn sie dem deutschen Judentum wirtschaftlich gefährlich« werde. (zit. nach W. Gerlach, Als die Zeugen schwiegen, 1993, 41)

Die Reaktion des damaligen Superintendenten auf die Ereignisse vom 1. April kann also nur für solche eine Überraschung sein, die Dibelius' längst feststehende antisemitische Grundeinstellung nicht kennen. Heuss kennt sie offensichtlich nicht. Dibelius' Predigt war ohnehin allgemein geblieben. Weder politisch Verfolgte wie Kommunisten und Sozialdemokraten noch rassistisch Verfemte waren auch nur mit einem Wort erwähnt worden. Doch schon 1928 hatte Dibelius in einem österlichen Sendschreiben an seine Pfarrer der Kurmark an seinen persönlichen Überzeugungen keinen Zweifel gelassen:

> »Für die letzten Motive, aus denen die völkische Bewegung hervorgegangen ist, werden wir alle nicht nur Verständnis, sondern volle Sympathie haben. Ich habe mich trotz des bösen Klanges, den das Wort vielfach angenommen hat, immer als Antisemiten gewusst. Man kann nicht verkennen, dass bei allen zersetzenden Erscheinungen der modernen Zivilisation das Judentum eine führende Rolle spielt.« (zit. nach Saul Friedländer, Das Dritte Reich und die Juden. Bd. 1, 1998, 55)

»Immer als Antisemiten gewusst«. Juden von *»zersetzendem«* Einfluss auf die Zivilisation. Der »verderbliche Einfluss« von Juden auf die deutsche Kultur war denn auch »das meistverbreitete Thema des Antisemitismus von Weimar«, schreibt Saul Friedländer in seiner neuesten zweibändigen Gesamtdarstellung des Komplexes »Das Dritte Reich und die Juden« (1998–2006): »Auf diesem Terrain trafen sich die konservative deutsche Bourgeoisie, die traditionelle akademische Welt, die Mehrheitsmeinung der Provinz – kurz, alle diejenigen, welche ›deutsch fühlten‹ – mit den radikaleren Antisemiten.« (Bd. 1, 1998, 123)

Kein Zufall also, dass von einer Kirchenleitung unter Dibelius' Amtsführung ein öffentlicher Protest ausbleibt, als, wie Heuss schreibt, »die seelische und wirtschaftliche Misshandlung von [jüdischen] Kaufleuten, Ärzten, Anwälten angeordnet« worden war. (Briefe 1933–1945, 132) Und was für die evangelische Amtskirche gilt, gilt auch für die katholische in Deutschland. Zwar hat es auch hier einzelne Stimmen der Erregung über das Unrecht an Juden gegeben. Der Tübinger evangelische Kirchenhistoriker Klaus Scholder hat auf sie schon 1977 in seiner bahnbrechenden Untersuchung »Die Kirchen und das Dritte Reich« hingewiesen und sie dokumentiert. Das aber ändert nichts am für beide christlichen Kirchen erschütternden Fazit, das nach Scholder so lautet: »Aber so sehr all diese Stimmen auch drängten: die Kirche als ganze blieb stumm. Kein Bischof, keine Kirchenleitung, keine Synode wandte sich in den entscheidenden Tagen um den 1. April öffentlich gegen die Verfolgung der Juden in Deutschland. […] Das Bild auf katholischer Seite gleicht dem der evangelischen Kirche bis in die Einzelheiten. Zwar fanden sich hier etwas weniger deutschnationale Illusionen, dafür aber gab es noch stärkere politische und kirchenpolitische Bedenken. Das Ergebnis war hier wie dort das gleiche, nämlich Schweigen.« (K. Scholder, Die Kirchen, Bd. 1, 1977, 340 u. 343) Ein Versagen der Kirchen auf der ganzen Linie somit, und diesen Befund kann auch Saul Friedländer 20 Jahre später nur bestätigen: »Der Boykott der jüdischen Geschäfte war der erste große landesweite Test für die Einstellung der christlichen Kirchen zur Lage der Juden unter der neuen Regierung. Der Historiker Klaus Scholder schreibt: ›Kein Bischof, keine Kirchenleitung, keine Synode wandte sich in den entscheidenden Tagen um den 1. April öffentlich gegen die

Verfolgung der Juden in Deutschland.‹ […] Die Reaktion der katholischen Kirche auf den Boykott war nicht grundlegend anders.« (Bd. 1, 1997, 55)

Ein *Nachwort zu Otto Dibelius* freilich ist um der Gerechtigkeit willen hier am Platz, hatte doch die Potsdamer Predigt auch für ihn ungeahnte Folgen. Denn nicht nur Zeugen wie Heuss hören bei dieser Ansprache, was sie hören wollen, vielmehr auch »Deutsche Christen«, die im Begriff sind, sich dem neuen Führerstaat und seiner »völkischen Weltanschauung« nahtlos anzupassen. Aus ihren Reihen sollte sich denn auch in den Wochen und Monaten nach Potsdam ein Strom übelster Verdächtigungen und Vorwürfe über Otto Dibelius ergießen, der sich auf einmal wegen seiner Vorbehalte gegenüber der staatlichen Autorität in die »vaterlandsfeindliche Ecke« gestellt sieht. (Einzelheiten zur »Agitation gegen Dibelius« bei H. Fritz, Otto Dibelius, 406–437.) Ja, die Hetzkampagnen gegen den Superintendenten nehmen mit der Zeit derartige Ausmaße an, dass Dibelius sich schließlich nach heftigen Auseinandersetzungen im September 1933 seines Amtes enthoben sieht. Nach einem kurzen Rückzug ins Ausland (als Kurprediger im italienischen San Remo) schließt sich Dibelius, wieder zurück in Berlin, der mittlerweile gegründeten »Bekennenden Kirche« an und wird Mitglied in deren Leitungsgremium, dem Bruderrat. Nach 1945 freilich wird er noch einmal einen großen Aufstieg erleben, vergleichbar dem, was Heuss und Adenauer widerfährt. 1945 wird Otto Dibelius wieder in sein Amt als Generalsuperintendent von Berlin-Brandenburg eingesetzt und nimmt den Titel eines »Bischofs« an. Er übt dieses Amt bis 1966 aus, nun immer stärker die Freiheit der Kirche auch gegen einen stalinistischen Staatssozialismus à la Ulbricht und Mielke verteidigend. Mehr noch: 1949 wird Dibelius auf der Synode der EKD auch zum Ratsvorsitzenden gewählt, ein Amt, das er nach einer Wiederwahl bis 1961 ausfüllen wird. Hochgeehrt und mittlerweile hochumstritten tritt Dibelius 1966 mit 85 Jahren von allen Ämtern zurück und stirbt am 31. Januar 1967.

Und seine Grundeinstellung zur »Judenfrage«? An dieser ändert sich offensichtlich wenig. Zwar bemerkt Dibelius in der Zeit des Kirchenkampfes, dass der Antisemitismus »das Christus-Bekenntnis in seinem Kern berührt und – verleugnet«, wie sein Biograph Hartmut Fritz schreibt. Ja, durch den SS-Mann und bekennenden Protestanten Kurt Gerstein (1905–1945), den Dibelius 1937 kirchlich getraut hatte, ist der Theologe »schon früh zum Mitwisser der planmäßigen Vernichtungsmaschinerie der nationalsozialistischen ›Endlösung‹« geworden mit der Folge, dass Dibelius es als »seine Christenpflicht« ansieht, »verfolgten Juden unter Gefährdung seiner eigenen Person zu helfen und sie im Haus des von ihm geleiteten Gustav-Adolf-Vereins zu verstecken«. (H. Fritz, Otto Dibelius, 1998, 62f.) Doch das alles verbleibt nach seinem Selbstverständnis in den Grenzen christlicher Liebespflicht. Das von ihm wesentlich mitverfasste und mitunterzeichnete »Stuttgarter Schuldbekenntnis« vom Oktober 1945 jedenfalls (Text in: Die Kirchen und das Judentum, 1988, 525f.) erwähnt das Verbrechen am jüdischen Volk und die Verantwortung der Kirche und ihres massiven Antijudaismus für die Exzesse eines mörderischen Antisemitismus mit keinem Wort. Mehr dazu in Kap. VIII, 1.

Auch das ist kein Zufall, hatte doch auch die »Bekennende Kirche« bei all ihren sonstigen Verdiensten im Kirchenkampf in der »Judenfrage« stets ihren blinden Fleck gehabt. Ihre »Standhaftigkeit«, so Saul Friedländer, hatte sich darauf beschränkt, »für die Rechte der nichtarischen Christen einzutreten« (Das Dritte Reich und die Juden, Bd.1, 1998, 58), als die Kirche 1933 gezwungen werden sollte, den »Arierparagraphen« auch in ihren Reihen anzuwenden und zum Beispiel Pastoren jüdischer Herkunft oder solche, die mit Jüdinnen verheiratet sind, zwangszupensionieren. An diesem Punkt hatten Männer wie Dietrich Bonhoeffer (1906–1945) und Martin Niemöller (1892–1984) Protest erhoben und schon an Weihnachten 1933 den sogenannten »Pfarrernotbund« gegründet, dessen Anhängerzahl von ursprünglich 1.300 innerhalb weniger Monate auf über 6.000 anwachsen und zur Gründung einer »Bekennenden Kirche« führen sollte und zwar in scharfer Abgrenzung zu einer sich jetzt ebenfalls konstituierenden regimedevoten »Deutschen Evangelischen Kirche« unter dem im September 1933 gewählten »Reichsbischof« Ludwig Müller (1883–1945). Aber »aus der Sicht der Kirchen«, so noch einmal Saul Friedländer, dreht sich »die eigentliche Diskussion« nach wie vor »um Prinzipien und Dogmen, und das schloss nichtkonvertierte Juden aus. Als im Mai 1934 in Barmen die erste Synode der Bekennenden Kirche stattfand, wurde nicht ein einziges Wort über die Verfolgungen verloren: Diesmal wurden nicht einmal die konvertierten Juden erwähnt.« (Bd. 1, 1998, 59)

Und Otto Dibelius? Der Dibelius nach 1945? Als der evangelische Theologe Wolfgang Gerlach den altgewordenen Bischof 1965, zwei Jahre vor dessen Tod, zur Frage »Bekennende Kirche und die Juden« anschreibt und ihn auf den ihm nachgesagten »Antisemitismus« anspricht, reagiert Dibelius unverändert ohne ein Wort der Selbstdistanz:

> »Und wenn sich solche finden, die mich zusammen mit den eigentlichen Antisemiten auf die Anklagebank setzen wollen, so mögen sie es ruhig tun. Ich habe nie einen Hehl aus

> meiner Einstellung gemacht: wie bei den meisten Familien der höheren Beamten im alten Deutschland wurde bei uns zu Hause von dem Problem des Judentums nicht gesprochen. Man kaufte aber nur im Notfall bei Juden und vermied mit Selbstverständlichkeit den persönlichen Umgang mit ihnen. Dies alles nicht in feindlicher Gesinnung, aber doch so, dass man das Fremdartige an ihrem Wesen spürte. [...] Als Student im Verein Deutscher Studenten habe ich immer vertreten, dass man die Grenzen gegen die jüdische Einwanderung vom Osten her sperren sollte; dann werde sich die Judenfrage im Laufe der Zeit von selbst erledigen. [...] Seit 1933 änderte sich die Lage. Denn dass der evangelische Christ bei denen steht, die ungerecht behandelt und schließlich vergewaltigt werden, versteht sich von selbst. Es ist mir immer eine Genugtuung gewesen, dass es mir gelungen ist, zwei jüdische Familien durch die ganze Verfolgungszeit hindurchzuretten, und zwar unter Gefährdung meiner eigenen Freiheit.« (Als die Zeugen schwiegen, 1993, 41f.)

Der gleich anschließend gezogenen Schlussfolgerung von Wolfgang Gerlach zum »Fall Dibelius« wird man sich kaum entziehen können: »In diesem so unverstellt offenen Wort spiegelt sich die Ideologie eines deutschnationalen Antisemitismus jener Zeit ebenso wie die ›christliche Ethik‹ gegenüber dem Verfolgten. Gerade Dibelius dürfte ein gutes Beispiel sein dafür, dass es vielen Christen sicherlich nicht an Mut fehlte, sich für Juden einzusetzen, sondern an Einsicht in die Folgen antijüdischer Einstellung.« Und an anderer Stelle: »Dibelius ist ein treffendes Beispiel für jenen erklärten Antisemiten, der ebenso unerschrocken seinen Antisemitismus offen eingestanden hat, wie er unerschrocken und trotz Gefahr für Leib und Leben im Einzelfall Juden retten konnte. Das antisemitische Vorurteil hinderte ihn nicht, für das Opfer solchen Antisemitismus' helfend einzustehen. Aber er war nicht in der Lage, im Antisemitismus den Grund für den Genocid an den Juden zu erkennen.« (Als die Zeugen schwiegen, 1993, 42. 398)

V. Jenseits von Antisemitismus und Philosemitismus

Das Judentum – verantwortlich für die »innere Zersetzung« des deutschen Volkslebens? Das hatte Dibelius schon 1928 geschrieben. Wie tief antisemitische Töne dieser und anderer Art im protestantisch-bürgerlichen Milieu verankert sind, spiegelt uns freilich auch Theodor Heuss. Wir müssen uns jetzt einem prekären Aspekt seiner Biographie zuwenden. In dem von uns bisher schon ausgewerteten Brief vom 1. April 1933 stoßen wir auch auf ihn.

Gewiss, die »Judenhetze« an diesem 1. April empfindet Heuss als »ganz furchtbar«, um dann aber an derselben Stelle des Briefes nachzuschieben: »Besonders, dass sie so dargestellt wird, als ob das deutsche Volk gezwungen sei, sich gegen die deutsche Judenschaft zu wehren. Die ›Greuel‹ sind, soweit sie groß gestartet wurden, offenbar aus dem ostjüdisch-kommunistischen Getto von New York und London.« Wir horchen auf: *»ostjüdisch-kommunistisch«*? Wie ist das zu verstehen? Heuss war hier wie viele damals ganz offensichtlich der NS-Propaganda aufgesessen: Grund für den Boykott gegen die Juden in Deutschland seien Greuelmeldungen des jüdisch gesteuerten Auslands gegen die NS-Machtübernahme. Wir registrieren, wie plakativ Heuss auf einmal formulieren kann: »ostjüdisch-kommunistisch«! Auch Dibelius hatte der NS-Propaganda geglaubt, wie wir schon gehört haben, und gefolgert:

»Das Ergebnis dieser ganzen Vorgänge wird ohne Zweifel eine Zurückdämmung des jüdischen Einflusses im öffentlichen Leben Deutschlands sein. Dagegen wird niemand im Ernst etwas einwenden können.« (zit. nach W. Gerlach, Als die Zeugen schwiegen, 1993, 41f.)

Damit ist klar, was eine solche Zweck-Propaganda bewirken sollte: Indem der Boykott gegen jüdische Mitbürger durch angebliche Greuelmärchen des jüdisch gesteuerten Auslands erklärt wird, gewinnt, so noch einmal Klaus Scholder, »auch die nationalsozialistische These von der antideutschen Agitation der Juden an Glaubwürdigkeit«, und der Boykott erhält »den Schein eines Aktes von berechtigter Notwehr, zumal alles, wie Dibelius auch für seine Diözese bezeugte, ›in Ruhe und Ordnung‹ verlaufen sei. Die Aktionen gegen jüdische Beamte dienten nur der Wiederherstellung gerechter Verhältnisse, weil die Juden nach dem Krieg gewisse Stellen weit überproportional besetzt hätten.« (Die Kirchen und das Dritte Reich, Bd.1, 1977, 341) In der Tat: »Zurückdämmung des jüdischen Einflusses im öffentlichen Leben Deutschlands« – das scheint Vielen in Deutschland, auch in bürgerlichen Bildungsschichten, längst überfällig zu sein. Nach dem Motto: Die Nazis tun endlich, was schon längst hätte getan werden müssen …

1. Wider ein »entwurzeltes jüdisches Literatentum«

Ein ähnlicher Tenor nun auch in der Ausgabe der »Hilfe« vom 8. April 1933, deren Herausgeber Heuss seit dem 1. Januar 1933 ist. In einem nicht gezeichneten Kommentar von Heuss zum »Judenboykott« findet sich die offizielle Begründung der Nazis für die antijüdischen Aktionen ebenfalls. »Die Presse der Welt« habe in »deutschen Greueln« gemacht, liest man dort, »sinnlose Erzählungen« habe sie »über deutsche Pogrome mit Massenopfern veröffentlicht, fabriziert z.T. in den ostjüdisch-kommunistischen Zirkeln von London und New York, die an verschärfter Unruhe in der Welt ihr Interesse« hätten. (Die Hilfe, 39. Jg./Nr.7 vom 8.4.1933, 198f.) Fragwürdig sei ein solches Verfahren, weil es »Unschuldige« treffe und man an die Schuldigen nicht herankomme. Und unschuldig sind nach Heuss' Verständnis vor allem Juden *in Deutschland.*

Mehr noch: Unter Bezugnahme auf das am 7. April 1933 erlassene »Gesetz zur Wiederherstellung des Berufsbeamtentums«, das rücksichtslos »Nichtarier« aus dem Staatsdienst vertreibt und andere endgültig von ihm ausschließt, wird Heuss in einem Brief vom 4. Mai 1933 an einen Frankfurter Freund zwar klagend von den »materiellen und noch mehr seelischen Auswirkungen« dieser »gesetzlichen Bestimmungen über jüdische Anwälte, Ärzte, Professoren und Künstler« sprechen, gerade auch in »manchem befreundeten Haus«; er »leide mit darunter«. Zugleich aber macht er auch hier die in seinen Augen wahrhaft Schuldigen namhaft: Er »leide mit darunter, dass für das Verhalten und die seelische Taktlosigkeit einer Handvoll entwurzelter Literaten ein paar Hunderttausend Menschen, die sich nicht wehren können, infamiert werden«. (Briefe 1933–1945, 142)

»*Entwurzelte Literaten*«. Wie pauschal antijüdisch das gemeint ist, geht aus weiteren Briefen hervor. »Ich sehe«, schreibt Heuss am 6. Mai 1933 an einen Mitarbeiter der Firma Bosch in Stuttgart, »wie in der gegenwärtigen Lage das Positive und das Negative miteinander kämpfen. Zu dem Negativen rechne ich das Unrecht, das heute um einiger jüdischer Literaten willen und wegen personalpolitischen Fehlgriffen der preußischen

Regierung dem bürgerlichen und dem gelehrten Judentum angetan wird.« (Briefe 1933–1945, 148f.) Sechs Tage später verdeutlicht Heuss in einem weiteren Brief an Friedrich Mück seine Distanz zu solchen »jüdischen Literaten«. Sein Sohn Ernst Ludwig Heuss hatte voller Panik aus Bonn geschrieben. Er sieht seine Immatrikulation an der Universität gefährdet, weil Vertreter der Bonner Studentenschaft in einer dem Zeitgeist entsprechenden Aktion auch den Namen von Theodor Heuss auf eine Schwarze Liste gesetzt und so gewissermaßen an einen »Schandpfahl der deutschen Nation« geheftet hatten. In der für ihn typischen selbstironischen Gelassenheit erklärt Heuss »einige der Leute« auf der Liste der Studentenschaft für »menschlich keine schlechte Nachbarschaft«, um sich daraufhin im selben Atemzug von einem »entwurzelten jüdischen Literatentum« zu distanzieren, gegen das er »all die Jahre gekämpft« habe. Es sei »weniger schön, mit diesen [auf derselben Liste] in die Geschichte einzugehen«. (Briefe 1933–1945, 151) Wen genau hatte Heuss im Blick? (Einzelheiten bei J.C. Hess, Heuss vor den Herausforderungen des Jahres 1933, 1994, bes. 99–112)

Darüber gibt der Brief an Ernst Ludwig vom 10. Mai 1933 Auskunft. Hier fallen die Namen: »Hirschfeld, Hodan[sic!], Tucholsky« (Briefe 1933–1945, 153). Nicht von ungefähr. Die Ärzte Magnus Hirschfeld (1868–1935) und Max Julius Hodann (1894–1946) sind zu ihrer Zeit Pioniere der Sexualwissenschaft und Sexualpädagogik, zugleich aber auf Grund ihrer Aufklärungsarbeit auf ungewohntem und für bürgerliche Kreise prekärem Gebiet heftigsten Anfeindungen ausgesetzt, nicht zuletzt wegen ihrer jüdischen Herkunft. Kurt Tucholsky (1890–1935) ist einer der kämpferischsten und scharfzüngisten Schriftsteller und Publizisten der Weimarer Republik. Heuss hatte das im Zusammenhang mit dem von ihm und seiner Parteifreundin Gertrud Bäumer (1873–1954) seinerzeit engagiert vertretene »Gesetz zur Bewahrung der Jugend vor Schmutz- und Schundschriften« zu spüren bekommen. Das ist einige Jahre her. Aber unvergessen ist Heuss offensichtlich der am 14. Dezember 1926 in der »Weltbühne« erschienene satirische Verriss, in dem Tucholsky von diesem Gesetz als »Schande« gesprochen (»eine Schande ist Gesetz geworden«) und sich über Heuss persönlich mit diesen Worten lustig gemacht hatte:

> »Dass Theodor Heuss, der wacker mitgeholfen hat, verführt von dem Beifall kleinbürgerlicher Versammlungssäle, ein ehrlicher, überzeugungstreuer und rechtschaffener Mann ist, verschlimmert die Sache noch. Wäre er politisch begabt, er könnte von mir aus weniger anständig sein. Der leicht säuerliche Knastergeruch eines Tübinger Seminars durchzitterte die Luft, wenn der ehemalige Vorsitzende des Schutzverbandes Deutscher Schriftsteller im Reichstag sprach, und wie er, der geistige Arbeiter, die Interessen seines eigenen Standes an die Banausen verriet, das war umso übler, als er die Mittel dazu von den Schriftstellern entlehnt hatte. Mit Bildung, Lexikonkenntnis und einer sanften Philosophie wurde hier ein böses Werk getan.
>
> Was Bäumer und Heuss für das Gesetz gesagt haben, das uns alle bedrücken wird, ist nachweislich Unfug.« (Ges. Werke, Bd. 4, Hamburg 1975, 557f.)

Solche Sätze hatten mit ätzender Ironie so ziemlich alles ins Lächerliche gezogen, woran Heuss hängt und glaubt: Ehrlichkeit, Überzeugungstreue, Rechtschaffenheit. Tucholsky hatte ausgerechnet ihn, den *homme de lettres*, ironisch mit der Welt des Banausentums, des Kleinbürgerlichen und Spießigen in Zusammenhang gebracht und seine ganze Begründung des Gesetzes pauschal als »Unfug« abgetan. Heuss hat das nicht vergessen. Er revanchiert sich noch Jahre später durch eine Form der Abgrenzung, die durchaus das Vorhandensein »antisemitischer Vorurteile« (E.W. Becker, 2011, 77) verrät: »entwurzeltes jüdisches Literatentum«! Und solche Urteile finden sich bei ihm »vor allem dann, wenn er diejenigen Publizisten kritisierte, die seines Erachtens in verantwortungsloser Weise die Fundamente des Staates untergraben und mit ihrer brillianten, aber praxisfernen Kritik die Weimarer Republik geschwächt hatten.« (E.W. Becker, 2011, 77) Der Historiker Jürgen C. Hess hat darauf schon 1994 hingewiesen, konnte doch in der Tat die Kluft zwischen Autoren etwa der radikallinken Zeitschrift »Die Weltbühne« wie Carl von Ossietzky und Kurt Tucholsky und »realistischen und sachlichen Befürwortern des Weimarer Staates« wie Heuss größer kaum sein: »Es war nun einmal das tiefe Elend des so sehr zusammengeschrumpften Häufleins der Weimarer Demokraten, dass sie sich nicht nur von rechten, sondern auch von linken Intellektuellen in bitterster Schärfe angegriffen sahen. Dies muß man unbedingt einkalkulieren, wenn man die Erwähnung Tucholskys an dieser Stelle begreifen will. Dazu muss man wissen, dass Heuss für die intellektuelle Brillianz des Schreibtisches nie viel Respekt gehabt hat. Für ihn zählte der Bürger, der sich aktiv auf die Politik einließ und dabei nicht scheute, die endlosen Mühen der alltäglichen Parteiarbeit auf sich zu nehmen, unendlich viel mehr.« (1994, 109)

Wie sehr Heuss selber in dieser Lage schwankt, zeigt die Fortsetzung des Schreiben: Einerseits – andererseits. Einerseits sei er froh, schreibt er im selben Brief vom 10. Mai 1933 seinem Sohn nach Bonn, dass er »zu den Herren Hirschfeld, Hodan, Tucholsky z.s.f.« distanziert werde, hatte er doch durch die Deutsche Allgemeine Zeitung eine Art »Ehrenrettung« entgegennehmen können und zwar durch »Unterstreichung«

seines »Ariertums«. Andererseits ist Heuss bei einer solchen »Ehrenrettung« durchaus nicht wohl. Im Gegenteil. Zwiespältige Gefühle hat diese nicht bestellte »Rettung« in ihm ausgelöst. Denn dieser Art »Unterstreichung« seines »Ariertums« in ideologisch aufgeladener Zeit geht über das hinaus, was ihm im Augenblick »angenehm« ist. Und wörtlich: »Ich liebe jetzt keine Distanzierung zu den Juden, mit denen ich befreundet bin.« (Briefe 1933–1945, 152)

Gegenüber bestimmten Juden gar nicht freundlich dagegen ist ein Artikel, den Heuss am 3. Februar 1934 in der »Hilfe« erscheinen lässt. Titel: »Ostjuden« (Die Hilfe, 40.Jg/Nr.3 vom 3.2.1934, 65–67). Hier wird nun vollends Klartext geredet und deutlich gemacht, was Heuss und die Seinen in dieser Zeit unter dem Negativ-Etikett »ostjüdisch-kommunistisch« verstehen. Geschrieben hat den Artikel ein deutscher *Jude*, Ludwig Herz. Der tut denn auch alles, um zwischen den kulturell angepassten deutschen Juden und den sogenannten »Ostjuden« einen Keil zu treiben. Der »alteingesessenen deutschen Judenheit« seien »die kulturell von ihnen völlig verschiedenen, zivilisatorisch hinter ihnen zurückgebliebenen, kaufmännisch noch im Schachergeist steckengebliebenen Ostjuden trotz allen Mitgefühls eine Verlegenheit«, schreibt Herz. Aus dieser Schicht stammten »jene Nichts-als-Intellektuellen, die als repräsentativ für eine Gemeinschaft galten und gelten, mit der sie selber Zusammenhang kaum gepflegt« hätten. In diesem Ton geht es weiter, bis Herz seinen Artikel mit den Sätzen beendet:

> »Belastet mit dem Erbgut scharfen verstandesmäßigen Kritizismus und eines nichts, auch sich selbst nicht schonenden Witzes, aber als Entwurzelte unschöpferisch, nur ästhetisch kitzelnd und erheiternd, ohne Ethos und Verecundia [Anstandsgefühl], ein in uraltem Leid geschmiedetes Zusam-

mengehörigkeitsgefühl zur Cliquenwirtschaft erniedrigend, einem in jahrhundertlangen Demütigungen gezeugtes Minderwertigkeitsgefühl durch Überheblichkeit und Vordringlichkeit entgegenwirkend, leben und weben sie in einer verletzenden Judentümlei, die des Urgrundes des Glaubens entbehrt und sich dadurch im Wesenskern von der Unduldsamkeit des auf sein Volkstum pochenden Zionismus unterscheidet. In diesem ›Antigoiismus‹, wie man es in Anlehnung an den Begriff des Antisemitismus genannt hat, trafen sie sich mit formal begabten, aber der Liebe baren, vom Pariaressentiment noch nicht geheilten Rückläufern aus der eingedeutschten Judenheit. Sie waren Schädlinge. Schädlinge nicht zuletzt an den eigenen Glaubensgenossen. Dort lehnte man zwar den Typus ab, versäumte jedoch aus irrendem Solidaritätsgefühl, ihn energisch abzuschütteln. Um eine ›Gefahr‹ zu werden, fehlte ihnen die Wirkungsweite, aber sie waren ein Ärgernis und wurden zu Agenten des Antisemitismus.«

Ein ungeheurer Text, der zwar nicht von Heuss stammt, wohl aber unter seiner redaktionellen Verantwortung erscheinen kann. Ein Jude bezeichnet andere Juden als »Schädlinge« und »Agenten des Antisemitismus«. Im Klartext: Ein Jude bezichtigt Juden, der Judenverachtung und dem Judenhass Vorschub zu leisten! Und wir verstehen nun besser, was bei Heuss hinter der Distanzierung von einem »entwurzelten jüdischen Literatentum« steckt, wenn wir diese Polemik gegen »jene Nichts-als-Intellektuellen« zur Kenntnis nehmen, gegen Leute, die »mit dem Erbgut scharfen verstandesmäßigen Kritizismus und eines nichts, auch sich selbst nicht schonenden Witzes« belastet seien, zugleich aber »als Entwurzelte unschöpferisch« lebten, »nur ästhetisch kitzelnd und erheiternd, ohne Ethos und Anstandsgefühl«. Tucholsky und Seinesgleichen sind gemeint.

2. Antisemitische Anklänge bei Heuss

Genug der Dokumente. Sie reichen aus, um Denkschemata zu erkennen und Heuss' Grundeinstellung zum Komplex Judentum, insbesondere in den Jahren vor und nach 1933, erkennen und einschätzen zu können. Sie zeigen eine Seite von Heuss, die es so nach 1945 nicht mehr geben wird. Wir sprechen darüber ohne alle moralische Besserwisserei, ohne vom »hohen Ross« heutigen Wissens abzuurteilen. Aber umgekehrt kann auch nicht übersehen werden, dass Heuss vor 1945 zwei Arten von Judentum nicht nur unterscheidet, sondern gegeneinander ausspielt: Unzivilisierte, wurzellose »Ostjuden«, die in Verbindung mit dem Etikett »kommunistisch« auch noch als politische Bedrohung erscheinen, gegen zivilisierte, gebildete, bürgerlich angepasste »Westjuden«, die in Deutschland integriert sind und sich mit ihrem Land und dessen Kultur identifizieren. Klar geworden ist auch, dass Heuss sich von einem »entwurzelten jüdischen Literatentum« distanzieren kann zugunsten eines »bürgerlichen und gelehrten Judentums«. Klar ist, dass Heuss viele Freunde in der deutschen Judenschaft hat und diesen gegenüber auch in finsterer Zeit solidarisch ist. »Ich liebe jetzt keine Distanzierung zu den Juden, mit denen ich befreundet bin«; das ist ein ernster und wichtiger Satz. Aber klar ist auch, dass diese Freunde ausschließlich zur »bürgerlichen« und »gelehrten« Judenschaft gehören, zu jener »eingedeutschten Judenheit«, die im »Ostjuden«-Artikel zur Norm erhoben ist.

Die Heuss-Forschung hat denn auch angesichts dieser und anderer Dokumente nicht gezögert, Heuss bei entsprechenden Äußerungen »eigene antisemitische Anklänge« zu attestieren, so Elke Seefried (Briefe 1933–1945, 26). Ähnlich

Ernst Wolfgang Becker. Das Heuss'sche Wort von den »entwurzelten jüdischen Literaten« zum Beispiel bediene den »Topos vom ewig wandernden Juden« und sei »damit einem kulturellen Antisemitismus gefährlich nahe« gekommen (2011, 76). Auch Peter Merseburger würde dieses Wort eher bei einem Deutschnationalen denn bei einem »aufrechten Demokraten der DDP oder Staatspartei« vermuten (Th. H., Der Bürger als Präsident, 332). Indem Heuss das bürgerlich-gelehrte Judentum gegen »einige jüdische Literaten« ausspiele, um deretwillen dem bürgerlichen Judentum Unrecht geschehe, trete bei ihm »ein zutiefst konservativ-bürgerlicher Instinkt« zutage, den er »mit der Minderheit des nicht antisemitisch orientierten protestantischen Bürgertums« teile: »dass man vor allem jene deutsche ›Judenheit‹ respektiert, die sich assimilierte, zum ›selbstständigen Teil der deutschen Gesellschaft wurde‹, die es zu akademischem Status oder wirtschaftlichem Erfolg brachte und zur deutschen Bourgeoisie gehört.« (ebd.)

Besonders scharf fällt schließlich die Kritik an der in der Tat ungeheuerlichen Unterstellung aus, »Ostjuden« seien »Schädlinge an den eigenen Glaubensgenossen« und »Agenten des Antisemitismus«. Obwohl man diesen Artikel zunächst als relativ plumpen Anpassungsversuch einer um ihr Überleben im NS-Staat kämpfenden Zeitung verstehen muss, dürfte eine solche Übernahme des antisemitischen Nazi-Jargons für die Ziele des Blattes eher kontraproduktiv gewesen sein. Bekanntlich dachten die Nazis nicht daran, zwischen »guten« und »schlechten«, zivilisierten und unzivilisierten Juden zu unterscheiden. Im Gegenteil spielte ihnen eine solche innerjüdische Entsolidarisierung in die Karten, die alle ihre Stereotypen vom »schachernden Juden« und von »Schädlingen« am Volkskörper zu bestätigen schien. »Solchermaßen selbstanklagende, für die menschenverachtende Propaganda der neuen Machthaber so viel Verständnis aufbringende, ja sogar deren Termini aufnehmende Gedanken«, schreibt denn auch Reiner Burger, »waren nicht geeignet, wie ja eigentlich mit der ›Hilfe‹ beabsichtigt, ›vor einem engen Schematismus zu warnen‹ oder gar dem fanatischen Antisemitismus entgegenzuarbeiten.« (Heuss als Journalist, 1999, 307) Ja, als besonders peinlich musste erscheinen, dass der Artikel über »Ostjuden« in der »Hilfe« wenige Monate nach einem Gesetz veröffentlicht worden war, »das Mitte Juli 1933 den Widerruf von Einbürgerungen und die Aberkennung der deutschen Staatsbürgerschaft ermöglicht und damit 16.000 sogenannte Ostjuden mit dem Entzug ihrer deutschen Staatsangehörigkeit bedroht« hatte. (P. Merseburger, 331) Das alles heisst nicht, aus heutiger Sicht »den Stab über Theodor Heuss zu brechen« und solche Äußerungen selbstgerecht aus heutiger Sicht mit »dem Maßstab von Auschwitz zu messen«, so der Historiker Jürgen C. Hess zu Recht (1994, 107). Auch Heuss hat Anspruch darauf, aus seiner historischen Situation heraus verstanden zu werden, wobei »Verstehen« nicht Billigen bedeutet. Wir fragen deshalb weiter.

3. Zwischen Emanzipation und Antisemitismus: Juden in Deutschland

Wo hat das ambivalente Judenbild von Theodor Heuss in der Zeit vor und nach 1933 seine geistigen Wurzeln? Wo ist es grundgelegt? Von wem ist es beeinflusst? Elke Seefried hat zu Recht auch bei dieser Frage auf die Persönlichkeit Friedrich Naumanns verwiesen, des großen Mentors und Förderers von Theodor Heuss. Heuss' »ambivalente Stellungsnahmen« zum

Komplex Judentum bewegten sich »durchaus in der Kontinuität einer gewissen ›Distanznahme‹ des liberal-protestantischen Bürgertums zu Juden seit den 1890er Jahren«, so die Historikerin. Zwar habe Naumann einen »Rassenantisemitismus abgelehnt, eine Verbundenheit zwischen Judentum und Christentum anerkannt und seinen Nationalsozialen Verein für Juden geöffnet«, dennoch habe er »in einem volkstumsideologischen Nationsverständnis eine gewisse kulturelle Fremdartigkeit des Judentums diagnostiziert, das sich in das Deutschtum integrieren müsse«. (Briefe 1933–1945, 27)

In der Tat weist schon Naumanns Judenbild eine tiefe Ambivalenz auf. Einzelheiten sind hier nicht auszubreiten. Ich verweise dafür auf die materialreiche Untersuchung von Wolfgang E. Heinrichs »Das Judenbild im Protestantismus des Deutschen Kaiserreichs« (2000). Das für uns Entscheidende ist: Einer der übelsten Gestalten an der an Übeln nicht gerade armen Geschichte des Antisemitismus ist der protestantische Theologe Adolf Stoecker (1835–1909), der nach einer Tätigkeit auf verschiedenen Pfarrstellen 1874 zu einem der Hof- und Domprediger in Berlin berufen wird. Stoecker hatte sich dafür durch stramm kaisertreue und nationalistische Artikel empfohlen. Sein Aufstieg erscheint konsequent, zumal sich Stoecker, obendrein noch Leiter der Berliner Stadtmission, als Mann der Kirche auch in sozialen Fragen tatkräftig engagiert, nicht zuletzt mit dem Ziel, den Einfluss der deutschen Sozialdemokratie auf die Arbeiterschaft zurückzudrängen. Die Gründung einer bewusst »*Christlich*-sozialen Arbeiterpartei« 1878, drei Jahre später in »Christlich-Soziale Partei« umbenannt, spricht für sich. Ja, man wird mit dem Historiker Thomas Nipperdey sagen können: Stoeckers Verdienst ist es, »das soziale Thema unverlierbar auf die Tagesordnung der Kirche gesetzt« zu haben. Die Kirche hat für einen pietistisch-orthodox geprägten Volksmissionar wie ihn »das Gewissen der Nation« zu sein. Sie habe sich aus ihrer »agrarisch-bürgerlichen Tradition zu lösen«; das Evangelium »gehöre in die politisch-soziale Diskussion, in die Volksversammlung, sei Basis der sozialen Reform«. (Th. Nipperdey, Deutsche Geschichte, Bd 1, 1990, 497) Den Höhepunkt seiner Karriere erreicht der mit einem ausgesprochen demagogischen Redetalent ausgestattete Stoecker 1883, als er zum zweiten Hof- und Domprediger aufsteigt, ein Amt, das er allerdings 1890 aufgrund seiner parallelen und umstrittenen politischen Aktivitäten aufgeben muss. Im selben Jahr gründet Stoecker den Evangelisch-Sozialen Kongress.

All diese sozialpolitischen Aktivitäten aus der Mitte des deutschen Protestantismus heraus verbinden Stoecker u.a. auch mit Friedrich Naumann. Wie eng deren Beziehungen anfangs sind, schildert Heuss in seinem Kapitel »Adolf Stoeckers christlicher Sozialismus« nicht zufällig gleich zu Beginn seiner Naumann-Biographie (Naumann, 1949, 40–45). Der junge Heuss hatte den alten Stoecker noch persönlich reden hören, als er 1905 nach Berlin gekommen war. Aber da ist der 70-Jährige schon »zu alt«, wie Heuss in seinen »Jugenderinnerungen« (1953) bemerkt, zu alt, »um jenen Eindruck des großen Volkstribuns zu hinterlassen, den man noch aus seinen gedruckten Reden« habe spüren können. Jetzt aber sei es bei Stoecker nur noch um »ein zugleich polemisches und müdes Verteidigen verlorener Hoffnungen« gegangen. (Vorspiele, 262f.)

Zum Bruch zwischen Stoecker und Naumann war es 1896 aus politischen und religiösen Gründen gekommen, hatte Stoecker doch sein politisches und soziales Engagement zunehmend mit einem *fanatischen Antisemitismus* verbunden. In seinen nachmals berühmt-berüchtigten »Judentums-Reden« sind »die Juden« nichts als Verschwörer, die als Fremdkörper ein Volk wie das der Deutschen von innen her zersetzen. Ob Großkapital oder sozialistische Linke, alle sind sie »verjudet«, sind Ausdrucksformen und Hervorbringungen des »internationalen Judentums«, das verschwörerisch die Unterwanderung und Vernichtung des »deutschen Volks« plant. Heuss selbst wird nach dem Krieg seine Distanzierung von Stoeckers Antisemitismus in die Worte kleiden: »Zur Vorarbeit für meine Naumann-Biographie habe ich alle seine Sachen gelesen. Sein Antisemitismus war ziemlich oberflächliche, zeitbedingte Demagogie gegen ökonomisch-soziale Erscheinungen des Früh- und Mittelkapitalismus, die er auf das jüdische Element konzentriert«. (Briefe 1949–1954, 127) Das ist schön umschrieben, verschweigt aber, dass Stoecker zu dem Mann geworden war, der den Antisemitismus in Deutschland – so Heinrichs – »›hoffähig‹ und ›gesellschaftsfähig‹« gemacht hat, »gleichzeitig ›kirchenfähig‹ und ›politikfähig‹ und sehr bald, im Verein mit Heinrich von Treitschke (1834–1896), auch ›akademiefähig‹«. (198)

In der Tat ist Treitschke der Mann, der als bekannter Berliner Historiker 1879 unter dem fatalen Einfluss Stoeckers den »Berliner Antisemitismusstreit« lostreten sollte. In einem Aufsatz unter dem Titel »Unsere Aussichten«, erschienen in einem Band der von ihm herausgegebenen »Preußischen Jahrbücher«, hatte er seine Überzeugungen von einer verhängnisvollen Rolle des Judentums in einem bleibend germanisch-christlich geprägten Deutschland ausgebreitet. Er kleidet sie in den nachmals vielzitierten, vor allem vom NS-Hetzblatt »Der Stürmer« später schamlos ausgeschlachteten Satz: »Bis in die Kreise der höchsten Bildung hinauf, unter Männern, die jeden Gedanken kirchlicher Unduldsamkeit oder nationalen Hochmuths mit Abscheu von sich weisen würden, ertönt es heute wie aus einem Munde: die Juden sind unser Unglück!« (Dokumente bei: Walter Boehlich, Hrsg., Der Berliner Antisemitismusstreit, Frankfurt/M. 1965)

Der ganze Vorstoß verfolgt somit das Ziel, bei der deutschen Bevölkerung gegenüber Juden einmal mehr Überfremdungsängste zu schüren, Verschwörungstheorien zu verstärken und eine Begrenzung der mittlerweile breit eingetretenen »Judenemanzipation« durchzusetzen. 1862 hatte das Großherzogtum Baden unter Großherzog Friedrich I. (1826–1907; Reg. 1856–1907) Juden als erster deutscher Staat die uneingeschränkte Gleichberechtigung eingeräumt (s. auch Kap. VII, 9). Dem war 1864 auch das Königreich Württemberg gefolgt. Fünf Jahre später, am 3. Juli 1869, hatte Otto von Bismarck (1815–1898) in seiner damaligen Eigenschaft als preußischer Ministerpräsident das im Norddeutschen Bund erwirkte »Gesetz, betreffend die Gleichberechtigung der Konfessionen in bürgerlicher und staatsbürgerlicher Beziehung« unterzeichnet, welches das Judentum mit allen sonstigen Konfessionen gleichgestellt hatte. Am 22. April 1871 war dieses Gesetz auf das gesamte Gebiet des neuen Deutschen Reiches ausgedehnt und damit auch im Königreich Bayern eingeführt worden, das als einziges Bundesland noch über kein entsprechendes Gesetz verfügt hatte.

Im Gefolge des Berliner Antisemitismusstreites aber werden zwischen August 1880 und April 1881 reichsweit Unterschriften für eine »Antisemitenpetition« gesammelt. Am Ende kommen über 220.000 Unterzeichner zusammen, die mit der Petition im April 1881 demselben Otto von Bismarck überreicht werden, der jetzt Reichskanzler ist. Diese Petition hat das erklärte Ziel, die bürgerliche Gleichberechtigung von Juden in Deutschland wieder zurückzunehmen, was Bismarck und seine Regierung ablehnen. Zugleich hatten sich auch Gegenkräfte gebildet. So hatte der Streit seine große öffentliche Resonanz nicht zuletzt auch durch die Gegenstellungnahmen des Berliner Historikers Theodor Mommsen (1817–1903) erlangt, dessen schon damals legendärer wissenschaftlicher Ruf auf den ersten drei Bänden seiner »Römischen Geschichte« beruhte, die er von 1854 bis 1856 hatte erscheinen lassen. 1902 wird er für dieses Werk (der 4. Band bleibt unpubliziert, der 5. erscheint 1885) den Nobelpreis für Literatur erhalten!

1880 gehört Mommsen zusammen mit dem Historiker Johann Gustav Droysen (1808–1884), dem Juristen und Politiker Rudolf von Gneist (1816–1895) und dem Mediziner Rudolf Virchow (1821–1902) zu den 75 Repräsentanten des deutschen Geisteslebens, die in einer »Notabeln-Erklärung« gegen die Wiederbelebung des Antisemitismus in Deutschland vehement Einspruch erheben. Ja, welche Geister der Antisemitismusstreit in Deutschland geweckt, welche Dämonen der Vergangenheit er heraufbeschworen, welche Emotionen er losgetreten hatte, sagt uns der Wortlaut der Notabeln-Erklärung, in der es heisst:

> »In unerwarteter und tief beschämender Weise wird jetzt an verschiedenen Orten, zumal den größten Städten des Reichs, der Rassenhaß und der Fanatismus des Mittelalters wieder ins Leben gerufen und gegen unsere jüdischen Mitbürger gerichtet. Vergessen wird, wie viele derselben durch Fleiß und Begabung in Gewerbe und Handel, in Kunst und Wissenschaften dem Vaterlande Nutzen und Ehre gebracht haben. Gebrochen wird die Vorschrift des Gesetzes wie die Vorschrift der Ehre, daß alle Deutschen in Rechten und Pflichten gleich sind. Die Durchführung dieser Gleichheit steht

nicht allein bei den Tribunalen, sondern bei dem Gewissen jedes einzelnen Bürgers.

Wie eine ansteckende Seuche droht die Wiederbelebung eines alten Wahnes die Verhältnisse zu vergiften, die in Staat und Gemeinde, in Gesellschaft und Familie Christen und Juden auf dem Boden der Toleranz verbunden haben. Wenn jetzt von den Führern dieser Bewegung der Neid und die Mißgunst nur abstrakt gepredigt werden, so wird die Masse nicht säumen, aus jenem Gerede die praktischen Konsequenzen zu ziehen. An dem Vermächtnis Lessings rütteln Männer, die auf der Kanzel und dem Katheder verkünden sollten, daß unsere Kultur die Isolierung desjenigen Stammes überwunden hat, welcher einst der Welt die Verehrung des einigen Gottes gab. Schon hört man den Ruf nach Ausnahmegesetzen und Ausschließung der Juden von diesem oder jenem Beruf und Erwerb, von Auszeichnungen und Vertrauensstellungen. Wie lange wird es währen, bis der Haufen auch in diesen einstimmt?

Noch ist es Zeit, der Verwirrung entgegenzutreten und nationale Schmach abzuwenden; noch kann die künstlich angefachte Leidenschaft der Menge gebrochen werden durch den Widerstand besonnener Männer. Unser Ruf geht an die Christen aller Parteien, denen die Religion die frohe Botschaft vom Frieden ist; unser Ruf ergeht an alle Deutschen, welchen das ideale Erbe ihrer großen Fürsten, Denker und Dichter am Herzen liegt. Vertheidiget in öffentlicher Erklärung und ruhiger Belehrung den Boden unseres gemeinsamen Lebens: Achtung jedes Bekenntnisses, gleiches Recht, gleiche Sonne im Wettkampf, gleiche Anerkennung tüchtigen Strebens für Christen und Juden.« (zit. nach W. Boehlich, Hrsg., Der Berliner Antisemitismusstreit, 1965, 203f.)

Das alles sind Schlaglichter, Zeitsignale, die deutlich machen: Obwohl durch Verfassungen mittlerweile *rechtlich* abgesichert, ist die *gesellschaftliche* Stellung von Juden in Deutschland nach wie vor prekär, als Theodor Heuss 1884 in Brackenheim bei Heilbronn geboren wird.

4. Das ambivalente Judentumsbild Friedrich Naumanns

Und Friedrich Naumann? Ein Antisemit wie Stoecker will er nicht sein, wird er nie werden. Schon im Juni 1895, nachdem es auf einem christlich-sozialen Parteitag in Eisenach zu einem Konflikt mit der Gruppe um Stoecker gekommen war, lässt Naumann den von ihm ansonsten nach wie vor geschätzten Mann wissen, dass er »gemeinsame Aktionen« auch in Zukunft nicht ausschließe. Doch ihm persönlich fiele es schwer, »einem christlich-sozialen Antisemiten«, wie sie »in Hessen zahlreich vertreten« seien, »als Redner in der Wahlbewegung zu helfen«. Und wörtlich fügt Naumann hinzu: »Ich werde bei jedem neuen Zusammentreffen mit Antisemiten misstrauischer gegen sie – es ist keine Liebe und wenig soziales Verständnis in vielen von denen, die mir nahe gekommen sind. Aber diese Schwierigkeiten sind rein persönlicher Natur für mich, es gibt ein ganzes Teil meiner Freunde, die gegenüber dem Juden anders empfinden als ich.« (zit. nach Th. Heuss, Naumann, 1949, 531)

Den Widerstand seiner »Freunde« in der »Judenfrage« bekommt Naumann denn auch auf der Gründungsversammlung seines Nationalsozialen Vereins (NSV) im August 1896 in Erfurt deutlich zu spüren. Können, sollen Juden aufgenommen werden? Naumann wird in dieser Frage direkt herausgefordert. In einem Offenen Brief an einen jüdischen Realschullehrer geht er zwar davon aus, dass alle Vereinsfreunde jegliche »Verkürzung der staatsbürgerlichen Rechte« von Juden und damit einen »politischen Antisemitismus« ablehnen. Aus dieser »grundsätzlichen Abweisung« aber folgt für ihn noch nicht, dass die »einzelne Vereinigung« vor Ort »nun ohne weiteres einen israelitischen [sic!] Mitarbeiter willkommen« heiße. Woraus Naumann folgert: Nicht die »einzelnen Vereinigungen« vor Ort tragen die Verantwortung für eine mögliche Ablehnung von Juden, vielmehr die »nationalsozialen Israeliten« selbst. Von ihnen allein hänge es ab, »welche Rolle sie in Zukunft in unserer Bewegung« spielten. Womit vollends klar ist, was Naumann von Juden in Deutschland künftig erwartet. Der »Offene Brief« ist in dieser Hinsicht restlos »offen«:

> »Als sicherstes Mittel, sich offenen Zutritt zu sichern, sehe ich eine regelmäßige treue Mitarbeit an. Wo man sich überzeugt hat, dass es ihnen eine ernste Sache ist, soziale Reform im Sinne der deutschen Nation zu treiben, wird sich manche Abneigung legen, die jetzt da und dort vorhanden ist. Sie wissen selbst, wie viel Misstrauen besteht, und werden es darum begreiflich finden, wenn ich auch über diese Schwierigkeit rede. Es muss, so glaube ich, gerade in jetziger Zeit ein Hauptbestreben der gebildeten jüdischen Elemente sein, den Beweis zu liefern, dass sie das Vaterland des Volkes, unter dem sie leben, als ihre Heimath und die Macht dieses Volkes als Ziel ihrer Politik ansehen. Nicht Politik des Judenthums, sondern Politik des Deutschthums.« (zit. nach W.E. Heinrichs, Das Judenbild, 2000, 462f.)

Man merkt diesen Sätzen das Misstrauen noch an, das sie zu zerstreuen suchen. Misstrauen gegenüber der Existenz von Juden in Deutschland. Sie werden nicht wie Mitbürger angesprochen, sondern wie ein fremder, tendenziell eigensüchtiger

Stamm, der nicht »als« Deutsche, sondern »unter« den Deutschen lebt. So sind sie immer schon ein Fremdkörper. Und so wird ihnen allein die Beweislast zugeschoben, stets aufs Neue ihre Treue zur »Heimat« und ihre Loyalität zum »Deutschtum« zu demonstrieren. Verurteilt wird nicht etwa das im Volk vorhandene »Misstrauen« und die »Abneigung« gegen Juden, im Gegenteil. Verständnis dafür wird eingefordert, um dann vor allem dem »gebildeten jüdischen Element« die Rolle zuzuschieben, zur Vergrößerung der »Macht« des deutschen Volkes beizutragen. Für Naumann ist es somit an den Juden selber, »Beweise« zu liefern. Wie unter Beobachtung stehen sie, eine Art Probezeit wird ihnen eingeräumt, ob sie auch ja nicht eigensüchtig eine »Politik des Judenthums« betreiben, sprich jüdische Partikularinteressen verfolgen. Von einer Orientierung an Menschenrechten, die auch Juden zustehen, von einer nationalen Koexistenz »auf Augenhöhe«, von Juden als Mitbürgern mit gleichen Rechten und Pflichten kann bei Naumann keine Rede sein. Juden sind willkommen, aber nur nach dem Grad ihrer völligen An- und Einpassungsbereitschaft in die Ziele des christlichen Staates. Widrigenfalls schlägt ihnen Misstrauen und Abneigung entgegen. Das gilt nicht zuletzt auch für den Zionismus, dem Naumann äußerst reserviert gegenüber steht, da er für eine »jüdische Nation« überhaupt keine Perspektive erkennen kann.

Naumann reflektiert damit ein Judenbild, das er auch mit anderen liberalen protestantischen Theologen seiner Zeit teilt, »repräsentativ für das protestantische Bildungsbürgertum, das den konservativ motivierten Antisemitismus genauso verachtete wie einen als ›jüdisch‹ apostrophierten unsozialen Liberalismus und Kapitalismus«. (W.E. Heinrichs, Das Judenbild, 2000, 466f.) Ein Bild von Juden freilich, das zutiefst ambivalent ist. Einerseits distanzieren seine Protagonisten sich klar von einem politischen oder rassischen Antisemitismus. Zugleich sind sie von einem »sozial-nationalen und religiösen Aufholbedarf des Judentums« überzeugt, »wodurch seine unterstellte Fremdartigkeit beseitigt werden könnte«. Kurz: »Das Judentum ist ihnen ein kulturell zu überwindender, reformbedürftiger Standpunkt, was nicht ausschließt, dass positive kulturelle Errungenschaften des Judentums durchaus anerkannt werden. Eine Reform, besser Umwandlung des Judentums ist für sie freilich dessen Angleichung an die Prinzipien der als ›höher‹ bzw. moderner bewerteten Religiosität eines ›reformatorischen‹, mithin eines sich dynamisch fortentwickelnden Protestantismus.« (W.E. Heinrichs, Das Judenbild, 2000, 471f.)

Wozu ein relativ spätes Wort von Naumann aus dem Jahr 1903 passt, das sich in Heuss' Biographie findet. Bei Gelegenheit eines Vortrags vor dem wiederholt antisemitisch sich profilierenden Verein Deutscher Studenten erklärt Naumann:

> »Ich habe den antisemitischen Gedanken nicht behalten und mit Bewusstsein nicht behalten, weil ein großes Volk imstande sein muss, auch Elemente fremder Stämme, seien es Juden oder Polen, zu assimilieren und in seine Geschichte hineinzuzwingen [sic!], anstatt sich solchen Elementen gegenüber auf einen zünftlerischen Standpunkt zu stellen. Wenn ich glaubte, dieser Kampf wäre nationalitätsfördernd, würde ich ihn mitmachen; ich glaube, es macht unsere große deutsche Auffassung kleinlich.« (zit. nach Th. Heuss, Naumann, 1949, 235)

In diesen Sätzen bündelt sich noch einmal Naumanns Einstellung zum Judentum. Juden gehören zu einem »fremden Stamm«, den ein »großes Volk« wie die Deutschen aber nicht »kleinlich«, sondern großzügig behandeln soll, wenn er, dieser

»Stamm«, sich zu »assimilieren«, sprich: in die deutsche Geschichte »hineinzuzwingen« bereit ist.

Und doch: Selbst das Wenige an Anerkennung und Ermutigung von Juden zur »regelmäßigen treuen Mitarbeit« reicht aus, um Naumann in der rechtskonservativen, fanatisch antisemitischen Presse, allen voran in Stoeckers »Volk«, aber auch in Blättern wie »Reichsbote« und »Deutsche Wacht« als »Judenfreund« zu beschimpfen, der mit seiner Offenheit für jüdische Mitglieder die Ziele der »christlich-sozialen Bewegung« verraten habe.

5. Heuss und das »nationaldeutsche« Judentum – eine fatale Nähe

Und Theodor Heuss? Das Zitat aus der Naumann-Biographie belegt, dass Heuss die ambivalente Position seines Mentors und Förderers genauestens kennt und weitgehend teilt. Ja, welche Position Heuss in der »Judenfrage« zu Anfang der 1920er Jahre favorisiert, geht vor allem aus einem kleinen Dokument hervor, das sich in der Lammschen Sammlung »Theodor Heuss: An und über Juden« (1964) unter dem Titel *»Naumann, ›Der nationaldeutsche Jude‹«* findet. (AüJ, 61) Erläuterungen dazu gibt es bei Lamm auch in diesem Fall nicht. Aber genauere Recherchen zeigen, dass Heuss mit diesem Text zwei Schriften eines anderen »Naumann« vorstellt, eines jüdischen Zeitgenossen mit Namen Max Naumann (1875–1939) und zwar in der Zeitschrift »Deutsche Politik« vom 10. Dezember 1921, deren Schriftleiter er von 1922 bis 1925 sein wird.

In Berlin geboren und an der Universität Erlangen in Rechtswissenschaft promoviert, hatte sich Max Naumann schon vor dem Ersten Weltkrieg in Berlin als Rechtsanwalt niedergelassen, hatte während des Krieges hohe militärische Auszeichnungen erhalten und tritt 1920 und 1921 mit zwei politischen Programmschriften unter dem Titel »Vom nationaldeutschen Juden« und »Der nationaldeutsche Jude in der deutschen Umwelt« an die Öffentlichkeit. Mehr noch: 1921 gründet Naumann mit Gesinnungsgenossen auch den »Verband nationaldeutscher Juden« (VnJ), den er bis 1926 und dann noch einmal von 1933 bis 1935 als Vorsitzender leitet und dessen Ideen in dem von 1922 bis 1934 erscheinenden Verbandsorgan »Der nationaldeutsche Jude« ihren Niederschlag finden. Entstehungsbedingungen, personelle Zusammensetzung und Programmatik des Verbands im Spektrum des deutschsprachigen Judentums der Weimarer Republik sind heute gut erforscht. Ich verweise auf die monumentale, nahezu 800 Seiten umfassende Untersuchung von Matthias Hambrock »Die Etablierung der Außenseiter. Der Verband nationaldeutscher Juden 1921–1935« (2003).

Bei näherem Hinsehen zeigt sich, dass es sich bei Naumanns Verband um eine antidemokratische, rechtskonservative Vereinigung von Menschen vornehmlich aus dem deutsch-jüdischen Bildungsbürgertum handelt, die sich scharf abgrenzen zum einen vom Zionismus, zum anderen vom »Ostjudentum« und ihr Heil als Juden in einer totalen Identifikation mit einem nationalistisch-völkisch verstandenen Deutschtum suchen. »Der Verband nationaldeutscher Juden«, heisst es denn auch in der 1921 erlassenen Vereinssatzung, »bezweckt den Zusammenschluß aller derjenigen Deutschen jüdischen Stammes, die bei offenem Bekennen ihrer Abstammung sich mit deutschem Wesen und deutscher Kultur so unauflöslich verwachsen fühlen, dass sie nicht anders als deutsch empfinden und denken können. Er bekämpft alle Äußerungen und Betätigungen undeutschen Geistes, mögen sie von Juden oder Nichtjuden ausgehen, die das Wiedererstarken deutscher Volkskraft, deutscher Rechtlichkeit und deutschen Selbstgefühls beeinträchtigen und damit den Wiederaufstieg Deutschlands zu einer geachteten Stellung in der Welt gefährden.« (zit. nach M. Hambrock, 2003, 1)

Deutlich wird damit auch: Dieser Verband von »Aussenseitern« (kaum mehr als ca. 3.500 Mitglieder kann er mobilisieren) steht im religionspolitischen Spektrum der Zeit dermassen weit »rechts«, dass man nicht nur den Zionismus vehement verwirft, stets aufs Neue die »Ostjudengefahr« beschwört und »Deutsch-Juden« gegen »Fremd-Juden« ausspielt, sondern auch die sogenannten »Zwischenschichtler« im deutsch-jüdischen Spektrum ablehnt, namentlich die Mitglieder des »Centralvereins deutscher Staatsbürger jüdischen Glaubens«. Dieser Verein war 1893 gegründet worden und hatte sich zur bedeutendsten Organisation unter den zahlreichen jüdischen Vereinen und Verbänden entwickelt. 1926 zählt er bereits über 60.000 Mitglieder. Regelmäßige kritische Stellungnahmen des »Centralvereins« gegen den VnJ sind die Folge. Ja, »wegen seiner radikalen Zielsetzung«, so Franz Menges in seinem Naumann-Artikel in der Neuen Deutschen Biographie (1997) zu Recht, gelingt es »dem Verband nicht, namhafte Teile des ›Centralvereins deutscher Staatsbürger jüdischen Glaubens‹ für sich zu gewinnen oder eine dauerhafte Zusammenarbeit mit dem ›Reichsbund jüdischer Frontsoldaten‹ und dem ›Deutschen Vortrupp‹ des späteren Religionswissenschaftlers Hans-Joachim Schoeps (1909–1980) zu erreichen. Naumanns Ablehnung der jüdischen Linksintellektuellen und der jüdischen Orthodoxie im allgemeinen, der zugezogenen Ostjuden und des Zionismus im besonderen, mündete bisweilen in offenen Haß. Nur in der völligen Assimilation erblickte er eine Zukunft für die deutschen Juden.« (Bd. 18, 1997, 772f.)

Wozu die penetrante Abgrenzung von Menschen gehört, die man pauschal als »Ostjuden« abstempelt und die man – parallel dem Nazi-Jargon – als gefährliche Schädlinge vom gesunden deutschen Volkskörper ferngehalten wissen will. Der Artikel von Ludwig Herz über »Ostjuden«, den Heuss 1934, wie wir hörten (Kap. V, 1) in der »Hilfe« erscheinen läßt, kommt nicht von ungefähr; er ist Geist von Max Naumanns Geist. Die entsprechenden Kernsätze in Naumanns Programmschrift von 1920 lauten denn auch:

> »Dem nationalddeutschen Juden ist der Ostjude ein Fremder und nichts als ein Fremder, er ist ihm gefühlsfremd, geistesfremd, körperlich fremd.[…] Als der unglückliche Ausgang des Krieges Deutschlands Grenzmauern in Trümmer warf, strömten durch die Bresche von Osten her Tausende gescheiterter Existenzen ins Land. […] Wir wünschen und hoffen, dass die Kernhaftigkeit des deutschen Wesens auch diese Krisis überstehen, dass der Volkskörper aus sich selbst heraus gesunden wird. Aber dazu ist nötig, dass dem Leidenden alle schädlichen Einflüsse von außen her ferngehalten werden. Ein gesunder Körper kann manchen Bazillus vertragen und sich angleichen, ein geschwächter geht an ihm zugrunde. Deutschland ist zu krank, um den gefährlichen Gästen aus dem Osten Asylrecht gewähren zu können, mögen sie jüdischen oder slawischen Stammes sein. Und der nationaldeutsche Jude ist zu sehr Deutscher, um zugunsten der Juden, die unter diesen Schädlingen sind, eine Ausnahmebehandlung zu wünschen.« (Vom nationaldeutschen Juden, 1920, 21.22)

Und Theodor Heuss? Er bekommt die in einem Berliner Verlag erschienenen beiden genannten Programm-Schriften Naumanns in die Hand und stellt sie kurz und knapp den Lesern der Zeitschrift »Deutschen Politik« vor. Der vollständige Text in der Ausgabe vom 10.12.1921 lautet:

> »Diese beiden Schriften, die sehr unbefangen die verschiedenen Strömungen im deutschen Judentum anfassen und analysieren, scheinen mir nicht lediglich zu der Literatur zu gehören, in der das Judentum ›unter sich‹ seine mannigfaltigen Fragestellungen erörtert; sie wenden sich an alle, die vor einem der umstrittensten und ›heikelsten‹ Probleme unserer inneren Auseinandersetzungen nach einer Orientierung suchen. Naumann unterscheidet scharf die drei Gruppen: den nationaldeutschen Juden, den Zwischenschichtler, den Jüdischnationalen (der sich mit dem ernst machenden Zionisten decken mag, aber nicht decken muss). Während die zweite Schrift in ihren Hauptteilen eine Auseinandersetzung mit der heutigen Lage der zionistischen Verwirklichungsmöglichkeiten enthält, führt die erste zu einer auch literarisch ausgezeichneten Zergliederung der seelischen Struktur des Judentums von heute. Uns scheint, dass die Lage im ganzen richtig gesehen ist. Der ›nationaldeutsche Jude‹, der auf die Taufe verzichten kann, sein Judentum nicht verleugnet, aber es auch nicht romantisch oder literarisierend ›vertieft‹, der Deutschland restlos als geistige und kulturelle Heimat bejaht, wird nicht gefordert oder bewiesen, sondern als Typus hingestellt, der deutliche Entscheidungen auch bei den übrigen Juden verlangt. Die Arbeiten haben Flugschriftcharakter; manches in ihnen ist nur Andeutung und Entwurf geblieben und bedarf noch der Abrundung. Aber weil die Fragen weder sentimental noch spitzfindig behandelt sind, ist mit ihrer Methode die richtige Einstellung zur Erörterung der Frage gegeben.« (AüJ, 61)

Die Grundeinstellung von Heuss' Mentor Friedrich Naumann zum Judentum klingt auch in diesem Text an. Aber Naumann hatte als deutscher Christ argumentiert und die Juden zum Nachweis ihrer *Loyalität* zum Deutschtum aufgefordert. Mit Max Naumann führt ein Jude nicht bloß diesen Nachweis, er biedert sich auf beispiellose Weise einer deutschnationalen völkischen Ideologie an. Heuss verschweigt das, und sein Artikel ist mehr als ein sachliches Referat. Deutliche Wertungen sind erkennbar, offenkundige Sympathien für die von Max Naumann vollzogene Distanz zum Zionismus (und seiner Variante im »Jüdischnationalen«) ebenso wie zum »Zwischenschichtler«.

Wenn Heuss also »die Lage« als »im ganzen richtig gesehen« einschätzt, »deutliche Entscheidungen« im Sinne Naumanns »auch bei den übrigen Juden« erwartet und Naumann die »richtige Einstellung zur Erörterung der Frage« attestiert, nimmt er indirekt Partei für ein »nationaldeutsches« Naumann-Judentum, wie man es schon in den 1920er Jahren nannte. Ein »nationaldeutscher Jude« ist offenbar auch sein Ideal. Ein solcher muss nicht zum Christentum übertreten, muss sein Judentum weder verleugnen noch verklären, entscheidend ist, ob ein solcher Jude Deutschland »restlos als geistige und kulturelle Heimat bejaht«, wie Heuss schreibt. »Restlos«! Auch bis hin zur Denunziation von Menschen aus dem Ostjudentum als bazillusartigen Schädlingen am geschwächten deutschen Volkskörper? Ja, auch bis dahin. Aber davon ist bei Heuss keine Rede. Sein Artikel enthält diesbezüglich kein Wort der Distanz.

Ob aber Heuss schon im Jahre 1921 klar sein gewesen musste, wozu ein Mann wie Max Naumann sich politisch versteigen würde? Und in welch fatale Nähe er sich mit einer solch wohlwollenden Rezension gebracht hatte? Konnte er wissen, dass Naumann Mitglied der Deutschnationalen Volkspartei (DNVP) werden würde, die unter ihrem Parteivorsitzenden Alfred Hugenberg Adolf Hitler 1933 zur Macht verhelfen würde? Konnte er wissen, dass Naumann sich mit Loyalitätsbekundungen anfänglich selbst den Nazis anbiedern und Adolf Hitler als eine positive politische Kraft begrüßen würde, dessen Antisemitismus er nicht ernstnahm, nur um prompt zu erleben, dass sein Verband bereits im November 1935 aufgelöst und er selber von der Gestapo verhaftet wird? Als ob die Nazis je zwischen besseren und schlechteren Juden unterschieden hätten! Naumann wird schließlich nach einem Suizidversuch (er hatte sich mit seinen Brillengläsern die Pulsadern aufzuschneiden versucht) noch im Dezember 1935 aus der Haft entlassen und erliegt im Mai 1939 einem Krebsleiden (M. Hambrock, 2003, 689.701). Nein, das alles hat Heuss 1921 nicht wissen können. Dazu ist sein Artikel von 1921 politisch zu harmlos, wird die Formel vom »nationaldeutschen Juden« noch reichlich »naiv« gebraucht. Und vor allem: 1933 wird Heuss selber hautnah erleben, wie Hitler und seine NS-Rassisten mit jüdischen Bekannten, Freunden und Weggefährten umgehen werden. Künftig hören wir denn auch in den uns bisher zugänglichen Quellen nichts mehr von Heuss zum Thema »nationaldeutscher Jude« oder zur Person von Max Naumann.

Als *Fazit* halten wir ein Doppeltes fest: Auf der Linie Friedrich Naumanns ist auch bei Heuss die Verwerfung eines politischen oder rassistischen Antisemitismus klar und entschieden. Klar und entschieden ist bei Heuss aber auch die Distanz zu einem Judentum osteuropäischer Provenienz, dessen kulturelle und religiöse Andersartigkeit (Martin Bubers »Chassidischen Geschichten« ungeachtet) ihm wie vielen in bürgerlichen Kreisen Deutschlands als bedrohlicher Fremdkörper erscheint. Und klar und entschieden ist schließlich die Distanzierung von einem »entwurzelten Literatenjudentum«, dem Heimatlosigkeit, intellektuelle Überkomplexität und nationale Bindungslosigkeit unterstellt wird.

Identifizieren dagegen kann sich Heuss mit einem Judentum, das sich geschichtlich in Deutschland verwurzelt, gesellschaftlich angepasst und kulturell assimiliert hat. Nicht die »Andersheit« und »Fremdheit« von Juden schätzt Heuss, sondern deren Angleichung an die deutsche Kulturnation, die auch bei ihm von der Vorstellung eines einheitlichen Volkstums her definiert wird. Eine Wahrnehmung der inneren Komplexität, wie sie sich gerade im *deutschen* Judentum seit der Aufklärung (jüd.: »Haskala«) im Zuge des 19. Jahrhunderts herausgebildet hatte, findet bei Heuss nicht statt. Zwar kennt er den Namen des großen jüdischen Aufklärers Moses Mendelssohn (1729–1786: s. Briefe 1949–1954, 123), aber die Repräsentanten bedeutender innerjüdischer Bewegungen in Reaktion auf die Moderne sind bei ihm – soweit wir dies aus bisher publizierten Quellen ersehen können – nicht im Blick: weder ein Abraham Geiger (1810–1874) als Symbolfigur des Reformjudentums noch ein Samson Raphael Hirsch (1808– 1888) als Kopf der Neu-Orthodoxie noch ein Zacharias Frankel (1801–1875) als Vertreter eines jüdischen Konservativismus. Und wir sagen das feststellend, nicht vorwürfig an Heuss' Adresse. In jedem Fall halten wir mit Ernst Wolfgang Becker fest: »Es ist vor allem ein Unbehagen an der Kritik durch bestimmte Kreise von linken, oftmals jüdischen Publizisten an den Fundamenten der Republik, die Heuss zu antisemitischen Stereotypen greifen ließ. Bedenklich ist dies allenthalben, aber zu einem Verfechter eines rassisch motivierten Antisemitismus, welcher die Emanzipationsgeschichte der Juden in Deutschland rückgängig machen wollte, gehörte Heuss nun gerade nicht.« (Becker, 2011, 77)

6. Die »Deutsche Demokratische Partei« – von vielen Juden gewählt

Im Gegenteil. So wie sich Naumann auf Grund seiner (unter Vorbehalt gestellten) Förderung von jüdischen Vereinsmitgliedern in der rechtskonservativen, fanatisch antisemitischen Presse als »Judenfreund« abgestempelt und beschimpft sieht, sieht sich auch Heuss auf Grund vieler freundschaftlicher Beziehungen zu jüdischen Zeitgenossen als Jude vereinnahmt, ja als »Rassejuden« verunglimpft. Nicht zuletzt auch deswegen, weil seine Partei – auf Grund der Naumannschen Grundeinstellung – auffällig viele jüdische Mitglieder aufzuweisen hat. Wir erinnern uns: Von 1924 bis 1928 sitzt Heuss für die noch von Friedrich Naumann 1918 gegründete Deutsche Demokratische Partei im Reichstag, Nachfolgerin der 1910 geschaffenen »Fortschrittlichen Volkspartei«, für die beide sich ebenfalls schon engagiert hatten. Von 1930 bis 1932 und noch einmal 1933 erringt Heuss weitere Mandate, diesmal für die Nachfolgerin der DDP, die »Deutsche Staatspartei«. Die DDP aber – so der amerikanische Historiker Jay Howard Geller – ist während der Weimarer Republik »die Partei der Wahl für die große Mehrheit deutsch-jüdischer Wähler«. Eine »ganze Reihe ihrer Führer, insbesondere in Berlin, gehörte zur jüdischen Gemeinschaft, und von ihrer Gründung an wurde diese Partei als ›Partei der Juden‹ angegriffen. Hinzu kommt: Während der Zeit der Weimarer Republik war Heuss auch Mitglied der Bezirksversammlung von Berlin-Schöneberg, ein

Stadtteil mit 17.800 jüdischen Einwohnern bei einer Gesamtbevölkerung von annähernd 222.000.« (2006, 3f. Eig. Übers.)

Nicht zufällig prägen Politiker jüdischer Herkunft das Selbstverständnis der Deutschen Demokratischen Partei, darunter einer der Mitbegründer der DDP, der Jurist Hugo Preuss (1860–1925). Nach der Novemberrevolution von 1918 war er zum Staatssekretär im Reichsamt des Inneren berufen und mit der Ausarbeitung einer neuen Verfassung beauftragt worden. Preuss gilt denn auch bis heute als »Vater der Weimarer Reichsverfassung«. Heuss schätzt ihn außerordentlich. 1926 wird er auf Bitten der Preuss-Witwe Schriften aus dem Nachlass dieses allzu früh verstorbenen großen Staatsrechtlers und Verfassungsjuristen herausgeben und zwar unter dem Titel »Recht, Staat und Freiheit. Aus 40 Jahren deutscher Politik und Geschichte«. Und nach dem Krieg wird Heuss diesem Mann, der bis Juni 1919 auch erster Innenminister der Weimarer Republik gewesen war, einmal mehr würdigen, und zwar in einem kenntnisreichen und sensiblen Nachruf 1949 zum 50. Jahrestag von Preuss' Verfassungsentwurf (AüJ, 109–112). Heuss' damalige Würdigung schließt mit den Sätzen:

> »Das Wesenhafte seines Menschentums war die unverbrauchte politische Leidenschaft, die auch durch die Enttäuschungen hinterher nicht in Verbitterung unterging. Das war vielleicht das Reizvollste an ihm, etwas Naives, Jungenhaftes – wie ist sein Bild von der blöden Polemik derer, die ›gegen Weimar‹ redeten und schrieben, verstellt worden! Er selber mochte darüber manchmal erstaunt, nicht sehr viel mehr gewesen sein – denn es trug ihn das Gefühl, dass er dem Vaterlande redlich gedient habe.« (AüJ, 112)

Mehr noch: Einige Jahre später nimmt Heuss den von ihm herausgegebenen Band noch einmal in die Hand, und ihm geht auf, wie er in einem großen Preuss-Portrait noch 1960 schreibt, dass die drei Worte »Staat – Recht – Freiheit« nun nicht mehr bloß Hinweise sind auf eine Schriftensammlung, die er vor Jahrzehnten einmal publiziert hatte. Die drei Worte hätten, so Heuss, sich »moralisch-politisch« zu einem »persönlichen Bekenntnis und Vermächtnis dieses Mannes Hugo Preuss verschmolzen«. Und dieses Vermächtnis lautet: »dass der ›Staat‹ des ›Rechtes‹ bedarf, wie er seine Geltung zu bewirken hat. Dass aber die Würde seiner Macht und seines Auftrags recht eigentlich nur in der Luft der menschlichen ›Freiheit‹ sich darstellt.« Und Heuss vergisst in dieser seiner letzten öffentlichen Äußerung zu Preuss nicht den Hinweis auf dessen Judentum und die »Gnade des frühen Todes«: »Es ist schrecklich, dass man sagen muss, er hatte das Glück, 1925, fünfundsechzigjährig zu sterben, in dem gleichen Jahr, das Ebert, der ihn zur großen Aufgabe geholt hatte, seiner Aufgabe beraubte. Denn Preuss war Jude, er machte nichts daraus her, er ›litt‹ auch nicht darunter, er war es halt – seiner Universitätskarriere war das nicht bekömmlich.« (Profile, 267.266)

7. Heuss – »einwandfrei ein Rassejude«?

Die »Attraktivität« der linksliberalen Parteien für jüdische Wähler aber reizt die Nazis zu Gegenattacken. 1931 bringt kein anderer als SS-Führer Heinrich Himmler ein Buch heraus, in dem der Reichstag von 1930 als »sterbendes System« gegen den »Nationalsozialismus« ausgespielt und u.a. offengelegt wird, wer »als Jude« im Parlament sitzt. Zu seiner nicht geringen Verwunderung sieht sich Heuss in diesem Machwerk unter denjenigen Abgeordneten genannt, die »einwandfrei als Rassejuden nachweisbar« seien. So nachzulesen in einem Brief von Heuss an den Historiker Prof. Walter Goetz (1867–1958) in Leipzig vom 17. Dezember 1931, in dem er den früheren Parteifreund, der von 1920 bis 1928 für die DDP im Reichstag gesessen hatte, als »Bruder im Leid« anspricht. Denn Goetz war Ähnliches passiert. Er hatte sich in einer »Rassenkunde des jüdischen Volkes« von dem »Rasseforscher« Hans F.K. Günther (1891–1968) mit Hilfe eines Fotos in seinem Aussehen als angeblich »vorderasiatisch« oder »vorwiegend vorderasiatisch« klassifiziert gesehen und gegen eine solche »Beleidigung« geklagt.

Heuss dagegen reagiert gelassener: »Weit entfernt dadurch verletzt zu sein«, habe ihm »diese Geschichte einen kolossalen Spaß gemacht«, schreibt er Goetz. Er habe sie »damals in allen württembergischen Versammlungen vorgelesen und erreicht, dass sich ein paar Nationalsozialisten dieserhalb entschuldigt« hätten. (Briefe 1918–1933, 446) Ähnlich gelassen reagiert Heuss auf einen Artikel in einem süddeutschen Naziblatt, das ihn anlässlich eines Wahlkampfauftritts als »Freimaurer und Jude« begrüßt und seine angebliche »jüdische Frechheit und ähnliches zitiert« hatte. Auch hier verzichtet Heuss auf eine Beleidigungsklage, versucht aber zumindest eine presserechtliche Richtigstellung gerichtlich durchzusetzen, nachdem das Blatt zunächst den Abdruck seiner Gegendarstellung verweigert und vollmundig noch den »Wahrheitsbeweis« für seine Behauptung hatte antreten wollen. Heuss wörtlich in einem Brief vom 23. September 1932 an den Tuttlinger Unternehmer und Parteifreund Karl Hoffstetter:

> »Das wäre für mich ein wahres Vergnügen gewesen, festzustellen, wie die Leute den Wahrheitsbeweis führen, dass ich Jude und Freimaurer bin. Aber ich habe von einer Privatbeleidigungsklage abgesehen, da ich unter den persönlichen

und politischen Freunden sehr viele habe, die sowohl Jude als Freimaurer sind, und ich mich an sich ja natürlich nicht in die Lage bringen möchte, dass solche Begriffe oder Tatsachen als Beleidigungen angesehen werden, wenn auch die Absicht dessen, der sie brachte, diese Infamierung ist. Mir kann nur daran liegen, dass nicht die infamierende Absicht widerspruchslos in den Köpfen der Leser sich festsetzt.« (Briefe 1918–1933, 499f.)

8. Wie Heuss die NS-Zeit überlebte

Wir fragen unter diesen Voraussetzungen mit umso größerem Nachdruck, wie Heuss die totalitäre Herrschaft der Nazis überhaupt hatte durchstehen können. Spätestens seit dem »Hitler«-Buch von 1932 war er nun einmal nicht »ihr Mann«, hatte er sich die unerbittliche Gegnerschaft der Nazis zugezogen (Einzelheiten bei J.C. Hess, Th.Heuss und der Widerstand gegen den Nationalsozialismus, 2002, 143–195).

Die grundsätzliche Antwort lautet: Heuss überlebt, weil die braunen Machthaber ihn politisch kaltgestellt und ihm zugleich einen kleinen Spielraum für publizistische Arbeiten gestattet hatten, die Existenz in einer privaten Nische. Einige wenige Stichworte mögen dies verdeutlichen. Sie skizzieren eine Geschichte fortschreitender Isolierung, die mit der Machtübernahme der NSDAP im März 1933 beginnt:

- Noch im *Mai* 1933 verliert Heuss durch politische Gleichschaltung der Deutschen Hochschule für Politik in Berlin seine Dozentur.
- Im *Juli* wird ihm das Reichtagsmandat aberkannt.
- Im *September* zwingt ihn politischer Druck zum Rückzug aus dem Vorstand des »Deutschen Werkbundes«.

- Im *Oktober* sieht Heuss sich mit einer Hausdurchsuchung der Geheimen Staatspolizei konfrontiert und seine Post unter Zensur gestellt. Vorher hatte er noch erfahren, dass sein Name im Deutschen Steckbriefregister zur Fahndung ausgeschrieben und »Schutzhaft« angeordnet worden war, Maßnahmen, die nur deshalb nicht greifen, weil Heuss zu diesem Zeitpunkt noch im Berliner SA-Führer Karl Ernst einen Fürsprecher findet, der die Fahndung nicht weiter verfolgt.

Aber Einschüchterung und Gefährdung dringen jetzt auch immer häufiger in seinen und seiner Frau Alltag ein. »Die Hilfe« kann er noch eine Zeitlang herausgeben, bis er Ende 1936 auch hier zum Rücktritt gezwungen wird. Obwohl das Blatt nie wesentlich höher als bei einer Auflage von ca. 1.000 Exemplaren gelegen hatte und sich keineswegs als Oppositionsorgan zum Regime versteht, hatte Heuss verwarnende Vorladungen ins Goebbelsche Propagandaministerium hinnehmen müssen. Mehr noch: Mehrfach im Verlauf der Jahre sieht sich Heuss von der Gestapo vorgeladen, nicht zuletzt wegen »Verkehrs mit Juden«. Insbesondere nach den Novemberpogromen 1938 wird die Lage für die Heuss' so brenzlig, dass Elly Heuss ihre Freundin Toni Stolper in einem verzweifelten Brief vom 25. November 1938 bitten muss, ihr direkt »nicht (mehr) zu schreiben«. Ein Grund ist: Ihr Mann sei »auf eine Parteistelle gerufen« und ihm sei mitgeteilt worden, dass ihr »Haus sich erstens nicht mit Flaggen genügend auszeichne, und zweitens, dass wir noch mit Juden verkehren«. (Bürgerin, 1964, 270) Dazu passt eine briefliche Äußerung von Ernst Ludwig Heuss, der am 24. November 1938 von London aus einer bereits emigrierten befreundeten Pädagogin, Annemarie Wolff, schreibt:

»Bei uns zu Hause geht es zu wie in einer jüdischen Beratungsstelle«, wobei der Zusatz in diesem Brief des 28-jährigen Heuss-Sohnes besonders aufhorchen macht: »Aber man kann ja nichts helfen, da die unerbittliche physische und materielle Ausrottung auf dem Programm steht, das trotz aller Abneigung draußen und drinnen durchgeführt wird.« (zit. nach J.C. Hess, 2002, 157)

Wirtschaftlich »über Wasser« aber? Dazu verhilft ihm zum einen die erfolgreiche Tätigkeit seiner Frau Elly für die Werbebranche. Sie erfindet zum Beispiel das akustische Logo, stellt Werbefilme her und führt die Rundfunk- und Fernsehwerbung ein. Hinzu kommt die mit Stipendien finanzierte Arbeit an verschiedenen Biographien, darunter die Naumann-Biographie, die noch 1937 erscheinen kann, gefolgt 1939 von einer Lebens- und Werkgeschichte des Architekten Hans Poelzig (1869–1936), einer Schlüsselfigur des Deutschen Werkbundes, der im NS-Staat als Expressionist und Jude diffamiert worden war (vgl. Briefe 1933–1945, Nr. 92, 94, 101 u. 102) und einer Biographie über den Zoologen und Erforscher der Meeresfauna Anton Dohrn (1840–1909), die noch 1940 herauskommt. Sie halten ihn auch geistig am Leben genauso wie die Teilnahme an bestimmten Kreisen politisch Gleichgesinnter, die trotz Organisationsverbot und Überwachungsmaßnahmen auf privater Ebene weiter existieren: »Demokraten-Stammtisch«, »Popitz-Schifferscher Berliner Mittagstisch«, »Külz-Kreis«, »Leber-Kreis«, ohne dass man in jedem Fall genau bestimmen kann, wie regelmäßig Heuss an den jeweiligen Treffen teilgenommen und wie aktiv er sich an den unterschiedlichen Gesprächen beteiligt hat (Einzelheiten bei J.C. Hess, 2002, 157–165). Artikel für noch existierende bürgerliche Blätter tun ein Übriges. Heuss schreibt für das »Berliner Tageblatt«, das »Stuttgarter Neue Tagblatt«, die »Europäische Revue« oder die »Deutsche Zukunft«. Es sind Beiträge meist feuilletonistischen Inhalts, dasselbe gilt für die NS-Wochenzeitschrift »Das Reich« (1940/41) und die angesehene »Frankfurter Zeitung« (bis August 1943), hier vielfach unter erzwungenem Pseudonym (»Thomas Brackheim«) oder verbergenden Kürzeln (»r.s«).

Die letzten beiden Kriegsjahre? Sie verbringt das Ehepaar Heuss außerhalb Berlins. Die Intensivierung der alliierten Luftangriffe auf die Hauptstadt hatte es ratsam erscheinen lassen, anderswo Unterschlupf zu suchen, insbesondere im Interesse der seit langem herzkranken Elly Heuss-Knapp. Das Ehepaar findet Unterkunft in einer kleinen Dachwohnung im Haus von Ellys Schwester, der Malerin Marianne Lesser-Knapp (1879–1966). Sie hatte 1907 in Straßburg den aus einem jüdischen Elternhaus Stettins stammenden Mediziner Ernst Josef Lesser (1879–1928) geheiratet, der sich zum einen zu einem führenden Physiologen Deutschlands entwickeln sollte (Miterfinder des Insulins), zum anderen zu einem überzeugten Zionisten, der schon 1914 nach Palästina gereist war, um Möglichkeiten einer Universität vor Ort zu sondieren. Aufgrund einer lebensbedrohlichen Erkrankung war er allerdings schon 1928 aus dem Leben geschieden, noch keine 50 Jahre alt. Wenn Heuss somit später davon berichten wird, er sei schon in seiner »Studentenzeit mit Zionisten befreundet« gewesen und sei »mit ihnen befreundet geblieben« (Dok. I, 371), dann dürfte er dabei vor allem auch an seinen Schwager Ernst Josef Lesser gedacht haben.

Hier, Kehrweg Nummer 4 in Heidelberg-Handschuhsheim, verbringen die Heuss' ab Spätsommer 1943 die letzten Jahre des Krieges. Hier erfahren sie vom Attentat auf Hitler am 20. Juli 1944 mit dem sich anschließenden Terror gegen den

Deutschen Widerstand. Wobei sich das Heidelberger Refugium auch in diesem Fall als lebensrettend erweist, hatte Heuss doch mit dem nach dem Attentat als Reichkanzler vorgesehenen früheren Leipziger Oberbürgermeister Carl Friedrich Goerdeler (1884–1945) noch im Dezember 1943 verabredet, nach Ende des NS-Regimes für die ersten Monate als »sein Pressechef« zur Verfügung zu stehen. (Briefe 1945–1949, 143.156) Hier erfährt das Ehepaar Heuss auch vom Untergang Hitlers im Berliner »Führerbunker« am 30. April und von der Kapitulation der Deutschen Wehrmacht am 8. Mai 1945. Es ist ein Leben in Abgeschiedenheit. Aber der Rückzug in die Heidelberger Dachstube erlaubt es Heuss, zumindest seine große Robert-Bosch-Biographie zu vollenden. Sie erscheint 1946.

In welch bedrückender Atmosphäre aber das Ehepaar in den letzten Jahren vor Kriegsende leben muss, verraten uns nicht nur Briefe aus dieser Zeit. Das verrät uns überraschenderweise auch ein kleiner Prosaband aus dem Jahr 1946, den wir Elly Heuss-Knapp verdanken. Denn dieses besondere Textfenster erlaubt uns in unerwarteter narrativer Anschaulichkeit Blicke in Abgründe gerade auch deutsch-jüdischer Schicksale im NS-Staat. Diese Texte sind noch nie richtig gewürdigt, geschweige denn für das Thema »Heuss und das Judentum« ausgewertet worden. Es ist Zeit, das nachzuholen.

VI. »Schmale Wege«: Elly Heuss-Knapps NS-Spiegelgeschichten

Sie wird 1881 in Straßburg geboren, Elly Knapp, Tochter des Nationalökonomen und späteren Rektors der Universität Straßburg, Georg Friedrich Knapp (1842–1926) und seiner aus Tiflis in Georgien stammenden Frau Lydia von Karganow (1849–1925). Seit 1908 ist sie mit Theodor Heuss verheiratet, aber von Anfang an ist sie eine politisch und beruflich eigenständige Frau.

1. Ein eigenes politisches Leben als Frau

Zunächst als Pädagogin ausgebildet (1899 Examen) und als Lehrerin in einer von ihr mitgegründeten Straßburger Fortbildungsschule für Mädchen tätig, steht auch sie früh unter dem Einfluss von Friedrich Naumann, zu dessen Berliner Kreis sie 1905 stößt. Durch ein Ökonomie-Studium zunächst in Freiburg, dann ab 1905/06 in Berlin erwirbt sie sich schon vor dem Ersten Weltkrieg das nötige Fachwissen, um dann in ökonomischen und sozialpolitischen Fragen kompetent Stellung nehmen und, 1908 nach Berlin umgezogen, entsprechenden Schul-Unterricht erteilen zu können. 1910 erscheint ihr Buch »Bürgerkunde und Volkswirtschaftslehre für Frauen«.

Mehr noch: Wie Theodor Heuss ist Elly Heuss-Knapp nach dem Ersten Weltkrieg auch parteipolitisch aktiv. 1919 bewirbt sie sich für die DDP um ein Reichstagsmandat (ohne Erfolg), nachdem die Weimarer Verfassung Frauen das Wahlrecht eingeräumt, für dessen Verwirklichung auch sie sich leidenschaftlich eingesetzt hatte. Nach dem Zweiten Weltkrieg wird sie daran anknüpfen, ihrer fragilen Gesundheit zum Trotz, jetzt aber mit mehr Erfolg, denn von 1946 bis 1949 wird sie (wie ihr Mann) für die Deutsche Volkspartei (DVP) und später für die 1948 gegründete FDP im Landtag von Württemberg-Baden sitzen und sich auch hier für sozialpolitische, insbesondere gesundheits- und schulpolitische Fragen engagieren. Höhepunkt ihrer Arbeit ist die Gründung des bis heute erfolgreich arbeitenden »Müttergenesungswerks« im Jahr 1950, nachdem ihr Mann zum ersten Präsidenten der Bundesrepublik Deutschland gewählt worden war. Doch 1952 reißt der Tod diese bedeutende Frau und Weggefährtin ihres Mannes aus dem Leben.

2. Deutsch-jüdische Schicksale im NS-Staat: Prosaminiaturen

Hinterlassen hat sie uns nicht nur ein einzigartiges Sozialwerk. Hinterlassen hat sie uns auch zwei literarische Zeugnisse: einen Band mit Lebens-Erinnerungen unter dem auf ihre Heimat anspielenden Titel »Ausblick vom Münsterturm« (1934) und einen Band mit 17 kleinen Prosatexten: »Schmale Wege«, erschienen 1946. Ihr Mann wird dieses Buch in einem Brief an den Theatermann und Schriftsteller Julius Bab (1880–1955), den seine jüdische Herkunft ins nordamerikanische Exil getrieben hatte, so vorstellen. 25. März 1946:

»Meiner Frau selber geht es, von Herzgeschichten abgesehen, gut. Sie lässt Ihre Grüße herzlich erwidern. Sie hat in den letzten Wochen wieder ein kleines Buch geschrieben, dessen Titel noch nicht feststeht. Inhalt: Geschichten aus dem dritten Reich, kurze Erzählungen, am Rand der Geschichte, wie hat sich das furchtbare Geschehen dort und dort in kleinen Nebenschicksalen ausgeformt. Es sind ganz einfache Erzählungen, in denen nicht nur das Grässliche, sondern auch das Gütige spricht. Ich glaube fast, dass das Buch, das keine erdichteten Geschichten, sondern nur richtige bringt, einen dokumentarischen Charakter haben wird. Es könnte und müsste auch im Ausland gesehen werden, wenn es vorliegt, weil in ihm, völlig unpropagandistisch, auch die Stimme jenes Deutschland spricht, das zur Stummheit verurteilt war.« (Briefe 1945–1949, 156f.)

Das »furchtbare Geschehen« in »kleinen Nebenschicksalen« gespiegelt, den »schmalen Wegen« eben, darum geht es in der Tat in diesem nicht mehr als 118 Seiten umfassenden Prosabändchen. Alle Texte haben eine zwar unaufdringliche, aber unverkennbare »didaktische« Pointe. Sie verraten die ehemalige Lehrerin Elly Heuss-Knapp. Sie wollen aufklären und Orientierung geben, wollen Wunden freilegen, um Heilung zu bewirken. Einige Geschichten kreisen um das Problem der Verführbarkeit von Menschen durch Führerkult und berauschende Erfolge, andere um Fragen von Denunziation und willkürlicher Verhaftung, wieder andere um Verfallenheit an »Superbia«: den hybriden Frevel an Menschen, die man, weil »erbkrank«, sterilisieren oder, weil geistig krank, als »lebensunwert« vernichten will. Elly habe sich endlich doch entschlossen, meldet Heuss an den Freund Gustav Stolper (s. Kap. VII, 12) nach New York am 25. März 1946, »das Büchlein« niederzuschreiben. Es sei gegangen wie seinerzeit beim

»Ausblick vom Münstertum«. Es »floss und floss wie bei einem Wasserhahn«, den man vergessen habe »zuzuschrauben«. Thematik? »Geschichten aus dem dritten Reich, nur Lebensdinge, Auswirkungen des grässlichen Geschehens in anonymen kleinen Schicksalen, ganz schlicht und unsensationell geschrieben.« Es klinge in ihnen »die vox humana, die Stimme jenes Deutschland, die so lange hat stumm sein müssen.« (Briefe 1945–1949, 161f.) Elly Heuss-Knapp ihrerseits verweist in einem Brief an die Freundin Toni Stolper (s. Kap. VII, 12) vom 6. Mai 1946 auf die amerikanische literarische Tradition der »short stories«, an der sie sich orientiert habe: »Das Buch heisst jetzt ›Schmale Wege‹, Schicksale aus dem anderen Deutschland. Es sind ja siebzehn Kurzgeschichten geworden. Wie merkwürdig, dass in Deutschland diese Form so selten ist. Die Amerikaner sind Meister darin.« (Bürgerin, 1961, 307)

In fünf von 17 Texten geht es um das Thema *Antisemitismus und das Schicksal von Menschen jüdischer Herkunft*. Kein Einzelmotiv ist so stark vertreten wie das deutsch-jüdische:

Da ist die *Geschichte von einem Pförtner* (»Der Pförtner«), der ein Sammellager für Juden in Berlin zu bewachen hat. In dieses Lager wird der junge Karl Ulrich eines Tages deportiert. Er ist Jude. Zuvor war er schon gezwungen worden, den »Judenstern« zu tragen, eine seit September 1941 angeordnete öffentliche Kennzeichnung von Juden im gesamten Deutschen Reich. Damit hatte die demütigende Isolierung dieses Jungen begonnen. Mehr noch: Als während des Krieges die Bombenangriffe eingesetzt hatten, wird ihm ein »Kohlenkeller« zugewiesen, »seit der Blockwart den getrennten Luftschutzraum für den einzigen Juden des Hauses verlangt hatte« (Wege, 1946, 26). Die leiblichen Eltern waren bereits vor dem

Krieg gestorben. Der Junge hatte bisher bei seiner »arischen« Stiefmutter gelebt, die sich aber stets schützend vor ihn gestellt hatte. Ja, nach der Deportation unternimmt diese Frau alles, um die Adresse des Sammellagers herauszufinden. Mit Essenspaketen reist sie dorthin, und zu ihrer Überraschung trifft sie in dem Pförtner des Lagers auf einen Menschen, dessen Herz sie gewinnt. Dieser schlichte, wortkarge Mann macht es möglich, dass Karl Ulrich heimlich das Lager verlassen kann. In den nächsten Tagen lebt er versteckt im eigenen Haus, immer in Gefahr, erneut abgeholt zu werden, bis überraschend ein Päckchen eintrifft. In ihm befindet sich nichts als Asche und ein Schreiben an die Mutter mit der makabren Pointe: »Ihr Stiefsohn ist an einer ansteckenden Krankheit gestorben. Wir übersenden anbei die Asche.« Was die Mutter ausrufen lässt: »Der gute Pförtner, was hat er gewagt, und nie kann ich ihm danke sagen.« (Wege, 1946, 29) Karl Ulrich überlebt, weil er auf einem Landgut unweit Berlin als »polnischer« Arbeiter versteckt werden kann. Das ist eine der kleinen Geschichten, »in denen«, wie Theodor Heuss sagte, »nicht nur das Grässliche, sondern auch das Gütige spricht«.

In einem *zweiten Text* (»Halb zum Lachen. Ein Gespräch«) kreist alles um die *NS-Rassenideologie*. Geplauder unter Lehrern in einem Lehrerzimmer, damit beginnt die Geschichte. Die Pädagogen kennen bereits die Rituale des NS-Staats, haben sie als leer und hohl zu durchschauen gelernt. Deshalb fühlen sie sich untereinander relativ frei, Geschichten aus dem Alltag zum Besten zu geben. Stichworte: die NS-Vererbungslehre und Rassenhygiene. Eine Biologielehrerin berichtet von einer Unterrichtsstunde über »Rassenkunde« im zweiten Schuljahr. Welches Kind in der Klasse sähe wohl »wirklich germanisch« aus, habe sie in die Runde gefragt. Die ganze Klasse einigt sich

»auf die kleine Gertrud mit ihren blonden Zöpfen.« Ausgerechnet sie aber ist das einzige jüdische Kind in der ganzen Klasse. Und um die Ironie dieser Pointe ins Tragische umzubiegen, fährt die Biologielehrerin fort: »Ich sagte natürlich nichts darüber, und das Kind ging nach Hause. Beim Mittagessen erzählte sie dann voller Stolz: ›Vater, heute war ich in Germanisch die Beste.‹ Die Eltern haben mir es später erzählt. Das war noch im Anfang, ehe die jüdischen Kinder aus der Schule entfernt wurden.« (Wege, 1946, 53)

Dabei wissen die Lehrer, von denen in dieser Erzählung die Rede ist, dass sie solche Geschichten nur erzählen können, weil die beiden Parteigenossen in ihrem Kollegium zurzeit abwesend sind. Andernfalls kämen sie »sonst alle ins KZ« (Wege, 1946, 55). Nur deshalb kann auch der Deutschlehrer im Kollegium noch die Anekdote von einem alten jüdischen Kunstgeschichtler nachschieben. Nach Einführung des Gesetzes, »dass in jüdischen Haushaltungen keine Hausgehilfinnen unter 40 Jahren gehalten werden durften«, habe auch Fräulein Minna, die bereits zehn Jahre im Hause des Gelehrten gewirkt habe, gehen müssen, was nur unter beiderseitigen Tränen sich vollzog. Verabschiedet habe sich Minna mit dem Satz: »Herr Professor, das verspreche ich Ihnen, sobald Rassenschande wieder erlaubt ist, komme ich wieder.« (Wege, 1946, 55) Und auch der Turnlehrer weiß noch eine Geschichte beizusteuern, die seines kleinen Bruders. Sie spielt auf die »Reichskristallnacht« vom 9. auf den 10. November 1938 an (»Reichspogromnacht«), als in ganz Deutschland jüdische Geschäfte geplündert und jüdische Gotteshäuser zerstört worden waren. Zu seinem Entsetzen habe sein kleiner elfjähriger Bruder mit ansehen müssen, wie einer seiner Kameraden die aus den Schaufenstern geworfenen Waren »gestohlen« hätte.

Nie mehr wolle er je noch etwas mit diesem Dieb zu tun haben, habe sein Bruder sich geschworen. Und zu seiner Schwester habe er gesagt: »Weißt du, jetzt sind wir noch zu klein, wir können nichts tun, aber wir wollen das nie vergessen, hörst du, nie, nie vergessen.« (Wege, 1946, 55)

In einem *dritten Text* (»Bildungsbeweise«) geht es um die *Umfälschung biblischer Geschichten* während einer NS-Bildungsveranstaltung. Wieder spielt das Ganze in einer Schule. Als die Lehrer in ihrem Zimmer sich sicher fühlen, kann einer es riskieren, einen »neuen politischen Witz« zu erzählen. Es ist der Zeichenlehrer, der soeben aus einem NS-Schulungslager gekommen ist. Dort sei »eine ganz große Kanone« von einem Vortragenden aufgetreten, berichtet er. Als dieser erfahren habe, dass einige der Schulungsteilnehmer am Sonntagsgottesdienst in der nahen Dorfkirche teilgenommen hätten, habe sich diese »Kanone« besonders herausgefordert gefühlt. Bibel, Altes Testament? Doch »endlich ein überwundener Standpunkt«, findet er und liefert dann auch gleich die »richtige« Auslegung von biblischen Geschichten, zum Beispiel denen von David und Goliath sowie von Joseph und Potiphars Frau. Goliath? Ein »guter arischer Riese«! David? Ein »frecher, rotznäsiger Judenjunge, schlau und verschlagen, der den guten Riesen hinterrücks erschossen hat.« (Wege, 1946, 62) Und dann die Geschichte von Joseph in Ägypten. Potiphars Frau, eine Verführerin, die Joseph in ihr Bett habe locken wollen? Im Gegenteil: Eine »tadellose Person, gute Rasse, aber der geile Joseph ließ sie nicht in Ruhe«, so der große NS-Redner, um gleich nachzuschieben: »Ich kann Sie versichern, es gibt den Joseph auch heute noch.« (Wege, 1946, 62)

Und da ist ein *vierter Text* (»Antike Münzen«), in dem es um das Schicksal eines beliebten Arztes, Dr. Fernando, geht.

Als Jude steht er kurz vor dem Weggang aus Deutschland, waren doch die Repressionen gegen ihn immer demütigender geworden, spätestens seit er den »Judenstern« zu tragen hatte. Seine Kinder hatte er bereits nach England schicken können. Die Ausreise drängt, denn immer mehr Menschen bringt der Doktor durch Kontakt mit ihm in Gefahr. Schon war eine ehemalige Patientin von seinem Haus-Portier denunziert worden, als sie ihn aufgesucht hatte, um ihm vor der Emigration noch einmal Dank zu sagen. Sie war verhaftet worden. Ihr Mann, ein Schriftsteller, hatte »einen Rüffel« erhalten »wegen Verkehr mit Juden« (Wege, 1946, 114). Alle Vorbereitungen zu seiner und seiner Frau Abreise nach Kalifornien sind denn auch schon getroffen, aber der Arzt besitzt noch eine Sammlung antiker Münzen und an dieser hängt sein Herz wie an nichts sonst. Da verabredet er mit einer früheren Patientin ein raffiniertes Schmuggelmanöver. Und in der Tat gelingt es, die Münzen ins Ausland zu schaffen: Ein erster Teil der Sammlung gelangt zunächst in die Schweiz, ein zweiter nach Schweden, ein dritter nach London. Als in London der Schmuggel auffliegt und Scotland Yard eingeschaltet wird, legt der gutmeinende Schmuggler gegenüber dem Beamten dar, dass es sich um »jüdischen Besitz« handle und schiebt als Erklärung nach: »Sie wissen, nein, sie können es nicht wissen, wie die Juden von Hitler gequält werden. Da muss man gutmachen, was man kann.« (Wege, 1946, 117) Am Ende erreichen alle Münzen sicher ihren überglücklichen Besitzer in Kalifornien.

Wir halten einen Moment inne, bevor wir im nächsten Abschnitt auf den fünften Text zu sprechen kommen. In der Tat sind es Geschichten aus dem Alltag des NS-Staates, die Elly Heuss-Knapp geschrieben hat, mal mit Ironie, mal mit Melancholie, mal mit schonungslosem Realismus über Verblendung und Verirrung. Bedrückende Miniaturen, die ohne jedes Pathos die Pathologie der NS-Zeit nüchtern realistisch freilegen. Beklemmend anschaulich zeigen sie in zahlreichen Brechungen, wo überall und wie der Nazi-Terror in das Leben gerade von Menschen jüdischer Herkunft in Deutschland eingegriffen hat. Sie zeigen aber auch trotz allem Möglichkeiten von Distanz zum Rassenwahn und kleine Gesten der Menschlichkeit. Hier eine Pförtner-, dort eine Lehrer- und Schmuggler-Geschichte. Gerade darauf kommt es Elly Heuss-Knapp offensichtlich *auch* an. Es hat in Deutschland *auch* Menschen gegeben, die innerlich darüber empört waren, »wie die Juden von Hitler gequält« wurden und die mit kleinen und dennoch riskanten Gesten hatten etwas »gutmachen« wollen.

Kein Geringerer als der große Rabbiner Leo Baeck (1873–1956) hat das gesehen, von dessen Beziehung zum Ehepaar Heuss noch die Rede sein wird (Kap. X, 1–6). Während ihrer ersten Begegnung nach dem Krieg am 22. August 1951 hatte Elly Heuss-Knapp dem mittlerweile in London lebenden Rabbiner, der das KZ Theresienstadt überlebt hatte, ihren Band »Schmale Wege« geschenkt. Darauf spielt Baeck in seinem Dankesschreiben an, wenn er am 26. September 1951 schreibt:

> »Auf ›schmalen Wegen‹ geht das, wovon Sie erzählen, aber wahrhaftige Menschen gingen sie, und es sind darum *die* Wege. Wir sollten, wenn wir an die Jahre der Niedertracht denken, und denken müssen, doch nie vergessen, dass es diese Menschen gegeben hat, welche Sie schildern, die ›schlicht mit ihrem Gotte gingen‹, und die nun Fürbitter für ihr Volk sein dürfen. Ich habe in den bösen und bösesten Tagen solche Menschen kennen gelernt, und es ist mir wie eine Lebensaufgabe, zu beweisen, dass ich ihnen innig dankbar bin.« (Werke Bd. 6, Briefe –Reden-Aufsätze, hrsg.v. Michael A. Meyer in Zusammenarbeit mit Bärbel Such, Gütersloh 2003, S. 685f.)

Alle in ihrem Band versammelten Erzählungen beruhten »auf wahren Begebenheiten«, hatte Elly Heuss-Knapp ihren Lesern im Vorwort erklärt. Und auch ihr Mann hatte in seinem Brief an Julius Bab darauf hingewiesen, das Buch bringe »keine erdichteten Geschichten, sondern nur richtige«. Es sind also weniger erfundene als gefundene Geschichten, und manche haben sogar einen direkten autobiographischen Bezug. So verbirgt sich hinter dem fiktiven »Dr. Fernando« in der »Münzen«-Geschichte niemand anderer als der damals sehr bekannte Berliner Gynäkologe Ferdinand Mainzer (1871–1943), in dessen großbürgerlich-gastlichem Haus, offen insbesondere für viele Künstler, auch Theodor und Elly Heuss verkehrt hatten. Doch seine jüdische Herkunft zwingt auch diesen Mann, der sich obendrein durch eine bemerkenswerte Biographie über Julius Cäsar und eine besondere Sammlung antiker Münzen einen Namen gemacht hatte, zur Ausreise aus Deutschland. Vor seiner Emigration nach England 1938 aber hatte er Elly Heuss-Knapp seine Münzsammlung anvertraut in der Hoffnung, sie könne sie bei Verwandtschaftsbesuchen in die Schweiz schmuggeln. Was für einen Teil gelingt, weil Elly Heuss-Knapp raffinierte Tarnungen findet und der Gefahr des Entdecktwerdens tapfer widersteht. Ein anderer Teil gelangt nach Schweden, ein dritter nach London und zwar durch den Heuss-Sohn Ernst Ludwig, der exakt diejenige Begegnung mit den britischen Behörden erlebt hatte, die seine Mutter in der Erzählung »Antike Münzen« wiedergibt.

Und auch die Szene mit dem Schriftsteller, der einen »Rüffel wegen Verkehr mit Juden« bekommen hatte, hat autobiographischen Hintergrund. Denn mit demselben Wort, mit dem der Schriftsteller in der Geschichte seiner Behörde gegenüber schlagfertig aufgetreten war, ihm sei von der Schule her noch geläufig, dass »Treue für eine deutsche Tugend gelte«, mit diesem Wort und dieser Schlagfertigkeit hatte auch Theodor Heuss sich seinerzeit aus einer prekären Lage retten können. Folgen wir Peter Merseburgers Biographie, so ist bezeugt »Seine [Heuss'] erste ›Vorladung‹ zu einer NS-Dienststelle gilt der Tatsache, dass in Heuss' Wohnung viele jüdische Menschen vorsprachen, die offenbar helfende Ratschläge erwarteten. Als ihm das vorgehalten wird, sagt Heuss, er habe auf der Schule gelernt, dass ›Treue eine wesentliche Eigenschaft der Deutschen sei‹. Völlig verblüfft über diese Antwort erwidert sein Gegenüber hinter dem Verhörschreibtisch beinahe beschwichtigend, er habe ihn ja auch nur warnen wollen. Aber er wird mehrfach wegen Verkehrs mit Juden vorgeladen« (338).

3. »Angst«: Über Zwangsscheidungen deutsch-jüdischer Ehen

Ein fünfter Text in Elly Heuss-Knapps Prosabändchen lässt uns noch einmal besonders aufhorchen: »Angst«, so der Titel. Dabei wäre »Angst und Tod« vielleicht der angemessenere gewesen, wird doch in dieser Geschichte vielfach gestorben. Alles beginnt hier mit einer erotischen Beziehung zwischen einem Arzt mit Namen Georg Strählin, verheiratet, Vater zweier Kinder, und einer Patientin namens Valerie, der Frau eines hohen Ministerialbeamten, Mutter eines Sohnes. Die Frau des Arztes, Anna Strählin, so erfahren wir, stammt »aus jüdischem Haus«. Das war bei ihrer Hochzeit seinerzeit kein Problem gewesen war, »da schon ihre Eltern getauft« worden waren. Dann aber hatte die »antisemitische Hetze des Dritten Reiches« begonnen und die Familie Strählin in »Unruhe und

Angst« versetzt. Der Mediziner fürchtet auf einmal, er könne wegen »jüdischer Versippung« seine Stellung als »Amtsarzt« verlieren.

Jetzt schlägt die Stunde von Valerie, der Ministerialbeamten-Gattin, von der wir erfahren, dass sie nie »ohne das Parteiabzeichen« ausgehe und jedem erzähle, »dass der Führer selbst bei ihnen verkehre« (Wege, 1946, 37). Valerie hat einen durchtriebenen Plan: Sie bietet ihre Hilfe an, »die Kinder, zumindest den Jungen, arisieren« zu lassen. (Wege, 1946, 38) Ihr Mann »säße selbst in dem betreffenden Amt und arbeite die Gesetze aus«. Vorbedingung: Herr und Frau Strählin müssten sich scheiden lassen. Was in »normalen« Zeiten als moralische Ungeheuerlichkeit sofort verworfen worden wäre, hat im NS-Staat jetzt den Charakter einer realen und vorteilhaften Option. Und zum lähmenden Entsetzen seiner Frau will der Arzt die Scheidung vollzogen wissen, obwohl sie es gewesen war, die seinerzeit durch ihre »reiche Mitgift« seine Niederlassung überhaupt erst ermöglicht hatte und ihr Mann Valerie gar nicht zu heiraten gedenkt. Er könne ohne seine Stellung nicht existieren, könne »nicht vegetieren«, erklärt der Arzt zu seiner Rechtfertigung einer Freundin seiner Frau gegenüber, mit der er eine Aussprache sucht. Im Übrigen sei es besser, den Zwangs-Maßnahmen des Dritten Reiches *zuvor*zukommen. Gemeint sind: »Zwangsscheidungen« (Wege, 1946, 39).

In der Tat kommt es zur Trennung von Georg und Anna Strählin. Er sorgt für ihre nötige Unterkunft und bringt den Buben bei der Großmutter unter, »damit seine Arisierung betrieben werden könne«. Er selber zieht bei Valerie ein und geht »fast jeden Abend« mit ihr »zu Gesellschaften oder ins Theater« (Wege, 1946, 40). Seinen alten Freundskreis, sofern es ihn noch gibt, meidet er, und auch um Anna kümmert er sich nicht mehr, selbst dann nicht, als ein altes Lungenleiden bei ihr ausbricht und sie daran stirbt. Doch die Nachricht von ihrem Tod erschüttert ihn dann doch. Unter Tränen ruft er aus: »Das habe ich nicht gewusst, nein, das wusste ich nicht. Hat sie mich noch sehen wollen?« (Wege, 1946, 40)

Dann die Reichspogromnacht, 9. November 1938. Strählin und Valerie erleben hautnah, wie jüdische Geschäfte zerstört und geplündert, Synagogen angezündet werden. Jetzt hat der Arzt genug, zumal er offensichtlich weiß, dass Valerie Krebs im Endstadium hat. Verzweifelt fleht er sie an, gemeinsam mit ihm durch Einnahme von Gift aus dem Leben zu scheiden. Aber Valerie lehnt ab. Als dann aber auch noch der Ministerialrat bei einem gemeinsamen Essen »die Zerstörung der jüdischen Läden« als »einen vorzüglichen Schachzug von Goebbels« rechtfertigt, ist Georg Strählin am Ende:

> »In der Nacht nahm der Doktor Gift. – Wenige Monate darauf starb Valerie einen qualvollen Tod am Krebs. Ihr Mann und ihr Sohn wurden später von einer Fliegerbombe getötet. Die beiden Kinder des Arztes kamen noch vor Kriegsausbruch zu Verwandten nach Südamerika, wo sie ein neues und glücklicheres Leben beginnen konnten.« (Wege, 1946, 41f.)

Sechs Personen bestimmen diese Erzählung, am Ende sind vier Menschen tot. Schnörkellos wie immer wird alles erzählt. Auf tiefere psychologische Studien verzichtet die Erzählerin, weil es ihr offensichtlich um etwas Anderes geht: An einem exemplarischen Fall darzustellen, was die Rassenlehre der Nazis mit Menschen und aus Menschen macht. Sie greift wie ein Ungeheuer in ihr Leben ein, reißt Ehen und Familien auseinander, stürzt Menschen, gejagt von den Dämonen der Angst, ins Unglück und am Ende ins Verderben. In der Tat wird der Protagonist der Erzählung, der Arzt Georg Strählin, buchstäblich in den Tod gejagt. Angst hat er, dass er auf Grund »jüdischer Versippung« seine berufliche Position verliert, Angst vor der drohenden Zwangsscheidung, Angst, seiner von ihm im Stich gelassenen Frau noch einmal unter die Augen zu treten und Angst schließlich vor seinem schlechten Gewissen, als er die Synagogen brennen sieht. Gejagt von seinen Angst-Dämonen nimmt er am Ende das tödliche Gift.

Wir fragen: Auf welcher »wahren Begebenheit« beruht diese kleine Erzählung? Welchen Fall wird Elly Heuss-Knapp vor Augen gehabt haben?

4. Die NS-Rassengesetze und die Debatte um Zwangsscheidungen

Da ist zunächst das zeitgeschichtliche Faktum einer Debatte um Zwangsscheidungen deutsch-jüdischer Ehen. Grundlage bilden die »Nürnberger Rassen- oder Ariergesetze«, die anlässlich des 7. Reichsparteitags der NSDAP am 15. September 1935 einstimmig vom Reichstag beschlossen worden waren, der eigens zu diesem Zweck in Nürnberg hatte zusammentreten müssen. Beschlossen war damit eines der menschenverachtendsten Paragraphenwerke der deutschen Justizgeschichte: das »Gesetz zum Schutze des deutschen Blutes und der deutschen Ehre«, ein Instrument, mit dem der NS-Staat die weitere »Vermischung« von Juden und »Ariern« in Zukunft zu verhindern trachtet. Mehr noch: Schon in Nürnberg sollten die beschlossenen Gesetze nicht bloß in die Zukunft, sondern auch in die Vergangenheit wirken, zum Beispiel dadurch, dass man für jüdisch-deutsche »Mischehen«, wie sie im Nazi-Jargon jetzt heißen, Zwangsscheidungen vorsieht und propagiert.

Und als »rassische Mischehen« gelten auch solche, in denen ein aus jüdischer Familie stammender Partner längst zum Christentum konvertiert war, sich somit hatte taufen lassen.

Doch Konflikte insbesondere mit der katholischen Kirche befürchtend (die Scheidungen prinzipiell ablehnt), sieht man von Seiten der NS-Führung zunächst von Zwangsscheidungs-*Gesetzen* ab und vertagt genauere Regelungen auf Folgekonferenzen, darunter die berühmt-berüchtigte Wannseekonferenz vom 20. Januar 1942 zur »Endlösung der Judenfrage« und weitere Zusammenkünfte dieser Art im März und Oktober 1942. Prompt protestieren die deutschen katholischen Bischöfe denn auch, als sie von den Plänen zu einer Zwangsscheidung aus »rassischen Gründen« Kenntnis erhalten. Am 11. November 1942 legt der Vorsitzende der Deutschen Katholischen Bischofskonferenz, der Breslauer Erzbischof Adolf Kardinal Bertram (1859–1945) im Namen des Episkopats beim Justiz-, Innen- und Kirchenminister gegen die geplante Scheidungsgesetzgebung Protest ein. Betroffen sind ja auch katholisch geschlossene Ehen, in denen ein Partner, obwohl u.U. längst konvertiert, jüdischer Herkunft ist. Zwar erfolgt der Protest im Geheimen, ist für die NS-Führung dennoch unbequem, will man doch mitten im Krieg zusätzliche Unruhe im Volk vermeiden. Mit ein Grund, warum eine Zwangsscheidungs-*Gesetzgebung* abermals hinausgeschoben wird. Zumindest aber beschließt man, künftig Scheidungen von »Mischehen« per Einzelfall auf Antrag leichter durchzuführen.

Zu Unruhen der befürchteten Art im Volk kommt es allerdings. Zwar hatte offenbar das Reichssicherheitshauptamt Anweisungen gegeben, Juden aus »Mischehen« von der Deportation in den Osten auszunehmen, unbeeindruckt davon aber beginnen SS und Gestapo im Februar 1943, als die letzten deutschen Juden deportiert werden sollen, in Berlin auch *christliche* »Nicht-Arier« aus solchen Ehen gleich mit zu verhaften. Von den ab dem 27. Februar 1943 verhafteten ca. 8.000 Juden fallen etwa 2.000 in diese Kategorie. Sie werden aussortiert und in das Gebäude der ehemaligen Behörde für Wohlfahrtswesen und Jugendfürsorge der Jüdischen Gemeinde verbracht. Es befindet sich in Berlin-Mitte in der Rosenstraße 2–4 dicht beim Alexanderplatz.

Doch dann geschieht etwas Unerwartetes: Die »arischen« Ehefrauen folgen ihren Männern in die Rosenstraße, weichen nicht von der Stelle, protestieren, rufen und fordern ihre Männer zurück. Da die Gestapo aber die Aktion geheimhalten will und befürchten muss, ihr weisungswidriges Vorgehen oder der ganze Vernichtungsapparat des Regimes könne ans Tageslicht kommen, gibt sie nach und lässt nach einigen Tagen und nach gründlicher Überprüfung nach und nach die »nichtarischen« Ehemänner frei. Dieser für NS-Verhältnisse einmalige Vorgang ist als »Protest der Rosenstraße 1943« in die Zeitgeschichte eingegangen. Margarethe von Trotta hat 2003 dazu einen erschütternden Film in unsere Kinos gebracht: »Rosenstraße«. (Einzelheiten u.a. auch über die kontroverse Debatte bei: W. Gruber, Widerstand in der Rosenstraße. Die Fabrik-Aktion und die Verfolgung der »Mischehen« 1943, Frankfurt/M 2005)

5. Spiegelung des Schicksals von Jochen und Johanna Klepper?

Haben Theodor und Elly Heuss von diesen Geschehnissen in der Rosenstraße gewusst? Wir wissen es nicht. Hatten sie von einem ergreifenden Einzelschicksal im Zusammenhang einer drohenden Zwangsscheidung Kenntnis? Vom Fall des Jochen Klepper (1903–1942) beispielsweise, Pfarrersohn, Journalist und Schriftsteller, den seine politische und christliche Grundhaltung ab 1933 in zunehmendem Gegensatz zur Nazi-Ideologie gebracht hatte?

1937 hatte Klepper noch einen großen Roman veröffentlichen können, der bis heute seinen literarischen Ruhm begründet: »Der Vater«. In umfassender und einfühlsamer Weise hatte er hier den Konflikt zwischen dem preußischen Soldatenkönig, Friedrich Wilhelm I., und dessen Sohn Friedrich (später »der Große« genannt) geschildert. Der Erfolg des Buches verschafft Klepper finanzielle Unabhängigkeit und hohes Ansehen vor allem in Kreisen des Militärs, seine politischen und religiösen Überzeugungen aber tragen ihm den Ausschluss aus der »Reichsschrifttumskammer« ein, was einem Berufsverbot gleichkommt. 1938 können im Berliner Eckart-Verlag noch »Geistliche Lieder« Kleppers unter dem Titel »Kyrie« erscheinen. Nicht wenige Texte werden später vertont und finden Eingang in den Kanon des protestantischen Kirchenliedguts, darunter »Die Nacht ist vorgedrungen«, »Gott wohnt in einem Lichte« und »Der du die Zeit in Händen hast«.

Dann aber hatte auch in Kleppers Leben die Nazi-Rassenideologie eingegriffen, war der Dichter doch seit März 1931 mit der 13 Jahre älteren jüdischen Rechtsanwaltswitwe Johanna Stein, geb. Gerstel, verheiratet, die zwei Töchter mit in die Ehe gebracht hatte. Doch auch die Tatsache, dass Johanna Klepper sich im Dezember 1938 hatte taufen lassen (ihre Tochter Renate folgt 1940) mit anschließender kirchlicher Eheschließung, hatte der NS-Rassenideologie entsprechend nichts an der prekären Lage ihrer deutsch-jüdischen »Mischehe« geändert. Im Gegenteil. Klepper, der im November 1940 zur Wehrmacht einberufen und ab Dezember 1940 als Soldat an den verschiedensten Frontabschnitten im Osten eingesetzt war, sieht sich wegen seiner Ehe bereits im Oktober 1941 aus der Armee als »wehrunwürdig« entfernt. Eine tiefe Demütigung. Schlimmer noch: Zunichte ist damit auch Kleppers Hoffnung, durch soldatische Bewährung Frau und Tochter vor der Deportation zu bewahren. Zwar gelingt es dem Ehepaar Klepper noch, die ältere Tochter Brigitte kurz vor Kriegsausbruch über Schweden nach England ausreisen zu lassen. Aber schon bei Renate, die nach wie vor als »Volljüdin« gilt, scheitert der Versuch, obwohl es Klepper gelingt, auch für seine jüngere Tochter eine Einreise nach Schweden zu erwirken. Wie verzweifelt seine Bemühungen sind, auch Frau und Tochter eine Ausreisegenehmigung zu verschaffen, zeigen die Tagebücher Kleppers von April 1932 bis Dezember 1942, die posthum unter dem Titel »Unter dem Schatten deiner Flügel« (Stuttgart 1956) veröffentlicht werden und Kleppers literarischen »Nachruhm« begründen.

Noch am 8. Dezember 1942 hat Klepper einen Termin bei Reichsinnenminister Wilhelm Frick (1877–1946). Das Ergebnis ist niederschmetternd. Dieser Mann habe ursprünglich Renate »aus Deutschland heraushelfen« wollen, notiert Klepper, könne sie jetzt aber »nicht mehr schützen«, auch Johanna nicht. Frick warnt ihn, noch sei seine Frau durch die Ehe mit ihm geschützt. Aber es seien »Bestrebungen im Gange, die die Zwangsscheidung durchsetzen sollen«. Und das bedeute nach der Scheidung »gleich die Deportation des jüdischen Teils«! Frick wörtlich: »Ich kann Ihre Frau nicht schützen. Ich kann keinen Juden schützen. Solche Dinge können sich ja der Sache nach nicht im geheimen abspielen. Sie kommen zu den Ohren des Führers, und dann gibt es einen Mordskrach.«

(1956, 1130) Klepper ist fassungslos. Einer der ganz Mächtigen des Dritten Reiches ist ohnmächtig im Machtapparat der Mörder. Er muss begreifen, dass Frick »als Innenminister eine solche Ausreisegenehmigung nicht mehr ausstellen« kann, weil ihm »dieser Machtbereich entzogen« ist. Zuständig ist nun der »Sicherheitsdienst«, eine »neue Einrichtung« unter SS-Obergruppenführer Reinhard Heydrich, die »gefürchtetste der Geheimen Staatspolizei« (1956, 1130). Und zuständig ist für den konkreten Fall Klepper niemand anderer als dessen »Judenreferent« Adolf Eichmann!

Und genau an diesem scheitert am Ende alles. Zweimal sitzt Klepper diesem bürokratischen Massenmörder in dessen Behörde gegenüber, am 9. und 10. Dezember 1942. Und obwohl die Zustimmung der Schweden zur Ausreise seiner Stieftochter vorliegt und das Innenministerium zuversichtlich ist, lässt Eichmann die »Verhandlungen« scheitern. Das ist das Ende. In der Nacht vom 10. auf den 11. Dezember gehen Jochen und Johanna Klepper zusammen mit ihrer Tochter Renate in den Tod. Die letzte Eintragung im Tagebuch lautet:

> »Nachmittags die Verhandlung auf dem Sicherheitsdienst.
> Wir sterben nun – ach, auch das steht bei Gott –
> Wir gehen heute Nacht gemeinsam in den Tod.
> Über uns steht in den letzten Stunden das Bild des Segnenden Christus, der um uns ringt.
> In dessen Anblick endet unser Leben.«
>
> (1956, 1133)

Und Wilhelm Frick? Er wird als einer der Hauptkriegsverbrecher durch den Internationalen Militärgerichtshof in Nürnberg angeklagt, zum Tode verurteilt und am 16. Oktober 1946 hingerichtet. Adolf Eichmann endet nach einem Prozess in

Jerusalem am 31. Mai 1962 in einem Gefängnis bei Tel Aviv am Galgen.

Haben Theodor Heuss und Elly Heuss-Knapp den »Fall Klepper« noch vor Ende des Krieges gekannt? Direkte Zeugnisse darüber gibt es nicht. Doch lassen intensive persönliche Beziehungen des Ehepaars Heuss zur evangelischen Kirche Berlins es als wahrscheinlich erscheinen. Das gilt besonders für ihre Kontakte zu einem Mann wie Otto Dibelius (1880–1967), der bis 1925 Pfarrer in Berlin Schöneberg und bis 1933 Generalsuperintendent der Kurmark ist. Wir haben in Kap. IV, 3–4 schon kurz darauf Bezug genommen und rufen in Erinnerung: Anlässlich der Konfirmation eines Patenkindes in der Schöneberger Kirche »Zum Heilsbronnen« kurz nach dem Ersten Weltkrieg war insbesondere Elly Heuss-Knapp vom Gottesdienst des damaligen Pfarrers Dibelius derart beeindruckt gewesen, dass sie sich fortan aktiv an der Gemeindearbeit beteiligt hatte. Später war sie in den Lehrkörper des Burckhardt--Hauses eingetreten, der Ausbildungsstätte für Gemeindepflegerinnen, und hatte dort – wie Theodor Heuss in seinen »Erinnerungen« (1963) festhält – »nicht bloß Sozialpolitik, sondern auch Pädagogik und – Erzählen« unterrichtet. (S. 373) Und *Erzählen*! Die »Schmalen Wege« aus ihrer Feder kommen also nicht von ungefähr! Mehr noch: Kontakte des Ehepaars Heuss gibt es auch zu Kreisen der »Bekennenden Kirche«, insbesondere zu den unerschrockenen Gottesdiensten und regimekritischen Predigten von Pfarrer Martin Niemöller (1892–1984) in der St.-Annen-Kirche zu Berlin-Dahlem, zum Hause der Familie Bonhoeffer und zum Schweizer Theologen Karl Barth (1886–1968), dem Verfasser der »Barmer Theologischen Erklärung« (1934). Einzelheiten dazu bei J.C. Hess, 2002, 165–170. Das alles lässt es als *wahrscheinlich* erscheinen, dass ihnen der »Fall« des bekennenden Protestanten Jochen Klepper bekannt ist.

Verständnis und Unterstützung allerdings aus kirchlichen Kreisen für seine und seiner Familie besondere Situation (ein Christ mit einer getauften Jüdin als Ehefrau und einer getauften Jüdin als Stieftochter) hat Klepper selbst nicht erfahren, auch nicht aus Kreisen der »Bekennenden Kirche«, wie wir den Untersuchungen der Historikerin Ursula Büttner entnehmen können. Über den »Untergang des Dichters Jochen Klepper mit seinen jüdisch-christlichen Angehörigen« schreibt sie: »Seine [Kleppers] Entscheidung, an der Seite seiner jüdischen Frau und Stieftochter auszuhalten und, als er sie nicht mehr zu schützen vermochte, mit ihnen in den Tod zu gehen, bot Anlass für viele Fragen und Selbstzweifel, so sehr unterschied sie sich von der Haltung der Kirchenleitungen und der meisten Christen, auch in den Reihen der Bekennenden Kirche, die über die Not der Juden wie auch der von ihnen abstammenden oder mit ihnen durch die Ehe verbundenen Mitchristen bedenkenlos hinweggingen. Kleppers Weg im ›Dritten Reich‹ konnte als Mahnung verstanden werden, die Berufung auf ihn aber auch dazu dienen, das Versagen der Mehrheit der Protestanten angesichts der Judenverfolgung zu verdecken.« (Büttner, 1998, 123) Ich belasse es bei diesem knappen Hinweis auf die Problematik des Versagens der Kirchen »angesichts der Judenverfolgung«, das eben auch Menschen jüdischer Herkunft betraf, die sich hatten taufen lassen und in einer Ehe mit einem christlichen Partner lebten. Ich habe das Nötige dazu schon im Zusammenhang des »Falles Dibelius« gesagt (Kap. IV, 3–4).

Ob das Ehepaar Heuss vom Schicksal der Familie Klepper wusste, muss offen bleiben. Wir führen diesen »Fall« hier auch nur an, um Elly Heuss-Knapp in ihrem Bemühen zu bestätigen, aufzudecken, in welche Tragödien Menschen in Deutschland unter der Drohung von Zwangsscheidungen getrieben werden konnten. Ihre »Angst«-Geschichte ist vielleicht nicht eins zu eins autobiographisch »gedeckt«, aber authentisch und exemplarisch. Nach den Forschungen von Ursula Büttner geht man von einer Größenordnung von ca. 40.000 bis 50.000 Menschen aus, die das Schicksal von Juden während der NS-Zeit teilten, »obwohl sie selbst nicht zu der verfemten Gruppe gehörten und sich durch Scheidung leicht der Verfolgung hätten entziehen können.« (S. 124). Mit »allen Mitteln« versuchten ja auch die Machthaber, »auf die nichtjüdischen Ehepartner von Juden Druck auszuüben, sich scheiden zu lassen«, wobei die meisten Stand hielten, denn »die Scheidungsrate war eher niedriger als im Durchschnitt.« (1998, 124)

Sollte das Ehepaar Heuss den Fall von Jochen und Johanna Klepper gekannt, sollten sie auch in diesem Fall um die Drohung mit Zwangsscheidung und anschließender Deportation des jüdischen Partners gewusst haben, so hätte Elly Heuss-Knapp in »Angst« nicht *ihre* Geschichte erzählt. Zwar geht auch der fiktive Arzt Dr. Strählin in den Tod, aber nicht aus Verzweiflung über eine gescheiterte Emigration, sondern aus Verzweiflung über den »Verrat« an seiner Frau. Aus Angst vor Existenzverlust hatte er sich auf das eingelassen, was Jochen Klepper seiner Frau gegenüber trotz entsprechender Angebote stets *a limine* abgelehnt hatte: die Scheidung, die er im Vorgriff auf eine gesetzliche Anordnung hätte vollziehen lassen können. Elly Heuss-Knapp also hat nicht die Geschichte eines Gewissentäters erzählt, sondern die Geschichte eines Opportunisten, den ein fataler Schritt am Ende buchstäblich in den Abgrund reißt.

Doch zumindest *ein konkreter Fall* von Zwangsscheidung einer deutsch-jüdischen Ehe dürfte Elly Heuss-Knapp bedrückend vor Augen gestanden haben. Der Fall ihres Parteifreundes und späteren Ministerpräsidenten von Württemberg-Baden Reinhold Maier. Von ihm war schon im Zusammenhang mit der Zustimmung zum »Ermächtigungsgesetz« 1933 die Rede (Kap. III, 2). Jetzt geht es um etwas Anderes.

6. Spiegelung des Schicksals von Gerta und Reinhold Maier?

1889 in eine gutbürgerliche Schorndorfer Familie hineingeboren, studiert Maier in Grenoble und Tübingen Volkswirtschaft und Jura, nimmt als Soldat am Ersten Weltkrieg teil und startet nach dem Krieg eine politische Karriere. Durch und durch liberal geprägt, engagiert er sich in der 1918 neu gegründeten Deutschen Demokratischen Partei, zu der auch das Ehepaar Heuss gehört. Erster Höhepunkt seiner politischen Laufbahn ist das 1930 übernommene Amt des Wirtschaftsministers einer Mehrparteienregierung in Württemberg unter Führung des Zentrumspolitikers Eugen Bolz (1881–1945). Zugleich ist Maier 1932/33 Landtags- und Reichstagsabgeordneter. Als solcher gehört er zusammen mit Theodor Heuss, wie wir hörten, zu der fünfköpfigen Fraktion der Deutschen Staatspartei, die am 24. März 1933 nach quälenden internen Diskussionen dem Ermächtigungsgesetz ihre Zustimmung gibt.

Doch wie Heuss wird auch Reinhold Maier 1933 sein Reichstagsmandat entzogen. Und mit dem Verlust aller übrigen Ämter und Mandate wird Maier nicht nur aller politischen Wirkungs- und Einflussmöglichkeiten beraubt, gefährdet ist vielmehr auch seine bisherige berufliche Existenz.

Er muss von vorne anfangen, kehrt in seinen angestammten Anwaltsberuf zurück und eröffnet in Stuttgart eine Kanzlei. Ein neuer »Kundenkreis« ist zu erschließen, hatte sich doch seine alte Klientel von ihm, dem politisch »Belasteten«, weitgehend abgewandt. Hinzu kommt die direkte Bedrohung der eigenen Familie. Denn Maier hatte noch 1929 Gerta Goldschmidt geheiratet, die 1902 geborene Tochter eines angesehenen jüdischen Rechtsanwalts in Stuttgart. Zwei Kinder sind aus dieser Ehe hervorgegangen: Magda (geb. 1929) und Georg (geb. 1933). Den NS-Rassengesetzen zufolge lebt Maier mit einer »Volljüdin« in »rassischer Mischehe«, was nach der jetzt herrschenden Ideologie als untragbar gilt. »Seit Hitler unumschränkt herrschte«, schreibt Klaus-Jürgen Matz in seiner Reinhold-Maier-Biographie (1989), »verging daher kein Jahr ohne schlimme Schikanen für die ganze Familie, ohne persönliche Angriffe, Herabsetzungen und Beschimpfungen, ohne Vorladungen, Prozessdrohungen und Anklagen. Die Familie musste eng zusammenrücken. Wie durch ein Wunder durchlebte sie diese Zeit der Qual und Angst in relativer Freiheit und unverletzt. Die Intervention von Freunden und ehemaligen Mitarbeitern aus dem Wirtschaftministerium, vor allem aber die persönlichen Beziehungen zu maßgebenden Kräften der Sicherheitsorgane, die Maier als früherer ständiger Rechtsberater des Verbandes der Polizeibeamten schon während der Zwanzigerjahre geknüpft hatte, halfen hindurch und sorgten dafür, dass die Familie allen Verhaftungswellen entging.« (R. Maier. Eine politische Biographie, Düsseldorf 1989, 160)

Vorläufig. Denn ab 1938 wird die Lage von Juden im NS-Staat immer unhaltbarer. Stichwort »Reichspogromnacht«! Jetzt verlässt auch der Bruder Gerta Maiers, Rudolf Goldschmidt, Deutschland, um in Kalifornien für sich und seine Familie eine neue Existenz aufzubauen. Im Sommer 1939 können die Eltern nachkommen. Aber wohin mit Gerta und den Kindern? Auch sie sind gefährdet, zumal Maier Ende November 1938 von Eingeweihten den dringenden Rat bekommt, Frau und Kinder außer Landes zu bringen. Ihnen drohe die Deportation. Doch wohin soll eine Frau, die zwar früher einmal eine Ausbildung zur Krankenschwester gemacht, aber so gut wie keine Berufserfahrung und obendrein zwei kleine Kinder in Obhut hat? Ungezählte bürokratische Hürden müssen überwunden werden, bis es mit Unterstützung der anthroposophischen Christengemeinschaft gelingt, Gerta und die Kinder nach England zu vermitteln. Für die Kinder wird eine Schule in Gloucestershire, für Gerta Maier eine Stelle als Haushaltsgehilfin in Hertford ausfindig gemacht. Maier begleitet seine kleine Familie noch bis nach Genf. Abschied am 25. August 1939 auf dem Genfer Bahnhof Cornavin mit ungewissem Ausgang. Immerhin erfährt er am Abend des 30. August noch, dass die Seinen angekommen sind. Keinen Tag zu früh, denn zwei Tage später bricht der zweite Weltkrieg aus.

Die Ausreise seiner Frau aber macht das Leben Reinhold Maiers im NS-Staat keineswegs leichter. Nach wie vor hat er versteckte oder offene Anspielungen auf die jüdische Abstammung seiner emigrierten Frau zu ertragen. Mittlerweile ist es Frühsommer 1943 geworden. Längst sind die meisten der noch in Deutschland verbliebenen Juden in die Konzentrations- und Vernichtungslager des Ostens verschleppt. Auch »jüdisch Versippte« wie Maier sehen sich noch einmal verschärftem Druck ausgesetzt. Von Freunden und Kollegen kommt der Rat, die Scheidung zu betreiben, und Maier lässt sich auf eine Pro-forma-Scheidung ein, nicht zuletzt auch, um Freunde und Bekannte nicht länger zu gefährden, die bisher schützend ihre Hand über ihn gehalten hatten. Am 1. Juli 1943 wird die Scheidung ausgesprochen. Klaus-Jürgen Matz zu diesem Vorgang: »Nach dem Krieg tat Maier sich schwer, vor allem den Amerikanern zu erklären, warum er sich hatte scheiden lassen. Er machte geltend, dass er diesen Schritt mit seiner Frau abgesprochen habe, um die Chancen der Kinder zu erhöhen, britische Staatsbürger zu werden. Und auch davon war die Rede, dass es gegolten habe, Freunde und Kollegen nicht länger durch Kontakte mit ihm, dem ›nichtarisch‹ Verheirateten, zu kompromittieren und in Gefahr zu bringen.« (S. 164) Ob diese Darstellung zutrifft, ist nicht zu überprüfen. Nach einer anderen Version aus der Familie hat Maier die Scheidung mit seiner Frau vorher nicht »abgesprochen«. Offenbar aber hat Gerta Maier, sobald sie von diesem Vorgang erfuhr, nie an eine echte Scheidung geglaubt, die ganze Sache vielmehr als Notlösung verstanden. Wie immer: Tatsache ist, dass im Januar 1946 das 1939 auseinandergerissene Ehepaar wieder vereint ist. Die Kinder werden später nachgeholt. Man heiratet am 18. Januar 1946 ein zweites Mal, zu einem Zeitpunkt, als Reinhold Maier schon Ministerpräsident von Württemberg-Baden ist.

Dieser nüchterne Bericht lässt bestenfalls ahnen, was Gerta und Reinhold Maier in den bald sieben Jahren ihrer Trennung haben durchmachen müssen, was an Nöten, Ängsten und Sorgen durchzustehen war. Kommunikation zwischen England und Deutschland war in dieser Zeit schwierig, für die Maiers nur indirekt über Schweizer Bekannte möglich. Das Heimweh ist so groß wie die Unsicherheit, ob der Ehemann und Vater noch lebt. Einen kleinen Einblick in die emotionalen

Spannungen geben uns die 2004 herausgegebenen »Briefe und Tagebuchaufzeichnungen« Reinhold Maiers aus den Jahren 1944 bis 1946 unter dem Titel »Ende und Wende«. Ergreifend vor allem der Bericht vom ersten Wiedersehen nach dem Krieg, den wir einem Brief Reinhold Maiers an seine (noch in England verbliebenen) Kinder vom 31. Januar 1946 entnehmen. Es ist der 8. Januar. Plötzlich der Anruf Gertas, sie stehe am Bahnhof in Kornwestheim. Mit seinem Dienstwagen eilt Maier ihr entgegen. Und dann wörtlich:

> »Erinnert Ihr Euch noch an den 25. August 1939 auf dem Bahnhof Cornavin in Genf 9 Uhr 25 abends. Schnellzug Paris? Eure drei Hände in meiner Hand. Die lang unterbrochene Kette schloss sich wieder, wenigstens mit einer der drei Hände. Mamas Hand durch die Autotüre wieder in meiner Hand. Und wann, liebe Kinder, folgen eure beiden? Das gibt einen Doppelpatsch.
>
> Dann nahm die liebe Mama in meinem Wagen Platz. Zuerst konnten wir beide nicht viel sprechen. Aber dann begann der Bericht über Euch und das Ausrichten Eurer vielen Grüße. Ich zog der lieben Mama die Handschuhe ab, nahm aus meiner Manteltasche ein geheimnisvolles Etui und schob ihr einen goldenen Ring um den Ringfinger der linken Hand. Ein Goldschmiedmeister in Schwäb. Gmünd hat ihn gefertigt. Auf dem Ring ist der Prophet Jeremia nach der Rückkehr aus der babylonischen Gefangenschaft abgebildet. Er steht zwischen zwei Säulen, einer eingestürzten, das ist die Vergangenheit, und einer aufrechtstehenden, das ist die Zukunft, der Neubeginn« (R. Maier, Ende und Wende. Briefe und Tagebuchaufzeichnungen 1944–1946, neu hrsg. v. A. Brenke u. a., Wuppertal 2004, 356f.)

Das Ehepaar Heuss hat von den persönlichen Verhältnissen im Hause Maier während der NS-Zeit gewusst, davon ist auszugehen. »Von allen Freunden«, wird Reinhold Maier in der Festschrift zu Heuss' 70. Geburtstag 1954 schreiben, habe Theodor Heuss »die Verbindung zwischen uns am treuesten aufrechterhalten«. In den »vielen Jahren« sei er »immer wieder aufgetaucht«. (Begegnungen, 127)

Und doch hat Elly Heuss-Knapp in ihrer Erzählung »Angst« auch nicht die Geschichte von Reinhold und Gerta Maier erzählt. Aber sie hat in ihrer Geschichte festgehalten, welch menschenverachtende rassistische Verblendung in den zwölf Jahren NS-Herrschaft in Deutschland möglich war. Das sollte nicht dem raschen Vergessen anheim fallen, das war zu nachhaltiger Warnung und Mahnung festgehalten worden. Mit ihren Prosaminiaturen aus dem Jahr 1946 nimmt Elly Heuss-Knapp vorweg, was ihr Mann in den großen Reden zwischen 1946 und 1952 auf seine Weise versuchen wird: Eine Orientierung für die Zukunft aus einer ehrlichen Anamnese des Vergangenen, aus der ethischen Verpflichtung zur Erinnerung mit dem Ziel, einen Aufstand des Gewissens zu befördern gegen die vorschnellen Verdränger und Abschieber, die beflissenen Selbstentlaster und allfertigen Schlußstrich-Zieher, gegen all die, die sich ihr gutes Gewissen durch Wegsehen und Vergessen erkaufen. »Schmale Wege«: Es sind Geschichten wider die Komplizenschaft mit den Schweiglingen. Wie hatte doch ihr Mann ein Jahr zuvor in seiner Stuttgarter Rede am 25. November 1945 »In Memoriam« ausgerufen:

> »Das deutsche Volk hat es sich leicht gemacht, zu leicht gemacht in seiner Masse, sich in die Fesseln des Nationalsozialismus zu geben. Es darf es sich nicht leicht machen, diese Fesseln, an denen es schlimm trug, von denen es sich nicht selber hatte lösen können, es darf es sich nicht leicht machen,

> die bösen Dinge wie einen wüsten Traum hinter sich zu werfen.« (AüJ, 95)

Nicht zufällig hatte Elly Heuss-Knapp ihr Buch einer besonderen Frau gewidmet: Toni Stolper. Einer Frau jüdischer Herkunft, von der schon kurz im Zusammenhang mit ihrem Mann Gustav Stolper die Rede war (Kap. IV, 2). Wir werden mehr von ihr zu berichten haben. (Kap. VII, 12) Zu dieser Zueignung an eine jüdische Freundin passt, dass die Wirkung von Elly Heuss-Knapps Werk der »Müttergenesung« bis nach Israel ausgestrahlt hat. Der langjährige Landesrabbiner von Württemberg, Joel Berger, hat in seinen 2013 erschienenen Lebenserinnerungen auch dieses Faktum festgehalten: »In Deutschland hat sich Elly Heuss-Knapp, die Frau des ersten Bundespräsidenten, besonders dafür eingesetzt, dass erschöpften Frauen ein Genesungsurlaub ermöglicht wurde. In Erinnerung an seine Frau hat sich Theodor Heuss zu seinem 75. Geburtstag gewünscht, man möge statt Geschenken die Mittel für ein entsprechendes Müttergenesungsheim in Israel sammeln. Das ist geschehen, und das Haus in Herzlia trägt bis heute den Namen ›Elly Heuss-Knapp‹.« (Der Mann mit dem Hut. Geschichten meines Lebens, Tübingen 2013, S. 334)

VII. Gefährdete Gefährten

Szenenwechsel: Von den Geschichten in die Geschichte, von den fiktiven Gestalten zu den realen Zeitgenossen und Weggefährten.

Großen jüdischen Persönlichkeiten aus Politik oder Kultur hat er Nachrufe gewidmet, was schon als Mann der Publizistik vielfach seine Aufgabe ist. So würdigt Heuss beispielsweise einen Mann wie den Reichsaußenminister Walther Rathenau (1867–1922). Am 24. Juni 1922 war dieser in Berlin auf offener Straße von rechtsradikalen Terroristen erschossen worden. Heuss weiß den wahren Grund: »Nicht weil er den Rapallo-Vertrag [Ausgleich mit Sowjet-Russland] abgeschlossen hatte [am 16. April 1922], sondern ganz einfach, weil er ein Jude war.« (Erinnerungen, 278) Seit 1916 hatte Heuss den Aufstieg dieses beeindruckenden Mannes verfolgt (AüJ, 48–53), der unterschiedlichste Gaben in seiner Person zu vereinigen weiß. Er ist ein einflussreicher Wirtschaftsführer (seit 1899 Vorstandsmitglied der AEG, seit 1912 deren Aufsichtsratsvorsitzender und seit 1915 deren Präsident), zugleich ein kunstsinniger Schriftsteller und kulturkritischer Publizist (mit Büchern wie »Zur Kritik der Zeit«, 1912 und »Zur Mechanik des Geistes«, 1913) und: ein höchst umstrittener Politiker.

Eine Skizze muss hier genügen: Rathenau hatte sich zu Beginn des Ersten Weltkriegs als Leiter der Kriegsrohstoffabteilung im preußischen Kriegsministerium und bei der Organisation der deutschen Kriegswirtschaft bewährt, gehört 1918 zu den Mitbegründern der Deutschen Demokratischen Partei, wird im Mai 1921 Wiederaufbauminister im ersten Kabinett des Zentrumspolitikers Joseph Wirth (1879–1956, Reichskanzler 1921/22) und gut ein Jahr später auf Grund seiner Verhandlungserfahrungen und seines internationalen Ansehens am 31. Januar 1922 Reichsaußenminister im zweiten Kabinett Wirth. Vor allem anderen ist er darum bemüht, in der durch den Versailler Vertrag festgeschriebenen Reparationsfrage für Deutschland Erleichterungen bei den Siegermächten des Ersten Weltkriegs auszuhandeln. Knapp sechs Monate im Amt wird Rathenau – im offenen Wagen von seinem Haus zu seiner Dienststelle unterwegs – in der Berliner Königsstraße ermordet.

Sein Judentum hatte bei diesem Mordanschlag zweifellos die entscheidende Rolle gespielt. Rathenau hatte es nie verborgen. Im Gegenteil. Er hatte in Schriften wie »Höre Israel« (1897), »Eine Streitschrift vom Glauben« (1917) oder »Staat und Judentum. Eine Polemik« (1918) stets auch öffentlich Stellung bezogen und war für eine Assimilation von Juden in Deutschland eingetreten, ohne dass ihm der rassistische Hass der Völkisch-Deutschnationalen erspart geblieben wäre. In einem kleinen Rathenau-Portrait von 1947, 25 Jahre nach Rathenaus Ermorderung, spielt Heuss noch einmal darauf an:

> »Der technische Ablauf des Attentats verriet, dass es sich um eine von langer Hand vorbereitete Tat handelte. Die Republik sollte in dem Mitglied des Kabinetts getroffen werden, das die Welt in die Aussprache mit Deutschland und über Deutschlands Lebensmöglichkeit gezwungen hatte. Und man musste bald spüren: Der Schreck war nicht die einzige Emp-

findung, die durch Deutschland lief. Gab es nicht bei dem, bei jenem, bei vielen (bei wie vielen?) eine Genugtuung, dass der Jude ›abgeschossen‹ war? Das Wort wurde von einem Nobelpreisträger, dem Physiker Stark, gebraucht.

Indem wir uns dessen erinnern, wird die Brüchigkeit der deutschen Seele, die damals schon ein Raub dumpfer Bosheit geworden, erneut offenbar. Rathenau wurde ihr Opfer, er blieb ihr Symbol. So ist er als Märtyrer in das Geschichtsbewusstsein des Volkes eingegangen, eine adelige Gestalt, ein Mann, der, seiner Wirtschaftspflichten sich entkleidend, die geistfreundliche Muse und den Genuss der schönen Dinge hinter sich lassend, dem Vaterlande dienen wollte, ohne Dank zu erwarten.« (Profile, 250–254, Zitat 250f.)

Auch einen anderen großen Berliner hat Heuss wahrgenommen: den Maler Max Liebermann (1847–1935). Als dieser am 8. Februar 1935 gestorben war, schickt Heuss ihm in der Ausgabe der »Hilfe« vom 16. Februar eine Würdigung nach und vergisst nicht zu erwähnen, dass dieser »dem jüdischen bürgerlichen Patriziat Berlins« (AüJ, 93) entstammte. In seinem letzten Wohnhaus in Stuttgart Feuerbacher Weg 46 sind zwei Liebermann-Bilder aus Heuss' Besitz zu sehen: Ein Landschaftsbild mit dem Titel »Am Elbufer« und ein Portrait: »Studie zum Bildnis von Friedrich Naumann«. Und immer wieder ist bei Heuss auch von Kontakten zu bekannten jüdischen Literaten und Publizisten seiner Zeit die Rede: von Kurt Eisner (1867–1919) zum Beispiel oder Gustav Landauer (1870–1919) oder Franz Rosenzweig (1886–1929), den »später so tragisch geschlagenen, sprachkräftigen jüdischen Denker und Hegel-Interpreten«, den Elly und Theodor Heuss bei einer Ferienreise noch vor dem Ersten Weltkrieg in Florenz kennengelernt hatten, nachzulesen in den »Erinnerungen«.

(S. 145f.) Viel später, in einem Brief an Martin Buber zu dessen 80. Geburtstag 1958, wird Heuss sich an diese Begegnungen auf italienischem Boden im Frühjahr 1909 erinnern und etwas mehr davon preisgeben. (s. Kap. XII, 8)

1. Viele Namen wären zu nennen ...

Das alles soll uns hier nicht weiter beschäftigen. Im folgenden Kapitel geht es um persönliche Beziehungen von Heuss zu jüdischen Zeitgenossen, an deren Schicksal er sich im Zeichen des Antisemitismus erinnert. Bis in seine öffentlichen Erklärungen hinein hat Heuss nie einen Zweifel daran gelassen, dass unter seinen Lebensfreundschaften die mit jüdischen Zeitgenossen zu den engsten und stabilsten gehörten. Dabei halten wir uns bei den folgenden Kurzportraits strikt an die Perspektive von Heuss. Die weiteren politischen Wirkungen der betreffenden Personen oder werk-und lebensgeschichtliche Forschungen zu ihnen sind nicht unser Thema. Viele mögen aus heutiger Sicht verschieden zu beurteilen sein, uns interessiert ausschließlich, wie Heuss sie gesehen hat. Einige zum Verständnis nötige lebens- und werkgeschichtliche Informationen werden wir hinzufügen.

Man muss in der Tat nur einen Blick in die 1953 publizierten »Jugenderinnerungen« unter dem Titel »Vorspiele des Lebens« oder die noch 1963 kurz vor seinem Tod erschienenen »Erinnerungen« werfen, die Jahre zwischen 1905 und 1933 betreffend, und man wird auf bemerkenswert viele Weggefährten jüdischer Herkunft stoßen. Heuss gedenkt ihrer in einer eigentümlichen Mischung aus Dankbarkeit und Zuneigung einerseits sowie Trauer und Fassungslosigkeit über ihr »Schicksal« in Nazi-Deutschland andererseits. An einige Bekannte wird nur kurz, gleichsam im Vorübergehen erinnert.

Da wäre beispielsweise ein Mann wie Wilhelm Cohnstaedt (1880–1934), Mitglied der DDP und treuer Gefolgsmann von Friedrich Naumann. Er entstammt einer jüdischen Familie in Frankfurt/M., hatte wie Heuss beim Nationalökonomen Lujo Brentano in München studiert und promoviert, ist von 1907 bis 1909 Korrespondent der Frankfurter Zeitung in New York, deren leitender Redakteur er ab 1910 wird. Zur engeren Zusammenarbeit mit Heuss kommt es 1907 beim Wahlkampf für Naumann zur Erringung des Reichstagsmandats im Wahlkreis Heilbronn. Ein »gebildeter und nüchterner Mann« sei er gewesen, erinnert sich Heuss, der »die Dinge technisch zu regulieren« verstanden habe. »Mit Wehmut« wird auch seiner gedacht. Denn das Ende dieses jüdischen Weggefährten, der in der »Frankfurter Zeitung« eine »geachtete Stellung« einnehmen sollte? Erzwungene Emigration 1933. Nur ein Jahr später geht Cohnstaedt »einsam in einem Hotelzimmer in Philadelphia« in den Tod. (Erinnerungen, 59)

Und so könnte ich fortfahren und die Namen noch vieler jüdischer Weggefährten nennen, denen in den »Erinnerungen« wenigstens kurz gedacht ist: den Namen von Kurt Riezler (1882–1955) beispielsweise, einst ein enger Mitarbeiter des Reichskanzlers Theobald von Bethmann-Hollweg (1856–1921; im Amt von 1909–1917), dann Mitglied der DDP und für kurze Zeit 1919/20 Leiter des Büros von Reichspräsident Friedrich Ebert (1871–1925; im Amt von 1919–1925). 1920 hatte er sich aus Protest gegen die Unterzeichnung des Versailler Vertrags aus der Politik zurückgezogen und das Leben eines Privatgelehrten zu führen begonnen. 1928 wird er Vorsitzender des Kuratoriums der Universität Frankfurt/M. und übernimmt dort gleichzeitig eine Honorarprofessur für Philosophie.

Und Heuss? Er hatte diesen vielseitig gebildeten und erfahrenen Mann, der ebenfalls bei Lujo Brentano in München studiert und promoviert hatte und ein Parteifreund geworden war, als zeitweiliger Schriftleiter der von Riezler 1919 mitgegründeten Zeitschrift »Die Deutsche Nation« schätzen gelernt, einen »Mann von starker Formulierungskraft, an griechischer Philosophie geschult«, wie Heuss in seinen »Erinnerungen« schreibt. Und ebenso hält er fest: Im Herausgeber- und Mitarbeiterkreis dieser Monatsschrift (Schriftleitung von 1922–1925) habe sich »eine Lebensfreundschaft« gerade auch mit Kurt Riezler entwickelt (S. 300). Kein Zufall, denn über welche politisch-ökonomischen Sachkenntnisse und analytischen Fähigkeiten dieser Mann verfügt, zeigen seine 1913 und 1914 (unter Pseudonym) veröffentlichten Schriften: »Die Erforderlichkeit des Unmöglichen. Prolegomena zu einer Theorie der Politik und zu anderen Theorien« sowie »Grundzüge der Weltpolitik der Gegenwart«.

1933 aus rassistischen Gründen aller universitärer Lehraufgaben beraubt und für kurze Zeit in »Schutzhaft« genommen, kann Riezler in Berlin zunächst noch das Leben eines Privatgelehrten weiterführen. Philosophische Arbeiten aus seiner Feder können noch erscheinen, so ein Buch über den griechischen Philosophen Parmenides (1934) und ein »Traktat vom Schönen. Zur Ontologie der Kunst« (1935). Doch nach den Novemberpogromen 1938 ist auch Riezler seines Lebens nicht mehr sicher. Zusammen mit seiner Frau Käthe (1885–1952), der einzigen Tochter des Malers Max Liebermann (1847–1935), die er 1915 geheiratet hatte, und der gemeinsamen Tochter Maria gelingt 1938 die Emigration in die Vereinigten Staaten. Riezler kann eine Professur an der New School for Social Research in New York übernehmen, einer Lehr- und Forschungsstätte, die vielen später prominenten deutsch-jüdischen Exilanten Arbeit und Lohn bietet, darunter Erich Fromm (1900–1980), Karl Löwith (1897–1973), Max Wertheimer (1880–1943), Hannah Arendt (1906–1975) oder Hans Jonas (1903–1993). 1958 wird Heuss während seines Staatsbesuches in den USA ein Ehrendoktorat von dieser Institution entgegennehmen. Menschlich und geistig heimisch freilich wird Riezler in den USA nicht. Er bleibt ein Fremdling in der Neuen Welt, den es im Alter nach Europa zurückzieht. Nach dem schmerzlichen Tod seiner Frau 1952 erfüllt sich der Altgewordene einen alten Wunsch, mietet 1954 eine Wohnung in Rom, reist nach Griechenland, nur um zu erleben, dass seine Kräfte mittlerweile verbraucht sind. Er stirbt mit 73 Jahren am 5. September 1955 in einer Klinik seiner Geburtsstadt München.

In der Tat wären so noch manche zu nennen, mit denen Heuss vor und nach dem Krieg in Verbindung steht. Auch der Name des Dramatikers, Theaterkritikers und Publizisten Julius Bab (1880–1955), einst u.a. Dozent an der Schauspielschule von Max Reinhardt (1873–1943), von 1923 bis 1932 Herausgeber der der Volksbühnenbewegung verpflichteten »Dramaturgischen Blätter« und Gründungsmitglied des 1933 ins Leben gerufenen »Kulturbundes Deutscher Juden«, einer Selbsthilfeorganisation jüdischer Künstler in finsterer Zeit, von den Nazis eine Zeitlang noch toleriert. Dann 1938 das Ende auch für ihn. Mit seiner Familie emigriert Bab zunächst nach Frankreich, dann 1940 in die USA, als auch Frankreich für deutsche Juden nicht mehr sicher ist.

Oder der Name des konservativen Reichtagsabgeordneten Gottfried Treviranus (1891–1971), einst Reichsminister für die besetzten Gebiete (1930) und Reichsverkehrsminister (1931/32), welcher der Verhaftung und Ermordung 1934 nur knapp entkommt und zunächst nach England, dann nach Kanada emigriert. Hier schlägt er sich als Farmer durch, bevor er nach dem Krieg amerikanische Konzerne bei der Vergabe von Warenkrediten an deutsche Unternehmen im Rahmen des Marshall-Plans berät und in dieser Funktion 1947 nach Deutschland zurückkehrt.

Oder der Name des Musikers und Komponisten Ernst Toch (1887–1964), geboren in Wien, gestorben in Santa Monica/Kalifornien. 1929 war er nach Berlin gezogen und zwar in die Kamillenstraße Nummer 2 in Berlin-Lichterfelde und damit in die unmittelbare Nachschaft der Familie Heuss, die 1930 das angrenzende Haus Kamillenstraße 3 beziehen wird. Was Diskriminierung von Juden, Vertreibung, Flucht und Emigration hochbegabter schöpferischer Menschen bedeuten, haben Elly und Theodor Heuss gerade auch am Nachbar-Ehepaar Lilly und Ernst Toch hautnah miterleben können. Toch, der zuletzt an der University of Southern California Kompositionslehre unterrichtet (sein theoretisches Hauptwerk erscheint 1948: »The Shaping Forces in Music«) hat ein hochkomplexes musikalisches Werk im Übergang von der Spätromantik zur Moderne hinterlassen. Es umfasst Opern, Symphonien, Chorwerke, Kammermusik und Klavierstücke und nicht zuletzt Filmmusik für Hollywood-Produktionen, die ihm und seiner Familie den Lebensunterhalt während ihrer Zeit in Kalifornien sichern hilft.

Oder, oder … Das Beziehungsnetz von Theodor Heuss vor und nach 1945 ist dicht geknüpft. In der großen »Stuttgarter Ausgabe« der Briefe begegnen einem viele der Weggefährten wieder. Ich konzentriere mich in den folgenden Abschnitten auf eine Auswahl von Menschen jüdischer Herkunft, zu denen Heuss eine besondere Beziehung unterhielt und denen er durch

Nachrufe, Würdigungen oder Ehrungen ein eigenes kleines Denkmal gesetzt hat.

2. Bernhard Schlüchterer (1884–1914): für Deutschland gefalllen, sein Name getilgt

Nicht erst in Berlin, schon in Heilbronn als Schüler des humanistischen Karlsgymnasiums begegnet Heuss jüdischen Zeitgenossen. Die meisten Quellen aber, die wir diesbezüglich haben, verraten eines: Heuss erinnert sich jüdischer Mitschüler vor allem im Zusammenhang ihres tragischen Soldatentods für Deutschland und der Schande, dass während der NS-Zeit ihre Namen von den Kriegerdenkmälern getilgt worden waren. Öffentlich am deutlichsten wird Heuss in seiner Rede im ehemaligen KZ Bergen-Belsen 1952:

> »Ich will eine kleine Geschichte erzählen, die manchen Juden und manchen Nichtjuden missfallen mag. Von beiden Seiten werden sie sagen: das gehört doch nicht hierher! Im ersten Weltkrieg sind 12.000 junge Menschen jüdischen Glaubens für die Sache ihres deutschen Vaterlandes gefallen. Im Ehrenmal meiner Heimatstadt waren auch sie in ehernen Lettern mit den Namen aller anderen Gefallenen eingetragen, Kamerad neben Kamerad, ›als wär's ein Stück von mir‹. Der nationalsozialistische Kreisleiter ließ die Namen der jüdischen Toten herauskratzen und den Raum der Lücken mit irgendwelchen Schlachtennamen ausfüllen. Ich spreche davon nicht, weil Jugendfreunde von mir dabei ausgewischt wurden. Das war mein schlimmstes Erkennen und Erschrecken, dass die Ehrfurcht vor dem Tode, dem einfachen Kriegstode, untergegangen war, während man schon an neue Kriege dachte.« (Dok. III, 396f.)

Welche jüdischen »Jugendfreunde« hat Heuss im Blick? Eine gewisse Klärung liefern zunächst die »Jugenderinnerungen« von 1953. Bei der für uns entscheidenden Episode deutet Heuss nur an. Schwer, Genaueres zu erfahren. Aber der Text ist in vieler Hinsicht ein wichtiges Zeitsignal für ein ganz bestimmtes Schicksal deutscher Juden. Und indem Heuss diese Schüler-Episode nach gut 50 Jahren relativ ausführlich schildert, gibt er ihr ein für sein Leben entsprechendes symbolisches Gewicht.

Es geht um einen jüdischen Klassenkameraden auf dem Heilbronner Karlsgymnasium mit Namen Bernhard Schlüchterer, wie Heuss Jahrgang 1884. In einer Schulpause waren eines Tages »antisemitische Bemerkungen gegen die jüdischen Mitschüler« gefallen, und der »jüdische Vater« hatte sich beim Rektorat beschwert. Heuss ist in die Sache involviert, bemüht sich aber, den Konflikt mit dem Mitschüler friedlich zu lösen:

> »Bernhard Schlüchterer war ein geistreicher, dabei stiller und ehrenhafter Junge, ein ausgezeichneter Schüler. Sicher entsprach es nicht dem eigenen Wunsch, den ganz zufälligen Konflikt einer Pause mit dem so sehr unerwünschten Ausgang vor den Rektor zu bringen. Eines Abends ›überwand‹ ich mich und ging in der Dunkelheit in seine Wohnung, um ihm vorzuschlagen, wir wollten die Sache auf sich beruhen lassen. Er war darüber froh; ihm behagte es auch nicht, in ein geistiges Ghetto eingesperrt zu sein. Also machten wir tags darauf den Schulweg gemeinsam.« (Vorspiele, 103)

Doch so ganz harmonisch gestaltet sich die Beziehung zu Bernhard Schlüchterer nicht. Heuss erinnert sich auch noch Jahrzehnte später, dass ihn der »Neid« geplagt habe, weil der »offizielle Abschiedsvortrag nach dem Abitur« auf Schlüchterer gefallen sei, während doch er, Heuss, sich »dafür zuständig« gefühlt habe (Vorspiele, 104). Das aber hindert beide nicht daran, später in Berlin, wo Schlüchterer als Assistenzarzt tätig ist, »gute Freundschaft« zu halten, die aber in dem Moment zerbricht, als der einstige jüdische Klassenkamerad, jetzt Oberarzt im Felde, am 1. Dezember 1914 dem Krieg zum Opfer fällt. Er ist ganze 30 Jahre alt geworden, und auch sein Name erscheint wie der aller anderen gefallenen Soldaten des Ersten Weltkriegs auf dem Heilbronner Kriegerdenkmal.

Doch zu seiner Beschämung erfährt Heuss, dass während der NS-Zeit die Namen der jüdischen Kriegsopfer ausgemerzt worden waren. Bei der Gedenkfeier für Otto und Martha Hirsch in Shavej Zion im Mai 1960 erinnert er nicht zuletzt auch deshalb daran (s. Kap. I, 3), weil die Begegnung mit Otto Hirsch seinerzeit in Berlin durch Bernhard Schlüchterer vermittelt worden war: »Ich nenne diesen Namen eines Jugendfreundes, der der Primus der Klasse des Abituriums war, der einzige jüdische Mitschüler. Von den siebzehn, die 1902 [mit dem Abitur] das Heilbronner Gymnasium verließen, sind zwei beim Ersten Weltkrieg im Felde geblieben. Die Erinnerung an diesen ausgezeichneten Mann hat mich immer mit Bitterkeit erfüllt, wenn plumpe Respektlosigkeit den Soldatentod jüdischer Menschen missachtete, die doch auch ihr Leben für ein geglaubtes Vaterland hingaben.« (RüI, 56)

Umso erfreuter ist Heuss, als er erfährt, dass der damalige Bonner Verteidigungminster Franz Josef Strauß (1915–1988; im Amt: 1956–1962) dafür gesorgt hat, dass 1961 ein 1935 erstmals erschienenes Buch mit dem Titel »Kriegsbriefe gefallener deutscher Juden« wieder neu erscheinen kann und Strauß dazu ein Geleitwort beigesteuert hat. Heuss, damals schon nicht mehr im Amt, ist es »ein Bedürfnis«, Strauß zu schreiben und ihm besonders für die »eindrucksvolle Einleitung« zu danken. Der bisher noch unpublizierte Heuss-Brief vom 30. August 1961 fährt fort:

> »Es war mir eine Freude, dass Sie in der Vorbemerkung auch davon sprachen, dass dort und dort die Namen jüdischer Menschen in der Tafel der Gefallenen durch die Nazis entfernt worden sind. Das hat mich vor ein paar Jahrzehnten unmittelbar berührt. Von meinen Heilbronner Abiturkameraden, 17 Leute, sind zwei gefallen, der eine davon der einzige jüdische Mitschüler, ein hervorragend begabter junger Mann. Das Ehrenmal in den Wänden einer alten Kirchenruine, die als Kapelle ausgestattet wurde, fand ich bei einem Besuch dadurch geschändet, dass nicht nur sein Name ausgekratzt war, sondern auch der einer Reihe anderer, die mir von der Jugend vertraut waren. An die Stelle waren irgendwelche Namen von Soldaten oder Gefechten eingesetzt.
>
> Ich habe mich damals tief für die Deutschen geschämt, die solchen Mangel an *fairness* und Ehrfurcht dokumentierten und dokumentieren liessen.
>
> Es ist wohltätig, dass durch Ihre Publikation an so gravierenden Beispielen eine der ekelhaftesten Handlungen des nationalsozialistischen Systems in das Bewusstsein einer Generation zurückgeführt wird, die diese Dinge nicht erlebt und begriffen hat.
>
> Ihr Entschluß kommt auch im rechten Augenblick; soweit ich das spüre, sind mit gutem Grund in der Welt draußen die Geschehnisse der argen Zeit nicht vergessen, und wir dürfen uns aus moralischen Gründen, wie ich es einmal vor Jahren formuliert habe, nicht zu Technikern des Vergessenwollens machen.« (Briefe 1959–1963, Nr. 110)

In der Tat ist dies auch das Anliegen von Franz Josef Strauß, der seinem Geleitwort zufolge »zuallererst« von dem Wunsch beseelt ist, mit diesem Buch »mitzuhelfen, das von den Nationalsozialisten geschändete Bild des jüdischen Mitbürgers und Soldaten in Deutschland wieder in das rechte Licht zu rücken.« (Kriegsbriefe, 1961, 5) Hunderttausende Männer jüdischen Glaubens und jüdischer Abstammung, so Strauß, hätten die Uniform des Deutschen Reichs getragen, mehr als jeder dritte von ihnen sei dekoriert worden, über 2.000 seien Ofiziere, 1.200 Militärärzte und Beamte gewesen. Und dann wörtlich:

> »Im Kampf und im guten Glauben an ihr Vaterland fielen [im Ersten Weltkrieg] 12.000 jüdische Soldaten. Der jüngste Kriegsfreiwillige des deutschen Heeres, Josef Zippes, war ebenso Jude gewesen wie Wilhelm Frankl, einer der ersten Pour-le-mérite-Träger der deutschen Fliegertruppen. Frankl fiel 1917 im Luftkampf. Zwanzig Jahre später ist sein Name in der Liste der Pour-le-mérite-Träger unauffindbar. Er ist ausgelöscht, denn Juden durften nach der offiziellen Anschauung des Hitler-Reiches nicht tapfer gewesen, sie durften nicht einmal – so verrückt es klingt – für Deutschland gefallen sein. Die Namen ihrer Gefallenen, so wollten es die Nationalsozialisten, mussten von den Ehrenämtern verschwinden. Himmler ließ seinen Terror auch auf die deutschen jüdischen Frontkämpfer los, jagte sie über die Grenze, ließ sie in KZ's, Judenlager, Gettos und Gaskammern werfen, stellte sie kurzerhand an die Wand.« (Kriegsbriefe, 1961, 8)

In der Tat: Wer dieses Geleitwort gelesen hat, kann unmöglich ein »Techniker des Vergessenwollens« sein …

3. »Die Heiden waren zurückgekehrt«: Moritz Julius Bonn (1873–1965)

Und da ist ein Mann wie Moritz Julius Bonn. Aus einer jahrhundertealten jüdischen Familie Frankfurts stammt er und wird sich zu einem der führenden Wirtschaftsfachleute seiner Zeit entwickeln. Nationalökonomie hatte er wie Heuss, Cohnstaedt und Riezler bei Lujo Brentano in München studiert und sein Studium dort ebenfalls mit einer Promotion beendet. Das war 1895 gewesen. Heuss kennt seinen elf Jahre älteren »alten Freund Moritz Bonn« denn auch als »Mitschüler von Brentano«, wie er in seinen »Erinnerungen« schreibt (S. 302). Dieser zeichnet seinerseits in der Festschrift Heuss zum 70. Geburtstag 1954 ein sympathisches Portrait der gemeinsamen Zeit unter dem Einfluss von Brentano und Naumann (Begegnungen, 25–28). 1955 wird die Staatswirtschaftliche Fakultät der Universität München Heuss und Bonn in einem gemeinsamen Festakt ehren: Heuss aus Anlass seines 50-jährigen, Bonn aus Anlass seines 60-jährigen Doktorjubiläums (Dokumente des Festaktes in: Th.H. und M.J. B. als Jubilare der Universität München, Berlin 1956).

Noch vor dem Ersten Weltkrieg wird Bonn nach einer Münchner Habilitation (1905) Gründungsrektor und Professor an der Handelshochschule in München (1910–1920), wechselt dann nach Berlin, wo er eine Professur an der dortigen Handelshochschule übernimmt, ein Institut für Finanzwesen gründet und seiner Hochschule ab 1931 als Rektor vorstehen wird. In diesen Jahren erwirbt sich Bonn ein hohes fachliches Renommee. Schon vor dem Ersten Weltkrieg hatten Studienreisen nach England, Irland und Südafrika ihn zu einem der besten Kenner des englischen Wirtschaft- und Gesellschaftslebens gemacht und ihm exzellente Kontakte zu englischen Wissenschaftlern und Politikern verschafft. Seine Habilitationschrift hatte nicht zufällig den Titel »Die englische Kolonisation in Irland«.

All diese Kenntnisse und Kontakte kommen Bonn nach dem Ersten Weltkrieg zugute. Der Gelehrte fungiert als finanzpolitischer Berater vieler Reichsregierungen, vertritt Deutschland als Gesandter auf wichtigen internationalen Konferenzen und veröffentlicht Schlüsselwerke wie »Die Krisis der europäischen Demokratie« (1925), »Das Schicksal des deutschen Kapitalismus« (1926) oder »Die Kultur der Vereinigten Staaten von Amerika« (1930), immer bestrebt, dem deutschen Volk die angelsächsische Welt und den angelsächsischen Völkern Deutschland nahezubringen. 1920 gehört Bonn zu den Gründern der Deutschen Hochschule für Politik, derjenigen Lehranstalt im Geiste des Liberalismus von Friedrich Naumann, an der auch Theodor Heuss unterrichten wird. Es sind Lebensabschnitte von nationalem politischen Einfluss, die Bonn dann in seinen 1949 zunächst in englischer Sprache erschienenen Lebenserinnerungen unter dem Titel »Wandering Scholar« (Deutsche Ausgabe: »So macht man Geschichte. Bilanz eines Lebens«, 1953) eindrucksvoll auswerten wird. Heuss bekommt ein Exemplar vom Verfasser dediziert und bedankt sich dafür in einem sensiblen Brief sehr herzlich (Briefe 1949–1954, 433–435).

Doch auch für diesen Sohn einer großen deutsch-jüdischen Familie kommt 1933 das Ende. Das schon am 7. April erlassene antisemitische »Gesetz zur Wiederherstellung des Berufsbeamtentums« zwingt auch diesen renommierten Ökonomen, sein Rektorat niederzulegen, unbekümmert um alle politischen, wissenschaftlichen und adminstrativen Verdienste. Vorher schon mit besten Verbindungen in die USA und nach

Großbritannien ausgestattet, überdies seit 1905 mit einer Engländerin verheiratet, erregt seine Entlassung in der englischen und amerikanischen Presse ein ähnliches Aufsehen wie der Fall von Albert Einstein. 60 Jahre ist dieser hoch geachtete Fachmann für Wirtschafts- und Finanzfragen alt, als Nazi-Deutschland ihn austreibt. Die Stunden in Berlin im April 1933 nach dem Rücktritt vom Rektorat und vor dem Verlassen des Landes schildert Bonn in seinen »Erinnerungen« mit der ihm eigenen Lakonie: »Am letzten Sonntag fuhr ich mit meiner Sekretärin Greta Schlomka nach dem einzigen wirklich schönen alten Bauwerk in der Umgebung von Berlin, dem Kloster Chorin. An einem kleinen See, mitten in einem Tannenwäldchen, stehen die roten Backsteinruinen; von diesem Mittelpunkt aus hatten die Zisterziensermönche die Kultur ins heidnische Land ringsum getragen. Das Kloster lag in Trümmmern; die Heiden waren zurückgekehrt.« (Bilanz eines Lebens, 348)

Existenzgefährdend ist das Exil nicht. Bonn geht zunächst nach London, wo er von 1933 bis 1939 an der London School of Economics einen Lehrauftrag wahrnehmen kann. Dann der Wechsel in die USA. Bis 1946 arbeitet der in der angelsächsischen Welt bestens vernetzte Gelehrte als Gastprofessor an den verschiedensten Colleges, bevor er zurück nach London geht, wo Heuss' »alter Freund« Moritz Julius Bonn 1965 mit 91 Jahren stirbt.

Aus den publizierten Heuss-Briefen kommen uns nur wenige Zeichen einer Verbindung entgegen. Eines stammt aus dem Jahr 1923. Es signalisiert kollegiale Vertrautheit. Heuss' Schwiegervater, der Nationalökonom Georg-Friedrich Knapp, hatte 1905 in erster, 1918 in zweiter, vermehrter Auflage sein Hauptwerk »Staatliche Theorie des Geldes« veröffentlicht, und sein publizistisch erfahrener Schwiegersohn hatte die Aufgabe übernommen, für eine englischsprachige Übersetzung zu sorgen. Heuss hatte sich in dieser Sache an »Prof. Bonn« gewandt, mit dem zusammen er an der Deutschen Hochschule für Politik unterrichtet. Nachzulesen in einem Brief an den Schwiegervater vom 1. Februar 1923. Bonn habe liebenswürdigerweise (»wir stehen freundschaftlich«) sofort an den Ökonomen John Maynard Keynes (1883–1946) in Cambridge/England geschrieben und ihm vor einigen Tagen dessen Antwort gezeigt. Derzufolge wolle Keynes sich darum bemühen, einen Verleger für das »classical work« von Knapp zu finden. (Briefe 1918–1933, 184) Und in der Tat kommt es zu einer englischen Ausgabe der »Staatlichen Theorie«. Sie erscheint 1924 unter dem Titel »The state theory of money, Abridged edition«.

Auch nach dem Krieg noch einmal ein Signal. Heuss muss 1947 zu einer Konferenz nach Oxford/England reisen. Am 11. April 1947 spricht er dort zum Thema »Freihandel und Reparationen« und zwar auf Deutsch, denn Englisch beherrscht er nicht. Seinen Sohn lässt er am 12. April in einem Brief wissen: »Wir wohnen in einem alten College. Eyck ist z.Zt. in der Schweiz, doch besuchte mich der Sohn. Auch Bonn kam her, um mich zu sehen.« (Briefe 1945–1949, 267) Als der frühere Weggefährte ihm brieflich später zur Wahl zum Bundespräsidenten gratuliert, hebt Heuss in seinem Dankesschreiben vom 22. September 1949 nicht nur »die alte freundschaftliche Verbundenheit« hervor, sondern »auch das gemeinsame sachliche Denken. [...] Ich sehe meine Aufgabe doppelt: Die Deutschen aus ihrem Ressentimentsbedürfnis herauszuführen und der Welt gegenüber ein sicheres Maß der Beurteilung zu zeigen und zu geben.« (Briefe 1949–1954, 110.111)

Von »Eyck« war im Brief vom 12. April 1947 die Rede? Wer ist Eyck?

4. Erich Eyck (1878–1964): Jurist, Exilant, Historiker, Ordensträger

Erich Eyck, Jurist und Historiker, stammt aus einer bürgerlich-liberalen jüdischen Familie Berlins, studiert Rechts- und Staatswissenschaften sowie Geschichte in Berlin und in Freiburg im Breisgau, promoviert 1904 und ist von 1906 bis 1937 in seiner Geburtsstadt hauptberuflich als Rechtsanwalt tätig. Heuss hatte diesen Juristen schon vor dem Ersten Weltkrieg im Berliner »Liberalen Stammtisch« kennengelernt, der sich aus Gefolgsleuten von Friedrich Naumann und Theodor Barth (1849–1909) zusammensetzt. Eyck erinnert sich lebhaft daran in seinem kleinen Beitrag zur Festschrift Heuss 1954 (Begegnungen, 29–32). Theodor Barth? Dieser hatte sich im späten Kaiserreich *zum einen* als langjähriger Reichstagabgeordneter politisch einen Namen gemacht, *zum anderen* als Publizist, ist Barth doch von 1883 bis 1907 Herausgeber der von ihm begründeten Zeitschrift »Die Nation«, einer der renommiertesten liberalen Wochenzeitschriften vor dem Ersten Weltkrieg.

Von Naumann und Barth gleichermassen beeindruckt, schließt sich Eyck der Fortschrittlichen Volkspartei an (FVP), einer linksliberalen, bürgerlich-demokratischen Partei, die am 6. März 1910 aus dem Zusammenschluss der Freisinnigen Volkspartei, der Freisinnigen Vereinigung und der Deutschen Volkspartei hervorgegangen war. Doch kurz nach dem Ersten Weltkrieg – noch während der Novemberrevolution von 1918 – sollte die Fortschrittliche Volkspartei sich auflösen und sich 1919 mit dem linken Flügel der Nationalliberalen Partei zusammenschließen. Gegründet wird jetzt die anfangs noch von Friedrich Naumann geführte Deutsche Demokratische

Partei (DDP), die politischen Heimat auch von Theodor Heuss, wie wir hörten.

Aber Heuss und der deutsch-jüdische Jurist Erich Eyck teilen nicht nur dieselbe politische Heimat, sie teilen auch den Einsatz für das Naumann-Wochenblatt »Die Hilfe«, für das Eyck eine Zeitlang während des Ersten Weltkriegs ebenfalls tätig ist. Überdies teilen sie die parteipolitische Arbeit für die Kommune (Eyck ist für die DDP in den Jahren 1928–1930 Mitglied der Berliner Stadtverordnetenversammlung) und sie teilen nicht zuletzt das Interesse an der Darstellung historischer Prozesse. Zum Juristen Eyck gesellt sich schon in den 1920er Jahren der Historiker, wie das 1924 im Berliner Ullstein Verlag erschienene Werk eindrucksvoll belegt: »Die Monarchie Wilhelms II. nach seinen Briefen, seinen Randbemerkungen und den Zeugnissen seiner Freunde«.

Wo er innerjüdisch steht, zeigt uns ein Vortrag, den Eyck auf einer Berliner Tagung des »Centralvereins deutscher Staatsbürger jüdischen Glaubens« im Juni 1927 hält, veröffentlicht noch im selben Jahr in dem Band »Deutsches Judentum und Rechtskrisis. Drei Vorträge« (S. 31–66). Der »Centralverein deutscher Staatsbürger jüdischen Glaubens« war 1893 in Berlin gegründet worden, wie wir im Zusammenhang mit dem Berliner Antisemitismussstreit (Kap. V, 3) und Max Naumann schon gehört haben (Kap. V, 5). Sein Name ist Programm. Geht es dem Verein doch in erster Linie um die Bekämpfung des Antisemitismus und die Sicherung bereits erreichter staatsbürgerlicher Rechte jüdischer Bürger in Deutschland, verbunden mit einem Bekenntnis zur deutschen und nicht zu einer (wie auch immer zu verstehenden) »jüdischen Nation«. Der von Theodor Herzl (1860–1904) gegründeten zionistischen Bewegung (1897 1. Zionistenkongress in Basel) steht man deshalb kritisch gegenüber, verstehen sich die Mitglieder des Vereins doch primär als Bürger des Deutschen Reichs mit einer eigenständigen religiösen jüdischen Identität. Zionistische Forderungen nach einem Judenstaat in Palästina, so befürchten sie, würden die Lage der Juden in Europa nur verschlechtern und ihren Integrationsbemühungen schaden. Stattdessen wollen sie vorbildhaft zeigen, dass eine Synthese von Deutschsein und Judesein möglich ist – eben als »deutsche Staatsbürger jüdischen Glaubens«.

Eycks juristischer Vortrag zum Thema »Die Stellung der Rechtspflege zu Juden und Judentum« muss in diesem Kontext verstanden werden. Er schildert detailliert justizrelevante Fälle aus den letzten Jahren, in denen Juden Opfer waren von »Beschimpfung« ihrer Religion, einer »Anreizung zum Klassenhaß«, ja auch von »Beleidigungen und Körperverletzungen« (S. 34). Immer häufiger kommt es jetzt auch vor, dass im Fall von Juden »Religion« gegen »Rasse« ausgespielt wird. Das hat zur Folge, dass bei Anwendung des Rasse-Begriffs Juden des Schutzes verlustig gehen, unter den das Strafgesetzbuch eine »Religionsgemeinschaft« gestellt hat. Juden als Angehörige einer »Rasse« glauben Antisemiten straflos beschimpfen und beleidigen zu können; ihre »Religion« ist ja nicht gemeint …

Noch aber hat der deutsch-jüdische Jurist Erich Eyck Vertrauen in die deutsche Rechtspflege. Es gehe nicht um »übertriebene, sogenannte jüdische Empfindlichkeit«, erklärt er am Ende seines Vortrags, sondern um Gleichheit für alle, auch für Juden, vor dem Gesetz. Kurz: Es gehe um nicht mehr und nicht weniger als um »Gerechtigkeit«. Eyck wörtlich:

> »In diesem Kampfe voranzugehen, ist der deutschen *Juristen* jüdischen Glaubens selbstverständliche und ehrenvolle Pflicht. Wir, die wir auf Deutschlands hohen Schulen zu den Füßen

> großer Rechtslehrer gesessen und aus den Büchern der Meister der deutschen Rechtswissenschaft die Liebe zum Recht – zum Recht als Lebensberuf, zum Recht als Wissenschaft – geschöpft haben, wir werden diesen Kampf führen mit den Waffen, die sie uns anvertraut haben: mit deutscher wissenschaftlicher Gründlichkeit; mit der im Kampfe des Forums geschärften Logik; mit dem durch die Erfahrung geläuterten Rechtsgefühl; und mit der *Sachlichkeit*, die das Bewusstsein unseres guten Rechtes gibt.« (Deutsches Judentum und Rechtskrisis, 1927, 65)

Doch diese Art Synthese von Deutschtum und Judentum zerbricht spätestens 1933 an der Realität der braunen Rassenideologie. Als Jude aus dem Land seiner »Meister der deutschen Rechtswissenschaft« vertrieben, geht Eyck zusammen mit seiner Familie 1937 nach Großbritannien ins Exil. Seine Ehefrau hält die Familie mit dem Betrieb einer Pension über Wasser. Voraussetzung dafür, dass Eyck sich ganz seinen historischen Studien widmen kann. Als erstes Werk im Exil erscheint 1938 eine Biographie über William Ewart Gladstone (1809–1898), den viermaligen britischen Premierminster in der Ära Königin Victorias und Zeitgenossen des deutschen Reichskanzlers Otto von Bismarck (1815–1898). Über diesen wird Eyck im britischen Exil ebenfalls *in extenso* arbeiten und zwischen 1941 und 1944 eine dreibändige kritische Biographie vorlegen, die in der Historikerzunft scharfe Kontroversen auslösen wird. Weitere historische Werke folgen: zum englischen Parlamentarismus (»Die Pitts und die Fox'. Väter und Söhne. Zwei Paare verschlungener Lebensläufe«, 1946), zur politischen Geschichte Englands seit der Magna Charta (1951) und eine zweibändige Gesamtdarstellung der Geschichte der Weimarer Republik (1954/1957).

Heuss ist dieses imponierende historische Werk des einstigen Weggefährten nicht verborgen geblieben, obwohl der Kontakt während des Kriegs abgebrochen ist. Vergessen hat er ihn nicht. »Leider bin ich ganz ohne Fühlung mit Eyck, der hoffentlich noch lebt«, schreibt er am 17. Juni 1946 an den ehemaligen Senatspräsidenten des Berliner Kammergerichts Dr. Alfred Gerstel (1897–1954) ins kalifornische Exil. Er habe vor einigen Wochen an August Weber (1871–1957) nach London geschrieben und noch »keine Antwort« erhalten. (Briefe 1945–1949, 181) August Weber? Er war von 1930 bis 1932 Vorsitzender der Reichstags-Fraktion der Deutschen Staatspartei gewesen und 1933 ebenfalls ins Exil getrieben worden.

Umso erleichterter ist Heuss, als sich Erich Eyck im Herbst 1947 selbst meldet, wie wir einem Dankesschreiben nach Oxford vom 7. Oktober 1947 entnehmen können. Registiert hat Heuss, dass der Freund »in der Zwischenzeit eine Reihe z.T. voluminöser Werke veröffentlicht« hat. Sie hätten ihm »Freude gemacht«. »Gladstone« habe er noch gelesen, aber dann sei es »aus« gewesen. Aber wenn die Kommunikation mit der Welt wieder einsetze, dann werde gewiss auch Eycks »Bismarck« für ihn »greifbar werden«. Und als ob er, Biograph und Historiker eigenen Rechts, mit dem alten Bekannten insgeheim rivalisiere, verweist Heuss auf seine eigenen Bücher, die er sobald wie möglich nach England schicken wolle: seine Robert-Bosch-Biographie (»das dickste Buch, was bisher in der amerikanischen Zone erschien«) sowie seine Bücher über Naumann, Dohrn und Poelzig (Briefe 1945–1949, 311).

Die Lektüre von Eycks »Bismarck« holt Heuss dann nach, beschäftigt er sich doch auch als Bundespräsident interessehalber mit Bismarck-Literatur, freilich in den »nur sehr knappen Abendstunden«, wie wir von seinem Sekretär Hans Bott wissen (Briefe 1949–1954, 228). Heuss bestätigt das in einem Brief an den Freiburger Historiker Prof. Gerhard Ritter (1888–1967) vom 16. April 1951. Er hatte (unfreiwillig) die Aufgabe übernommen, für eine Neuausgabe von Bismarcks »Gedanken und Erinnerungen« eine Einleitung beizusteuern und bittet den Historiker um kritische Durchsicht seines Textes, wenn er geschrieben sei. Auch signalisiert er: »Einiges neues Material konnte mir hier beschafft werden, einiges kannte ich schon – wenigstens in Stücken – wie etwa Eyck, mit dem ich in Berlin freundschaftlich viel verkehrt habe und der schon in den zwanziger Jahren den Plan seiner Bismarck-Biographie öfters mit mir besprach.« (Briefe 1949–1954, 229) 1953 wird Heuss seinem langjährigen Freund wegen dessen Verdiensten um die deutsche Geschichtswissenschaft das große Bundesverdienstkreuz verleihen.

Ein langer Weg des Erich Eyck vom Juristen und Abgeordneten über den Exilanten und Geschichtsschreiber bis zum Ordensträger der Bundesrepublik Deutschland. Ein jüdischer Weg im Deutschland des 20. Jahrhunderts.

5. Ernst Jäckh (1875–1959): »Weichensteller« und »Genie der Menschenbehandlung«

Und da ist ein Mann wie Ernst Jäckh, geboren im schwäbischen Urach, gestorben in New York City. Schon diese extreme Polarität von Geburts- und Sterbeort verweist auf »typisches« deutsch-jüdisches Schicksal im 20. Jahrhundert. Es widerfährt einem Mann, der ebenfalls zum Naumann-Kreis gehört und den Heuss nicht ohne gelegentliche Vorbehalte in seinen »Erinnerungen« als »wunderbaren Organisator und Menschenbehandler« beschreibt (S. 60), ja als »Genie der Menschenbehandlung« (S. 115). Die Fügung will es, dass die Lebenswege der beiden Schwaben sich vielfach kreuzen. Jäckh ist neun Jahre älter als Heuss. Als er 1902 Chefredakteur der Heilbronner »Neckar-Zeitung« wird, übernimmt Jäckh von seinem Vorgänger den »schreiblustigen Pennäler« aus Brackenheim und macht ihn, da dieser jetzt in München zu studieren beginnt, zu »unserem Münchner Vertreter« (S. 60). Keinen Artikel habe Jäckh ihm abgelehnt, erinnert sich noch viele Jahre später ein dankbarer Heuss: »Ich durfte spüren, wie viel Vergnügen es ihm bereitete, dem jungen Menschen eine Chance zu geben.« (S. 60) Auch dürfte Jäckh als Chefredakteur der wichtigsten Zeitung im Raum Heilbronn wesentlich dazu beigetragen haben, Naumann das Reichstagmandat zu sichern. 1910 wird die Freundschaft auch privat besiegelt, als Jäckh Pate des Heuss-Sohnes Ernst Ludwig wird.

Mehr noch: 1912 nach Berlin zum Geschäftsführer des Deutschen Werkbundes berufen, macht Jäckh den mittlerweile als Mitarbeiter der »Hilfe« publizistisch erfahrenen Heuss zu seinem Nachfolger bei der »Neckar-Zeitung«. Er bleibt das gut sechs Jahre lang, bis auch er 1918 in die Geschäftsstelle des »Werkbundes« wechselt und die Schriftleitung der Zeitschrift »Deutsche Politik. Wochenschrift für Welt- und Kultur-Politik« übernimmt. Jäckh gibt dieses Organ seit 1916 zusammen mit dem Historiker und evangelischen Theologen Paul Rohrbach (1869–1956), vor dem Ersten Weltkrieg einige Jahre Kaiserlicher Kommissar in Deutsch-Südwestafrika, und dem Juristen und Bankier Philipp Stein (1870–1932) heraus. Überdies gründet der unermüdlich aktive Jäckh 1920 zusammen mit anderen Persönlichkeiten in Berlin die Deutsche Hochschule für Politik, an der Heuss zunächst als Studienleiter und später als Dozent bis 1933 erfolgreich unterrichten wird.

Und Jäckh ist es auch, der Heuss in Berlin mit wichtigen Persönlichkeiten aus dem liberalen Bildungs- und Wirtschaftsbürgertum zusammenbringt und ihn in einen Kreis einführt, der es als »politischer Mittwochabend« zu einiger zeitgeschichtlicher Bedeutung gebracht hat. 1914 gegründet, steht er unter der Leitung des Berliner Historikers Hans Delbrück (1848–1929) und bringt Kräfte zusammen (15–20 Personen), die während des Ersten Weltkriegs für einen Verständigungsfrieden und eine umfassende Demokratisierung der politischen Verhältnisse eintreten. Heuss hat hier, wie er am 14. Januar 1918 seinem Schwiegervater nach Straßburg meldet, »unter anderen: Troeltsch, Meinecke, Alfred Weber und Lujo Brentano« (Briefe 1918–1933, 85) getroffen. Den evangelischen Theologen Ernst Troeltsch (1865–1923) kennt Heuss noch aus Heilbronner Tagen, als dieser in Heidelberg Systematische Theologie lehrt und ebenso wie das Ehepaar Heuss häufig im Salon von Max Weber (1864–1920) verkehrt. Seit 1915 Professor in Berlin, wird Troetsch von 1919 bis 1921 für die DDP Mitglied der verfassungsgebenden preußischen Landesversammlung und zugleich Unterstaatssekretär im preußischen Kultusministerium. Beim Nationalökonomen Lujo Brentano in München hatte Heuss, wie wir hörten, studiert und 1905 promoviert. Den Historiker Friedrich Meineke hatte er kurze Zeit zuvor einmal persönlich kennengelernt – bei einer Tagung auf Burg Lauenstein in Thüringen im Frühsommer 1917 auf Einladung des Jenaer Verlegers Eugen Diederichs (Erinnerungen, 214f.). Er wird zu dem für Heuss' historisches Denken wichtigsten Gelehrten. (Über Meineke in: Würdigungen, 280–288).

So wird der jüdische Weggefährte Ernst Jäckh »ein paarmal Weichensteller« in Heuss' »äußerem Schicksal«, und er schulde ihm Dank, schreibt Heuss in seinen »Erinnerungen«,

»auch wenn in seinen späteren Jahren die menschlichen Beziehungen ramponiert« gewesen seien (S. 216). Einzelheiten müssen uns hier nicht interessieren. Spannungen zwischen Heuss und Jäckh lassen vor allem Briefe aus der Nachkriegszeit erkennen, die beide ausgetauscht haben oder die Heuss an Dritte schreibt (Briefe 1949–1954, 318 u. 534f.). Doch als Jäckh ihm am 21. September 1949 brieflich zu seiner Wahl zum Bundespräsidenten gratuliert, dankt ihm Heuss ausdrücklich auch für das Vergangene. Er hat nicht vergessen, dass Jäckh »in den Werdejahren am entscheidensten« auf seinen »Lebensgang eingewirkt« hat: »Von der halben Bubenzeit her bis zur Nachfolge in Heilbronn zum mich wieder nach Berlin-Holen mit all den Zusammenhängen von Werkbund, deutscher Politik und Hochschule für Politik in Deutschland. Ich habe das immer gewusst und bin Dir dafür immer dankbar gewesen. Ich darf den Dank heute wiederholen.« (Briefe 1949–1954, 107f.)

1933 das vorläufige Ende, nachdem »Hitler den Werkbund erstickt« hatte, wie Heuss schreibt (Erinnerungen, 221). Jäckh emigriert nach London, kann aber politisch und wissenschaftlich seine Arbeit fortsetzen. Bis 1940 ist er am Londoner New Commonwealth Institute tätig, dann folgt ein Ruf an die Columbia University in New York City, wo Jäckh sich 1948 an der Gründung des Middle East Institutes beteiligt. Ein Jahr später gründet er die Amerikanisch-Türkische Gesellschaft. Nicht zufällig, hatte er doch schon 1914 nach der Revolution der Jungtürken für ein deutsch-türkisches Bündnis geworben. Es ist gegen die damaligen Kolonialmächte England und Frankreich gerichtet und gibt sich – Stichwort »Bagdadbahn« – Träumen von einem großen Wirtschaftsraum von Hamburg bis Basra hin. Bücher aus Jäckhs Feder wie »Der aufgestiegene Halbmond. Beiträge zur türkischen Renaissance« (1911), »Die deutsch-türkische Waffenbrüderschaft« (1915) oder »Deutschland und die Türkei« (1916) geben diesem Anliegen frühen Ausdruck. All das und mehr ist nachzulesen auch in den Lebenserinnerungen dieses ungewöhnlichen Mannes. Sie erscheinen 1954 unter dem ebenso plastischen wie prätentiösen Titel: »Der goldene Pflug. Lebensernte eines Weltbürgers«. Zu einem Vorwort angefragt, entschuldigt sich Heuss mit Gründen der Arbeitsüberlastung, dem prekären Gesundheitszustand seiner Frau und der Präzedenz, erschwere doch die Zusage für eine Seite »immer die Ablehnung nach der anderen Seite« (Briefe 1949–1954, 131–134).

So eng wollte er dann doch nicht wieder mit Ernst Jäckh verbunden sein.

6. Siegfried Gumbel (1874–1942): geboren in Heilbronn, ermordet in Dachau

Und da ist ein Mann wie Siegfried Gumbel, ein in Tübingen promovierter Jurist, der in seiner Heimatstadt Heilbronn schon als Absolvent des humanistischen Karlsgymnasiums (Abitur 1892, zehn Jahre vor Heuss) tief verwurzelt ist. Seine Familie lebt seit Mitte des 19. Jahrhunderts in dieser Stadt. Vater Max Gumbel betreibt seit 1880 ein Bank- und Wechselgeschäft und erwirbt sich hohes Ansehen in Wirtschaftskreisen der Region. Sein Sohn Siegfried läßt sich 1901 als Rechtsanwalt nieder und leitet ab 1923 die Anwaltkanzlei »Dr. Gumbel, Koch und Dr. Scheuer«. Von Manfred Scheuer war in unserer Studie schon die Rede (Kap. II, 1). Er wird später eine wichtige Rolle in Shavej Zion spielen.

Als Heilbronner kennt Heuss die Familie Gumbel. Darüber hinaus verbindet ihn mit Siegfried Gumbel auch dessen parteipolitische Bindung an die DDP. Für sie rückt Gumbel 1932 in den Heilbronner Gemeinderat ein, nur um zu erleben, dass ihm hier der unverholene antisemitisch-rassistische Hass von Abgeordneten der NSDAP entgegenschlägt. Zu diesem Zeitpunkt aber ist Rechtsanwalt Gumbel mehr denn je in Heilbronn vernetzt. Er ist Vorsitzender des Heilbronner Anwaltvereins und steht den Ortsgruppen der »Vereinigung für das liberale Judentum« und des »Centralvereins deutscher Staatsbürger jüdischen Glaubens« vor. Dieser hatte sich, wie wir im Zusammenhang mit dem Berliner Antisemitismusstreit (Kap, V, 3), mit Max Naumann (Kap. V, 5) und Erich Eyck (Kap. VII, 4) bereits hörten, der Abwehr des Antisemitismus und zugleich der Integration von (bekennenden) Juden als mit allen Rechten und Pflichten ausgestatteten deutschen Staatsbürgern verschrieben. Das lässt den Heilbronner Gumbel in Deutschland ausharren, auch als er unter dem Druck der antisemitischen Hetze sein Mandat im Gemeinderat und seine Anwaltspraxis aufgeben muss.

Zionist ist Gumbel nicht. Im Unterschied zu seinen beiden Söhnen, Erich und Otto, die am 1. April 1933, dem Tag des »Judenboykotts« (s. Kap. IV), die Zeichen der Zeit erkennen, Deutschland verlassen, um später nach Palästina auszuwandern. Ihr Vater läßt sich noch 1935 zum Präsidenten des Oberrats der israelitischen Religionsgemeinschaft Württembergs (IRGW) wählen, nachdem sein Vorgänger Otto Hirsch nach Berlin in den Vorstand der »Reichsvertretung deutscher Juden« gewechselt war. Nach den Novemberpogromen 1938 wird Gumbel zunächst in das »Schutzhaftlager« Welzheim verbracht und nach zehn Tagen freigelassen – als ein gebrochener Mann, wie es nachher heisst. Dann greifen die NS-Schergen endgültig zu. Im Herbst 1941 wird Gumbel unter nichtigem Vorwand in das KZ Dachau deportiert und dort am 27. Januar 1942 ermordet. Eine Tragödie besonders bitterer Art, wenn man bedenkt, dass dieser Mann hätte überleben können, wäre er dem Beispiel seiner Söhne und seines Kanzleipartners gefolgt. 1937 und 1938 ist Gumbel jeweils für einige Wochen zu Besuch bei seinem Sohn Erich in Palästina. Auch Manfred Scheuer sieht er wieder, der, wie wir hörten (Kap. II, 1), 1937 mit seiner Familie ausgewandert war und sich den Rexingern beim Aufbau von Shavej Zion angeschlossen hatte. Gumbels Sohn Erich und Ex-Kollege Scheuer raten beide dringend zur Emigration, doch der deutsch-jüdische Rechtsanwalt Siegfried Gumbel ist nun einmal kein Zionist. Obwohl er um die lebensgefährliche Lage deutscher Juden weiß, kehrt er nach Deutschland zurück, hilft vielen noch bei der Ausreise und entkommt selber seinem Schicksal nicht …

Und der Heilbronner Theodor Heuss? Er wird sich an den Heilbronner jüdischen Mitbürger Siegfried Gumbel so lebhaft erinnern wie an den Heilbronner jüdischen Mitschüler Bernhard Schlüchterer (s. Kap. VII, 2) und den Stuttgarter Otto Hirsch (s. Kap. II, 1). Die Gelegenheit dazu kommt im März 1952. Heuss hat eine Einladung zur »Einweihung der neuerstellten Synagoge in Stuttgart« erhalten. Er entschuldigt sich mit einem Schreiben an den Vorsitzenden der israelitischen Kultusvereinigung, gedenkt aber bei dieser Gelegenheit gezielt zweier Männer, die »für das religiöse und geistig-kulturelle Leben der württembergischen Juden einmal tragende Kraft« gewesen seien: Dr. Siegfried Gumbel und Dr. Otto Hirsch. Heuss wörtlich:

»Ich denke, ich werde niemanden kränken, wenn ich gerade diese beiden Männer an diesem Tage nenne. Ich war mit ihnen befreundet. Ich habe im geistigen Austausch mit ihnen immer viel gelernt von der halben Kindheit her bis in die reifen Jahre. Ich blieb auch in der wüsten Zeit der Verfolgungen zu ihnen in wechselseitig-vertrauensvoller Beziehung und spürte immer in Achtung und Scham, was tapfere Bewährung bedeutet hat und bedeuten soll. Beide Männer, in denen eine so fruchtbare Verbindung des Jüdischen und des Schwäbisch-Heimatlichen sich darstellte, mögen im Gedächtnis als die Schildhalter eines sich festigenden gemeindlichen Lebens gesehen werden.« (AüJ, 128)

Die lange und dramatische Geschichte der Heilbronner Judenschaft, deren erste urkundliche Erwähnung auf die Mitte des 11. Jahrhunderts zurückgeht, kann uns hier sind nicht weiter beschäftigen. Ich verweise auf die Darstellung von Hans Franke: »Geschichte und Schicksal der Juden in Heilbronn. Vom Mittelalter bis zu der Zeit der nationalsozialistischen Verfolgungen« (Online-Publikation des Stadtarchivs Heilbronn 2009/2011). Wir bleiben auf Heuss konzentriert und stellen fest: Als Bundespräsident wird Heuss noch ein besonderes Zeichen gegenüber seinen ehemaligen Heilbronner jüdischen Mitbürgern setzen. Vom 4. bis 23. Juni 1958 wird er zu einem Staatsbesuch in die Vereinigten Staaten reisen. Es ist sein erster direkter Kontakt mit den USA. Entsprechend dicht gedrängt sind die Termine. Heuss kann sich vor Einladungen kaum retten: Empfang im Weißen Haus (bei Präsident Eisenhower), Rede vor beiden Häusern des amerikanischen Kongresses, Reise zum Grand Canyon und nach San Francisco, Treffen mit Deutschamerikanern in Detroit und mit deren Vereinen in Chicago, ein Ehrendoktorat vom Dartmouth College in New Hampshire und eines von der New School of Social Research in New York, die Entgegennahme einer Carl-Schurz-Medaille in Philadelphia, der Besuch eines jüdischen Altersheims in New York unter der Leitung einer großen deutsch-jüdischen Persönlichkeit, Frau Margarete Tietz (1888–1972), und und und …

Schon im März 1958 hatte Heuss seiner vertrauten Freundin der letzten Jahre, Toni Stolper (s. Kap. VII, 12) signalisiert: »Ach, das Programm für New York!! Gestern schrieb ich dem Leo Baeck Institute, es sei mir sehr unwahrscheinlich, dass ich es besuchen könne, weil so viele Einladungen schon da sind. Und nun das Altersheim der Frau Tietz. [...] Und was mache ich mit meinen Heilbronner Juden, mit denen ich brave und hilfswillige Freundschaft hielt!« (Tagebuchbriefe, 316) Doch eine Begegnung mit »seinen« Heilbronner Juden ist Heuss so wichtig, dass er in New York ein Treffen ermöglicht. Hatte er sich doch vor Beginn seiner USA-Reise eigens an die Stadt Heilbronn gewandt und eine Liste der nach New York ausgewanderten Juden erbeten, die freilich auch schon vor dem Besuch von Heuss ihren Zusammenhalt gepflegt hatten. Genauestens also ist Heuss vorbereitet, als es in New York zur Begegnung mit »seinen« Heilbronner Juden kommt (Tagebuchbriefe, 586).

Darunter ist ein Mann wie Isy Krämer (1877–1963), der seit 1903 Vorsteher und Kantor der Heilbronner Synagoge gewesen war. Heuss kennt und schätzt diesen sieben Jahre älteren Mann seit seiner frühen Heilbronner Zeit. Krämer war als Musikkritiker für die »Heilbronner Zeitung« tätig gewesen, später ab 1910 für die »Neckar-Zeitung«, die Heuss, wie wir hörten, als Chefredakteur ab 1912 von Ernst Jäckh übernommen hatte. Heuss erinnert sich: »Gut versorgt aber blieb ich – es war eine Erbschaft Jäckhs – in den Musikdingen durch den Kantor der jüdischen Gemeinde, Isy Krämer, er schrieb anmutig und gewissenhaft.« (Erinnerungen, 185) Eine enge Freundschaft entwickelt sich. Ja, ein Brief vom 19./20.Juli 1916 verrät uns sogar, dass Heuss einmal bei Isy Krämer das jüdische Pessach-Fest gefeiert hat (Briefe 1892–1917, 489), eines der ganz seltenen Dokumente konkreter Teilnahme von Heuss an jüdischem Leben und jüdischen Festen.

Und die Freundschaft überdauert auch die Zeit des Exils, nachdem Isy Krämer nach den Exzessen der Reichspogromnacht Deutschland hatte verlassen müssen und nach New York geflohen war. Mit großer Erleichterung erfährt Heuss vom Überleben des Freundes und schickt ihm am 27. November 1945 einen ergreifenden Brief in die Schweiz, wo Krämer sich gerade aufhält. Auf das Schicksal »jüdischer Menschen in Deutschland« und auf das Schicksal der Stadt Heilbronn anspielend schreibt Heuss:

> »Es war uns eine *sehr große* Freude, von Dir ein Lebenszeichen zu erhalten; ich brauche Dir nicht zu sagen, dass ich oft Deiner und Deines möglichen Schicksals gedacht habe. Denn auch für jene jüdischen Menschen, die Deutschland ›rechtzeitig‹ verlassen hatten, war ja die Situation seit 1939 zur ewigen Bedrohung geworden. Nun, wenn Post u.s.f. wieder normal gehen, kannst Du einmal berichten. […]
>
> Von der Katastrophe Heilbronns hast du vielleicht einmal gehört: neben Pforzheim wohl die am meisten betroffene Stadt Süddeutschlands. In 40 Minuten Altstadt total, Angrenzendes überwiegend zerstört, ca. 25.000 Tote, die Häfte der Weingärtnerfamilien ausgelöscht. Auch Rathaus sehr mitgenommen, Kilianskirche Schiff eingestürzt, Turm ramponiert, steht noch, *kein* Schulgebäude brauchbar […] In der Umgebung, durch die Kriegshandlungen, Neuenstadt, Weinsberg, Löwenstein weithin vernichtet, wegen sinnlosem SS-Widerstand.« (Briefe 1945–1949, 132.134)

7. Eugen Katz (1881–1937): Nachdenken über »Judentum und Landwirtschaft«

Und da ist ein Mann wie Eugen Katz. Heuss lernt ihn schon 1902, im Jahr seines Abiturs, auf einem Parteitag des 1896 von Friedrich Naumann gegründeten »Nationalsozialen Vereins« kennen, studiert mit ihm in München beim Nationalökonomen Lujo Brentano, bei dem Katz ebenfalls promoviert und wird ab 1905 dessen erster Kollege in der Redaktion des Naumann-Wochenblatts »Die Hilfe«. Dr. Katz ist der ältere der beiden, und so bringt der erfahrenere Kollege, zuständig im Blatt für den politischen Teil, dem noch Unerfahrenen das redaktionelle Handwerk bei. Liebevoll schildert Heuss in seinen »Erinnerungen«, wie der Lehrmeister ihm einst bei der Drucklegung von Artikeln zur Seite gestanden habe, liebevoll schildert er auch dessen menschliche Schwäche, gehört Katz doch zu den »unglücklichen Menschen, die beim Reden unversehens von der grässlichen Qual des Stotterns überfallen« werden (Erinnerungen, 28).

All das aber steht in scharfem Kontrast zum Schicksal von Eugen Katz, als die Zeiten gewechselt haben. In der Zwischenzeit war er aus der Redaktion der »Hilfe« ausgeschieden, »um« ab 1907, wie Heuss schreibt, »in Hannover [als Syndikus] eine Stiftung zu leiten, in der junge Juden für die landwirtschaftliche Siedlung ausgebildet werden sollten« (Erinnerungen, 28). Im Ersten Weltkrieg als Soldat verwundet, ist er bis 1918 im Reichsschatzministerium tätig, anschließend wird es der ehemalige Kollege zu einem erfolgreichen Unternehmer bringen. Die Freundschaft zu Heuss bleibt all die Jahre erhalten. Sichtlich Eugen Katz zuliebe hatte Heuss denn auch am 20. August 1911 in der Frankfurter Zeitung einen Artikel über die Arbeit der Stiftung erscheinen lassen, für die sein Freund seinerzeit tätig gewesen war (AüJ, 31–40).

Die genannte Stiftung ist das Werk des Hannoveraner Bankiers Alexander Moritz Simon (1837–1905), der schon Anfang der 1890er Jahre in einem in der Nähe Hannovers gelegenen Dorf namens *Ahlem* eine »Israelitische Erziehungsanstalt« ins Leben gerufen hatte. Und zwar nicht irgendeine pädagogische Anstalt, sondern, wie Heuss schreibt, »eine Volksschule, eine Lehrlingsanstalt für Gärtnerei mit Lehrwerkstätten für Tischlerei, Schuhmacherei und Bäckerei« (AüJ, 33). Geleitet war Simon von dem Grundgedanken, dass sich die oft genug bedrückende soziale und wirtschaftliche Lage vieler Juden in Deutschland, die in den letzten Jahrzehnten zu Hunderttausenden aus Osteuropa in deutsche Großstädte eingewandert waren, durch solche Schulungsmaßnahmen und die Anleitung zu praktischer Arbeit verbessern lasse. Von ersten Erfolgen ermutigt, plant Simon, diese Erziehungsarbeit weiterzuführen und zwar »durch Ausbildung der jüdischen Lehrer, durch Unterstützung des Handfertigkeits- und Gartenunterrichts an allen jüdischen Schulen, durch planvolle Kolonisation ausgebildeter jüdischer Landwirte« (AüJ, 33).

Diese Pläne werden nach Simons Tod von der 1907 ins Leben gerufenen »Alexander und Fanny Simonsche Stiftung« weiter vorangetrieben, benannt nach des Bankiers Eltern. Katz ist hier jetzt in leitender Position tätig. Im Mittelpunkt das Dorf Ahlem. Bis zu Heuss' Artikel 1911 hatte man dort schon rund »zweihundert Gärtner ausgebildet«, erfährt Heuss. Mehr noch: Mittlerweile unterstützt die Stiftung ca. 60 jüdische Schulen finanziell und organisatorisch, um den Schülerinnen und Schülern »Unterweisung in Gartenbau und Handfertigkeit« zu ermöglichen. Eine Anstalt zur Ausbildung des entsprechenden Lehrpersonals ist in Planung, soll 1913 in Peine eröffnet werden. Schließlich werden auch in der Nähe von Celle, in einem Ort namens *Steinhorst*, jüdische Landwirte herangebildet. Sie werden hier »zum Feldbau und zur Viehwirtschaft großen Stiles tauglich« gemacht (AüJ, 37). Mittelfristiges Ziel ist die Ansiedlung jüdischer Bauern, ob in Galizien, Palästina oder in Deutschland. Kurz: Ziel aller Bemühungen ist, »durch Kreditvermittlung und Darlehen jüdische Bauern und Handwerker in ihrer Sesshaftigkeit zu bestärken und zu ihrer Ausbildung und für ihr wirtschaftliches Gedeihen in Notlagen unmittelbar zu unterstützen« (AüJ, 39).

Warum aber ist Heuss an all dem interessiert? Derart interessiert, dass er so gründlich wie möglich recherchiert und ausführlich berichtet? Zweifellos nicht allein um seines Freundes Eugen Katz willen. Sein Interesse ist grundsätzlicher Art. Es geht um den Abbau antisemitischer Stereotypen und Klischees. Heuss weiß: »Judentum und Landwirtschaft«? Das passt für Antisemiten nicht zusammen, hätscheln sie doch gern das Klischee von Juden als unstet wandernden Händlern und Schacherern, Stammesangehörige eines angeblich »unruhigen Nomadenvolkes«, das »zur bodenständigen Landarbeit nicht tauge« (AüJ, 31). Soeben noch hatte der Soziologe und Volkswirt Werner Sombart (1863–1941), seit 1906 Professor für Nationalökonomie an der Berliner Handelshochschule, genau dies zu beweisen versucht und zwar in seinem Buch »Die Juden und das Wirtschaftsleben« (1911). Heuss beginnt seinen Artikel nicht zufällig mit der Zusammenfassung des Hauptpunkts von Sombart: Als Wandervolk hätten Juden nie eine Bindung an den Boden besessen, dafür aber umso intensiver ein Verhältnis zum abstrakten Wert des Geldes entwickelt und sich damit eine Befähigung zum Kapitalismus verschafft, wie sie niemals ein sesshaftes Volk hätte entwickeln können. Juden – »Vorwärtspeitscher des modernen Kapitalismus«, so Heuss über Sombarts These.

Sein Artikel »Judentum und Landwirtschaft. Die Simonsche Stiftung« aber ist der Versuch einer glatten Widerlegung der antisemitischen Konstruktionen von Sombart. Heuss hält dagegen: »Will man dem Juden die Eignung zur Landwirtschaft zurückgeben, so muss man ihn dazu erziehen« (AüJ, 32). Ja, es sei »unverkennbar«, meint Heuss, dass »leise innerhalb des Judentums eine Abkehr von den Berufen« einsetze, »die bislang ein Monopol schienen, und dass gerade in Handel und Industrie der jüdische Einfluss seinen Höhepunkt vielleicht schon erreicht« habe (AüJ, 32). Die Faszination für das Phänomen »Ahlem« jedenfalls ist Heuss deutlich anzumerken. Sie kommt auch im Zitat eines Besuchers von Ahlem zum Ausdruck, das Heuss gezielt in seinem Artikel aufnimmt: »Diese Burschen müsste man einmal den Antisemiten im Reichstag vorführen!«, wobei Heuss vorsichtig hinzufügt: »Ich glaube zwar nicht, dass das Experiment bei dieser Gesellschaft viel verfangen würde – immerhin alle Erinnerungen an Ghetto oder an den etwas armseligen Typ des kleinen Handelsjuden sind hier völlig ausgelöscht.« (AüJ, 34)

Ausgelöscht gewiss für Menschen in Ahlem und Steinhorst, nicht aber für »Antisemiten im Reichstag«, deren Zahl mit dem Aufstieg der NSDAP nach dem 1. Weltkrieg Jahr für Jahr ansteigen wird, bis sie 1933 den Reichtag beherrschen und zunichte machen. Zunichte ist damit auch das Leben von Eugen Katz in Deutschland. Heuss hat das nicht vergessen:

> »Katz wurde später erfolgreicher Industrieller, mit nachsichtiger Verwunderung auf seinen beruflichen Beginn zurückschauend; die agrarischen Interessen verwandelten sich in eine

rührende Gartenleidenschaft. Wir blieben durch Jahrzehnte nahe Freunde. Sein spätes Leben mündet in die Tragik des deutschen Juden. Als kriegsfreiwilliger Reiter war er, schwer verwundet, aus dem Krieg von 1914 zurückgekehrt; er ging, um keinen seiner Freunde zu gefährden, nach 1933 abschiedslos in die Emigration [nach Frankreich]. Zwischen den Mühen, einen neuen Lebensgrund sich zu sichern, ist er schnell weggestorben, das Schicksal ungezählter Namenloser – diese paar Zeilen sollen die Zeugen dankbarer Erinnerung sein.« (Erinnerungen, 29)

8. Ludwig Frank (1874–1914): ein »badischer Lassalle« und die »Judenzählung« von 1916

Und da ist der Reichtagsabgeordnete Ludwig Frank, ein aus dem Schwarzwalddorf Nonnenweier bei Kehl am Rhein stammender Sozialdemokrat und Jurist aus jüdischer Familie. Diese lebt seit langem in Nonnenweier. Und auch in anderen Dörfern der Ebene zu beiden Seiten des Rheins gibt es »jüdische Gemeinden, die fromm ihren Glauben lebten, aber ganz und gar in der bürgerlichen und bäuerlichen Welt ihrer christlichen Mitbürger aufgegangen waren«, wie der württtembergische SPD-Parlamentarier und spätere Bundesminister Carlo Schmid in einer eindrücklichen Gedächtnisrede zum 50. Todestag von Frank in Mannheim sagen wird (Tätiger Geist, 1964, 146).

Ludwig Frank: Große Hoffnungen hatten sich mit diesem politisch wie rhetorisch gleichermaßen brillianten Mann verbunden, den viele schon von seiner äußeren Erscheinung her mit einem charismatischen Arbeiterführer vergleichen: mit Ferdinand Lassalle (1825–1864), einem Mann ebenfalls jüdischer Herkunft. Dieser hatte 1863 den »Allgemeinen Deutschen Arbeiterverein« (ADAV) ins Leben gerufen und war so einer der Gründerväter der Sozialdemokratischen Partei Deutschlands (SPD) geworden, die 26 Jahre nach Lassalles Tod aus dem ADAV und der Sozialdemokratischen Arbeiterpartei (SDAP) hervorgehen wird. Seit Heuss zusammen mit Elly im Herbst 1906 ein nächtliches Streitgespräch mit Frank geführt hatte, verbindet ihn auch politisch mit diesem sozialdemokratischen Reformer und süddeutschen Landsmann vieles.

Das lässt für die Zukunft der noch fragilen deutschen Demokratie einiges erwarten, zumal Franks politischer Weg steil nach oben führt. 1904 wird er Stadtverordneter in Mannheim, 1905 Mitglied des Badischen Landtags, 1907 schicken ihn die Mannheimer in den Berliner Reichstag, und all diesen Körperschaften wird Frank bis zu seinem Tod angehören. Dabei fühlt dieser badische Patriot sich stets als Deutscher, vergißt aber nie die jüdische Herkunft seiner Familie. Carlo Schmid weist in seiner Mannheimer Rede zurecht auf einen Brief hin, den Frank ein knappes Jahr vor seinem Tod 1913 einer Freundin geschrieben hatte: »In früheren Jahren habe ich mein starkes Interesse für die Schicksale des jüdischen Volkes als Last empfunden – jetzt fühle ich es als einen Besitz, den ich nicht missen möchte.« Und Schmid fügt hinzu: »Der Jude, der für Deutschland stirbt, damit durch Deutschland diese Welt besser werden könne – welch ein Symbol.« (Tätiger Geist, 144)

In der Tat sollte der Tod diesen politischen Hoffnungsträger allzu früh dahinraffen. Als Ungedienter hatte sich Frank zum Kriegsdienst gemeldet, sobald der 1. Weltkrieg ausgebrochen war – wie Tausende von jungen Juden auch, die – allen anderslautenden antisemitischen Verdächtigungen zum Trotz – für Deutschland hatten kämpfen wollen. »Im ersten Weltkrieg sind 12.000 junge Menschen jüdischen Glaubens für die Sache ihres deutschen Vaterlandes gefallen«, wird Heuss, wie wir hörten (Kap. VII, 2), in seiner Rede in Bergen-Belsen 1952 in Erinnerung rufen und im Zusammenhang mit seinem Heilbronner Klassenkameraden Bernhard Schlüchterer die Schande der Ausmerzung von Namen jüdischer Gefallener von örtlichen Kriegerdenkmälern anprangern. (s. Kap. VII, 2)

Doch schon 1916 hatte Heuss sich schützend vor die deutsche Judenschaft gestellt, als mitten im 1. Weltkrieg vom preußischen Kriegsminsterium die Anordnung ergangen war, am 1. November eine »Judenzählung« oder »Judenstatistik« durchzuführen. Eine Reaktion auf den im deutschen Offizierskorps verbreiteten Antisemitismus und auf die von antisemitischen Verbänden, Parteien und Medien während des Krieges losgetretene Propaganda, Juden seien »Drückeberger«, die sich dem Waffendienst an der Front mit allen möglichen Ausreden entzögen oder davon unverhältnismäßig oft befreit würden. Jüdische Verbände (so der »Centralverein deutscher Staatsbürger jüdischen Glaubens«) reagieren empört, hatten sie deutsche Juden doch zum Kriegsdienst ausdrücklich ermutigt. Da man aber die Ergebnisse der Umfrage bis Kriegsende geheimhält, können die Ressentiments gegen jüdische Kriegsteilnehmer nicht abgebaut werden. Sie hätten nachgewiesen, dass anteilig ebenso viele deutsche Juden wie Nichtjuden zum Kriegsdienst eingezogen worden waren, ja, dass 77 Prozent von ihnen an Fronteinsätzen teilgenommen hatten. Damit stellen Juden proportional fast ebenso viele Frontsoldaten wie Nichtjuden (Einzelheiten bei: Jacob Rosenthal, Die Ehre des jüdischen Soldaten, 2007). Auch Theodor Heuss ist über die antisemitische Diskriminierung dieser »Zählung« empört und schreibt in seiner Eigenschaft als Chefredakteur der Heilbronner »Neckar-Zeitung« Anfang November 1916 in einem Leitartikel:

> »Nicht um den Juden eine Freude zu machen, sondern weil die Heuchelei dieser Geschichten einem christlichen Gewissen unerträglich sein muß. [...] Wogegen wir uns wehren, ist nur dies, dass die Gemeinheit antisemitischer Treibereien sich an die Öffentlichkeit wagen darf, [...] so lange jüdische Freunde im Trommelfeuer der Sommeschlacht liegen, so lange wir sehen, dass jüdische Familien wie die andern einzige Söhne dem Vaterland zum Opfer brachten.« (zit. nach E.W. Becker, 2011, 39; s. auch Briefe 1892–1917, 502f.)

Und Ludwig Frank? Er ist einer der jüdischen Freunde, die an einer französischen Front im Trommelfeuer liegen, und schon am 3. September 1914 wird eine »französische Infanteriekugel« sein Leben auslöschen. Tief getroffen, setzt Heuss diesem Mann schon am 17. September 1914 in der »Hilfe« per Nachruf ein kleines Denkmal. »Die deutsche Sozialdemokratie« habe in ihm »einen ihrer unbefangensten und fähigsten Köpfe, ihrer stärksten Charaktere, die badische ihr Haupt« verloren, schreibt Heuss. Und »mehr als die Partei verlor das deutsche Volk«! (AüJ, 44) Ein schmerzlicher Verlust, der schmerzlichste, den der Krieg bisher gebracht habe. Was hätte dieser hochbegabte Mann nicht alles gerade auch zur Versöhnung mit den europäischen Nachbarn leisten können, er, der England gekannt und geschätzt habe und der sich zusammen mit dem französischen Sozialisten Jean Jaurès (1859–1914) für die deutsch-französische Verständigung hätte einsetzen können, zusammen mit einem Mann wie Jaurès, der soeben ebenfalls von einer Kugel dahingerafft worden war, allerdings von der eines nationalistischen Attentäters in Paris. Welch ein Verlust also – auf beiden Seiten. Unvergessen auch dies: »Ich denke jetzt an die vielen Tage und Stunden einer langjährigen Freundschaft: an den ersten Abend vor bald acht Jahren, der unter seiner Erzählkunst bis in den frühen Morgen wuchs, an die letzte gemeinsame Fahrt vor drei Monaten, da er uns, noch ganz erfüllt vom Eindruck der Basler Konferenz, den Weg einer demokratischen Auslandspolitik entwarf. Seine Zuversicht wollte alle Zweifel niederringen, und er freute sich auf den Tag, da er im späten Sommer den Vertreter des deutschen Parlaments in Frankreich für eine Gemeinsamkeit der westeuropäischen Kultur werben wollte.« (AüJ, 45) So Heuss 1914.

50 Jahre später, 1963, muss Heuss seine »Erinnerungen« um eine wichtige Erinnerung ergänzen: »Besäßen die Deutschen eine größere Begabung für den Sinn *echter* Tragik, als ihnen eigen ist«, schreibt er, »dann hätte auch der rasche Soldatentod des ungedienten kriegsfreiwilligen jüdischen Rechtsanwaltes und Abgeordneten als symbolkräftiges Opfer jene Geschichtsmächtigkeit gewinnen können, gewinnen müssen, die von dem lebendig wirkenden Manne erwartet wurde. Die schmachvolle Gesinnung, die nach 1933 die geltenden Werte des Anstandes zertrat, hat den Gedenkstein, der dem Mann galt, weggeschafft. Da ich ihn liebte, will ich von ihm sprechen.« (Erinnerungen, 41)

Und wie wenig Heuss den so brillianten und vielversprechenden deutsch-jüdischen Sozialdemokraten Ludwig Frank vergessen kann, zeigt eine Intervention in der Nachkriegszeit beim damaligen SPD-Parteivorsitzenden Erich Ollenhauer (1901–1963). Einem Schreiben an Ollenhauer vom 7. März 1953 legt Heuss ein »Päckchen von Briefen und Karten« bei. Er hat es von einer Dame bekommen, reicht es nun weiter und schließt sich deren Wunsch an, »dass vielleicht doch einmal eine Biographie über Ludwig Frank geschrieben werde«. Dabei kann sich der vielerfahrene Biograph Heuss die grundsätzliche Bemerkung nicht verkneifen, dass man in der sozialdemokratischen Partei heute »die Parteien-Historie vernachlässigt« habe, »wie sie noch vor ein paar Jahrzehnten von Eduard Bernstein mit Bravheit, Franz Mehring und Hermann Wendel mit Schwung behandelt« worden sei. Er, Heuss, wisse, wovon er rede und so schließt er seinen Brief mit der Bemerkung: »Nun kann man sich ja derlei sammelnde oder schriftstellerisch gestaltende Figuren vom Schicksal nicht bestellen, aber vielleicht taucht wieder einmal jemand auf, und dann mag auch ein Päckchen vertrauter Briefe mit gelegentlichen politischen Tagesbemerkungen etwas an Farbe, etwas an Bewegung geben. Da ich selber ja eine ganze Anzahl heterogener Biographien aus den Urquellen herausgearbeitet habe, weiß ich etwas davon, was solche Nebendinge bedeuten können.« (Briefe 1949–1954, 427.429)

9. Ludwig Haas (1875–1930): wie Gideon eine »Symbolfigur junger deutscher Juden«

Und da ist ein Mann wie Ludwig Haas. Er wird im Freiburg im Breisgau geboren und stammt aus einer der ältesten jüdischen Familien Badens. Nach Schulbesuch in Landau und Abitur in Bruchsal nimmt er an den Universitäten von Heidelberg, München und Freiburg ein Jurastudium auf, das er 1898 mit einer Promotion abschließt, um sich dann ab 1901 in Karlsruhe als Rechtsanwalt niederzulassen. Das ist der Beginn einer atmenberaubenden politischen Karriere, bedenkt man, dass im Herzogtum Baden, wie wir hörten, erst 1862 unter Großherzog Friedrich I. die »Judenemanzipation« verwirklicht worden war, d.h. die Gewährung voller Bürgerrechte auch für Juden. Was man als demokratisch gewählter Politiker werden kann, wird Haas, Ausweis des Vertrauens, das die Menschen in Karlsruhe und Umgebung trotz vieler gegenteiliger Trends in der Gesellschaft diesem deutsch-jüdischen Rechtsanwalt entgegenbringen. Die einzelnen Stationen auf dem politischen Weg des Ludwig Haas hat Ludwig Luckemeyer in seinem Beitrag (1971) anschaulich rekonstruiert.

1909 wird Haas Stadtrat in Karlsruhe und bleibt es bis nach dem 1. Weltkrieg. 1910 wird er Landtagsabgeordneter in Baden und bleibt es bis zu seinem Tod. 1912 wird er erstmals Reichstagsabgeordneter für den Wahlkreis Karlsruhe und zwar auf der Liste der Fortschrittlichen Volkspartei. Erstmals schafft damit ein Jude in Karlsruhe die Wahl in den Reichstag. Haas bleibt Mandatsträger in Berlin bis 1918. Nur um dann nach 1919 für die DDP, die er in Baden mitzugründen hilft, weiter im nationalen Parlament vertreten zu sein, diesmal nicht unter kaiserlicher, sondern unter der neuen, demokratischen Verfassung von Weimar. In dieser Zeit hat Heuss direkt mit Ludwig Haas zu tun, wird er doch, wie wir hörten, 1924 erstmals für die DDP in den Reichstag gewählt und bleibt Abgeordneter im Reichstag für die nächsten vier Jahre. Kein Zufall also, dass Heuss seinen Partei- und Fraktionsfreund würdigt, als dieser 1930 überraschend früh mit 55 Jahren aus seinem höchst aktiven politischen Leben gerissen wird, zumal Haas 1928 noch »als Krönung eines großen politischen Lebens« (L. Luckemeyer) zum Vorsitzenden der DDP-Reichtstagsfraktion gewählt worden war. Heuss' Nachruf erscheint im Hamburger »Israelitischen Familienblatt« am 7. August 1930 (AüJ, 65–68).

Wie der württembergische Schulfreund Bernhard Schlüchterer und der SPD-Mann Ludwig Frank hatte auch Haas im Ersten Weltkrieg für Deutschland gekämpft, hatte sich freiwillig gemeldet, war zum Unteroffizier befördert worden und hatte das Eiserne Kreuz Erster Klasse erhalten. Zugleich aber ist auch er als Liberaler wie sein badischer Landsmann von der Sozialdemokratie, Ludwig Frank, bemüht, so Heuss, »den Ausgleich, die Verständigung mit Frankreich herbeizuführen«, Anhänger eines »organisatorischen Pazifismus«, der er ist. Haas steht künftig an der Seite derer, »die helfen wollen, Reibungen und Missverständnisse zwischen Nationen durch Ausbau der internationalen Rechtsordnung zu sichern« (AüJ, 66). An entsprechenden Konferenzen in Bern (1913) und Basel (1914) hat er teilgenommen.

Aber auch in der Person des Ludwig Haas spiegelt sich jüdisches Schicksal in Deutschland. Tief verwurzelt in seiner badischen Heimat und in der Tradition des deutschen Liberalismus, sei, so Heuss, die Fragestellung »Deutschtum und Judentum« für Haas »nie zum persönlichen Problem geworden«. Denn das Bewusstsein, »Deutscher und Jude zu sein«, sei in Haas' Wesen »ohne Bruch zur Einheit« (AüJ, 66) zusammengeflossen. Eine Umschreibung für die Tatsache, dass Haas, der den Zionismus ablehnt, Juden in Deutschland unlösbar mit deutscher Kultur und Geschichte verbunden sieht. Einzelheiten zum Judentum des Ludwig Haas bietet das Buch seiner Tochter Judith Schrag-Haas (1961) und der genannte Beitrag von Ludwig Luckemeyer (1971, 155–158).

Hier genügt es, auf die Tatsache zu verweisen, dass Haas im »Centralverein deutscher Staatsbürger jüdischen Glaubens« mitarbeitet und hier, wie der Heilbronner Siegfried Gumbel, das Forum findet für seinen Kampf gegen den Antisemitismus und für die verfassungsmäßig garantierte Gleichberechtigung von deutschen Juden. Deshalb kommt für ihn eine Aufkündigung der Loyalität zum Judentum so wenig in Frage wie eine Aufkündigung der Loyalität zum deutschen Staat.

Würde das eine wurzellos machen, so das andere heimatlos. In einem Aufsatz für die »Centralvereins«-Zeitung kann Haas im September 1928 schreiben:

> »Wir wohnen seit den Römerzeiten als deutsch sprechende Menschen in Deutschland; wir sind mit Deutschland verbunden wie jeder andere deutsche Bevölkerungsteil. Wir haben unsere Eigenart, unsere Tradition, die Geschichte unserer Gemeinschaft wie andere soziologische Gruppen. Der Sohn des Bauern, der sich bäuerlicher Herkunft schämt, der Handwerker, der nicht stolz auf das Handwerk, der Bürger, der zum Adel drängt, der Jude, der seine jüdische Abstammung verleugnen möchte, das sind die traditionslosen Gestalten, die mit Recht von der wahren Aristokratie verlacht, von der gesunden Demokratie verachtet werden. Der Centralverein soll neben dem Kampf gegen tausendfaches Unrecht in Einzelheiten immer wieder den des Judentums führen, die noch so vielfach verschlossenen Quellen öffnen, die den Stolz auf jüdisch-deutsche Vergangenheit und unser Recht aus jahrtausendealter Verbundenheit dartun.« (zit. nach L. Luckemeyer, 1971, 158)

In dieser seiner Grundüberzeugung war Haas zweifellos durch eine konkrete Erfahrung bestärkt worden, war er doch in der Krisenzeit nach dem 1. Weltkrieg (»badische Revolution«) für kurze Zeit (Nov. 1918–April 1919) durch eine vorläufige Volksregierung zum badischen Innenminister berufen worden. Es ist erst das zweite Mal in der Geschichte des Landes, dass ein Jude ohne vorherigen Glaubenswechsel an die Spitze eines Ministeriums treten kann. Vorausgegangen war 1886 unter Großherzog Friedrich I. von Baden die Ernennung des jüdischen Rechtsanwalts Moritz Ellstätter (1827–1905) zum Finanzminister. Haas erwirbt sich denn auch Verdienste um den reibungslosen Übergang vom Großherzogtum zur Republik, nachdem Friedrichs Nachfolger, Großherzog Friedrich II. (1857–1928. Reg. 1907–1918), am 22. November 1918 abgedankt hatte. Ja, folgt man den Recherchen von Bernhard Schmitt zur Situation der Juden in Baden zwischen 1890 und 1918, hat Haas am 11. November 1918 »unter eigener Lebensgefahr der Familie des entthronten Großherzogs die Abreise aus Karlsruhe« ermöglicht. »Darin zeigten sich nicht nur politisches Kalkül und Achtung vor dem menschlichen Leben. Die Mehrheit des badischen Judentums hing an seinem Herrscherhaus, dem es die Emanzipation und großzügige Förderung in vielen Fragen verdankte. Vor allem Großherzog Friedrich I., der den Juden nicht Duldung, sondern Rechte gewährte, blieb unvergessen.« (in: H. Schmitt, Hrsg., Juden in Karlsruhe, 1988, 146)

Wichtig ist für Haas auch eine Erfahrung während des 1. Weltkriegs geworden, als er in der Verwaltung des deutschen Generalgouverneurs in Warschau Leiter des Dezernats für jüdische Fragen wird. Heuss wörtlich: »*Er hat sich zu seinem Judentum mit Stolz bekannt,* er wusste, was er ihm an Tradition und innerer Bindung dankte; aber er hat kein besonderes Wesen daraus gemacht. Der Krieg hat ihn dann vor die Aufgabe gestellt, jüdische Fragen in einer Welt, die ihm bisher fremd gewesen, in seine pflegliche Hand zu nehmen. Das war, als man ihn nach *Warschau* berief, zur Beratung des Gouverneurs in den Fragen des polnischen Judentums. Haas hat von dieser Zeit gerne erzählt. Er hat hier auch erst lernen müssen; aber er ist der Aufgabe gerecht geworden, weil ihm seine tief humane Gesinnung über die Schwierigkeiten hinweghalf.« (AüJ, 66)

Mehr noch: Durch seine »menschliche Haltung, durch die Geradheit seines Wesens, den auf innerer Sicherheit ruhenden

Freimut seiner inneren Unabhängigkeit« ist Haas nach Heuss' Überzeugung *»zur Symbolfigur junger deutscher Juden geworden«* (AüJ, 66f.). So sehr, dass Heuss diesen Mann – was selten genug vorkommt – mit einer biblischen Figur vergleichen kann: mit Gideon aus dem »Buch der Richter«: »Ich habe ihm einmal gesagt: ›Sie sind für Ihre jungen Freunde der Mann aus dem Buch Richter.‹ Und er hat sich das lachend gefallen lassen.« Warum auch nicht? Ist doch dem biblischen »Richter«-Buch zufolge (Kapitel 6–8) Gideon eine »Rettergestalt« in Israel und zwar in der prekären Übergangszeit zwischen dem Exodus aus Ägypten und der »Landnahme« einerseits und der Königzeit unter David und Salomo mit einer zentralen Regierungsgewalt andererseits. In dieser Zwischenzeit hatten sich die eingewanderten Stämme gegen feindliche Nachbarn zu wehren, und Gideon wird von Gott berufen, die Israeliten vom Joch der Medianiter zu befreien, was ihm mit Hilfe Gottes auf glänzende Weise auch gelingt. Gideon – ein erwählter und geliebter Gottesmann! Schon in der Bibel eine glänzende Symbolfigur für sein Volk. Man darf also in einem Vergleich mit Gideon in nicht weniger prekärer Zeit ein Kompliment sehen, ja einen Ausdruck der Bewunderung. »Gerade mir als Nichtjuden«, fährt Heuss denn auch an dieser Stelle fort, »erschien seine Stellung im deutschen Judentum immer bis zu einem gewissen Grade einzigartig: er war geliebt, unumstritten, er hat diese Liebe gerne, aber schlicht hingenommen, und sie behaglich auf die Seite geschoben, wenn sie enthusiastisch werden wollte.« (AüJ, 67)

Und der Antisemitismus in Deutschland? Auch Ludwig Haas habe bereits vor 1933 »Pöbeleien und Ausschreitungen des Antisemitismus« erdulden müssen. Heuss weiß auch das, aber Haas habe das alles »nie bis an seine Person herandrängen« lassen. Und wörtlich fügt er hinzu: »Er hat diesen Gruppen im Kampf nichts geschenkt; er hat nicht so sehr als Jude, denn als Deutscher gegen sie gefochten, denn ihr Auftreten schien ihm das Bild des deutschen Menschen zu zerstören, wie er es in seiner Seele trug. Die menschliche Achtung, die er erzwang, hat dumpfe oder gehässige Kleinheit erstickt.« (AüJ, 67) Es sind Sätze, die noch vor 1933 geschrieben werden konnten.

30 Jahre später muss Heuss seine »Erinnerungen« auch im Fall seines Parteifreundes Ludwig Haas um *diese* Erinnerung ergänzen: »Ludwig Haas, ein Karlsruher Anwalt, genoss in der Fraktion wie im Parlament mit Recht ein starkes menschliches Ansehen; er hatte während des Krieges im Osten Verwaltungserfahrungen gesammelt als leitender Berater in Fragen der jüdischen Bevölkerung Polens. Seine warme und formkräftige Beredsamkeit schuf ihm viele Freunde. Das Schicksal schenkte ihm die Gnade eines frühen Todes. So hatte sein soldatisch durchfärbter Patriotismus nicht mehr die Kränkung durch die Schmach der Hitlerzeit zu erleiden.« (Erinnerungen, 313) Wir erinnern uns an das Schicksal des deutsch-jüdischen Verfassungsvaters Hugo Preuss (s. Kap. V, 6), dem – im fahlen Licht der Schoah betrachtet – auch die »Gnade des frühen Todes« geschenkt worden war. »Es ist schrecklich, dass man sagen muss, er hatte das Glück, 1925, fünfundsechzigjährig zu sterben.«

10. Fritz Elsas (1890–1945): ein Berliner Bürgermeister, im KZ ermordet

»Gnade eines frühen Todes«? Davon kann im Fall eines anderen jüdischen Weggefährten von Heuss keine Rede sein. Im Gegenteil.

Am 25. November 1945 hält Heuss in Stuttgart, wie wir verschiedentlich hörten, als der für Erziehung und Bildung zuständige Minister des soeben gegründeten Landes »Württemberg-Baden« eine programmatische Rede unter dem Titel »In Memoriam«, in der er gegen alles »Schlussstrich«-Gerede so präzise wie vorher und nachher nicht mehr auf das Verbrechen der Schoah eingeht (mehr dazu in Kap. VIII, 4). Und schon in dieser ersten großen Rede nach dem Krieg erwähnt Heuss nicht nur Männer des deutschen Widerstandes, darunter einen Mann wie Eugen Bolz (1881–1945), den katholischen Zentrumspolitiker und letzten Staatspräsidenten Württembergs, den Nazi-Horden 1933 aus dem Amt getrieben hatten und der später als Mann des Deutschen Widerstands vor den »Volksgerichtshof« gezerrt und anschließend in Berlin-Plötzensee hingerichtet werden wird. Darüber hinaus liegt Heuss offensichtlich ganz bewusst daran, zweier weiterer außerordentlicher Männer zu gedenken: Otto Hirsch und Fritz Elsas. Von Otto Hirsch haben wir schon gehört (Kap. II, 1–2). Wer aber ist Fritz Elsas?

Wie Hirsch ist auch Elsas von Hause aus Schwabe, wird 1890 in Cannstatt bei Stuttgart als Sohn eines Industriellen geboren. Er stammt aus einer alten jüdischen Familie, die schon Ende des 18. Jahrhunderts aus dem Elsaß nach Württemberg eingewandert war. Zum Juristen ausgebildet und in Tübingen 1912 in Staatswissenschaft promoviert, erwirbt Elsas sich früh für die Stadt Stuttgart große Verdienste. Denn entscheidend hilft er dabei mit, während des Ersten Weltkriegs die Nahrungsmittelversorgung der Stadt zu organisieren, ab Februar 1915 als Direktor des Städtischen Lebensmittelamtes. Dann der Einstieg in eine politische Karriere. 1919 wird Elsas wie Heuss Mitglied der Deutschen Demokratischen Partei (DDP) und übernimmt in Stuttgart das für seine Person eigens geschaffene Amt eines städtischen Rechtsrats mit großen Kompetenzen.

Derart groß ist bereits sein Ansehen, dass Elsas 1921 von seiner Partei gedrängt wird, für das Amt des Stuttgarter Oberbürgermeisters zu kandidieren. Im Parteienkampf wird allerdings seine jüdische Herkunft jetzt erstmals politisch gegen ihn ausgespielt, so wie dies Siegfried Gumbel in Heilbronn erleben wird (s. Kap. VII, 6). Obwohl während seines Jurastudiums schon zum evangelischen Glauben konvertiert und mit der Nichtjüdin Marie Scholl verheiratet, sieht Elsas sich zunehmend antisemitischen Angriffen ausgesetzt. Sie zwingen ihn, auf die genannte Kandidatur zu verzichten, was Elsas, den Heuss einen der »ersten Kenner und Täter deutscher sozialer und wirtschaftlicher Kommunalpolitik« nennt (AüJ, 97), in den nächsten Jahren von Spitzenpositionen absehen läßt. Der Mord an Reichsaußenminister Walther Rathenau am 24. Juni 1922 (s. Einleitung zu Kap. VII) ist ein zusätzliches Warnzeichen. Und einer der übelsten Hetzer und geistigen Urheber des Mords ist der deutschnationale Politiker Karl Helfferich (1872–1924), Mitglied der Deutschnationalen Volkspartei und rechtsradikaler Gegner der Weimarer Demokratie.

Rathenaus Tod erregt Elsas »auf tiefste«, wie er in seinen Lebenserinnerungen festhält: »Es war die Saat, die Helfferich und seine Freunde gesät hatten, die da aufging. Rathenau, so schrieb ich am 25. Juni in mein Tagebuch, musste sterben, weil er Jude war. Soweit war die geradezu blödsinnige Verhetzung der Rechtskreise gediehen in diesem ›christlichen‹ Volk, dass der Staat gezwungen war, ohnmächtig zuzusehen, wie einer seiner besten Köpfe wie ein Hund abgeschossen wurde.« (zit. nach J. Thierfelder, 1996, 96f.) Doch gerade angesichts des rechtsradikalen Terrors auf deutschen Straßen darf man die noch äußerst fragile deutsche Demokratie nicht allein lassen. Elsas weiß das. 1924 läßt er sich deshalb für die DDP in den württembergischen Landtag wählen, 1926 wird er Vizepräsident und geschäftsführendes Vorstandsmitglied des Deutschen und Preußischen Städtetags, was die Aufgabe des Mandats und einen Umzug nach Berlin nötig macht.

Und die politische Karriere geht weiter, denn die Berliner Stadtverordneten wählen im April 1931 den Schwaben zu einem ihrer Bürgermeister. Elsas ist zu diesem Zeitpunkt gerade einmal 41 Jahre alt. Doch einmal mehr wird diesem Mann seine jüdische Herkunft zum Verhängnis. Kaum an der Macht, zwingen die braunen Rassisten diesen Berliner Bürgermeister zur Aufgabe des Amtes. Gnadenlos wird auch an Fritz Elsas das schon am 7. April 1933 erlassene »Gesetz zur Wiederherstellung des Berufsbeamtentums« exekutiert, das jetzt Beamte »nichtarischer Abstammung« in den Ruhestand versetzt. Mehr noch: 1937 wird Elsas, der bewusst nicht ins Ausland gehen, sondern in seiner Heimat bleiben will, verhaftet und wegen angeblicher Devisenvergehen für ein halbes Jahr in Untersuchungshaft gesteckt. Er ist ein gebrochener Mann, als er nach Monaten mangels Beweisen freigesprochen wird und freikommt. Schlimmer noch: Durch seine Kontakte zum Deutschen Widerstand gerät Elsas nach dessen Scheitern in die Klauen der Nazi-Mordmaschinerie. Heuss erinnert in seiner Stuttgarter Rede 1945 gerade auch daran: »Er war ein guter und wagender Freund. Er hat Goerdeler in seinem Haus Unterkunft gewährt. Im Dezember des letzten Jahres haben sie ihn hingerichtet.« (AüJ, 98)

In der Tat hatte Elsas im Laufe der Jahre Kontakte zu Kreisen des Deutschen Widerstands geknüpft. Er gehört zur

Führungsgruppe des liberalen Widerstandskreises um den Berliner Landgerichtsrat Ernst Strassmann und den Hamburger Kaufmann Hans Robinsohn, zwei führende DDP-Politiker, die ein Netz von ca. 60 Vertrauensleuten über das ganze Reich verteilt hatten (Einzelheiten bei: H. Sassin, Liberale im Widerstand, 1993). Folgt man der zusammenfassenden Darstellung von Jörg Thierfelder, so gilt: »Schwerpunkte der Arbeit [der Strassmann-Robinsohn-Gruppe] waren zunächst Berlin und Norddeutschland; es gab aber auch Kontakte nach Bayern. Der spätere Bundesjustizminister Thomas Dehler, im Dritten Reich in Bamberg tätig, zählte zu dieser Widerstandsgruppe. Eines der führenden Mitglieder in Berlin war Fritz Elsas. Zu seiner Gruppe zählten der Syndikus Ernst Richard Schubert, wie Elsas Berliner Kommunalpolitiker, und Theodor Heuss, ein schwäbischer Landsmann von Elsas, nach Einschätzung von Sassin ›eher ein Mann der Kontemplation und der Reflexion – im Unterschied zu dessen wesentlich aktiveren Sohn Ernst Ludwig Heuss, der der Sozialistischen Studentengruppe angehörte und sozialistische Freunde in die Widerstandskreise einbrachte.‹« (J. Thierfelder, 1996, 104f.)

Der Heuss-Sohn ist also mit Elsas' Widerstandsaktivitäten vertraut, ja unterstützt sie, und Elsas seinerseits knüpft Kontakte zur sozialdemokratischen Oppostion, ist er doch mit dem ehemaligen Gewerkschaftsführer Wilhelm Leuschner (1890–1944) gut bekannt. Mehr noch: Elsas ist auch der Mann, der Kontakte zum früheren Leipziger Oberbürgermeister Carl Friedrich Goerdeler (1884–1945) herstellt, der nach dem geglückten Attentat vom 20. Juli 1944 das Amt des Reichskanzlers übernehmen sollte. Elsas hatte schon die Proklamation entworfen, mit der Goerdeler an die deutsche Öffentlichkeit hatte treten wollen, ist er doch als Leiter der künftigen Reichskanzlei vorgesehen, Theodor Heuss, wie wir hörten (Kap. V, 8), als Goerdelers Pressechef.

Doch diese enge Verbindung zu den »Verschwörern« vom 20. Juli wird Fritz Elsas vollends zum Verhängnis, zumal er nach dem gescheiterten Attentat dem flüchtenden Goerdeler Zuflucht in seinem Dahlemer Haus gewährt. Am 10. August 1944 wird denn auch er von der Gestapo verhaftet und bei Verhören der Folter unterzogen. Nach gut vier Monaten im berüchtigten Gestapo-Zellengefängnis in der Lehrter Straße wird er Ende Dezember 1944 ins KZ Sachsenhausen verbracht und dort Anfang Januar 1945 hingerichtet. Nach dem Prinzip Sippenhaft werden seine Frau und seine drei Kinder ebenfalls in KZs deportiert. Doch im Gegensatz zu ihrem Mann und Vater kommen sie mit dem Leben davon. Nach den Recherchen von Manfred Schmid kann man festhalten: Der Sohn Peter Elsas war bereits im September 1943 in Stuttgart verhaftet und im Januar 1944 ins KZ Buchenwald deportiert worden. Er wird dort im April 1945 von amerikanischen Truppen befreit. Frau Marie Elsas, geb. Scholl (1886–1968), und ihre ältere Tochter Marianne (1916–1966) werden seit dem 4. September 1944 im Frauengefängnis Berlin-Moabit festgehalten. Die jüngere Tochter, Hanne Elsas (1918–1958), kann zunächst noch untertauchen, doch aus Sorge um ihre kränkliche Mutter nimmt sie allen Mut zusammen und spricht ausgerechnet bei der Gestapo in der Prinz-Albrecht-Straße vor, um die Freilassung der Mutter zu beantragen. Sie wird ihrerseits verhaftet, kommt, selbst schwer krank, zunächst in das Berliner Jüdische Krankenhaus und dann ins Frauen-KZ Ravensbrück. Dort kann sie den Krieg überleben und sich bei Kriegsende nach Berlin durchschlagen. (M. Schmid, F. Elsas. Ein Demokrat im Widerstand, 1999, 49f.)

Eine seltsame Fügung will es, dass die Familien Heuss und Elsas noch einmal auf eine besondere Weise zusammenkommen. Am 27. Mai 1945 war Hanne Elsas »nach schrecklichen Erlebnissen aus dem K.Z. zurückgekehrt«, wie Ernst Ludwig seinen Eltern am 1. Juli 1945 schreibt. Er hatte sich in der Zwischenzeit mit Hanne verlobt (Briefe 1945–1949, 114). Am 4. August 1945 werden beide heiraten. Dem vorausgegangen war eine dramatische Rettungsaktion. Ernst Ludwig hatte die anarchische Lage der letzten Kriegstage genutzt, einen Wagen seiner Dienststelle requiriert und schafft es, mit Hilfe eines Ministerialbeamten aus dem unterdessen führerlosen Justizministerium am 23. April 1945 Marie und Marianne Elsas zusammen mit anderen Gefangenen aus dem Moabiter Gefängnis herauszuholen. Noch weiß er nicht, dass er seine künftige Schwiegermutter und Schwägerin befreit hat (Briefe 1945–1949, 106.)

Die Trauung zwischen Ernst Ludwig Heuss und Hanne Elsas, zu der Elly und Theodor Heuss nicht ins Nachkriegs-Berlin reisen können, wird am 4. August 1945 in der St. Annen-Kirche zu Berlin-Dahlem erfolgen, eingesegnet durch Bischof Otto Dibelius (Briefe 1945–1949, 114), in derjenigen Kirche somit, in der Pfarrer Martin Niemöller während der NS-Zeit zu predigen pflegte, bevor auch dieser Mann, Mitglied der »Bekennenden Kirche«, ab 1937 in KZs zum Schweigen gebracht wird. Eine enge Freundin des Ehepaars Heuss, die Publizistin Margret Boveri (1900–1975), wird davon sprechen, dass die Trauung von Ernst Ludwig Heuss und Hanne Elsas – vermutlich eine der ersten im Nachkriegs-Berlin – die »ergreifendste« gewesen sei, die sie je erlebt habe. (Tage des Überlebens, 1968, 277)

Der jüdische Freund und Weggefährte Fritz Elsas bleibt unvergessen. 1953 beteiligt sich Heuss an einem Sammelband über den Deutschen Widerstand, organisiert von Annedore Leber (1904–1968), der Witwe des SPD-Politikers und führenden Kopfes des sozialdemokratischen Widerstandes Julius Leber (1891–1945). Ihn hatte man nach dem gescheiterten Attentat auf Hitler ebenfalls vor den »Volksgerichtshof« gezerrt, wegen angeblichem Hoch- und Landesverrat zum Tode verurteilt und am 5. Januar 1945 in Plötzensee hingerichtet. Heuss kennt und schätzt diesen Mann aus gemeinsamen Reichstagszeiten. Schicksal und Sterben dieses großen Sozialdemokraten hat er auch als Bundespräsident nicht vergessen, nachzulesen in einem ergreifenden Brief von Heuss an Annedore Leber vom 30. Dezember 1949. »Zum fünften Mal« hatte sich der Tag gejährt, »an dem das Leben von Julius Leber vernichtet« worden war. (Briefe 1949–1954, 128–131)

Den Sammelband gibt Annedore Leber zusammen mit Willy Brandt und Karl Dietrich Bracher heraus. Er erscheint 1954 unter dem Titel »Das Gewissen steht auf. 64 Lebensbilder aus dem Deutschen Widerstand 1933–1945«. Heuss steuert einen Text über Fritz Elsas bei, verzichtet aber der Konzeption des Buches entsprechend darauf, seinen Beitrag namentlich zu zeichnen, wie er der Witwe von Fritz Elsas in einem Brief vom 25. August 1953 erklärt. (Briefe 1949–1954, 466f.) Seinen Text legt er ihr bei und bittet Marie Elsas um ihre Meinung, ob er »Fritz« persönlich und auch der »historischen Situation« gerecht geworden sei. Außerdem hatte er von einem ihm bisher unbekannten Brief von Elsas an seine Frau erfahren, der während der Zeit ihrer beider Haft eingetroffen sein muss, ein offensichtlich bewegender Brief. Er bittet Marie Elsas um vertrauliche Einsichtnahme, »rein aus der Überlegung, ob man dann in der Schlusspartie meiner Würdigung den einen oder den anderen Satz aus diesem Brief, wenn er charakteristisch genug ist, hereinnehmen könnte.« Der Wunsch wird ihm gewährt, wie wir dem Schluss des kleinen Textes entnehmen können. Es ist ein besonderes Dokument der Freundschaft und verdient es, in seinen entscheidenden Abschnitten hier länger dokumentiert zu werden:

»Das Jahr 1933 zerbrach dem Mann, um seiner jüdischen Herkunft willen, das öffentliche Wirken. Aber das Jahrfünft im Städtetag hatte ihm, auf der politischen Rechten wie Linken, nicht nur Respekt, sondern auch viel vertrauensvolle menschliche Kameradschaft gebracht, dass er für das Bewusstsein derer, die auf die Wendung warteten, immer gegenwärtig war. Dies empfinden zu dürfen, tröstete in den Jahren der Verdüsterung – das Planen und das Entwerfen für das Nachher würde also doch noch sinnvoll sein.

Er war über die Gefährdung seiner Existenz ohne Illusion. Zwar hatte eine mehrmonatige Verhaftung im Jahre 1937, die ihn, der Auswanderer beriet, zur Strecke bringen wollte, nicht die gewünschte Folge – es gab noch ›Richter in Berlin‹. Aber wie lange noch? Einige Monate nach seiner zweiten Verhaftung, die Anfang August 1944 erfolgte, fanden Freunde in dem leeren Hause – die Familie war schon in die Sippenhaft verschleppt – unter den einer schlampigen Haussuchung der Gestapo entgangenen Papieren einen Vermerk für die Gattin, an wen sie sich bei seinem Verschwinden als Berater halten möge: Goerdeler, Popitz, Zarden, Heuss.

Theodor Heuss, der gemeinsam mit Eberhard Wildermuth den engen, schwäbischen und politischen Freundeskreis bildete, hat später manchmal von seinen letzten Berliner Unterhaltungen mit Elsas erzählt – er war selber im August 1943 nach Süddeutschland verzogen. Nach einer Besprechung mit Goerdeler, um dessen Vertrautheit mit dem Freund er wusste, bat Heuss, ein etwas geräuschloseres Verfahren zu empfehlen; er sei von einem ihm nur wenig bekannten, sicher ebenso anständigen als politisch unbrauchbaren Menschen auf dessen Pläne angesprochen worden. Elsas habe gelacht: ›Du hast vielleicht recht. Aber der ganz geräuschlose Motor ist noch nicht erfunden, und heute ist Goerdelers Hass der Motor gegen die Bedenklichkeiten.‹ Dagegen sei nun kaum etwas einzuwenden gewesen.

Nach dem Fehlschlag des 20. Juli erschien Karl Goerdeler vor dem Elsasschen Hause im Dahlemer Patschkauer Weg, wo er so oft geweilt hatte. Es ist nicht wahrscheinlich, dass er in diesem Augenblick wie sonst ein sehr willkommener Gast gewesen ist, wenigstens ›objektiv‹, aber subjektiv wurde er freundschaftlich aufgenommen – sowohl am 27., wie am 31. Juli; ein anderes Verhalten hätte Elsas' menschlicher Honorigkeit widersprochen. Der Gleichklang der Gesinnung hatte in jenen Jahren immer Gefahr bedeutet, wieviel mehr in der Stunde der Bewährung. Ein späteres Wort von Frau Elsas sagt, dass sie ›sehr bekümmert waren und einmal im Garten auf und ab gingen‹. Verschwörer von innerer Anlage pflegen so etwas wahrscheinlich nicht zu tun. Man vermutet, dass Goerdeler bei solcher Gelegenheit von der Nachbarschaft erkannt wurde. Damit war auch über das Schicksal von Fritz Elsas entschieden.

Ein Gerichtsverfahren ist gegen ihn nicht durchgeführt worden. Offenbar haben alle Misshandlungen und endlosen Verhöre von ihm, der heftig sein konnte, aber in allen kritischen Augenblicken sein starkes Temperament moralisch zu regulieren verstand, nichts für Prozesse Ergiebiges zutage fördern können. Und gegen einen Mann jüdischer Herkunft eine Anklage wegen ›menschlicher Treue‹ zu erheben, ging wohl nicht an.

Dass die ganze Familie sich in Sippenhaft befand, erfuhr er nicht. Ende Oktober gelang es ihm, ein Schreiben aus dem Berliner Gestapo-Gefängnis in der Lehrter Straße herauszuschaffen – Freunde, die in das verlassene Haus eindrangen, fanden es im Briefkasten. Wer es dorthin gebracht, ist unbekannt. Der Brief ist mit der linken Hand mühsam geschrieben, die ›Eiterherde‹ auf der rechten, offenbar Folgen der Torturen, seien aber in Rückbildung. Ein sorgendes Fragen nach dem und dem, und wie es im Garten aussehe und ob Kohlen im Haus seien? Er wünscht ›Kraft und Gesundheit, mit dem Alltag fertig zu werden‹. Und dann kommt die Meditation: ›Aber irgendwelche neuen und unbekannten Ansprüche stellt die Zeit wohl immer an neue Menschen. Hölderlins Briefe an Diotima zeigen, wie im Leiden und im Leid der Mensch trotz allem an Kraft und Stärke zu gewinnen vermag. Auch leidende Liebe ist ein solcher Kraftquell.‹ Das Wort konnte jene, die es suchte, nicht finden.

Ende Dezember wurde Fritz Elsas im KZ Sachsenhausen eingeliefert und von dort noch einmal für einen Tag zu einem Verhör nach Berlin abgeholt. Im ›abgekürzten Verfahren‹ hat ihn die SS dann am 4. Januar 1945 auf dem sogenannten Industriehof in Sachsenhausen einfach erschossen.« (»Das Gewissen steht auf«, Neuausgabe 1984, 96–98)

11. Victor Gollancz (1893–1967) und ein »Symbol der Versöhnung«

7. Dezember 1949: An diesem Tag hält Heuss in Wiesbaden eine seiner Schlüsselreden zum Verhältnis Deutschtum bzw. Christentum und Judentum (Dok. I, 368–375). Und diese seine Rede lässt Heuss mit dem Hinweis auf einen Mann enden, dessen Wirken ihn zu dem damals wahrhaftig kühnen Titel inspiriert hatte: »Mut zur Liebe«. Der Mann heißt Victor Gollancz. Er kenne diesen Mann nicht, erklärt Heuss seinen Zuhörern, habe aber »einiges« von dessen Schriften gelesen und sich »manches von ihm erzählen« lassen. Als er zuerst von ihm gehört habe, sei es ihm wie »ein Zeichen« erschienen, ein

Zeichen dafür, dass es noch so etwas gäbe wie den »Mut zur Liebe«. Dessen bedürfe es in der Tat, so Heuss, um wörtlich hinzuzufügen: »Der Hass folgt der Trägheit des Herzens; er ist billig und bequem. Die Liebe ist immer ein Wagnis. Aber nur im Wagen wird gewonnen.« (Dok. I, 375) Wer ist Victor Gollancz? Und wie kommt Heuss im Zusammenhang mit dessen Person zu solchen Sätzen?

1893 im noch victorianischen London geboren, wächst Victor Gollancz in einer Familie jüdisch-orthodoxer Observanz auf, aus der er sich aber unter dem Einfluss englischer Schulen bald löst. Im 1. Weltkrieg als Offizier in der britischen Armee aktiv, gelingt es ihm nach dem Krieg, sich als einer der erfolgreichsten britischen Verleger auf dem Buchmarkt zu behaupten. Dabei macht er seinen 1928 gegründeten Verlag zum Sprachrohr seiner politischen Überzeugungen. Und die stehen im Zeichen von Pazifismus und Sozialismus.

Hellwach und tief betroffen beobachtet dieser Mann, was ab 1933 und vor allem während des Krieges in Deutschland seinen jüdischen Glaubens- und Volksgenossen widerfährt. Und er reagiert u.a. mit dem Buch »Let my people go« (»Lasst mein Volk ziehen«), ein 1943 publizierter leidenschaftlicher Versuch, in letzter Minute das Gewissen seiner eigenen britischen Nation wachzurütteln, um die Zahl der jüdischen Opfer nicht noch mehr anschwellen zu lassen. Er appelliert in aufrüttelnder und zugleich faktenreicher Sprache an das englische Volk, sich nicht allein Rachegedanken gegen die Deutschen hinzugeben, sondern jene vom Untergang zu retten, die noch zu retten wären. Es wäre höchste Zeit:

> »Von den etwa sechs Millionen Juden, die bei Kriegsausbruch in dem jetzt von den Nazis besetzten Europa gelebt haben, ist ein großer Teil – etwa ein bis zwei Millionen – von den

Nazis und ihren Trabanten kaltblütig ermordet worden. Auch schwangere Frauen, Kinder, Säuglinge und alte Leute wurden nicht geschont. […] Diese grässliche Verfolgung der Juden hat nichts mit der eigentlichen Kriegsführung zu tun. Sie verfolgt das öffentlich proklamierte Ziel der Ausrottung der jüdischen Bevölkerung in Europa. Sie begann mit dem Ausbruch des Krieges; sie wurde in den letzten Monaten wesentlich beschleunigt und hat jetzt ihren Höhepunkt erreicht.

Wird jetzt nicht tatkräftig und zweckmäßig gehandelt, so werden diese sechs Millionen Juden in wenigen Monaten ausgerottet sein, überleben werden etwa fünfzigtausend in den neutralen Ländern und vielleicht noch weitere zehntausend, die Hitler vorteilhalber bis zum letzten Rest ihrer Kraft in seinen Rüstungsfabriken arbeiten lässt.

Was ist bisher dagegen getan worden?« (in: Stimme aus dem Chaos. Eine Auswahl der Schriften von Victor Gollancz, hrsg. v. J. Braunthal, Frankfurt/M. 1960, 107.108)

Doch mit derselben Leidenschaft wie gegen die »Ausrottung der jüdischen Bevölkerung« und die exklusive Fixierung der britischen Öffentlichkeit auf den Krieg gegen Hitler-Deutschland wendet sich Victor Gollancz nach dem Krieg gegen die Behauptung einer »Kollektivschuld« des deutschen oder irgendeines Volkes. »What really means Buchenwald?« (1945) wird eine der Schriften des Briten gewesen sein, die Theodor Heuss gelesen haben und die ihm eine willkommene Bestätigung von jüdischer Seite gewesen sein dürfte. Und in der Tat war Gollancz nach einer sorgfältigen, alle Argumente *pro et contra* abwägenden Beweisführung zu dem Schluss gekommen:

»Wer nun aufmerksam gelesen hat, was ich hier darzulegen versuchte, kann der noch *alle* Deutschen ›schuldig‹ sprechen?

Sicherlich nicht. Es ist nicht möglich.

Was aber meinen dann jene Leute, die immer wieder schreiben, ›alle Deutschen *sind kollektiv schuldig*‹.

Wenn sie nicht der Ansicht sind – und das können sie nicht sein –, dass *jeder* Deutsche schuldig im üblichen Sinne ist, auch die, deren Gebeine [deutsche Gefangene in KZs] wir aufgefunden haben, dann können sie wohl nur meinen, dass es ein Gesamtwesen, eben ›die Deutschen‹ gibt, das etwas anderes als die einfache Summe aller einzelnen Deutschen ist; dass dieses Gesamtwesen ›schuldig‹ ist; und dass ferner, obgleich dieses Gesamtwesen etwas anderes darstellt als die Summe aller einzelnen Deutschen, trotzdem paradoxerweise jeder Deutsche ›schuldig‹ ist, weil er – mit denen, deren Gebeine wir gefunden haben – zu ihm ›gehört‹.

Ich glaube, genau das meinen diese Autoren. Ein unsauberes, faules Denken, das deutlich die rasende Schnelligkeit zeigt, mit der die Entpersönlichung, das größte Übel unserer Zeit, sich ausbreitet. Die Vorstellung der ›Kollektivschuld‹, die ursprünglich von Hegel stammt, ist – wie der Faschismus – ein Rückschritt zu vorchristlicher Barbarei. Dass anständige und ehrliche Menschen sie ernsthaft diskutieren, zeigt, wie sehr uns das, was wir bekämpfen, schon angesteckt und verdorben hat.« (in: Stimme aus dem Chaos. Eine Auswahl der Schriften von Victor Gollancz, hrsg. v. J. Braunthal, Frankfurt/M. 1960, S. 77)

Mehr noch: In seinem Buch »Our Threatened Values« (1946) (»Unser bedrohtes Erbe«, Zürich 1947) verurteilt Gollancz auch das Verbrechen der Vertreibung, das an Millionen von Deutschen in Osteuropa verübt worden war oder auf Grund der Beschlüsse der Konferenzen von Jalta und Potsdam zwischen den Westalliierten und Stalins Sowjetunion noch verübt werden wird. Auch hier sind seine Sätze von unbestechlicher Klarheit, orientiert am Maßstab der Menschenrechte, die für alle gelten: »Sofern das Gewissen der Menschheit jemals wieder empfindlich werden sollte, werden diese Vertreibungen als die unsterbliche Schande aller derer im Gedächtnis bleiben, die sie veranlasst oder sich damit abgefunden haben. Alles in allem vierzehn Millionen Deutsche, einschließlich derer aus der Tschechoslowakei, wurden davon betroffen oder sollen noch betroffen werden. [...] Die Deutschen wurden vertrieben, aber nicht mit einem Mangel an übertriebener Rücksichtnahme, sondern mit dem denkbar höchsten Maß an Brutalität.« (Unser bedrohtes Erbe, 1947, 156.157)

Auf Anraten von Freunden nimmt Heuss mit einem Schreiben vom 14. Dezember 1949 mit Victor Gollancz erstmals Kontakt auf und schickt ihm den Text seiner Wiesbadener Rede, »Verehrung und Dankbarkeit« für Person und Wirken signalisierend. (Briefe 1949–1954, 121f.) Die Verbindung ist hergestellt, und so folgt Gollancz zusammen mit seiner Frau einer Einladung des Ehepaars Heuss und verbringt vom 1. bis 5. März 1950 einige Tage als deren Gast im Godesberger Hotel Adler.

Bei der ersten persönlichen Begegnung der beiden Ehepaare aber anlässlich eines Abendessens passiert etwas Unerwartetes. Es ist nachzulesen in Gollancz' in englischer Sprache verfasstem Beitrag zur Festschrift Heuss im Jahre 1954, in dem er den Bundespräsidenten direkt anspricht (»My dear Heuss«):

> »Aber etwas, was nach dem Diner geschah, bewegte mich sogar noch stärker. Die vom NS-Regime begangenen Verbrechen gegen die Juden hatten meine ganze Existenz erschüttert – nicht weil ich Jude bin, vielmehr als ein Mensch, hatte ich es doch unerträglich gefunden zu denken, dass ein menschliches Wesen solche Dinge einem anderen menschlichen Wesen antun könnte. Ich möchte Ihnen in diesem Zusammenhang etwas erzählen, was ich niemandem zuvor je erzählt

habe. Ich war auf Londoner literarischen Partys ziemlich berühmt geworden dafür, dass ich ›jüdische Geschichten‹ hatte zum Besten geben können; verschiedene Gäste hatten verschiedene kleine Dinge parat, um andere zu amüsieren, und ich hatte *das* getan. Aber vom Tage an, an dem Hitler zur Macht kam, habe ich keine einzige ›jüdische Geschichte‹ mehr erzählt bis zu dem Abend, den ich mit Ihnen verbrachte. Ich denke, Sie werden verstehen, warum ich es nicht konnte. Und dann plötzlich, fast automatisch (als ob ich fühlte, dass Sie, der Sie ein neues und, so bin ich sicher, wirkliches Deutschland repräsentieren, etwas in mir freigesetzt hätten) fand ich mich diese Geschichten wieder erzählen. Ich erzählte Ihnen eine, Sie selbst setzten eine andere drauf, und so fuhren wir bis Mitternacht fort. Es war ein komisches Geschäft, komisch über die Komik der Geschichten weit hinaus. Denn Sie konnten kein Englisch oder gaben vor, es nicht zu können und ich, der ich nur ein wenig Deutsch verstand, konnte unmöglich die Subtilität einer Anekdote in dieser Sprache verstehen. So erzählten wir uns unsere Geschichten – nicht eine, sondern jeder ein gutes Dutzend – durch den Mund eines Dolmetschers. Ist so etwas je schon früher passiert? Das war hohe Komödie, wie ich sagte. Aber darin gab es auch eine bestimmte Größe des Geistes. Denn dies war in der Tat, so wage ich zu denken, das Symbol der Versöhnung.« (Begegnungen, 1954, 479f. Eig. Übers.)

»So erzählten wir uns unsere Geschichten.« Welch eine Szene. Ein deutscher Liberaler und ein britischer Jude übertreffen sich im Geschichtenerzählen, ohne die Sprache des je anderen zu beherrschen, und doch erreichen sie eine ungeahnte Tiefe menschlichen Verstehens. Ob von Heuss' Seite ein jüdischer Witz darunter war, den er später einmal listigerweise dem Münchner Kardinal Joseph Wendel (1901–1960) erzäh-

len wird? Und der geht so: »Beim Diner isst der Rabbi Maisel (weil nicht koscher) nichts, der hohe Kleriker neben ihm sagt mitleidig: ›Wann werden Sie sich von Ihren Vorurteilen lösen?‹ Antwort: ›Auf Ihrer Hochzeit, Eminenz.‹« Und Heuss hatte Eminenz Wendel gegenüber noch hinzugefügt: »Nun haben Sie den Schlager für das nächste Kardinalskollegium.« (Tagebuchbriefe, 145. Eintrag vom 10.2.1956)

Wie immer dem sei: Die Begegnung mit diesem Deutschen im März 1950 hatte in einem jüdischen Partner wie Victor Gollancz ganz offensichtlich Vertrauen geweckt, und dieses Vertrauen hatte für einen Abend sein Herz geöffnet und ihn frei gemacht, Hitler zum Trotz wieder Geschichten von seinem Volk zu erzählen. Theodor Heuss ist dafür die richtige Adresse, verkörpert sich doch in ihm – so der Frankfurter Philosoph Theodor W. Adorno 1964 in einer sensiblen und luziden Würdigung – »die Idee des Bürgers einer Welt, in der man sich nicht zu fürchten brauchte. Diese Idee, und ihre deutsche Tradition, weit verschütteter als die Vorstellungen des Nationalismus, ist doch nicht unterzukriegen. Sie hat ihre Kraft daran, dass sie den Menschen das verheißt, was sie eigentlich ersehnen und was ihre bösen Träume von Macht und Herrlichkeit bloß verdrängen.« (Worte zum Gedenken, 1998, 711) So sollte Heuss' Wort von Wiesbaden zu Victor Gollancz doch etwas Prophetisches haben: »Mut zur Liebe? Bedarf es dessen? Ja, der Hass folgt der Trägheit des Herzens; er ist billig und bequem. Die Liebe ist immer ein Wagnis. Aber nur im Wagen wird gewonnen.«

Wir verstehen diese Sätze jetzt besser, zumal wenn wir noch dasjenige Buch von Victor Gollancz heranziehen, das dem britischen Leser in erschütternden Augenzeugenberichten und 144 dokumentarischen Fotos das Elend der Menschen im Nachkriegsdeutschland vor Augen zu führen versucht und zwar mit dem Ziel, Gefühle von Rache und Vergeltung in Gefühle von Barmherzigkeit und Versöhnung zu verwandeln. »In Darkest Germany«, so der Titel des 1947 erschienenen Buches, in dem Gollancz sich bereits mit dem Vorwurf auseinandersetzen muss, warum ausgerechnet er »als Jude« sich für »jene Leute abmühe«, in deren Namen »jene Verbrechen« gegen das jüdische Volk begangen worden waren. Gollancz' Antwort lautet:

> »Ich werde das, bedauerlich genug, von Mitjuden gefragt, welche die Lehre unserer Propheten offensichtlich vergessen haben, wenn sie sie je kannten. Man hat mir ebenfalls unterstellt, dass ich durch meine Arbeit für die Deutschen in einem bewussten und offensiv selbstbewussten Sinn ›Kohlen auf ihr Haupt‹ sammeln wolle. Das würde mir nicht viel ausmachen, wenn es wahr wäre, denn worauf es ankommt, ist nicht eines Menschen Motiv, sondern das praktische Ergebnis, das aus seiner Arbeit folgt, und im vorliegenden Fall, ich bedauere, das sagen zu müssen, ist es erschreckend dürftig. Die Behauptung jedoch ist unwahr und lachhaft. In der Tat ist es ein Faktum, dass ich mich aufgerufen fühle, leidenden Deutschen zu helfen, gerade weil ich Jude bin. [...] Es ist eine Frage des reinen gesunden Menschenverstandes, unberührt von jeglicher Sentimentalität, die das Urteilsvermögen ablenkt und den Geist so vieler korrumpiert. Drei Vorschläge scheinen mir evident:
> *Erstens:* Nichts kann die Welt retten außer einem allgemeinen Akt der Reue anstelle eines jetzt vorherrschenden selbstgerechten Beharrens auf der Schlechtigkeit des Anderen. Denn wir alle haben gesündigt und fahren auf schrecklichste Weise fort zu sündigen.
> *Zweitens*: Gute Behandlung und nicht schlechte macht Menschen gut.

Drittens: Außer du behandelst einen Menschen gut, der dich schlecht behandelt hat, kommst du nirgendwo hin, vielmehr gibst du dem Bösen weiteren Auftrieb und steuerst direkt auf die Auslöschung des Menschlichen zu.
Man spricht oder sprach einmal von einer Mission Israels. Diese Mission, wenn es sie gibt, besteht nicht darin, Menschen in Palästina in die Luft zu sprengen. Unsere Mission, gerade weil wir über 1900 Jahre und mehr in besonderer Weise geschmäht und verletzt wurden, ist es, auf besondere Weise zur Versöhnung bereit zu sein. Ich sage das nicht, um Juden, Franzosen, Tschechen oder Polen zu kritisieren, deren Söhne, Ehefrauen oder Freunde unausdenkbare Qualen erleiden mussten, und die darum nicht vergessen oder vergeben können. Ich verstehe sehr gut die Gedanken und Gefühle, die ihr tägliches Brot sind. Aber gerade weil dieses schreckliche Vermächtnis des Hasses für unsere arme Menschheit schier unvermeidlich ist, umso notwendiger ist es für diejenigen von uns, die nur stellvertretend gelitten haben, wenn überhaupt, deren Bitterkeit durch unseren guten Willen auszugleichen.«
(In Darkest Germany, 1947, 18f. Eig. Übers.)

12. Gustav und Toni Stolper: eine »nie gefährdete Freundschaft«

»Keine Beziehung zu jüdischen Menschen, mit der möglichen Ausnahme von der zu Ludwig Frank, war so fruchtbar und so bereichernd für Heuss wie die zu Gustav und Toni Stolper« (S. 16), schreibt Hans Lamm in der Einführung zu dem von ihm publizierten Band »Theodor Heuss: An und über Juden« (1964). So ist es gewesen, und dieser Satz spornt uns an, genauer hinzusehen.

Von dem in Wien geborenen und 1925 nach Berlin gezogenen bedeutenden Ökonomen und Juristen Gustav Stolper

(1888–1947) war schon im Zusammenhang mit dem Jahr 1933 die Rede (s. Kap. IV, 2). Auch von der Gründung der einflussreichen Zeitschrift »Der deutsche Volkswirt«. Heuss und seine Frau hatten damals erstmals hautnah miterlebt, wie sehr die antisemitische Hetze jüdische Freunde in Angst und Schrecken versetzt hatte. Unter diesen Umständen ist an ein Bleiben in Deutschland nicht zu denken, will man auch nur das nackte Leben retten. Zusammen mit seinen Kindern und seiner Frau Toni (1890–1988), einer ebenfalls promovierten Ökonomin und Juristin, deren publizistische Beiträge u.a. im »Deutschen Volkswirt« erschienen waren, ringt man sich zu dem Entschluss durch, in die USA zu emigrieren. Gustav ist 45, Toni 43 Jahre alt.

Die Beziehung zum Ehepaar Heuss aber bleibt die ganze NS-Zeit über erhalten. Sie war vorher schon stark gewesen, bedingt nicht nur durch parteipolitisch gemeinsame Überzeugungen, Fraktionskollegialität im 5. Reichstag (1930–1932) und berufliche Kooperation, sondern auch durch Berliner Nachbarschaft und gemeinsame Ferienaufenthalte mit den Kindern. Zwei Stolper-Söhne, Wolfgang und Ernst, und der Heuss-Sohn Ernst Ludwig sind fast gleichaltrig. Später kommt im Hause Stolper Sohn Max hinzu. Überdies hatte Elly Heuss-Knapp die Patenschaft des jüngsten Stolper-Kindes, Johanna, übernommen. Von Anfang an ist Theodor Heuss auch Mitglied der allwöchentlichen Redaktionskonferenz des »Deutschen Volkswirts«, bereichert das Blatt mit innenpolitischen Glossen und fördert es mit guten Ratschlägen.

Doch auch diese Beziehung muss jäh abgebrochen werden. Nach mehrwöchigem Erscheinungsverbot sieht Stolper keine Zukunft mehr für sein Blatt, verkauft es im Mai 1933 und siedelt mit der Familie zunächst in die Schweiz über, um von dort aus die Emigration in die USA vorzubereiten. Relativ schnell gelingt es ihm, sich in New York beruflich neu zu etablieren und als Wirtschaftsberater für verschiedene europäische Banken tätig zu werden. Das macht auch Reisen nach Europa wieder möglich. 1934 und 1935 trifft man sich mit den Heuss' in Zürich, 1936 in den Dolomiten, 1937 ist eine Reise der Freunde in die USA geplant, die aber wegen einer Erkrankung Gustav Stolpers abgesagt werden muss, im März 1939 kommt es zu einem letzten Treffen in Zürich vor Ausbruch des 2. Weltkriegs. »Diese Freundschaft war ein Band von engster Verbundenheit«, schreibt der Historiker Jürgen C. Hess, »dem die Herrschaft der Nationalsozialisten nichts anhaben konnte. Heuss nutzte es gelegentlich auch zur Hilfeleistung für jüdische und nichtjüdische Bekannte bei ihren Versuchen der Emigration, aber dabei war der rassische Hintergrund nur ein Element der besonderen Gefährdung der Betroffenen. Für die Familie Heuss gab es nur Freunde und andere Hilfsbedürftige, nicht aber Deutsche und Juden.« (2002, 156)

Gustav und Toni Stolper in New York. Noch können sie nicht ahnen, dass und wie sie in das Land zurückkehren werden, das sie so schmählich vertrieben hatte. Toni Stolper wird in ihrem Beitrag zur Festschrift (1954), in dem sie Heuss als »Freund« würdigt, dafür die unterkühlt-ironische Wendung gebrauchen: »Noch einen Theatereffekt arrangierte das Schicksal, als Stolper in der finstersten Nachkriegszeit, Februar 1947, in offizieller Stellung in Stuttgart bei den Freunden Theodor und Elly Heuss erschien.« (Begegnungen, 448) Heuss wird später ergänzen: »Darf ich noch einmal Persönliches erzählen? Die drei Söhne von Stolper hatten 1945, in der amerikanischen Uniform, den ›Onkel Theodor‹ in seiner Heidelberger Klause aufgefunden; im Februar 1947 klingelte es an meiner

Degerlocher Wohnung, und Gustav stand an der Tür.« (Profile, 319)

Welch eine Fügung in der Tat. Mittlerweile US-Staatsbürger geworden, war Stolper als Mitglied einer US-Delegation zur Evaluierung der ökonomischen Lage in Nachkriegs-Deutschland und Nachkriegs-Österreich nach Europa zurückgekehrt. Empfohlen für diese Mission hatte er sich der amerikanischen Regierung durch wegweisende Studien wie »German Economy 1870–1940« (1940) und »This Age of Fable« (1942). US-Präsident Harry S. Truman (1884–1972; Präsident von 1945–1953) hatte einen seiner Amtsvorgänger, Herbert Hoover (1874–1964; Präsident von 1929–1933), mit der Erstellung entsprechender »Reports« beauftragt, und Stolper, der vertriebene Jude, reist jetzt als dessen engster Wirtschaftsberater durch Europa.

Vor allem der dritte »Hoover-Report« vom 18. März 1947 unter dem Titel: »The Necessary Steps for Promotion of German Exports, so as to relieve American Taxpayers of the Burdens of Relief and for Economic Recovery of Europe« (deutsche Fassung in: G. Stolper, Die deutsche Wirklichkeit, 336–347) ist denn auch »weitgehend von dem Wirtschaftsfachmann Stolper formuliert, enthält eine scharfe Kritik an der amerikanischen Besatzungspolitik, fordert weitere Lebensmittelhilfen, vor allem aber eine Politik, welche die deutsche Wirtschaft ankurbelt, damit die Deutschen möglichst bald die benötigten Lebensmittel durch Exporte selbst bezahlen können« (P. Merseburger, 2012, 387). So ausgerichtet, hat dieser dritte »Report« für Deutschland erhebliche Auswirkungen, kann man ihn doch – so Heuss – als »ein Präludium zu dem Grundgedanken des Marshall-Planes bezeichnen« (AüJ, 108). »Marshall-Plan«?

Unter diesem Etikett, zurückgehend auf US-Außenminister George C. Marshall (1880–1959; Amtszeit: 1947–1949), ist das Wirtschaftswiederaufbau-Programm der US-Regierung für das zerstörte Europa unter Präsident Harry S. Truman berühmt geworden (»European Recovery Program«), ein Programm, das ein radikal anderes Konzept für Nachkriegs-Deutschland endgültig ad acta legt. Dieses Konzept war von Henry Morgenthau Jr. (1891–1967), von 1934–1945 US-Finanzminister unter Präsident Roosevelt, entwickelt worden und hatte für das besiegte Deutsche Reich eine Aufteilung in mehrere Staaten, eine völlige Demilitarisierung, eine weitgehende Entindustrialisierung und partielle Umwandlung in einen Agrarstaat vorgesehen sowie die harte Bestrafung der am Judenmord beteiligten Täter. Der von Stolper beeinflusste Hoover-Report also trägt mit dazu bei, angedachte Maßnahmen des »Morgenthau-Plans« (der nie operative Politik wurde) durch den »Marshall-Plan« endgültig zu überwinden. 1953 wird Marshall für seine Verdienste um die Nachkriegsordnung in Europa den Friedensnobelpreis erhalten.

Das alles kommt auch in dem Buch zum Ausdruck, das Stolper in diesen Nachkriegsjahren über die politische und ökonomische Lage Deutschlands verfasst: »German Realities«. Es ist »in der Atmosphäre Amerikas konzipiert«, so Toni Stolper in ihrem Geleitwort zum Buch, ist »mitten aus dem amerikanischen Leben, aus der amerikanischen Diskussion heraus entstanden«. Heuss nimmt daran lebhaften Anteil. Ein gemeinsamer Ferienaufenthalt im Engadin im Sommer 1947 bietet Gelegenheit zu einem intensiven Gedankenaustausch. »Im August war ich einige Wochen in der Schweiz«, schreibt Heuss im Oktober 1947 an einen befreundeten Journalisten und Schriftsteller, »als Gast meines Freundes Gustav Stolper, der 1933 nach Amerika emigrierte, im Februar als Sachverständiger den früheren Präsidenten Hoover nach Deutschland begleitete und in diesem Sommer ein wichtiges Buch gegen Morgenthau und die ganze Jalta-Kombination geschrieben hat. Ich habe wochenlang mit ihm die deutschen und europäischen Dinge durchgesprochen und möchte nur wünschen, dass seine Arbeit, die wohl in einigen Monaten in Amerika erscheint, auch bei uns zugänglich wird.« (Briefe 1945–1949, 320)

Doch Stolper ist es nicht vergönnt, sowohl das Erscheinen der amerikanischen, als auch der – durch seine Frau Toni besorgten – deutschsprachigen Ausgabe seines Buches zu erleben: »Die deutsche Wirklichkeit. Ein Beitrag zum künftigen Frieden Europas« (1949). Ende Dezember 1947 rafft ein Gehirnschlag den erst 59-jährigen brillianten Ökonomen dahin. So wird Heuss' Nachwort faktisch ein Nachruf, mit dem er dem jüdischen Freund und Weggefährten ein kleines Denkmal setzt (AüJ, 104–108). An eine »drei Jahrzehnte währende nahe Freundschaft« kann Heuss erinnern, aber auch an die äußerst fruchtbaren acht Jahre bis 1933, als Stolper »als Publizist, als politischer Programmredner, als vertrauter Berater der Regierung in zollpolitischen Dingen, als Reichstagsmitglied (1930–1932) an der äußeren und inneren Politik Deutschlands« Anteil genommen habe. Dann aber muss auch bei diesem Weggefährten die fatale Zeit-Zäsur angesprochen werden:

> »Er spürte die Bedrohung des deutschen Menschen durch das bloß Emotionale, das nationalistische Ressentiment, die Machtphrase, die Lüge. Dem Schicksal des Jahres 1933, das eine sich erfüllende Lebensarbeit zerschlug, stellte er die ruhige Festigkeit des Herzens entgegen. Gustav Stolper war 45 Jahre alt, jung und elastisch genug, um noch einmal zu lernen, Menschen und Probleme zu konsumieren und tief in die

> Geschichte eines Landes einzutauchen, das ihm, das den Kindern und Enkeln Heimat werden sollte.« (AüJ, 107)

Seine Frau Toni, die ihn um mehr als 40 Jahre überleben sollte, wird ihrem Mann auf ihre Weise ein Denkmal setzen. 1960 erscheint ihre Biographie unter dem Titel: »Ein Leben in den Brennpunkten unserer Zeit. Wien-Berlin-New York: Gustav Stolper 1888–1947«. Darin hält auch sie das kleine, aber für die Freundschaft mit dem Ehepaar Heuss tief symbolische Erlebnis fest: »Zur Familiengeschichte des Krieges gehört es, dass alle drei Söhne unabhängig voneinander die Freunde Theodor und Elly Heuss in dem Heidelberger Dachstübchen ihrer Zuflucht ausfindig machen, in ihrer Hungergestalt so aufrecht und liebevoll wie je. Die Söhne kamen nach Deutschland als loyale Amerikaner und überzeugte Nazifeinde, aber willens, nach besten Kräften menschlich gerecht zu unterscheiden und zu helfen.« (Ein Leben in den Brennpunkten, 436)

Und auch dies gehört noch zur Familiengeschichte: Nach dem allzu frühen Tod von Elly Heuss-Knapp 1952 wird Toni Stolper für den verwitweten Bundespräsidenten die persönliche und intellektuelle Gesprächspartnerin schlechthin. Von 1955 an geht beinahe täglich Post für sie aus dem Bundespräsidialamt nach New York ab. Sie enthält meist handschriftlich verfasste Briefe und Aufzeichnungen in Tagebuchform, dicht und detailliert die »Forderung des Tages« beschreibend, wie Thomas Mann sich ausgedrückt hätte. Dazu gehört der Austausch nicht nur »über Politisches, über Reisen und Menschen, über Theater, Literatur und Wissenschaft«, sondern auch »über Anekdotisches und natürlich Familiäres« (Tagebuchbriefe, 7). Seit 1955 verbringen Theodor Heuss und Toni Stolper überdies gemeinsame Urlaube. Sie kommt vor allem im Sommer gerne nach Europa, um der schwülen Hitze New Yorks zu entkommen und ist dann Gast in Heuss' Bonner Amtssitz, der Villa Hammerschmidt. »Es hat etwas Rührendes«, schreibt Peter Merseburger zu dieser Facette von Heuss' Leben, »sich vorzustellen, dass der vereinsamte Präsident der Bundesrepublik sich ihr [Toni Stolper] bald allabendlich oder -nächtlich schriftlich anvertraut, ›Plauderberichte‹ verfasst und sich zu ihr ›hindenkt‹.« (2012, 503) Ja, wie sehr er sich zu ihr »hingedacht« hat, zeigt eine Auswahl, die seit 1970 unter dem Titel »Tagebuchbriefe 1955–1963. Aus Briefen an Toni Stolper« veröffentlicht ist. Auch in »jüdischen Dingen« sucht Heuss immer wieder ihren Rat, gerade auch dann, wenn er unsicher ist. »Ein paar Mal« sei er »hereingefallen«, schreibt er ihr beispielsweise am 8. November 1955, »da der Rat unterrichteter jüdischer Bekannter zu spät« gekommen sei (Tagebuchbriefe, 90). Deshalb bittet er sie, sich bei bestimmten Projekten »umzuhören«.

Es wäre eine eigene lohnende Aufgabe, sprengt aber unseren Rahmen, diese Korrespondenz, die allein schon in der gedruckten Auswahl-Ausgabe über 600 Seiten umfasst (ein Viertel des vorhandenen Textbestandes), für unser Thema systematisch auszuwerten, vor allem durch Einbeziehung des noch Unpublizierten. Vermutlich ist nichts grundsätzlich Neues für unser Thema zu erfahren, aber viele bisher unbeachtete Facetten könnten noch freigelegt werden. »Die Stolpers«: für Heuss eine besondere Lebensfreundschaft, die im Jahre 1955 schon dreißig Jahre währt und die auch die finstersten Zeiten übersteht. Ihren Beitrag zur Festschrift Heuss (1954) schließt Toni Stolper nicht zufällig mit dem Satz: »Hat Freundschaft in deinem Leben nur Reichtum genug angesammelt, so kannst du nie ganz verarmen. Du darfst und du musst weiter Freundschaft empfangen und geben.« (Begegnungen, 1954, 449) Heuss seinerseits wird Toni Stolper sein Buch »Profile. Nachzeichnungen aus der Geschiche« (1964) widmen: »In dankbarer Freundschaft«.

Seinen Freund Gustav wird Heuss noch einmal auf besondere Weise würdigen: in einer Rede vor der »Carl-Schurz-Gesellschaft« 1952 in Bremen. Und zwar nicht nur als den Menschen, der ihm »in den späten Jahren menschlich am nächsten« gestanden hatte, sondern vor allem auch, weil er »menschliche Parallelen« zu einem anderen großen Deutschen sieht, den Deutschland ebenfalls »verjagt und preisgegeben« hat und der in die USA hatte auswandern müssen: zu Carl Schurz (1829–1906). Als Radikaldemokrat war dieser an der bürgerlichen Märzrevolution von 1848/49 beteiligt gewesen, kann sich aber vor deren endgültigen militärischen Niederschlagung durch die preußischen Truppen zunächst ins europäische Ausland absetzen, bevor er 1852 mit 23 Jahren in die USA emigriert. Anfangs läßt er sich in Philadelphia, seit 1855 als Farmer in Watertown (Wisconsin) nieder, wo seine Frau 1856 den ersten »Kindergarten« der USA eröffnet. Nach Tätigkeit im dortigen Stadtrat, überdies als Landagent, Notar und Publizist aktiv, beginnt Schurz 1858 als Anwalt in Milwaukee zu arbeiten. Schon früh schließt er sich als Gegner der Sklaverei der 1854 gegründeten Republikanischen Partei an, bewährt sich im Wahlkampf als glänzender Redner, kann viele seiner eingewanderten Landsleute im Mittleren Westen für die Ziele der neuen Partei gewinnen und trägt so 1860 zum Wahlsieg Abraham Lincolns (1809–1865) bei.

Damit beginnt die atemberaubende politische, militärische und diplomatische Karriere des deutschen Exilanten Carl

Schurz. Es ist Präsident Lincoln, der ihn 1861 als Botschafter zunächst nach Spanien schickt. Dann bricht an der Sklavenfrage der Bürgerkrieg zwischen den Nord- und Südstaaten aus. Zurück in den USA, dient Schurz ab 1862 in der Armee der Nordstaaten, zuletzt im Rang eines Generalmajors. Nach dem Krieg ganz der Politik verpflichtet, ist er der erste gebürtige Deutsche, der Mitglied des Senates der Vereinigten Staaten wird. Mehr noch: In der Regierung von Präsident Rutherford B. Hayes (1822–1893; Amtszeit: 1877–1881) wird der ehemalige deutsche Radikaldemokrat das Amt des Innenministers der USA bekleiden. Zum US-Schicksal dieses Emigranten sieht Heuss im Fall seines Freundes Gustav Stolper Parallelen:

> »Stolper ist nicht zur geschichtlichen Legendenfigur geworden. Aber die beiden sind sich verwandt in der feurigen Seele, in dem realistischen Sinne, in der unbedingten Wahrhaftigkeit, und dann doch auch in der schier kindhaft unverwirrten Gläubigkeit an Menschenrecht und an den rechten Menschen. Deutschland hat ihn verjagt und preisgegeben wie Carl Schurz, er aber hat, wie Schurz, Deutschland nicht preisgegeben.« (GrR I, 168f.)

13. Konsequenzen: Warum Heuss nach dem Krieg Brücken baut

Gefährdete Gefährten: In allen Fällen, die wir in diesem Kapitel exemplarisch skizziert haben, sind wir auf dasselbe Grundmuster gestoßen, das schon Theodor Heuss und die Seinen fassungslos gemacht hat und das auch uns nach wie vor betroffen sein läßt: Da haben sich Männer und Frauen, oft hoch gebildet und exzellent in ihren Berufen, Verdienste für ihr

Land erworben, ob in Armee, Publizistik, Parteien, Medizin, Rechtswesen, Wirtschaft oder Wissenschaft, sind oft schon seit Generationen tief in Geschichte und Kultur ihrer Heimat verwurzelt, haben sich als loyale deutsche Staatsbürger erweisen wollen und erwiesen, und plötzlich zählt das alles nicht mehr, wird man rassisch für »minderwertig« erklärt, zum zersetzenden Schädling am Volkskörper, zum Parasiten, um dann, mit Ungeziefer auf eine Stufe gestellt und aller Menschenwürde und -rechte beraubt, als deutscher Staatsbürger aus Deutschland vertrieben zu werden. Und wer immer noch nicht gegangen ist, der wird am Ende wie Vieh zusammengetrieben, in Eisenbahnwaggons verfrachtetet, in Vernichtungslager deportiert und dort auf gnadenlose Weise vernichtet, ob durch Arbeitsschinderei, durch Verhungern, durch Seuchen, durch Erschießen oder durch Vergasen. Männer, Frauen und Kinder gleichermaßen, Junge wie Alte, Babys wie Greise.

Und warum das alles?

Weil man Jude ist. Das allein. Ein Mensch jüdischer Herkunft, ein Mensch, hineingeboren in eine jüdische Familie, in das jüdische Volk. Das allein reicht, um von Nazi-Deutschland diskriminiert, schickaniert, ausgetrieben oder von dessen Schergen ermordet zu werden.

Das Entsetzen darüber, dass solch eine rassistische Verblendung und moralische Enthemmung in einem Land wie Deutschland möglich geworden war, die Fassungslosigkeit über solch unsägliche Verbrechen gegen alle Gebote der Humanität, über einen – wie Heuss gelegentlich auch formulieren kann – »satanischen Vernichtungswillen«, der »keine jüdische Familie in den Jahren der Verfolgung« verschont hatte (AüJ, 113), die Scham darüber, dass sich dies alles »im Raum *der* Volksgeschichte« vollziehen konnte, »aus der Lessing und Kant, Goethe und Schiller in das Weltbewusstsein« getreten waren (AüJ, 138f.), aber auch das Erlebnis eigener Ohnmacht und Hilflosigkeit den verjagten oder ermordeten Freunden und Weggefährten gegenüber, mag erklären, warum Heuss, nach dem Krieg zu Einfluss und Amt gekommen, viel tut, um ganz praktisch und konkret neue Brücken der Verständigung zwischen Deutschen bzw. Christen und Juden zu bauen. Wie hatte er schon im März 1946 in seiner Berliner Rede formuliert, als er von der Aufkündigung des Gewissens gesprochen hatte: »Es begann, als die ersten Exzesse gegen die Juden erfolgten. Sie haben vielen Leuten nicht gefallen. Aber sie haben gesagt: ›Ist ja bloss ein Jude.‹ Und dieses ›Ist ja bloß ein Jude‹, das war der Anfang. Von dort an ist die deutsche Seele krank geworden, weil sie im Menschen nicht mehr das Menschliche, die Würde des Menschen sah.« (Aufzeichnungen, 190)

Dem schwäbischen Landsmann und protestantischen Dichter-Pfarrer Albrecht Goes (1908–2000) ist das nicht verborgen geblieben. Wir haben von Heuss' Besuch im Unterbalzheimer Pfarrhaus von Goes 1934 im Zusammenhang mit Heuss' Selbstkritik an seinem Hitler-Buch schon kurz berichtet (s. Kap. III, 1). Hier ist zu ergänzen, dass Albrecht Goes sich mit Erzählungen wie »Unruhige Nacht« (1950), »Das Brandopfer« (1954) und »Das Löffelchen« (1965) wie nur wenige im Raum des deutschen Protestantismus für eine Bewusstmachung der Folgen des kirchlichen Antijudaismus und ein neues Verhältnis von Christen zu Juden eingesetzt hat (Einzelheiten bei: H. Zwanger, 2008). Nicht zufällig kann er als Christ und Schriftsteller 1953 die Laudatio auf Martin Buber zur Friedenspreisverleihung halten. Gewiss: Zur Person von Heuss fallen Goes in seinen »Erinnerungen« (1984) auch

Stichworte wie »Freimut, Gelassenheit, unkonventionelle Sicherheit« ein, die »ruhig-tiefe Stimme« nicht zu vergessen. Aber »unüberhörbar« habe es auch »Leidenschaft« bei Heuss gegeben und zwar dort, »wo sie ihm geboten schien«: »An die Schmach der Judenverfolgung wurde ohne Scheu gerührt: Ludwig Frank, Otto Hirsch, Leo Baeck, Martin Buber blieben unbedingt-verpflichtende Weggefährten.« (Vierfalt, 1993, 133) Goes hat denn auch nach dem Krieg zwar nicht den Heuss'schen Sprachgebrauch von einer »Kollektivscham« übernommen, wohl aber seinerseits, als protestantischer Theologe tief unter dem Antijudaismus und dem Versagen seiner Kirche in der »Judenfrage« leidend, von »Trauer und Scham« gesprochen (s. H. Zwanger, 2008, 29–35).

Wie aber den geistig-moralischen Herausforderungen der neuen Zeit nach Krieg und Schoah gerecht werden? Da sind die einen, die am liebsten alles vergäßen und von einer Mitschuld an den NS-Verbrechen »nichts mehr hören« wollen. Da sind andere, die das deutsche Volk in seiner Gesamtheit für schuldig erklären und moralisch an den Pranger stellen. Wie in diesem spannungsgeladenen Energiefeld eine glaubwürdige Position einnehmen? Unmittelbar nach 1945 sind ja viele in Sachen Schulddiskussion unterwegs: Vertreter der beiden christlichen Kirchen beispielsweise oder Vertreter intellektueller Diskurse in Philosophie und politischer Theorie. Ich will zunächst solche Positionen knapp skizzieren, um dann das spezifische Profil von Heuss' Interventionen in Sachen Erinnerungskultur nachzuzeichnen, den Beitrag eines *homo politicus* zu einer »unerschrockenden Erinnerungs- und Trauerarbeit« (H. Hamm-Brücher, 1990, 49).

VIII. »Kollektivscham« – eine umstrittene Wortschöpfung

Erinnern geschieht im Verständnis von Theodor Heuss nicht im Interesse Anderer, sondern vor allem im *eigenen* Interesse. Und Erinnern hat nicht bloß mit Moral, sondern auch mit Politk zu tun. Wahrhaftiges Erinnern ist ein politischer Akt und eine politische Aufgabe. Wenn somit Heuss davon sprechen kann, dass die Erinnerung an die Leiden der Opfer »um unserer moralischen Volkszukunft willen« (AüJ, 94) geschieht, dann verknüpft er damit moralisches und politisches Bewusstsein. Beides ist für Heuss nicht zu trennen. Denn nur eine moralische Sensibilität gegenüber den Verbrechen des NS-Staates, nur eine Grundhaltung, die sich dem Verdrängen, Verharmlosen oder Verschweigen verweigert, kann Grundlage für den demokratischen Neubeginn Deutschlands sein. Heuss weiß das.

Er weiß auch, dass die Auseinandersetzung mit der Vergangenheit kurz nach dem Krieg höchst unpopulär ist. Vom November 1945 bis April 1949 laufen die großen Kriegsverbrecherprozesse in Nürnberg, gleichzeitig vor Ort die ungezählten kleinen Entnazifizierungsverfahren. Aber »bequem« kann und will er in diesem Punkt nun einmal nicht sein, wie wir hörten (Kap. II, 5). Schon in seiner Bonner *Antrittsrede als Bundespräsident* am 12. September 1949 nennt er es zwar »eine

Gnade« im Leben von Einzelnen und ganzer Völker, »vergessen« zu können, fügt aber gleich hinzu: »Aber meine Sorge ist, dass manche Leute in Deutschland mit dieser Gnade Missbrauch treiben und zu rasch vergessen wollen. Wir müssen das im Spürgefühl behalten, was uns dorthin geführt hat, wo wir heute sind. Das soll kein Wort der Rachegefühle, des Hasses sein. Ich hoffe, dass wir dazu kommen werden, nun aus dieser Verwirrung im Volk eine Einheit zu schaffen. Aber wir dürfen es uns nicht so leicht machen, nun das zu vergessen zu haben, was die Hitlerzeit uns gebracht hat.« (GrR I, 92f.)

Aber wären nicht die *Kirchen* die Instanz für wahrhaftiges Eingestehen von Schuld an den Verbrechen, von Mitverantwortung für den Antisemitismus? Wären nicht gerade sie von Auftrag und Bestimmung her dazu berufen, die Schuldfrage fremd- und selbstkritisch zu thematisieren, fremdes und eigenes Versagen öffentlich zur Sprache zu bringen und so einen glaubwürdigen Neuanfang zu ermöglichen? Über das Versagen der Kirchen im Dritten Reich, nicht zuletzt im Blick auf die »Judenfrage«, haben wir das Nötige und in diesem Rahmen Mögliche schon gesagt (s. Kap. IV: »Judenboykott und das Versagen der Kirchen«). Jetzt gehen wir drei Fragekreisen nach, die sich wechselseitig kontrastierend erhellen sollen. *Erstens:* Wie reagieren die Vertreter der Kirchen unmittelbar *nach* Krieg und Schoah *auf* Krieg und Schoah? *Zweitens*: Wie wird die Schuldfrage außerhalb der Kirchen thematisiert, zum Beispiel in Diskursen der Philosophie? Und *drittens*: Wie reagiert ein *homo politicus* wie Heuss, wenn er die Herausforderung der Stunde annimmt?

1. Die Kirchen und die »Schuldfrage« – zwei verpasste Chancen

Zunächst zum *deutschen Protestantismus*. Am 18. und 19. Oktober 1945 kommt in Stuttgart der nach der NS-Zeit neugebildete »Rat der Evangelischen Kirche in Deutschland« zusammen, um erstmals zum jüngsten Abschnitt deutscher Geschichte Stellung zu nehmen. Die Sitzung erhält durch die unerwartete Anwesenheit einer internationalen, offiziellen Delegation des Ökumenischen Rates der Kirchen eine besondere Bedeutung. Der Rat der EKD beschließt daher, sein Wort auch an die Vertreter des Ökumenischen Rates zu richten. So erklärt sich der Anfang der Erklärung, die als »Stuttgarter Schuldbekenntnis« in die Geschichte eingegangen ist. Unterzeichnet ist sie von schon damals so gewichtigen Persönlichkeiten des deutschen Protestantismus wie Theophil Wurm (1868–1953: Landesbischof von Württemberg), Hans Meiser (1881–1956: Landesbischof in Bayern), Otto Dibelius (1880–1967: Landesbischof von Berlin-Brandenburg), Hanns Lilje (1899–1977, ab 1947 Landesbischof von Hannover) und den Pastoren Hans Asmussen (1898–1968) und Martin Niemöller (1892–1984):

> »Der Rat der Evangelischen Kirche in Deutschland begrüßt bei seiner Sitzung am 18./19. Okt. 1945 in Stuttgart Vertreter des Ökumenischen Rates der Kirchen. Wir sind für diesen Besuch um so dankbarer, als wir uns mit unserem Volk nicht nur in einer großen Gemeinschaft der Leiden wissen, sondern auch in einer Solidarität der Schuld.
>
> Mit großem Schmerz sagen wir: Durch uns ist unendliches Leid über viele Völker und Länder gebracht worden. Was wir unseren Gemeinden oft bezeugt haben, das sprechen wir jetzt im Namen der ganzen Kirche aus: Wohl haben wir lange Jahre

hindurch im Namen Jesu Christi gegen den Geist gekämpft, der im nationalsozialistischen Gewaltregiment seinen furchtbaren Ausdruck gefunden hat; aber wir klagen uns an, dass wir nicht mutiger bekannt, nicht treuer gebetet, nicht fröhlicher geglaubt und nicht brennender geliebt haben.

Nun soll in unseren Kirchen ein neuer Anfang gemacht werden. Gegründet auf die Heilige Schrift, mit ganzem Ernst ausgerichtet auf den alleinigen Herrn der Kirche gehen sie daran, sich von glaubensfremden Einflüssen zu reinigen und sich selber zu ordnen. Wir hoffen zu dem Gott der Gnade und Barmherzigkeit, dass er unsere Kirchen als sein Werkzeug brauchen und ihnen Vollmacht geben wird, Sein Wort zu verkündigen und Seinem Willen Gehorsam zu schaffen bei uns selbst und bei unserem ganzen Volk.

Dass wir uns bei diesem neuen Anfang mit den anderen Kirchen der ökumenischen Gemeinschaft herzlich verbunden wissen dürfen, erfüllt uns mit tiefer Freude.

Wir hoffen zu Gott, dass durch den gemeinsamen Dienst der Kirchen dem Geist der Macht und der Vergeltung, der heute von neuem mächtig werden will, in aller Welt gesteuert werde und der Geist des Friedens und der Liebe zur Herrschaft komme, in dem allein die gequälte Menschheit Genesung finden kann.

So bitten wir in einer Stunde, in der die ganze Welt einen neuen Anfang braucht: Veni creator spiritus!« (Dokument in: Die Kirchen und das Judentum, 1988, 528f.)

Gewiss: Aus diesem Text kommt uns ein Ton schmerzhafter Reue über das »unendliche Leid« entgegen, das »über viele Völker und Länder« auch »durch uns«, sprich: deutsche evangelische Christen, gebracht worden ist. Auch ein Ton der Selbstanklage, »nicht mutiger bekannt, nicht treuer gebetet, nicht fröhlicher geglaubt und nicht brennender geliebt zu haben«, versehen freilich mit der Einschränkung, durchaus »lange Jahre« auch gegen den »Geist«, besser Ungeist des Nazi-»Gewaltregimes« gekämpft zu haben. Zu spüren ist schließlich auch der echte Wille zu einem »neuen Anfang«.

Aber zwei Schlüsselworte sucht man in dieser so wichtigen ersten Erklärung des Rates der EKD nach Krieg und Schoah vergebens. *Erstens*: Die unmissverständliche Benennung der Verbrechen der Deutschen am jüdischen Volk. Stattdessen ist pauschalisierend und abstrahierend von »Solidarität der Schuld« und vom Leid »über viele Völker und Länder« die Rede. Und *zweitens*: Das unzweideutige Eingeständnis der Mitschuld der Kirche an diesen Verbrechen durch einen bis in die letzten Jahre hinein auf allen Seiten, ob »Deutsche Christen« oder »Bekennende Kirche«, »gepflegten« und propagierten ausgrenzenden und verwerfenden Antijudaismus, der dem eliminatorischen Antisemitismus Vorschub leistete. Stattdessen attestiert man sich, »im Namen Jesu Christi gegen den Geist gekämpft« zu haben, der »im nationalsozialistischen Gewaltregiment seinen furchtbaren Ausdruck gefunden« habe. Das musste wie eine Relativierung und Selbstentlastung klingen. Ein seltsamer Vorgang: Ein Text, der als »Schuldbekenntnis« in die Geschichte eingegangen ist, benennt mit keinem Wort das Hauptverbrechen, weswegen man »als deutsche Kirche« eine besondere Schuld auf sich geladen hat und eine besondere Verantwortung tragen sollte.

Auf Seiten des *deutschen Katholizismus* nicht anders, wie wir dem »Gemeinsamen Hirtenbrief« der Deutschen Katholischen Bischöfe »nach beendetem Krieg« entnehmen können, veröffentlicht bereits am 23. August 1945 (Dokument in: Die Kirchen und das Judentum, 1988, 233–239). In diesem Schreiben ist zuerst und vor allem vom »Dank an unseren

Klerus und unsere Diözesanen« für Treue in schwerer Zeit die Rede, dann von der Freude über das »Katholische Volk«, das sich »in so weitem Ausmaße von dem Götzendienst der brutalen Macht« freigehalten habe, schließlich aber auch von der Klage darüber, dass »viele Deutsche, auch aus unseren Reihen«, sich von den »falschen Lehren des Nationalsozialismus« hätten »betören« lassen. Viele seien »bei den Verbrechen gegen menschliche Freiheit und menschliche Würde gleichgültig geblieben«, ja, viele hätten durch ihre Haltung »den Verbrechen Vorschub« geleistet oder seien gar »selber Verbrecher geworden«. Um welche Verbrechen und Verbrecher freilich es sich handelt, darüber schweigt der Hirtenbrief.

Gewiss: An einer einzigen Stelle dieses längeren Schreibens gibt es einen Hinweis auf die Verfolgung von Juden. Wobei auffällig ist: Das Wort Jude fällt kein einziges Mal, stattdessen scheint noch die Nazi-Sprache durch: Von einem »fremden Stamm« und von »Nichtariern« ist die Rede und zwar so: Katholiken hätten sich »nicht gescheut, Volksgenossen fremden Stammes zu beschützen, zu verteidigen, ihnen christliche Liebe zu erweisen« und manche seien dafür »im Konzentrationslager zugrunde gegangen«. Andere hätten »ihr karges tägliches Brot mit einem unschuldig verfolgten Nichtarier« geteilt und hätten Tag für Tag gewärtig sein müssen, »dass ihnen mit ihrem Schützling ein furchtbares Los bereitet werde«. Das alles wird von *Katholiken* gesagt und so der Eindruck erweckt, im deutschen Katholizismus hätte es vor allem *Solidarität* mit verfolgten Juden unter Einsatz des eigenen Lebens gegeben. Dass Juden in KZs waren und zu Millionen ermordet wurden, bleibt unerwähnt, ebenso die Verantwortung der Kirche für den von ihr selbst geschürten Antijudaismus und dessen Folgen sowie für das Schweigen der katholischen

Hierarchie zur Schoah, angefangen vom Papst bis hinunter zu den deutschen Bischöfen.

Die Stuttgarter Erklärung der EKD vom Oktober 1945 und der Hirtenbrief der deutschen Katholischen Bischöfe vom August desselben Jahres – zwei verpasste Chancen umfassender Selbstkritik im Interesse eines glaubwürdigen Neuanfangs.

2. »Die Scham, dass man ein Mensch ist«: Hannah Arendt

Und im Raum der Diskurse unter Intellektuellen? Wie ist man dort mit der »Schuldfrage« umgegangen? Von allen möglichen Einlassungen der unmittelbaren Nachkriegszeit ragen zwei heraus: die des Philosophen Karl Jaspers 1946/47 und die der politischen Theoretikern Hannah Arendt. *Pars pro toto* wollen wir uns darauf stützen, um danach Theodor Heuss' Umgang mit der Schuldfrage umso schärfer in den Blick nehmen zu können.

Als Jüdin 1933 aus Deutschland vertrieben, lebt Hannah Arendt (1906–1975) seit 1941 in New York. Ab 1924 hatte sie zunächst in Marburg u.a. bei Martin Heidegger (1889–1976), dann ab 1926 für ein Semester in Freiburg/Br. bei Edmund Husserl (1859–1938) und anschließend in Heidelberg bei Karl Jaspers (1883–1969) Philosophie studiert. Bei Jaspers hatte sie 1928 mit einer Arbeit über den »Liebesbegriff bei Augustin« promoviert; da ist diese brillante Studentin erst 22 Jahre alt. Und im Gegensatz zu Heidegger, der als Rektor der Universität Freiburg seinen Ruf durch eine allzu bereitwillige Anpassung an die völkische Ideologie zu Beginn der Nazi-Herrschaft ruiniert hatte, bleibt Arendts Beziehung zu Jaspers auch nach 1933 unbelastet. Nachdem sie Deutschland verlassen hatte, war sie zunächst nach Paris ins Exil gegangen, nur um zu erleben, dass die Franzosen sie nach der deutschen Besetzung Frankreichs 1940 als Deutsche in ein Internierungslager stecken. Nach einem Jahr kann sie dem entkommen und gelangt über Spanien und Portugal in die USA. Ihrer jüdischen Wurzeln hatte Hannah Arendt sich durch die Arbeit an einem Manuskript über eine Berliner Jüdin aus der Zeit der Romantik versichert, Rahel Varnhagen (1771–1833), das in den Jahren 1931 bis 1933 in Berlin entstanden war, im Pariser Exil 1938 durch zwei Kapitel über den Typus »Paria« und »Parvenü« ergänzt wird und 1958 in englischer, 1959 in deutscher Ausgabe erscheint: »Rahel Varnhagen. Lebensgeschichte einer deutschen Jüdin aus der Zeit der Romantik«.

Und Karl Jaspers? Seit 1921 Ordinarius für Philosophie in Heidelberg, hatte er sich nach der politischen Gleichschaltung der deutschen Universitäten geweigert, sich von seiner jüdischen Ehefrau Gertrud Mayer (1879–1974) zu trennen, mit der er seit 1910 verheiratet ist. Entsprechend war er wegen »jüdischer Versippung«, wie es im rassistischen Jargon damals hieß, 1937 zwangspensioniert worden. Politisch unbelastet, kann Jaspers zu demjenigen Kreis Heidelberger Professoren gehören, die unmittelbar nach Kriegsende den geistigen Wiederaufbau der Universität in Angriff nehmen. Heuss kennt eine ganze Reihe von ihnen, war ihnen während seiner beiden Heidelberger Kriegsjahre in widerständigen Zirkeln wiederbegegnet: einem Mann wie Alfred Weber (1868–1958), Nationalökonom, Kultursoziologe und Mitbegründer der DDP beispielsweise oder Gustav Radbruch (1878–1949), Rechtsphilosoph, Sozialdemokrat und in zwei Kabinetten der Weimarer Republik Reichsjustizminister. Neue Bekannte wie Karl Jaspers waren hinzugekommen (s. Briefe 1945–1949, 97, 104).

Zum Wiederaufbau der Universität trägt Jaspers unter anderem dadurch bei, dass er im Wintersemester 1945/46 eine ganze Vorlesung über die geistige Situation in Deutschland hält und im Rahmen dieser Reihe auch zur »Schuldfrage« Stellung nimmt. Ausführungen, die dann im Frühjahr 1946 in einer separaten Schrift erscheinen, sofort großes Aufsehen erregen und noch heute als Zeitsignal der Analyse wert sind: »Die Schuldfrage«. Dabei verweist Jaspers in einer Anmerkung direkt auf einen Essay seiner ehemaligen Schülerin Hannah Arendt zum Thema »Organisierte Schuld«. Seit Oktober 1945 stehen beide wieder in Verbindung miteinander (s. BW Arendt-Jaspers, 1985, 57). Den deutschen Text ihres Essays hatte Jaspers in der Zeitschrift »Die Wandlung« publizieren lassen, die er seit November 1945 zusammen mit dem Politikwissenschaftler Dolf Sternberger (1907–1989), mit Alfred Weber und dem Romanisten Werner Krauss (1900–1976) herausgibt.

Hannah Arendt hatte in der ihr eigenen Radikalität von Wahrnehmung und Analyse ein hohes Niveau an Problematisierung vorgegeben. Ihr Hauptargument lautet: Wie soll man nach dem von den Deutschen geführten »totalen Krieg« noch zwischen Faschisten und Antifaschisten, zwischen Verbrechern und Nichtverbrechern, zwischen Schuldigen und Nichtschuldigen unterscheiden? Das »deutsche Volk« und die Nazis? Kann man das wirklich noch trennen, wie es auch die Alliierten getan hatten: Sie führten Krieg gegen »die Nazis« und nicht gegen »das deutsche Volk«? Ist eine solche Unterscheidung nicht spätestens hinfällig geworden, als es zu »jener ungeheuerlichen Maschine des ›Verwaltungsmassenmords‹« gekommen war, »zu deren Bedienung man nicht Tausende und nicht Zehntausende ausgesuchter Mörder, sondern ein ganzes

Volk gebraucht hat und gebrauchen konnte«? (Arendt, In der Gegenwart, 2000, 31) Wie soll man es dann noch ertragen, »sich mit einem Volk konfrontiert zu finden, in welchem die Linie, die Verbrecher von normalen Menschen trennt, so effektiv verwischt worden ist, dass morgen niemand in Deutschland wissen wird, ob er es mit einem heimlichen Helden oder einem ehemaligen Massenmörder zu tun hat«? (S. 30) Dass in dieser »Mordmaschinerie jeder auf diese oder jene Weise an einen Platz gezwungen« worden war, auch wenn er »nicht direkt in den Vernichtungslagern tätig« war, gerade *das* »macht das Grauen aus«. Konsequenz? Der »systematische Massenmord, der die reale Konsequenz aller Rassentheorien und aller Ideologien von dem ›Recht des Stärkeren‹ in unserer Zeit ist, sprengt nicht nur die Vorstellungskapazität des Menschen, sondern auch den Rahmen und die Kategorien, in welchen politisches Denken und politisches Handeln sich vollziehen.« (S. 31) Und wenn am »Verwaltungsmassenmord« der politische Verstand stillsteht, so wird »an der totalen Mobilmachung« das »menschliche Bedürfnis nach Gerechtigkeit zuschanden. Wo alle schuldig sind, kann im Grunde niemand mehr urteilen.« (S. 31)

Mehr noch: Für Hannah Arendt sprengen »Verwaltungsmassenmord« und »totale Mobilmachung« nicht nur politische und moralische Kategorien, sondern zerstören auch das Vertrauen in die Humanität des Menschen, in die »Idee« von Menschlichkeit und Menschheit überhaupt, von der »unsere Väter« noch hatten schwärmen können. Jetzt aber hat man »Möglichkeiten zum Bösen im Menschen« (S. 36) kennengelernt, die man bisher nicht für möglich hielt. Konsequenz? »Seit vielen Jahren«, so Hannah Arendt, »begegnen mir Deutsche, welche erklären, dass sie sich schämten, Deutsche zu sein. Ich habe mich immer versucht gefühlt, ihnen zu antworten, dass ich mich schämte, ein Mensch zu sein. Diese grundsätzliche Scham, die heute viele Menschen der verschiedensten Nationalitäten miteinander teilen, ist das einzige, was uns gefühlsmäßig von der Solidarität der Internationalen verblieben ist«. (S. 36)

3. »Reinigung aus der Tiefe des Schuldbewusstseins«: Karl Jaspers

Karl Jaspers geht in seiner Schrift zwar nicht direkt auf die Ausführungen von Hannah Arendt ein, versucht aber, die hier artikulierten Herausforderungen auf seine Weise aufzunehmen. Denn ein Ausweichen vor der »Schuldfrage« kommt für das deutsche Volk schon deshalb nicht in Frage, weil anders als etwa beim Ersten Weltkrieg die Kriegsschuldfrage diesmal völlig eindeutig ist: »Der Krieg ist durch Hitlerdeutschland entfesselt worden.« (Jaspers, Schuldfrage, 1974, 34) Nur volle Offenheit und Ehrlichkeit könne »unsere Seele vor dem Pariadasein« bewahren, meint er. (S. 11) Will sagen: Wir Deutsche, von Anderen besiegt wie wir sind, müssen *uns selbst* »durchleuchten, beurteilen und reinigen.« (S. 35) Dazu gehört für Jaspers auch ein Bemühen um innere Differenziertheit. Sieht Hannah Arendt keine Möglichkeit mehr, zwischen Schuldigen und Nichtschuldigen zu unterscheiden (»Wo alle schuldig sind, kann im Grunde niemand mehr urteilen.«), ist gerade dies Jaspers' Grundanliegen, das er auf vielen Seiten immer wieder neu durchbuchstabiert. Zu unterscheiden ist aus seiner Sicht zwischen einer kriminellen, einer politischen, einer moralischen und einer metaphysischen Schuld.

– *Kriminelle Schuld* hat jemand auf sich geladen, der Verbrechen begangen hat, »objektiv nachweisbare Handlungen, die gegen eindeutige Gesetze verstoßen« (S. 19). Diese werden vor Gericht gebracht, die Verbrechen werden abgeurteilt und die Verbrecher bestraft.

- Von *politischer Schuld* muss gesprochen werden, weil jeder Mensch als Staatsbürger grundsätzlich Mitverantwortung dafür trägt, wie er/sie regiert wird. Man haftet für die Taten und Untaten des Regimes, das man gewollt oder geduldet hat. Entsprechend hat man mitzuwirken »an den in Rechtsform zu bringenden Wiedergutmachungen« (S. 55). Davon zu unterscheiden ist die:
- *Moralische Schuld.* Von ihr ist bei denjenigen zu sprechen, die bei einem verbrecherischen Regime mitgemacht oder es unterstützt haben. Hier geht es um die Verantwortung jedes Einzelnen vor der Instanz seines eigenen Gewissens. Der »moralischen Schuld erwächst Einsicht, damit *Buße und Erneuerung*. Es ist ein innerer Prozess, der dann auch reale Folgen in der Welt hat.« (S. 23) Von diesen drei Schuldkategorien unterscheidet Jaspers noch eine vierte Kategorie:
- Die *metaphysische Schuld.* Gemeint ist damit: Wer untätig dabei stand, wenn die Verbrechen verübt wurden, der hat gewissermaßen als Angehöriger der Gattung Mensch Schuld auf sich geladen. Oder noch anders und grundsätzlicher gesagt: »Metaphysische Schuld ist der Mangel an der absoluten Solidarität mit dem Menschen als Menschen. Sie bleibt noch ein unauslöschlicher Anspruch, wo die moralisch sinnvolle Forderung schon aufgehört hat. Diese Solidarität ist verletzt, wenn ich dabei bin, wo Unrecht und Verbrechen geschehen. Es genügt nicht, wenn ich mein Leben mit Vorsicht wage, um es zu verhindern. Wenn es geschieht und wenn ich dabei war und wenn ich

> überlebe, wo der andere getötet wird, so ist in mir eine Stimme, durch die ich weiß: dass ich noch lebe, ist meine Schuld.« (S. 54)

Anschließend erläutert Jaspers den Unterschied zwischen politischer, moralischer und metaphysischer Schuld noch an einem konkreten geschichtlichen Fallbeispiel: der Einstellung zu den Verbrechen am jüdischen Volk:

> »Als im November 1938 die Synagogen brannten und zum erstenmal Juden deportiert wurden, war angesichts dieser Verbrechen zwar vor allem moralische und politische Schuld. Beide Weisen der Schuld lagen bei denen, die noch Macht hatten. Die Generale standen dabei. In jeder Stadt konnte der Kommandant eingreifen, wenn Verbrechen geschahen. Denn der Soldat ist zum Schutz aller da, wenn Verbrechen in einem Umfang geschehen, dass die Polizei sie nicht verhindern kann oder versagt. Sie taten nichts. Sie gaben die früher ruhmvolle sittliche Überlieferung der deutschen Armee in diesem Augenblick preis. Es ging sie nichts an. Sie hatten sich von der Seele des deutschen Volkes gelöst zugunsten einer absolut eigengesetzlichen Militärmaschinerie, die Befehlen gehorcht.
>
> Unter unserer Bevölkerung waren wohl viele empört, viele tief ergriffen von einem Entsetzen, in dem die Ahnung kommenden Unheils lag. Aber noch mehr setzten ohne Störung ihre Tätigkeit fort, ihre Geselligkeit und ihre Vergnügungen, als ob nichts geschehen sei. Das ist moralische Schuld.
>
> Diejenigen aber, die in völliger Ohnmacht verzweifelt es nicht verhindern konnten, taten wiederum einen Schritt in ihrer Verwandlung durch das Bewusstsein der metaphysischen Schuld.« (S. 54f.)

Jaspers ist sich völlig im Klaren, dass er mit diesen in kreisenden Bewegungen stets aufs Neue vorgetragenen Analysen den

Schuldbegriff gleichsam »zerfasert« hat und dass dieses »Zerfasern der Schuldbegriffe« (S. 56) ironischerweise zum »Trick« werden kann, »mit dem man sich von der Schuld befreit«. Wie leicht könne man sagen:

> »*Politische Haftung* – gut, aber sie schränkt nur meine materiellen Mittel ein, ich selbst in meinem Innern werde davon gar nicht betroffen.
> *Kriminelle Schuld* – sie trifft ja nur wenige, nicht mich – es geht mich nichts an.
> *Moralische Schuld* – ich höre, dass nur das eigene Gewissen Instanz ist, andere dürfen mir keine Vorwürfe machen. Mein Gewissen wird schon freundlich mit mir umgehen. Es ist nicht allzu schlimm. – Strich drunter, und ein neues Leben.
> *Metaphysische Schuld*, die hat vollends ... niemand vom andern zu behaupten. Die soll ich in einer Verwandlung wahrnehmen. Das ist der spleenige Gedanke eines Philosophen. So etwas gibt es nicht. Und wenn es das gibt, ich merke ja nichts davon. Das darf ich auf sich beruhen lassen.« (S.56)

Doch Jaspers will mit dieser vierfachen Unterscheidung ein Doppeltes erreichen. Er will das Schuldverständnis so ausweiten, dass niemand ihm mehr entkommen kann. Die »Schlussstrich«- und »Mich-trifft-keine-Schuld«-Apologeten haben bei ihm keine Chance. Es gibt nach der Schoah für Deutsche keinen schuldfreien Raum mehr. Denn Jaspers zufolge haben Schuld nicht nur einige Verbrecher auf sich geladen, sondern alle, welche die Verbrecher gewähren ließen, die Verbrechen unterstützt oder geduldet haben oder als Menschen sich vom »Bösen im Menschen« betroffen fühlen: »Dass ich noch lebe«, während Andere zu Millionen ermordet wurden, »ist meine Schuld«. An diesem Punkt liegen die stärksten Berührungen mit Hannah Arendt, die von der »Scham« gesprochen hatte, dass man »ein Mensch« ist, wo es doch Menschen waren, die sich derart an anderen Menschen versündigten.

Zugleich aber will Jaspers mit seiner Universalisierung des Schuldverständnisses keiner »Kollektivschuld« eines ganzen Volkes das Wort reden. Seine Differenzierung der Schuldbegriffe zielt ja vor allem auf den Einzelnen. Zwar sind nach seinem Verständnis, wie wir hörten, »alle Staatsangehörigen eines Staates für die Folgen haftbar zu machen, die aus dem Handeln dieses Staates entstehen«, insofern wird damit durchaus »ein Kollektiv getroffen« (S. 26). Will sagen: Angesichts »der Verbrechen, die im Namen des Deutschen Reiches verübt worden sind, wird jeder Deutsche mitverantwortlich gemacht. Wir haften kollektiv« (S. 45f.). Aber Haftbarmachen heißt gerade nicht, moralisch für schuldig zu erkennen. In diesem politischen Sinn kann Jaspers von »Kollektivschuld« sprechen, er hätte besser von Kollektivhaftung oder Kollektivverantwortung gesprochen. Denn umgekehrt lässt Jaspers keinen Zweifel daran, dass es »*sinnwidrig*« ist, »*ein Volk als Ganzes eines Verbrechens zu beschuldigen*. Verbrecher ist immer nur der Einzelne. *Es ist auch sinnwidrig, ein Volk als Ganzes moralisch anzuklagen*. Es gibt keinen Charakter eines Volkes derart, dass jeder Einzelne der Volkszugehörigkeit diesen Charakter hätte.« (S. 27) Woraus für Jaspers folgt: »*Kollektivschuld eines Volkes* oder einer Gruppe innerhalb der Völker kann es – außer der politischen Haftung – *nicht geben*, weder als verbrecherische, noch als moralische, noch als metaphysische Schuld.« (S. 28)

Worauf also zielt bei Jaspers alles? Darauf, dass es die Möglichkeit einer *Selbstreinigung des deutschen Volkes von der Schuld* gibt. Daran glaubt Jaspers ungebrochen, und das unterscheidet ihn von Hannah Arendt. Voraussetzung allerdings: Jeder Einzelne betrachtet die Übernahme der moralischen und metaphysischen Schuld als seine Gewissenspflicht und tritt damit in einen unabschließbaren Prozess der Selbstbesinnung ein. Jaspers wörtlich:

> »Für uns Deutsche gilt hier die Alternative: Entweder wird das Übernehmen der Schuld, die die andere Welt nicht meint, die aber aus unserem Gewissen spricht, zu einem Grundzug unseres deutschen Selbstbewusstseins – und dann geht unsere Seele den Weg der Verwandlung. Oder wir sinken ab in die Durchschnittlichkeit des gleichgültigen bloßen Lebens; dann erwacht in unserer Mitte kein ursprünglicher Antrieb mehr; dann offenbart sich uns nicht mehr, was eigentlich Sein ist; dann hören wir nicht mehr den transzendenten Sinn unserer hohen Dichtung und Kunst und Musik und Philosophie.
>
> Ohne den Weg der Reinigung aus der Tiefe des Schuldbewusstseins ist keine Wahrheit für den Deutschen zu verwirklichen. [...] Reinigung ist die Bedingung auch unserer politischen Freiheit. Denn erst aus dem Schuldbewusstsein entsteht das Bewusstsein der Solidarität und Mitverantwortung, ohne die die Freiheit nicht möglich ist.« (S. 88f.91)

4. Wie Heuss vom Erinnern redet: »In Memoriam« 1945

Gut drei Monate nach dem Hirtenbrief der Katholischen Bischöfe, einen Monat nach der Stuttgarter EKD-Erklärung und wenige Wochen, bevor Jaspers in Heidelberg seine erste Nachkriegsvorlesung hält, tritt Theodor Heuss in seiner damaligen Eigenschaft als Kultusminister des neugegründeten Landes (Nord-)Württemberg-Baden im Großen Haus des Landestheaters zu Stuttgart ans Podium und hält, wie wir des öfteren hörten, am 25. November 1945 eine programmatische Rede über den Auftrag zu Gedenken und Erinnern. Ein uraltes, universales Thema, was Heuss schon durch den in klassischem Latein gefassten Titel andeutet: »In Memoriam«. Das Wort kann und soll ein Doppeltes bedeuten. Es zielt auf Stetigkeit, Nachhaltigkeit und Dauer des zu Erinnernden und ist damit gerichtet gegen alles Vergessen, Verschweigen und Verdrängen.

Vier Texte zum selben Thema in knapp einem Jahr: für uns Nachgeborene die Chance, einen Vergleich zu riskieren und zwar bei aller Beachtung der Gattungsunterschiede: Hier eine kurze Erklärung für die allgemeine Öffentlichkeit, dort ein Pastorales Sendschreiben für katholische Gemeinden oder ein politischer Essay für eine intellektuelle Leserschaft sowie eine philosophische Vorlesung vor einem akademischen Hörerkreis. Und dann noch einmal anders eine kulturpolitische Rede vor allgemeinem Publikum – »in Anwesenheit u.a. von Vertretern der Militärregierung, der Staatsregierung und der Stadtverwaltung« (U. Baumgärtner, Reden nach Hitler, 2001, 83).

Die doppelte Bedeutung von »Memoria« blitzt gleich zu Beginn von Heuss' Rede auf. Fast überfallartig direkt redet er seine Zuhörer an und bezieht sie durch fiktive Dialogizität mit ein. *Erster Satz*: »Dieser Tag, diese Stunde soll den Deutschen eine neue Tradition schaffen«, ruft Heuss den »Anwesenden« zu und signalisiert damit von vorneherein, dass das Eingedenken der letzten »zwölf Jahre« nichts Flüchtiges hat und haben *kann*, dazu ist die Zäsur zu brutal. *Zweiter Satz*, die Nachhaltigkeit betonend: In ein, zwei, drei Jahren werde das Gedenken weitergehen und weitergehen *müssen*. Und schon ist Heuss bei seinem *dritten Satz*: dem Spiel mit Gegenargumenten, die er bei den Anwesenden vorhanden glaubt: »Da mag einer erschrocken rufen: Ja, wollt ihr das in Ewigkeit treiben, wollt ihr denn immer diese Grässlichkeiten, diese KZ- und Foltergeschichten, diese Verleumdungen und Verschleppungen, dieses Umgebrachtwerden, dieses Unrecht um Unrecht, wollt ihr denn immer davon reden?« (AüJ, 94) Ein solcher Redestil, der die Gegenargumente aus der Zuhörerschaft direkt aufgreift und damit in den Gang der nun folgenden Argumenation einbezieht, öffnet in der Tat, wie Ulrich Baumgärtner schön gezeigt hat, »die monologische Redesituation hin zu einem Dialog. Die kontroverse Auseinandersetzung über ein Thema ist damit nicht nur in der inhaltlichen Argumentation präsent, sondern spiegelt sich auch in der rhetorischen Form.« (Reden nach Hitler, 2001, 85)

Und der Vergleich? Während die Erklärung der EKD vor allem die Selbstanklage betont und ansonsten das »nationalsozialistische Gewaltregime« zwar beschwört, aber nirgendwo konkret beschreibt, während der Hirtenbrief der Katholischen Bischöfe zwar »Verbrechen« gegen Freiheit und Würde beklagt, ohne Verbrechen und Verbrecher konkret zu benennen und während beide insbesondere zu den Verbrechen am jüdischen Volk schweigen und eine Mitschuld der Kirche und ihrer Repräsentanten an den Exzessen des Antisemitismus unerwähnt lassen, während alles also im Allgemeinen, Pauschalen und Gesichtslosen verbleibt, arbeitet Heuss in seiner Rede erstens mit dem Stilmittel der Vergegenwärtigung, zweitens mit dem der Alibiprophylaxe, drittens mit dem der konkreten Personalisierung und viertens mit dem der Überwindbarkeit politischer und ideologischer Gegensätze. Genau so ist die Stuttgarter Rede aufgebaut. Ein genauer Blick lohnt sich.

Erstens: Während andere allgemein und pauschal von »Verbrechen« reden, wird Heuss in seiner Rede ähnlich wie Hannah Arendt und Karl Jaspers konkret und präzise. Detailbesessen gibt er sich Mühe, den Anwesenden durch genaue Beschreibung zu *vergegenwärtigen*, was das Besondere und damit Unvergessbare der letzten zwölf Jahre gewesen ist. Ich zitiere diesen sowohl inhaltlich wie rhetorisch dichten Text von Heuss an dieser Stelle gerne noch einmal. Zuerst erfolgt wie bei jedem guten Redner angesichts einer komplexen »Materie« eine selbstrelativierende und damit selbstentlastende salvatorische Klausel: »Sie erwarten nicht von mir, dass ich in zwanzig Minuten die innere Geschichte dieser Zeit erzähle.« Um dann umso zupackender mit dem Erzählen zu beginnen und auch das zu skizzieren, was Hannah Arendt »Verwaltungsmassenmord« genannt hat:

> »Es war ein Zustand des latenten Bürgerkriegs, wo nur eine Gruppe die Waffen trug. Mit der Auflösung der Kommunistischen Partei, mit der Verhaftung ihrer Führer, die zum Teil 12 Jahre der Freiheit beraubt blieben, fing es an, der Kampf gegen die anderen Gruppen folgte, Verfolgung der Juden, Auflösung der Gewerkschaften, Feindseligkeit gegen die Kirchen und all das andere. Nun blühte jenes System auf, jenes teuflische System, das nebeneinander Verlockung, Verführung, Umschmeichelung der Massen kannte, jene Abfolge von Orden, Prämien, Titeln, Auszeichnungen, die ganze Hierarchie von Pöstchen, die das Subalterne in dem Deutschen ansprach und an sich zog. Und dann das andere: Terror, Bespitzelung, Haussuchung, Briefkontrolle, Vorladung, Denunziantentum, Verhaftung ohne Vernehmung, Quälerei, Zwangsarbeit, Tötung. ›Auf der Flucht erschossen‹, das war noch aus der Zeit der verkleideten Scham, die bald als offener Hohn wirkte. Später hat man wortlos, schamlos gemordet. Es ist von irgendwann das fast banal gewordene Wort überliefert, bei dem wir uns nicht allzu viel gedacht haben: ›Zuckerbrot und Peitsche‹: Das war es, was diese 12 Jahre in Deutschland regiert hat. Die Ration Zuckerbrot ist allmählich schmäler geworden, die Peitsche bekam mehr Knoten

und Eisenteile, bis ein Volk unter seinen blutigen Hieben schier erlag.« (AüJ, 95f.)

Zweitens: Während Vertreter der Kirchen sich entlastend bescheinigen, auch gegen den Ungeist gekämpft zu haben oder auf Christen verweisen, die »Volksgenossen fremden Stammes« beschützt hätten und mit »verfolgten Nichtariern« unter Einsatz ihres eigenen Lebens solidarisch gewesen seien, während Hannah Arendt keine Trennung mehr erkennen kann zwischen Verbrechern und »normalen Menschen«, verfolgt Heuss eine andere Strategie. Auch er geht auf Zeichen des Widerstandes ein, aber nicht selbstentlastend, sondern so, dass er kritisch *nach innen* Alibiprophylaxe betreibt, will sagen: denjenigen eine Lektion erteilt, die verbreiten, gegen das NS-Regime habe man »nichts machen« können, man sei zur Ohnmacht verdammt gewesen. So erklären sich die auffällig langen Passagen in Heuss' Rede über *den Deutschen Widerstand.*

Zugleich kann Heuss mit diesen Passagen *nach außen* signalisieren, dass nicht alle Deutschen Nazis gewesen sind. Es hat durchaus internen Widerstand gegeben und zwar in mehreren Schüben: 1941, als »Offiziere des Luftfahrtministeriums und Männer des Wirtschaftsministeriums den Versuch machten, mit Russland in Fühlung zu kommen«, wie Heuss in Stuttgart sagt, eine Anspielung auf die »Rote Kapelle« genannten Widerstands-Gruppen mit Kontakten zur Sowjetunion, wozu u.a. die Berliner Gruppe um Harro Schulze-Boysen (1909–1942) und Arvid Harnack (1901–1942) gehört, die den Überfall Hitler-Deutschlands auf Russland hatte verhindern wollen. Beide Männer, entdeckt und zum Tode verurteilt, enden am 22. Dezember 1942 in der Hinrichtungsstätte Berlin-Plötzensee am Galgen. Dann 1942/43 die Münchner Widerstandsgruppe um die Geschwister Hans und Sophie Scholl (1918/21–1943) mit Ausstrahlung nach Stuttgart, Heidelberg und in andere Städte. Beide werden vor den »Volksgerichtshof« gezerrt und bezahlen im Februar 1943 ihren Mut mit dem Leben.

Schließlich der Widerstandskreis um den 20. Juli 1944. Ihm misst Heuss entscheidende Bedeutung auch für die künftige demokratische Kultur Deutschlands bei. Denn »aktivistische Sozialdemokraten« wie Julius Leber (1891–1945), Adolf Reichwein (1898–1944) oder Theodor Haubach (1896–1945) haben sich erstmals in gemeinsamer Hitler-Gegnerschaft mit Männern aus deutschem Adel zusammengetan, Männern aus dem »christlichen Adel deutscher Nation«, wie Heuss unter Aufnahme eines Lutherwortes genussvoll formuliert. Gemeint ist der sogenannte »Kreisauer Kreis«, benannt nach Schloss Kreisau, beim früheren Schweidnitz in Niederschlesien gelegen, heute als Krzyżowa zu Polen gehörend, ein Besitztum aus der Zeit des alten preußischen Generalfeldmarschalls Graf von Moltke. Hier waren sich die Männer aus den so verschiedenen Welten begegnet: »die jungen Sozialisten mit den Moltke, York, Schulenburg, Haeften und wie sie alle hießen« (AüJ, 97). Aber diese Männer des »Kreisauer Kreises« haben nicht nur die Vision eines Lebens nach Hitler geteilt, sondern auch das tragische Schicksal eines gemeinsamen Sterbens vor Hitler, werden doch die Sozialdemokraten Leber, Reichwein und Haubach in Plötzensee ebenso als Verschwörer hingerichtet wie Helmuth James Graf von Moltke (Januar 1945), Peter Graf Yorck von Wartenburg (August 1944) und Friedrich-Werner Graf von der Schulenburg (November 1944), während Werner Karl von Haeften, der engste Mitarbeiter des Hitler-Attentäters Graf von Stauffenberg, zusammen mit diesem im Juli 1944 erschossen wird.

Drittens: Während in kirchlichen Texten Personen abwesend sind, Namen nicht genannt werden und Gesichter nicht aufblitzen können, betreibt Heuss in seiner Stuttgarter Rede bewusst eine Erinnerungsstrategie, die *konkrete Personen* ins Zentrum rückt. Die Opfer bleiben nicht anonym, sondern haben Namen: neben den »aktivistischen Sozialdemokraten« und den Männern des »christlichen Adels« ein Eugen Bolz, der letzte demokratisch gewählte Staatspräsident Württembergs vor 1933, der ebenfalls in Plötzensee hingerichtet wird, im Januar 1945, kein halbes Jahr vor Ende des Krieges. Ein Fritz Elsas, ein Schwabe jüdischer Herkunft, der als Berliner Bürgermeister im KZ endet (s. Kap. VII, 10) und ein Otto Hirsch, »Ministerialrat im Württembergischen Innenministerium und später Leiter der Neckarkanal AG«, den das Schicksal eines Fritz Elsas ereilt (s. Kap. II, 1).

Viertens: Die gemeinsame Gegnerschaft zu den Nazis hat die gegensätzlichen und ideologisch zerstrittenen *demokratischen Kräfte in Deutschland zusammengebracht* und gestärkt. Darauf weist Heuss im vierten Teil seiner Stuttgarter Rede hin. Wider Willen hätten, so Heuss, die Nazis erreicht, »dass Menschen über politische und weltanschauliche Unterschiede, ja Gegensätze hinweg sich als Menschen achten lernten« (AüJ, 99). Der »Kreisauer Kreis« ist nur *ein* Beispiel. Weitere Beispiele führt Heuss an, um auch hier alles Abstrakte und Allgemeine abzustreifen. In KZs und Zuchthäusern konnte neben all dem Unmenschlichen und Grauenhaften auch dieses passieren: »Menschen, die sich bekämpften ehedem, lernten sich als Menschen achten.« Welche »Koalitionen« gab es auf einmal, die heute für eine neue demokratische Kultur in Deutschland zu bewahren wären: »Nebeneinander der ernste Bibelforscher und der Kommunist, der Pazifist und der Offizier, der Freidenker und der katholische, der evangelische Geistliche, der sozialdemokratische Gewerkschaftler und der schlesische adlige Grundbesitzer. Sie sind gewiss nicht in allen Dingen einer Meinung geworden, sie wollten das auch nicht, aber sie haben aneinander gelernt, was eine anständige Haltung ist, und das ist, wenn sie herauskamen, ein Gewinn geworden, der nicht verlorengehen darf.« (AüJ, 100)

Dass eine solche Koalition deutscher Antifaschisten und Demokraten im November 1945 noch nicht verloren gegangen ist, zeigt der Trägerkreis der »Pro Memoria«-Rede im Stuttgarter Landestheater. Veranstalter ist die »Vereinigung der politischen Gefangenen und Verfolgten des Nazi-Systems«, Unterstützer sind die württembergische Landesregierung, die Kirchen, die von der Militärregierung bis zu diesem Zeitpunkt zugelassenen politischen Parteien und der württembergische Gewerkschaftsbund. Als Kultusminister hatte Heuss zuvor am 8. November an seine Schulämter und Schulleiter die Direktive herausgegeben:

> »Dieser Gedenktag soll eine Ehrung sein für die vielen Millionen, die in den nationalsozialistischen Zuchthäusern, Konzentrations- und Vernichtungslagern ermordet wurden. Darüber hinaus soll er ein Bekenntnis sein zur Wiedergutmachung der im Namen des deutschen Volkes begangenen Verbrechen. Er soll die Verpflichtung wecken, im Geist der für Freiheit und Menschlichkeit Gefallenen einmütig zusammenzuarbeiten am Wiederaufbau unserer verwüsteten Heimat.« (Briefe 1945–1949, 127f.)

Verwüstet ist die Heimat in der Tat, verwüstet aber sind auch die Seelen der Menschen. Die »Ehre des deutschen Namens«? Sie ist »in den Dreck« gesunken. Heuss schließt seine Stuttgarter Rede nicht zufällig mit einem solchen Satz: »Indem wir das aussprechen, zornig, bedrückt, beschämt, wehrlose Zeitgenossen dieser trübsten Periode deutscher Geschichte gewesen zu sein, empfinden wir die Pflicht, uns und den Namen unseres Volkes wieder zu reinigen.« (AüJ, 100) »Reinigung« des deutschen Namens, der »deutschen Seele«: Im *Glauben* daran trifft sich Heuss mit Jaspers. Und auch noch in einem weiteren entscheidenden Punkt.

5. »Kollektivscham« – nicht »Kollektivschuld«

Heuss macht sich nichts vor. Ihm ist nur zu bewusst, dass die Auseinandersetzung mit der Vergangenheit kurz nach dem Krieg höchst unpopulär ist. Hannah Arendt ist auch hier eine unbestechliche Zeitzeugin. Von August 1949 bis März 1950 war sie durch Deutschland gereist (erstmals wieder seit ihrer Flucht im März 1933) und hatte ihre Beobachtungen in einer Zeitschrift (*Commentary*, Okt. 1950) drucken lassen: »Besuch in Deutschland 1950. Die Nachwirkungen des Naziregimes« (Arendt, Zur Zeit, 1986, 43–70). Ihr Bericht fällt bitter aus. Überall falle auf, schreibt sie, »dass es keine Reaktion auf das Geschehene« gäbe, unklar, ob es sich dabei »um eine irgendwie absichtliche Weigerung zu trauern oder um den Ausdruck einer echten Gefühlsunfähigkeit« handelt (S. 44). Jedenfalls viel »Apathie«, viel »Flucht vor der Wirklichkeit«, viele »Tricks«, um den »schockierenden Auswirkungen« der Niederlage aus dem Weg zu gehen (S. 46) und zugleich viel Apologie, »die Leiden der Deutschen gegen die Leiden der anderen aufzurechnen« (S. 44). »Reinigung aus der Tiefe des Schuldbewußtseins«? Hatte nicht Jaspers davon gesprochen? Davon hat Hannah Arendt auf ihrer Reise durch Nachkriegsdeutschland nichts gespürt. Stattdessen viel »Unfähigkeit zu trauern«, wie die Psychoanalytiker Alexander und Margarete Mitscherlich das Phänomen 1967 auf ihre Weise beschreiben werden: als kollektive Verweigerung vieler Deutscher, die Abgründe der Vergangenheit ohne Beschönigung anzuschauen und echte »Trauerarbeit« zu leisten. Viel kollektives Beschweigen.

Theodor Heuss steht an derselben »Front«, an der wider die deutsche Amnesie gekämpft wird. Ausdrücklich »bequem«, wie wir hörten (Kap. II, 5), kann und will er in diesem Punkt nun einmal nicht sein. Doch wie soll er reagieren? Welche Kategorie gebrauchen? »Kollektivschuld«? Kommt nicht in Frage. Wie Jaspers lehnt Heuss diesen Begriff ab. Das wäre eine »simple« und zugleich gefährliche Vereinfachung, meint er, die vielen Menschen neues Unrecht zufügte. Sind nicht ungezählte Deutsche vor Hitler ins Ausland geflohen und dennoch oder gerade deswegen Deutsche geblieben? Hat es nicht Deutsche im Widerstand gegen Hitler gegeben, viele im Verborgenen, manche sogar öffentlich? Diese können nun schlechterdings keine »Schuld« an den Naziverbrechen auf sich geladen haben. Hinzu kommt: Haben nicht gerade die Nazis mit solch kollektiven Schuldzuweisungen Juden gegenüber gearbeitet? Hat ihrer Ideologie zufolge nicht die Tatsache des Judeseins schon ausgereicht, um Juden kollektiv als Schuldige zu brandmarken?

Zugleich ist Heuss kein Philosoph. Ein »Zerfasern der Schuldbegriffe« à la Jaspers liegt ihm nicht. Eine vierfache Unterscheidung von Schuld? Weder führt er sie selbst durch, noch übernimmt er sie irgendwann von Jaspers. Zwar teilt er die Problem-Wahrnehmung einer Hannah Arendt bezüglich der in der Schoah zutage getretenen Erscheinung des »radikal Bösen« (Kap. III, 3–4). Aber die Konsequenzen, welche die politische Theoretikerin 1949 daraus gezogen hatte, teilt er nicht:

»Wo alle schuldig sind, kann im Grunde niemand mehr urteilen.« Dazu ist er zu sehr Politiker und damit immer auch ein Stück Volkspädagoge, der an die Aufklär- und Erziehbarkeit von Menschen glaubt. Zugleich aber will auch Heuss niemanden von der Hypothek entlasten, welche die deutschen Verbrechen darstellen. Er will, dass alle sich angesprochen fühlen, nicht nur die wenigen, die kriminelle Schuld auf sich geladen haben. Kurz: Heuss sucht seinerseits nach einer Kategorie jenseits von Schuldvergessenheit und Kollektivschuld.

Als Heuss in Wiesbaden Anfang Dezember 1949 anlässlich einer Feierstunde der Gesellschaft für christlich-jüdische Zusammenarbeit zu seiner vereinbarten Rede antritt (»Mut zur Liebe«: siehe Dok. I, 368–375), hat er die dringend nötige *dritte Kategorie* gefunden: Statt von Kollektivschuld spricht er von »Kollektivscham« und begründet diese erstmals öffentlich gebrauchte Wortwahl so:

> »Man hat von einer ›Kollektivschuld‹ des deutschen Volkes gesprochen. Das Wort Kollektivschuld und was dahinter steht, ist aber eine simple Vereinfachung, es ist eine Umdrehung, nämlich der Art, wie die Nazis es gewohnt waren, die Juden anzusehen: dass die Tatsache, Jude zu sein, bereits das Schuldphänomen in sich eingeschlossen habe. Aber so etwas wie eine Kollektivscham ist aus dieser Zeit gewachsen und geblieben. Das Schlimmste, was Hitler uns angetan hat – und er hat uns viel angetan –, ist doch dies gewesen, dass er uns in die Scham gezwungen hat, mit ihm und seinen Gesellen gemeinsam den Namen Deutsche zu tragen.« (Dok. I, 369)

Das Kunst-Wort von der Kollektivscham ist zweifellos eine der »folgenreichsten Wortschöpfungen« (U. Baumgärtner) von Theodor Heuss, die bis heute umstritten ist, auch unter Juden. Einige Stimmen seien genannt. Einzelheiten zur Debatte enthält die Studie von Ulrich Baumgärtner »Reden nach Hitler. Theodor Heuss – die Auseinandersetzung mit dem Nationalsozialismus« (2001). So bezeichnet der deutsch-jüdische Publizist Ralph Giordano noch 1987 in seinem Buch »Die zweite Schuld oder Von der Last Deutscher zu sein« Heuss' Wort von der Kollektivscham als »schlimm« und »tief unwahrhaftig«. Es sei »in mehrfacher Hinsicht ungeheuerlich«. Insbesondere Heuss' Formulierung, »Das Schlimmste, was Hitler uns angetan hat«, ist für Giordano inakzeptabel: »Uns? Hitler und wir?«, fragt er zurück. »Welche Rechtfertigung lässt die Geschichte des Dritten Reichs für eine solche Spaltung zwischen Volk und ›Führer‹, mit dem zur selben Nation zu gehören und in *einer* Epoche zu leben der Stolz der Millionen war? Hier wird eine Trennung konstruiert, die es nie gab, die angesichts der historischen Tatsachen völlig unglaubwürdig ist [...] Diese Nation stand, bis auf Ausnahmen, kollektiv hinter Hitler.« (S. 270) Ähnliches hatte schon früh, wie wir hörten, Hannah Arendt behauptet.

Giordanos Vorwurf an Heuss gipfelt denn auch in der Unterstellung, das Wort »Kollektivscham« habe einer Tabuisierung des Wortes Schuld und damit einer Ent-Schuldigung der Deutschen angesichts der NS-Verbrechen Vorschub geleistet: »Hinter den Worten von Theodor Heuss aber profiliert sich nur noch einmal der Tabucharakter der Kollektivschuldthese innerhalb der bundesdeutschen Gesellschaft, damals und heute immer noch. Dieser Begriff darf auf keinen Fall berührt werden, wenn aber doch, dann nur zum Zwecke striktester Ablehnung. Nur, ganz kann man sich nicht herausstehlen, so gern man möchte – und weicht aus: in ›Kollektivscham‹. Diese Ablassthese hat dann auch ihre Wirkung getan, bis in unsere Tage und wohl noch lange über sie hinaus. Sie ist begierig aufgegriffen worden von der Nachkriegsgesellschaft, als eine Art mildernden Ersatzes für härtere Urteile. Daher ihr Erfolg.« (S.270)

6. Jüdische Unterstützung

Das haben andere freilich anders gesehen. Gewiss kann man mit Ernst Wolfgang Becker fragen, ob Heuss es sich seinerseits nicht »zu leicht« gemacht hat, wenn er in Stuttgart im November 1945 davon spricht, das deutsche Volk habe sich in seiner Masse zu leicht »in die Fesseln des Nationalsozialismus« begeben (AüJ, 95). Hat Heuss damit nicht zugleich »seine Landsleute von konkreter Schuld« entlastet, »wenn er ihnen die Rolle des gefesselten Opfers zuwies, in die sie sich freilich zu leicht gefügt hätten«? In der Tat sind solche Formulierungen, die einem Großteil des deutschen Volkes »die Täterperspektive ersparen« und einen »akzeptablen Weg zu einer reduzierten Erinnerung« eröffnen, zumindest missverständlich oder für Selbstentlastungen missbrauchbar. (Becker 2011, 109)

Bei der Rede von einer »Kollektivscham« ist das weniger der Fall. Und noch zu Lebzeiten hatte Heuss Zustimmung durchaus auch von jüdischer Seite erhalten, in Deutschland *und* in Israel. Der Publizist Karl Marx (1897–1966) beispielsweise ist auf seiner Seite. Heuss kennt ihn aus gemeinsamen Zeiten bei der Deutschen Demokratischen Partei (DDP), bevor Marx als Jude Deutschland verlassen muss. Nach dem Krieg ist Marx einer der ersten Emigranten, die nach abenteuerlichen Exilzeiten nach Deutschland zurückkehren. Er wird einer der einflussreichsten jüdischen Publizisten im Nachkriegsdeutschland, seit 1948 u.a. Chefredakteur der »Allgemeinen Wochenzeitung der Juden in Deutschland«. 1949 kommt

Heuss ins Amt, und Marx nutzt seine früheren Kontakte, um auf höchster politischer Ebene Anstöße zugunsten eines neuen Verhältnisses von Juden und Deutschen zu geben. Noch ist wenig geschehen. Vier Jahre sind seit dem Krieg vergangen. Marx schlägt die Einrichtung eines Referats für jüdische Angelegenheit vor mit einem Juden als Leiter. Heuss und Adenauer reagieren positiv. Doch von Seiten der jüdischen Gemeinden kommen Einwände; man möchte direkt durch gewählte Vertreter mit der Bundesregierung verhandeln. So kommt es im Sommer 1950 zur Bildung eines bis heute bestehenden »Zentralrats der Juden in Deutschland«. Wir werden mehr davon hören, auch über die Rolle von Theodor Heuss und Konrad Adenauer (s. Kap. XI, 1–3).

Als kurz nach Heuss' Tod das Buch »Theodor Heuss. An und über Juden. Aus Schriften und Reden von 1906 bis 1963« erscheint (ich habe in der Einleitung bereits darauf hingewiesen), steuert Marx ein Geleitwort bei. Er erinnert sich an viele Begegnungen mit Heuss bis in dessen letzte Tage hinein, die schon von einer schweren Krankheit überschattet gewesen seien. Seine »Verehrung« und »Liebe« zu dem 14 Jahre Älteren sei »die des Schülers zu einem väterlichen Meister« gewesen, schreibt er. (AüJ, 8) Heuss selbst wird aus Anlass des 60. Geburtstags im Mai 1957 Marx einen »Gesinnungskameraden« nennen, der ihn »immer mit Offenheit und Takt über jüdische Dinge«, vor allem auch über solche personeller Art unterrichtet habe. (AüJ, 162) Unvergessen ist Marx vor allem sein erster Besuch kurz nach Heuss' Amtsantritt und das Gespräch zum Thema Kollektivschuld: »Heuss bat mich um meine Meinung: wir stimmten darin überein, dass gerade die Juden, die ja selbst zweitausend Jahre unter der Last einer Kollektivverurteilung standen, von dem gesamten deutschen Volk kein kollektives Schuldbekenntnis verlangen sollten [...] Wenige Wochen später prägte Theodor Heuss in Wiesbaden das Wort von der kollektiven Scham, das schnell zu einem Begriff wurde.« (AüJ, 8)

Eine ähnliche Reaktion in Israel nach Heuss' Vorlesung in Jerusalem im Mai 1960 (s. Kap. I, 1–2). Kein Geringerer als der Religionsphilosoph und Pädagoge Ernst Simon (1899–1988), einer der engsten Weggefährten Martin Bubers, in Berlin geboren und jetzt ebenfalls in Jerusalem lehrend, hält die Dankesrede und spricht Heuss auf die »glückliche Wortprägung von der ›Kollektivscham‹« an. Er, Heuss, habe damit nicht nur den Sprachschatz, sondern auch das »moralische Kapitel« seines Volkes und der Menschheit bereichert: »Kollektivscham empfindet und äußert immer nur derjenige, der als Person keine Individualscham nötig hat. Die Nichttäter schämen sich für die Täter und verhindern dadurch vielleicht künftige Untaten. So wird dic Welt ein kleines Stückchen weiter gebracht.« (RüI, 37f.)

7. Von der persönlichen Scham zur politischen Tugend

In der Tat war das wohl Heuss' Kalkül bei der Wortschöpfung »Kollektivscham« gewesen. Eine Ent-Schuldigung der wirklich Schuldigen war nicht gemeint, schon gar nicht gewollt. Wohl aber eine moralische Betroffenheit gerade auch derjenigen, die persönlich nicht schuldig an den Verbrechen geworden waren und so »keine Individualscham nötig« hätten, wie Ernst Simon formuliert. Gerade auch ihnen sollte das Argument genommen werden, nicht gemeint zu sein. *Alle* Deutschen, ob Täter oder Widerständler, ob Parteigenossen oder Emigranten, alle, die sich zum deutschen Volk zugehörig fühlen, sind, wenn auch in unterschiedlichem Grade und in unterschiedlicher Verantwortung, künftig von den Verbrechen des NS-Staates betroffen, die schließlich im Namen Deutschlands und des deutschen Volkes begangen worden waren. Der Name »Deutschland« ist durch das braune Gift ein für allemal kontaminiert: Das bewusst zu machen, ist Heuss' Grundanliegen, und hier liegt die tiefste Übereinstimmung mit Jaspers.

Schon in seiner Stuttgarter Rede vom November 1945 kann Heuss, wie wir hörten, »zornig, bedrückt, beschämt« davon sprechen, dass »die Ehre des deutschen Namens« in »den Dreck« gesunken und es unsere »Pflicht« sei, »uns und den Namen unseres Volkes wieder zu reinigen« (AüJ, 100). Ähnlich in seiner Rede vor dem »Kulturbund zur demokratischen Erneuerung Deutschlands« am 18. März 1946 in Berlin: »Wenn man in ein Volk hineingeboren ist, in seiner geistigen Luft aufwuchs und seine Geschichte weiß, seine Landschaft kennt, dann liebt man dieses Volk, zu dem man gehört. So liebten wir unser Vaterland. So entstand, ohne dass wir plump und vertraulich dem Beethoven oder Kant auf die Schulter klopften, das Bewusstsein, dass wir stolz darauf waren, Deutsche zu sein. Und das war das Scheußlichste und Schrecklichste, das uns der Nationalsozialismus antat, dass er uns zwang, uns schämen zu müssen, Deutsche zu sein, dass dieser Zwang und dieses Schämen uns selber vor unserem Gefühl erniedrigte, und dass wir Sehnsucht haben müssen nach dem Tag, wieder mit freier Seele stolz darauf sein zu dürfen, Deutscher zu sein. Das ist ein schwerer Weg der Selbstreinigung, den wir gehen müssen.« (Aufzeichnungen, 189f.) Und noch einmal in seiner »Mahnmal«-Rede von 1952 in Bergen-Belsen. Hier hatte Heuss, wie wir hörten (Kap. III, 4), von einer »Pedanterie des Mordens« gesprochen und daraus gefolgert: »Dies gerade ist die tiefste Verderbnis dieser Zeit. Und dies ist *unsere* Scham, dass sich solches im Raum *der* Volksgeschichte vollzog, aus der Lessing und Kant, Goethe und Schiller in das Weltbewusstsein traten. Diese Scham nimmt uns niemand, niemand ab.« (Dok. III, 396)

Aber dieses Pathos entsprang bei Heuss eben nicht bloß moralischer Betroffenheit sondern auch *politischem Kalkül*: »Mit der Übernahme dieser Kollektivscham, mit der Verpflichtung zur Erinnerung wollte er [Heuss] die Legitimität des neuen Staates stärken«, so Ernst Wolfgang Becker zu Recht (2011, 139) Im Klartext: Wollte Heuss zur politischen Verantwortung der Bürger aufrufen, zu praktischen Konsequenzen. Nie wieder Antisemitismus, nie wieder Auschwitz! Die »Scham« also sollte nicht in unpolitischer Innerlichkeit stecken bleiben, die Menschen nicht niederdrücken, nicht Ohnmachtsgefühle verstärken oder Ich-Schwäche bei den Adressaten befördern, im Gegenteil, sie sollte Ansporn sein für eine künftig andere politische Praxis, Movens für die Übernahme gesellschaftlicher Verantwortung. Er weiche durchaus »nicht dem Gesetz der Sühne aus«, läßt Heuss nach seiner Wiesbadener Rede eine Briefschreiberin wissen, aber sei es nicht so, »dass die Scham ein Weg zur Sühne« sei? (Briefe 1949–1954, 124) Wie hatte Ernst Simon in Jerusalem nach Heuss' Vorlesung gesagt? »Die Nichttäter schämen sich für die Täter und verhindern dadurch vielleicht künftige Untaten. So wird die Welt ein kleines Stückchen weiter gebracht.« Wunschdenken? Vielleicht. Das aber entspricht durchaus Heuss' Strategie der Ermutigung künftiger demokratischer Bewusstseinsbildung. Es kommt darauf an, aus der persönlichen Scham eine politische Tugend zu machen.

Darin ließ Heuss sich auch von Einreden bestimmter Bürger nicht abbringen. Als ihm ein Mediziner aus Marburg/Lahn 1949 auf seine Wiesbadener Rede hin schreibt, das Wort Kollektivscham sei genau so »entschieden abzulehnen« wie das Wort »Kollektivschuld«, weil man auch Scham »nur gegenüber eigenem Verschulden oder Mitwirken empfinden« könne, antwortet Heuss knapp und entschieden:

> »Freundlichen Dank für Ihren Versuch, mich zu belehren, dass es eine Kollektivscham nicht geben könne, zu schämen brauche sich nur der, der selber schuldig geworden ist. Der Versuch mag logizistisch durchgeführt sein, er geht aber irgendwie an den psychischen Tatbeständen vorbei. Ich habe mich in der Nazizeit geschämt, wenn ich einen Juden mit dem Judenstern bemerkte oder auf einer Bank die Aufschrift fand ›für Juden verboten‹.« (Briefwechsel 1949–1959, 100)

Mehr noch: Als Heuss nach seiner Mahnmal-Rede in Bergen-Belsen 1952 (s. Dok. III, 392–398) einen Brief erhält, in dem *erstens* behauptet wird, er, der Briefschreiber, habe niemanden getroffen, der vor Frühjahr 1945 etwas von Auschwitz oder Bergen-Belsen gewusst habe, in dem *zweitens* unterstellt wird, Heuss habe trotz allem die Kollektivschuldthese wiederbelebt und in dem *drittens* angeregt wird, man solle ein letztes Urteil über Schuld Gott überlassen, lässt Heuss durch seinen Sekretär scharf antworten. *Erstens:* Dass »Juden vernichtet und Kranke gemordet« worden seien, »hätten nur die Leute nicht gewusst, die sich in diesen bösen Jahren eine Idylle glaubten gestatten zu können«. *Zweitens*: Eine Stärkung der Kollektivschuld-These im Ausland durch die Rede in Bergen-Belsen könne nur jemand behaupten, der nicht wisse, mit welch eindeutiger Schroffheit der Bundespräsident sich bereits vor über drei Jahren von der Kollektivschuld-These distanziert habe.

Und *drittens* habe der Bundespräsident »nicht die Absicht, Gott seine Entscheidungen abzunehmen«, aber er halte es »auch nicht für seine Pflicht, den Deutschen das sich in das Vergessenwollen und Nichtgewussthaben flüchten zu können allzu leicht zu machen«. (Briefe 1949–1954, 391f.) Und noch einmal 1960. Während seines Israel-Besuchs von einem Journalisten auf die Schuld-Scham-Problematik angesprochen, redet Heuss auch hier Klartext:

> »Jeder von uns Deutschen hat sich für seine Person, und unser ganzes Volk als Kollektiv vor den Juden in ihrer Gesamtheit und vor jedem Juden als Individuum dessen zu schämen, was Menschen meiner Nation verbrochen haben. Ebenso erfüllt von dieser Scham stehen wir aber auch vor der Geschichte da, vor der der Name des deutschen Volkes derart geschändet worden ist.« (AüJ, 206)

Szenenwechsel, nicht Themenwechsel.

IX. Einsatz für den christlich-jüdischen Dialog

»Sie haben recht, dass ich in der Entkrampfung der jüdisch-deutschen Beziehungen und in der Wiederherstellung wechselseitig guter Gesinnungen von Beginn meines Amtes an eine meiner vornehmsten Aufgaben gesehen habe«, schreibt Heuss am 1. April 1953 einem Bonner Bundestagsabgeordneten. (Briefe 1949–1954, 435f.) Fast vier Jahre ist er jetzt im Amt, und in der Tat sind im Blick auf die »jüdisch-deutschen Beziehungen« mittlerweile wichtige Weichenstellungen vollzogen worden.

So hatte Heuss von Anfang seiner Amtszeit an Initiativen unterstützt, die sich für Verständigung und Zusammenarbeit von Christen und Juden vor Ort einsetzen. Wie solche Initiativen entstanden sind, ist hier nicht im Detail auszubreiten. Ich beschränke mich auf das Wesentliche und bleibe auf die Rolle von Heuss konzentriert. Einzelheiten enthalten die Studien von Frank Stern »Im Anfang war Auschwitz. Antisemitismus und Philosemitismus im deutschen Nachkrieg« (1991) und von Josef Foschepoth »Im Schatten der Vergangenheit. Die Anfänge der Gesellschaften für christlich-jüdische Zusammenarbeit« (1993).

1. Die »Gesellschaften für christlich-jüdische Zusammenarbeit«

Was sich in den USA schon bewährt hatte, sollte auch im Nachkriegs-Deutschland der demokratischen Bewusstseinsbildung dienen. 1927 war unter dem Eindruck zunehmender rassistischer Ausschreitungen (»Ku-Klux-Klan«) in den Vereinigten Staaten eine »National Conference of Christians and Jews« (NCCJ) gegründet worden und zwar mit dem Ziel, im Geist der Brüderlichkeit und der Toleranz die politische Kultur der USA zu verändern. Entsprechend begeht man hier seit 1934 sogenannte »Brotherhood Weeks«, die zur Erinnerung an den Geburtstag von George Washington am 22. Februar 1735 jeweils Ende Februar, Anfang März abgehalten werden. Auch in Europa, wo man von Einzelinitiativen abgesehen bisher keine institutionalisierte Kooperation von Christen und Juden kennt, hatten die Verbrechen der Schoah neue Formen der Verständigung dringlich werden lassen. So kommt es 1946 im schweizerischen Seelisberg zu einer »Christlich-jüdischen Vereinigung gegen den Antisemitismus«. Ein Jahr später werden am selben Ort bei einer Dringlichkeitskonferenz zehn später berühmt gewordene Thesen zur Gestaltung der christlich-jüdischen Beziehungen und zur Bekämpfung des Antisemitismus veröffentlicht. Wiederum ein Jahr später wird im schweizerischen Fribourg der »Internationale Rat der Christen und Juden« (ICCJ) ins Leben gerufen, der heute seinen Sitz in dem von Martin Buber einst bewohnten Haus in Heppenheim an der Bergstraße hat.

Und im Nachkriegs-Deutschland? Hier wird die Initiative zur Gründung entsprechender Gesellschaften nach dem Modell der USA intensiv von der amerikanischen Militärverwaltung unter General Lucius D. Clay (1897–1978) unterstützt, ist somit »ein wichtiger Bestandteil der amerikanischen Umerziehungspolitik, der es nicht nur um die Beseitigung nationalsozialistischer Einrichtungen und die personelle Säuberung ging, sondern auch und vor allem um die Schaffung einer neuen demokratischen Kultur.« (J. Foschepoth, Im Schatten der Vergangenheit, 1993, 61f.) In den Jahren 1948 und 1949 entstehen denn auch unter amerikanischer Protektion in München, Stuttgart, Wiesbaden und Frankfurt/M. erste »Gesellschaften für christlich-jüdische Zusammenarbeit«. Mehr noch: Um die Arbeit dieser lokalen Gesellschaften untereinander abzustimmen, konstituiert sich im September 1949 in Bad Nauheim ein »Deutscher Koordinierungsrat« (DKR). Dieser verleiht seit 1968 zum Gedenken an die beiden großen deutsch-jüdischen Religionsphilosophen und Bibelübersetzer Martin Buber (1878–1965) und Franz Rosenzweig (1886–1929) für Verdienste um die christlich-jüdische Verständigung die »Buber-Rosenzweig-Medaille«. Dies geschieht jährlich im Rahmen einer »Woche der Brüderlichkeit«, die es seit 1950 zunächst in einzelnen Städten und seit 1952 bundesweit gibt und die einmal im Jahr ebenfalls Anfang März durchgeführt wird.

2. Schirmherr der »Woche der Brüderlichkeit«

Damit kommt Theodor Heuss ins Spiel. Im November 1948 war auch in Wiesbaden eine »Gesellschaft für christlich-jüdische Zusammenarbeit« gegründet worden. Ein Jahr später, am 7. Dezember 1949, tritt sie mit einer Veranstaltung an die Öffentlichkeit, die aus einem doppelten Grund große Beachtung findet. Man kann *erstens* den soeben am 12. September 1949 neu gewählten Bundespräsidenten Theodor Heuss als Festredner gewinnen, und dieser wirft *zweitens* in seiner Rede erstmals das später viel diskutierte Wort von der »Kollektivscham« der Deutschen in die öffentliche Debatte (s. Dok. I, 369). Wir haben davon berichtet (Kap. VIII). Im Kommentar zur »Wiesbadener Rede 1949« (s. Dok. I, 365–368) sind Grundinformationen zum zeitgeschichtlichen Hintergrund und zum Ablauf der Festveranstaltung angegeben.

Mehr noch: Als drei Jahre später vom 9.– 16. März 1952 eine erste bundesweite »Woche der Brüderlichkeit« begangen wird, sind gegenüber 1949 bereits weitere wichtige Schritte vollzogen worden. Am 19. Juli 1950 war in Frankfurt/M. der »Zentralrat deutscher Juden« (ZdJ) gegründet worden, eine jüdische Selbstorganisation nach innen und eine Vertretung jüdischer Interessen nach außen. Zu diesem Zeitpunkt leben noch rund 20.000 Juden in Deutschland, viele mit dem Gefühl, auf »gepackten Koffern« zu sitzen und zu Gemeinden zu gehören, deren alleiniges Ziel es ist, den vorübergehenden Aufenthalt zu erleichtern, die Menschen bei der Emigration zu unterstützen und somit auf mittlere Sicht sich selbst überflüssig zu machen. Mit Rabbi Walter Homolka, Rektor des reformjüdischen Abraham-Geiger-Kollegs in Potsdam, wird man zur Nachkriegssituation jüdischer Gemeinden in Deutschland sagen können: »Im Jahre 1952 hatten die jüdischen Gemeinden in Deutschland laut einer Statistik des American Jewish Joint Distribution Committee nur noch 20.886 Mitglieder. Jüdisches Leben nach der Schoah, das bedeutete vor allem Solidarität und die Möglichkeit, einander in einem geschützten Raum ein Stück Heimat zu geben. Die internationale jüdische Gemeinschaft beobachtete den Aufbau nach dem Untergang, die Konsolidierung jüdischen Lebens im ›Land der Täter‹, indes mit Skepsis, ja Unverständnis, zumal der neu gegründete Staat Israel eine Alternative zu bieten schien.« (Jüdisches Leben in Deutschland, 2013, 129)

Und diese nach der Schoah vor allem für Juden in Deutschland völlig veränderte Situation musste auch ein Unternehmen mit dem Ziel einer »Zusammenarbeit« von Christen und Juden problematisch erscheinen lassen. Wer hat hier wirklich noch mit wem »zusammenarbeiten« können? Gab es dafür noch Partner? Viel Wunschdenken vor allem auf deutscher bzw. christlicher Seite mag hier am Werk gewesen sein. Bruchlos anzuknüpfen an die Zeiten vor 1933 jedenfalls war nach allem, was geschehen war, undenkbar. Frank Stern hat dies in seiner Untersuchung über »Antisemitismus und Philosemitismus im deutschen Nachkrieg« (1991) mit Recht festgehalten – skeptisch auch gegenüber Heuss: »Was auch immer an dieser Partnerschaft gesellschaftliche Wirklichkeit gewesen war, konnte die Zeit des Dritten Reiches – bis auf individuelle Erfahrungen des Überlebens mithilfe Deutscher – nicht überdauern. Die Diskrepanz zwischen dem von Heuss formulierten guten Willen zu deutsch-jüdischer Kontinuität auf deutscher Seite und veränderten gesellschaftlichen Bedingungen sowie dem historischen Einschnitt auf jüdischer Seite war durch noch so wohlmeinende Reden nicht zu überbrücken. Dieser Kontinuität fehlte die soziale Basis. Das traditionelle deutsche Judentum existierte nicht mehr in Deutschland; überlebt hatten einzelne Juden, keine soziale Gruppe. Und diese empfanden sich in ihrer Mehrheit von nun an als Juden in Deutschland und nicht mehr als deutsche Juden.« (1991, 268)

Doch Wunschdenken hin oder her: Heuss glaubt nun einmal an einen »Neubeginn« des Verhältnisses von Deutschen und Juden auch in Deutschland, wie er der jüdischen Gemeinschaft zu Rosh ha-Shana 1951 schreibt (AüJ, 115). Hätte er resignieren sollen? Alle Aktivitäten als sinnlos einstellen? Dem Fatalismus oder Zynismus das Feld überlassen? Oder einem nach wie vor wabernden Antisemitismus unter den Deutschen? Dass es durch die Schoah Abgründe und Abbrüche im Verhältnis Deutsche – Juden gegeben hat, war ihm nur zu bewusst. Weitermachen, als hätte es das alles nicht gegeben und als könne man bruchlos noch auf ein deutsches Judentum setzen, entspricht seiner Überzeugung ebenso wenig wie resignatives Abwinken und lähmendes Nichtstun. Wie andere glaubt auch er daran, dass er als Person und Amtsträger gefordert ist.

Aus dieser Überzeugung heraus übernimmt Heuss 1952 die Schirmherrschaft über die »Woche der Brüderlichkeit« und trägt mit einer »Rundfunkansprache« (s. Dok. II, 380–385) dazu bei, der neuen Einrichtung bundesweite Beachtung zu verschaffen. Ausdrücklich verweist er dabei wie drei Jahre zuvor schon in seiner Wiesbadener Rede (s. Komm. zur Dok. I, 365–368) auf die Tätigkeit des US-Präsidenten Harry Truman für dieselbe Sache: »Als ich gebeten wurde, die ›Woche der Brüderlichkeit‹ mit einigen Ausführungen einzuleiten, ähnlich, wie das Präsident Truman für die USA getan hat …«. Wer seine öffentliche Reden so beginnt, setzt ein politisches Signal, stellt sich gezielt »in eine Reihe mit dem Präsidenten der ehemaligen Besatzungsmacht«, der ja noch im Amt ist, und beansprucht damit »für sich und die Bundesrepublik indirekt einen gleichberechtigten Status«. (U. Baumgärtner, 2001, 216) Und dies umso entschiedener, als er sich gleich im nächsten Satz voll hinter das Sach-Anliegen stellt: »Diese Woche wurde angeregt und wird bei uns durchgeführt von dem deutschen Koordinierungsrat der Gesellschaften für christlich-jüdische Zusammenarbeit. Dem Wirken und der Zielsetzung dieser

Vereinigung gehört seit ihrem Beginn meine sachliche und persönliche Sympathie.« (Dok. II, 380)

Diese Sympathie läßt auch in den folgenden Jahren nicht nach, zumal Heuss sich im Klaren ist, dass die Arbeit des Koordinierungsrats vor »Enttäuschungen« nicht verschont werden würde und dass noch »mancherlei Schutt auf den Seelen« der Menschen liegt. Aber er glaubt nun einmal daran, dass »Einsicht und Kenntnis« eingepflanzt werden müssen, ja hält es für eine »Gewissenspflicht, nach all dem, was geschehen«, »wohl auch als Nötigung des Gewissens«. So in einem Brief vom 22. Februar 1954 an Leopold Goldschmidt (1896–1987), Direktoriumsmitglied des Zentralrats der Juden in Deutschland. Heuss entschuldigt sich, an der diesjährigen »Woche der Brüderlichkeit« nicht persönlich teilnehmen zu können. Wie tief seine Problemwahrnehmung *und zugleich* seine Glaubensüberzeugung im Spannungsfeld von Deutschtum/Christentum und Judentum ist, zeigt der letzte Abschnitt desselben Briefes eindrucksvoll:

> »Nun bin ich aus vielerlei persönlicher Erfahrung in diesem Bereich, aus mündlichem und brieflichem Gedankenaustausch mir darüber völlig klar, dass das wohltätige Streben, zwischen Christen und Juden, oder zwischen Deutschen und Juden, – die Formeln werden, nach der inneren Haltung der einzelnen, im Wechsel gebraucht – einen fruchtbaren Ausgleich und eine achtungsvolle Schätzung zu gewinnen, gerade auch in jüdischen Kreisen nicht überall Zustimmung findet. Ich vermag das zu begreifen, wo nicht nur äußere Schädigung und Existenzvernichtung, sondern tiefe seelische Verwundung Schicksale in die Not gezwungen oder alte vertraute Empfindungen zerwühlt und zerstört haben. Aber alles Verständnis für die Sachlage nimmt nicht die Sorge von uns,

auch von Ihnen nicht, dass hier eine Gefährdung für das Werk liegt, dem Sie, dem wir dienen. Ich glaube, dass es erlaubt, ja vielleicht nützlich ist, dies einmal ruhig und offen auszusprechen. Es ist von Deutschen – ich sage nicht, wie es der vereinfachende Tonfall böser Jahre wollte – von *den* Deutschen – Schlimmstes gegen Menschen jüdischer Herkunft geschehen. Auf dem Weg, der über so viel Leid in einen Bezirk des freien und gleichen Atmens führen soll, dürfen nun nicht Steine des Anstoßes neu gerollt werden, die den vorsichtig und tapfer Schreitenden den Mut nehmen, dass das Ziel in brüderlicher Gesinnung erreicht werden kann.« (Briefe 1949–1954, 529)

3. Wider Pauschalurteile und Selbstgerechtigkeit

Im Kommentar dieses Buches zur Heuss'schen Rundfunkrede 1952 (s. Dok. II, 376–379) sind weitere Einzelheiten zum zeitgeschichtlichen Kontext, zur Argumentation und zum Stil der Rede angegeben. Hier konzentriere ich mich auf die Frage: Was sind Kerngedanken, die beide Reden, die von 1949 und die von 1952, zusammenhalten? Heuss will ja in beiden Fällen mehr als Fakten aufzählen oder moralischen Abscheu erzeugen. Er will argumentieren und analysieren. Welche Argumentationsstrategie aber verfolgt Heuss, um die tiefer liegenden Ursachen der Schoah freizulegen?

Schaut man sich beide Texte unter dieser Fragestellung an, erkennt man eine doppelte Zeitdimension. Was die *Vergangenheit* angeht, so spricht Heuss, wie wir hörten (Kap. III, 4), in unbestechlicher Klarheit von der »kalten Grausamkeit der rationalen Pedanterie« des Mordens als dem »sonderlich deutschen Beitrag« im Zeichen eines gnadenlos-tödlichen »biologischen Materialismus, der keine moralischen Kategorien«

kennt und anerkennt, so in Wiesbaden 1949 (Dok. I, 370). 1952 spricht Heuss in seiner Rundfunkansprache von einer »Propaganda des Hasses«, die man in Deutschland erlebt habe und vom »Unheil« der »sogenannten Rassenlehre«, welche die »sittliche Selbstverantwortung und die menschliche Bewertung des anderen in einen wissenschaftlich verkleideten Naturalismus« aufgelöst habe. (Dok. II, 383) Heuss braucht das, weil er in seiner Rundfunkrede das Wort »Brüderlichkeit« zunächst problematisieren will und muss. Offensiv will er wie schon in seiner Stuttgarter Rede 1945 (Kap. VIII, 4) die Einreden der Skeptiker und Zyniker aufnehmen: »Brüderlichkeit«? Bloß *eine* Woche dafür – und danach? Ist die Rede davon mehr als »Propaganda«? Und: Ist die »Wortfanfare« »Brüderlichkeit« geschichtlich nicht längst verraten worden, kontaminiert mit Unrecht und Blutgeruch? Ist die Französische Revolution dafür nicht das klassische Beispiel? Nein, den »Skeptikern unter den Hörern« will Heuss keinen Vorwand liefern, die Ohren zu schließen, nur weil er naiv, »frischfröhlich« über die Probleme hinweggeredet habe.

Dabei aber belässt es Heuss nicht. Denn er will für die *Zukunft* Verhaltensmuster freilegen und bekämpfen, die letztlich aller Ideologie des Rassismus zugrunde liegen. Es ist die *Verführbarkeit zu Pauschalurteilen* über Andere: »den« Juden, »den« Franzosen, »den« Engländer. Wir müssten endlich, so Heuss, »aus den globalen Wertungen des Menschen herauskommen«: *Das* ist seine Forderung in Wiesbaden 1949. »Wir dürfen nicht immer sagen: Er ist ein Franzose – also; er ist ein Engländer – also; er ist ein Deutscher – also; er ist ein Jude – also. Nein, so geht es nicht. Wir müssen im Verhältnis Mensch zu Mensch eine freie Bewertung des Menschentums zurückgewinnen.« (Dok. I, 371) Im Kern also geht es darum, eingeschliffene Denk- und Reaktionsweisen durchschauen zu lernen und oft über Generationen akkumulierte Kollektivstereotypen aufzulösen, mit denen man Bilder vom je Anderen eingefroren hat. In seiner »Rundfunkrede 1952« benutzt Heuss für dieses sein Grundanliegen den bewusst populären (und gegenüber Juden nicht unproblematischen) Ausdruck »Pharisäismus als Geisteshaltung« und meint damit »dieses Sich--Besser-Dünken oder gar Sich-Besser-Wissen gegenüber den anderen, sei es der Nächste, gar der Bruder, sei es der Fremde – *das* ist die Krankheit der Menschen *und* der Völker.« (Dok. II, 382)

Wie also erreicht und verwirklicht man das Ideal von »Brüderlichkeit«, um deretwillen man ab dem Jahr 1952 in ganz Deutschland eine ganze Woche begeht? Heuss' Antwort: Indem man die *Selbstgerechtigkeit* durchschaut und bekämpft. Sie sei die eigentliche »Gegenkraft«, der entscheidende »Gegenspieler« zu jeder »brüderlichen Gesinnung« (Dok. II, 382). Sie gefährde den Einzelnen genauso wie die Gemeinschaft der Glaubenden und der Nationen, die Deutschen genauso wie die Franzosen, Engländer oder Amerikaner. Nur wenn man mit dieser Selbstgerechtigkeit fertig wird, so Heuss, »*dann* ist die Schwelle in das große Haus einer brüderlichen Gesinnung, in dem viele, viele Menschen mit vielen, vielen Sprachen und vielen, vielen Sitten wohnen mögen, überschritten.« (Dok. II, 382)

4. Es geht um mehr als Toleranz: Kronzeuge Lessing

Historisch beschlagen wie er ist, weiß Heuss dabei selbstverständlich, dass er mit seinem Grundanliegen der Bekämpfung von Pauschalurteilen und Selbstgerechtigkeit in einer großen Tradition steht: der der europäischen Aufklärung. Und für diese Tradition steht in Deutschland ein Name: Gotthold Ephraim Lessing (1729–1781), der Autor des »dramatischen Gedichts« von »Nathan dem Weisen« (1779). Es ist dasjenige Theaterstück in der deutschsprachigen Literatur, in dem die positiv gezeichnete Figur eines Juden im Zentrum steht. Ich selbst habe mich vor allem in meinem Buch »Im Ringen um den wahren Ring. Lessings ›Nathan‹ – eine Herausforderung der Religionen« (2011) zur Dramaturgie und Programmatik des »Nathan« ausführlich geäußert und kann mich hier deshalb auf Elementares beschränken.

Keine der Schlüsselreden von Heuss zum Komplex Deutschtum/Christentum-Judentum kommt ohne den Namen Lessing aus. Das ist auffällig. Und kennt man die Wirkungsgeschichte des »Nathan« nach 1945, ist zugleich auffällig, dass Heuss von Anfang an zwei damals schon geläufige Einstellungen gegenüber Lessings Klassiker verwirft: den skeptischen Relativismus und den humanistischen Reduktionismus. Was heißt das?

Zum *skeptischen Relativismus* gehört die Behauptung, Lessings Stück präsentiere ungebrochen noch eine naive Form von »Aufklärung«, will sagen: Glaube noch an Ideale wie Vernunft, Toleranz, Brüderlichkeit und Versöhnbarkeit der Religionen. Spätestens aber mit der Schoah sei dieser Glaube erledigt, weil geschichtlich endgültig widerlegt. Gelesen im fahlen Licht von Auschwitz bleibe von Lessings »Nathan« nichts als ein schöner Traum, den man im 18. Jahrhundert noch hatte träumen können, der sich aber angesichts der geschichtlichen und politischen Katastrophen im 20. Jahrhundert als pure Selbsttäuschung erwies.

Heuss hält dagegen. Schon seine Wiesbadener Rede eröffnet er mit einem Hinweis auf das 18. Jahrhundert. Es gehöre, so Heuss, zu den »vielen Billigkeiten unserer Zeit und unseres Landes, von dem 18. Jahrhundert gering zu denken«, während die Amerikaner »stolz« darauf seien, »von ihm ihre Kraft bezogen zu haben und zu beziehen.« (Dok. I, 368) Ja, das Wort »Aufklärung« sei in Deutschland ein »Spottwort der Gebildeten geworden«. Man müsse jedoch nur Namen wie die von Voltaire, Benjamin Franklin und Lessing nennen, um zu wissen, was wir »dieser Zeit, diesem 18. Jahrhundert« verdankten. Und wörtlich fügt Heuss hinzu: »Gerade wenn ein Mann wie Lessing genannt wird – Sie mögen es vielleicht banal finden, aber er muss heute genannt werden – dann fällt von dem Gespräch alles weg, was nach sentimentaler Wehleidigkeit aussehen müsste. Lessing war ein Mann von herrlicher Tapferkeit, und diese gehört zu unserem Gespräch.« (Dok. I, 368) Tapferkeit? Ja, Tapferkeit bei der Bekämpfung von Vorurteilen, Pauschalwertungen und Selbstgerechtigkeiten einerseits und andererseits Tapferkeit bei der Propagierung einer Grundhaltung gegenüber den je Anderen (Andersglaubenden, Andersdenkenden, Anderslebenden) im Geiste der »von Vorurteilen freien Liebe«, wozu die »Ringparabel« in Lessings »Nathan« herausfordert.

Von daher ist es nur konsequent, wenn Heuss von Anfang an auch einen *humanistischen Reduktionismus* ablehnt, der Lessings Drama auf ein bloßes »Toleranz«-Stück verkleinert. »Toleranz«! Dieses Wort schmeckt Heuss überhaupt nicht. In seinen Sprachvorrat habe er es nicht aufgenommen, erklärt er in seiner Rundfunkrede von 1952. Vielleicht hatte er sich ja auch ein entsprechendes Goethe-Wort gemerkt, nachzulesen in den »Maximen und Reflexionen«: »Toleranz sollte eigentlich nur eine vorübergehende Gesinnung sein; sie muss zur Anerkennung führen. Dulden heißt beleidigen.« Ein »Prediger der

Toleranz« jedenfalls will Heuss ausdrücklich nicht sein. Dem Wort hängt nach seinem Geschmack die Vorstellung von »lässlichem Gewährenlassen, von duldender Unverbindlichkeit« an. Noch 1959 wird Heuss bei der Verleihung des Friedenspreises des Deutschen Buchhandels seinen Hörern zurufen: »Denken Sie, ich habe mein Leben lang das Wort ›Toleranz‹ nicht leiden können, den anderen dulden, vielleicht sogar erdulden: das ist einmal Anmaßung, dann aber hat es auch den Unterton des Schwächlichen, ja Weichlichen gewonnen.« (GrR I, 323)

5. Von Tapferkeit, Goldener Regel und Nächstenliebe

Dabei weiß auch Heuss, dass es Situationen von Intoleranz gibt, die schlechterdings nicht zu »dulden« sind. Wer dürfte gegenüber »zynischen Rechtsbrechern, auch gegenüber dem Spieler und dem Verspieler von Volksschicksalen« tolerant sein? So wiederum in der Rundfunkrede 1952 (Dok. II, 383). Recht verstanden aber gehe es in der Sache der Toleranz gerade nicht um ein schwächliches Hinnehmen, um eine Art gleichgültig-duldendes Geschehenlassen. Man müsse ja nur den Namen von Gotthold Ephraim Lessing nennen und wisse, worauf es ankomme, denn »in dessen Natur« habe »keine sentimentale Weichlichkeit, sondern eine kämpferische, tapfere Seele« gesteckt. (Dok. II, 383) Schon 1929 hatte Heuss in diese Richtung gewiesen. In einem Artikel zum 200. Geburtstag Lessings nimmt er ausdrücklich »das Bürgerliche« und die »Humanität« vor Missverständnissen und Verzerrungen in Schutz. Das »Bürgerliche«? Bei Lessing habe es noch »etwas Junges, Freies, Tapferes und Selbstbewusstes« gehabt. Die »Humanität«? Bei Lessing sei sie gelöst gewesen von aller

»Weichlichkeit und Allerweltsseligkeit«. Und die »Toleranz« im »Nathan«? Sie sei »nicht bloß ›Duldung‹, ein nachsichtiges Gewährenlassen fremder Art, sondern ein liebendes Begreifen und Ergreifen dieser fremden Art«. Und Heuss zitiert an dieser Stelle die entscheidenden Verse aus Lessings »Ringparabel«:

> »Es eifre jeder seiner unbestochenen
> Von Vorurteilen freien Liebe nach!
> Es strebe jeder von Euch um die Wette,
> Die Kraft des Steins in seinem Ring an Tag
> Zu legen! Komme dieser Kraft mit Sanftmut
> Mit herzlicher Verträglichkeit, mit Wohltun,
> Mit innigster Ergebenheit in Gott,
> Zu Hilf'!« (Bücherwand, 50)

Diese *Lessingsche Tapferkeit* will Heuss gerade heute angesichts der geschichtlich beispiellosen Schändung von Humanität wiedergewinnen: »eine Tapferkeit gegen sich selbst, gegenüber Denkgewöhnung, die zur Denkfaulheit geworden, gegenüber der Trägheit des Herzens; auch gegenüber einer eingängigen Formelwelt von gefrorenen oder gefrierenden Begriffen.« (Dok. II, 383)

»Toleranz« also ist der Sache nach für Heuss »mehr als ein passives, ›duldendes‹ Hinnehmen der Gegebenheiten und Sonderlichkeiten«, vielmehr ein »Element aktiver Tapferkeit« (GrR I, 324) – und zwar in letzter Konsequenz einzutreten für die unverlierbare Würde eines jeden Menschen: »Das Wissen um die Würde«, so Heuss in seiner ersten Grußadresse als Bundespräsident zum jüdischen Neujahrsfest 1949, »muss zu einer Kraft werden, die den anderen nicht nur in seinem Glauben und seinen Traditionen ›duldet‹, sondern ihn achtet, bis und damit ein in der Menschenliebe gefestigtes Gemeingefühl unser Sein und Schicksal überwölbt.« (AüJ, 113) Es gibt für Heuss somit einen unlösbaren Zusammenhang von Menschenwürde und Menschenliebe. Gerade Lessing hatte dies erkannt. Nicht zufällig hatte er die in seiner »Ringparabel« geforderte von »Vorurteilen freien Liebe« unter Menschen in der Liebe des Vaters verankert, aus der heraus dieser die drei Ringe hatte ununterscheidbar machen lassen. Und dieser »Vater« steht in dieser Parabel bekanntlich für Gott, den Vater. Für Lessing also ist die geforderte Liebe unter Menschen in der Liebe Gottes zu seinen »Kindern« (welcher Religion auch immer) begründet. Sie sollen untereinander die Liebe weitergeben, die der Schöpfergott bereits für sie aufgebracht hat.

Dieses Liebesmotiv ist auch in der Botschaft Jesu verbürgt. Heuss weiß das. Es gründet in den Worten Jesu, wie sie das Neue Testament überliefert hat und konkretisiert sich hier im Gebot der Wechselseitigkeit und im direkten Gebot der Nächstenliebe. Das Gebot der Wechselseitigkeit kennen wir als »Goldene Regel«, die im Neuen Testament (anders als beim entsprechenden deutschen Sprichwort) in einer *positiven* Fassung überliefert ist: »Was ihr von anderen erwartet, das tut ebenso auch ihnen.« (Lk 6,31; Mt 7,12) Das Gebot der Nächstenliebe findet seinen Ausdruck in dem neutestamentlichen Kernsatz: »Du sollst deinen Nächsten lieben wie dich selbst.« (Mt 19,19; 22,39; Lk 10,27; Mk 12,31) An beide Gebote erinnert Heuss am Ende seiner Rundfunkansprache von 1952, ausgehend von der wahrhaftig dringenden Frage, welchen Sinn die Rede von »Brüderlichkeit« heute überhaupt noch habe. Wer das Wort in den Mund nehme, der erscheine den einen als »Träumer«, den anderen als »Zyniker«. Was also? Einen Sinn hat das Wort nur dann, so Heuss, wenn es »da und da, dort und dort eine Menschenseele anrührt, das *Leid des anderen, auch die Freude des anderen, als eigenes Leid, als eigene*

Freude zu empfinden, zu tragen oder zu genießen.« (Dok. II, 385) Dann, ja dann würden die Dinge wieder »ganz einfach« werden. Alles »Geschraubte und alles Verdeckte« sinke hinweg. Am Schluss bleibe das Wort, das weder um Recherche noch um Fragebogen bemüht gewesen sei: »Liebe Deinen Nächsten wie Dich selbst.« (Dok. II, 385)

X. Begegnungen mit Rabbi Leo Baeck

Den Anderen in seinem Glauben nicht nur »dulden«, sondern »achten«: Dieser Satz von Theodor Heuss war und ist eine Herausforderung gerade auch für die etablierten christlichen Kirchen, die, als dieser Satz 1949 geschrieben wurde, noch in ihren dogmatischen »Schützengräben« liegen und von einem interreligiösen Dialog im Sinne der Wertschätzung des Glaubenszeugnisses Anderer noch weit entfernt sind. Wir haben zum Versagen der Kirchen im Blick auf die »Judenfrage« im Dritten Reich und unmittelbar nach 1945 schon das Nötige gehört (s. Kap. IV, 3–4; Kap. VIII, 1). Die Katholische Kirche wird sich erst 15 Jahre später für den interreligiösen Dialog öffnen und, niedergelegt in der 1965 verabschiedeten »Erklärung über die Beziehungen der Kirche zu den nichtchristlichen Religionen« (»Nostra aetate«) des Zweiten Vatikanischen Konzils, auch gegenüber dem Judentum eine dialogische Grundhaltung einnehmen. Die Evangelische Kirche in Deutschland (EKD) wird erst 1975 durch eine bahnbrechende Studie unter dem Titel »Christen und Juden« nachziehen.

Das alles kann ich hier nur andeuten. Einzelheiten zur Geschichte des interreligiösen Dialogs im 20. Jahrhundert sind nachzulesen in meinem Buch »Leben ist Brückenschlagen. Vordenker des interreligiösen Dialogs« (2012), insbesondere in den Kapiteln über zwei große jüdische Denker des 20. Jahrhunderts: Martin Buber und Abraham Joshua Heschel. Ebenfalls nachzulesen in den beiden großen Dokumentationsbänden: »Die Kirchen und das Judentum. Dokumente von 1945–1985«, 1988 herausgegeben von Rolf Rendtorff und Hans Hermann Henrix sowie »Die Kirchen und das Judentum. Dokumente von 1986–2000«, herausgegeben von Hans Hermann Henrix und Wolfgang Kraus, 2001.

1. Berlin – Theresienstadt – London: Wege eines deutschen Juden

Theodor Heuss ist weder Theologe noch Religionswissenschaftler. Aber er versteht von beidem genug, um nicht nur die politischen, geschichtlichen und kulturellen, sondern auch die religiös-theologischen Dimensionen des Verhältnisses von Christen und Juden einschätzen zu können. Und dass er das kann, verdankt er vor allem einem Mann, der neben Martin Buber und Franz Rosenzweig einer der großen Denker und Repräsentanten des deutschsprachigen Judentums im 20. Jahrhundert geworden ist: Leo Baeck (1873–1956). In Lissa (heute: Leszno) in der damaligen preußischen Provinz Posen geboren, arbeitet Baeck nach Rabbinerstellen in Oppeln und Düsseldorf von 1912 an in Berlin als Gemeinderabbiner und ab 1913 auch als Dozent an der Hochschule für die Wissenschaft des Judentums. Seinen Ruf als *Wissenschaftler und Denker* erwirbt er sich, als er 1905 sein Werk »Das Wesen des Judentums« publiziert, eine Antwort auf das Buch eines der großen Gelehrten des deutschen Kulturprotestantismus, des Berliner Kirchenhistorikers Adolf von Harnack (1851–1930). Dieser hatte mit einer Vorlesungsreihe an der Humboldt-Universität 1899/1900 und einer Veröffentlichung über »Das Wesen des

Christentums« (1900) in Kirche, Wissenschaft und Öffentlichkeit Aufsehen erregt und damit eine entsprechende jüdische Antwort »auf Augenhöhe« provoziert. Leo Baeck ist der Mann, der sie zu geben versteht.

Sein Ansehen als *Repräsentant* des Judentums verdankt Baeck vor allem seiner Tätigkeit für verschiedene jüdische Verbände schon vor 1933. So ist er seit 1922 Vorsitzender des Allgemeinen Deutschen Rabbinerverbandes, seit 1924 Präsident der »B'nai-B'rith-Loge« (»Söhne des Bundes«), eines jüdischen Wohlfahrtsordens, und von 1927 an Mitglied des »Centralvereins deutscher Staatsbürger jüdischen Glaubens«. Nach der Machtübernahme der Nazis wird Baeck zum Präsidenten der »Reichsvertretung der Deutschen Juden« gewählt, zu der sich die jüdischen Verbände und Gemeinden zusammengeschlossen hatten. Otto Hirsch wird, wie wir hörten, an seiner Seite diese »Reichsvertretung« mitleiten. Baeck weiß genau, worauf er sich einlässt, bleibt aber trotz vieler Gelegenheiten zur Emigration in Deutschland, um jüdischen Mitbürgern in den Jahren der Diskriminierung und Verfolgung beizustehen oder sie bei ihrer erzwungenen Emigration zu unterstützen. Auch als nach den Novemberpogromen 1938 die »Reichsvertretung« keine frei gewählte Körperschaft mehr sein kann und von einer vom NS-Regime verordneten und eingesetzten »Reichsvereinigung der Juden in Deutschland« ersetzt wird, bleibt Baeck auf seinem Posten. 1943 aber kommt auch für ihn das Ende. Die »Reichsvereinigung« wird von der Gestapo geschlossen, Baeck wird noch als 70-Jähriger nach Theresienstadt deportiert, in ein »Lager«, das die Nazi-Propaganda schamlos für ein »jüdisches Siedlungsgebiet« oder jüdisches »Altersghetto« ausgibt, in dem sogar Konzerte, Lesungen und Vorträge stattfinden können.

In Wirklichkeit ist Theresienstadt für Zehntausende nur eine Zwischenstation in die osteuropäischen Vernichtungslager. Von Juni 1942 bis März 1945 leben hier rund 50.000 Menschen zusammengepfercht auf engstem Raum. Einige Tausend überleben, darunter wie durch ein Wunder auch Rabbi Baeck, der im Lager vor allem Aufgaben der Seelsorge und der Weiterbildung seiner Mitgefangenen hatte übernehmen können. Es gelingt ihm, ein schon in Berlin begonnenes Manuskript unter dem Titel »Dieses Volk. Jüdische Existenz« zu Ende zu schreiben, das später – in zwei Teilen (I. Buch 1955, II. Buch 1957) veröffentlicht – zu den eindrucksvollsten Zeugnissen jüdischer Theologie des 20. Jahrhunderts gehören wird. Nach der Befreiung siedelt Baeck nach London über und ist jetzt noch mehr – zwischen England, den Vereinigten Staaten und Israel hin- und herreisend – eine der großen geistigen und geistlichen Autoritäten für Juden in aller Welt.

2. Theologische Gespräche im Hause Hirsch

Und Theodor Heuss? Er kennt Leo Baeck schon aus der Zeit vor 1933, vor allem von der Deutschen Hochschule für Politik her. Baecks »geistiges Führertum innerhalb der jüdischen Gemeinden Berlins« sei ihm bekannt gewesen, schreibt Heuss anlässlich der Gedenkfeier des Zentralrats der Juden in Deutschland für Baeck 1956, »wie auch der Respekt, der dem Theologen und dem *homo religiosus* auch außerhalb dieses Kreises« gegolten habe, noch ehe er ihm persönlich begegnet sei. (AüJ, 157) Diese persönlichen Begegnungen hatten im Hause des Freundes Otto Hirsch stattgefunden (s. Kap. II, 1), der nach 1933 in Berlin neben Baeck, wie wir hörten, die »Reichsvertretung der deutschen Juden« leitet. Heuss erinnert sich, dass bei solchen Begegnungen – der »finsteren Zeit« zum Trotz und »ganz dieser Bedrohung des Tages entrückt« – zwischen dem Rabbi und seiner Frau Elly »ein theologisches oder ein religionsgeschichtliches Befragen und Belehren in Gang« gekommen sei. (AüJ, 157)

Nicht von ungefähr, hatte sich Elly Heuss-Knapp doch nach dem Ersten Weltkrieg in Berlin, wie wir hörten (Kap. IV, 3), stark kirchlich zu engagieren begonnen. Vom damaligen Pfarrer Otto Dibelius (1880–1967) beeindruckt, hatte sie sich aktiv an der Gemeindearbeit beteiligt, ein Engagement, das offensichtlich auch die Theologie umfasste, wie Heuss in seinen »Erinnerungen« (1963) festhält: »Woche um Woche fuhr Elly in den Norden der Stadt, las nur mehr Theologen, nahm an ›Freizeiten‹ der Evangelischen Jugend teil, die ihr um des Menschentums willen viel Freude schenkten, schrieb weiter in dem ›Jugendweg‹ und trat schließlich beschwingt in den Lehrkörper des Burckhardt-Hauses, der Ausbildungsstätte für Gemeindepfarrerinnen, ein.« (S. 373) Wir können folglich davon ausgehen: Auf die Begegnung mit einem jüdischen Gelehrten wie Leo Baeck ist Elly Heuss-Knapp auch theologisch gut vorbereitet.

Und doch seien die Gespäche im Hause Hirsch immer auch »tragisch durchfärbt« gewesen, erinnert sich Heuss an anderer Stelle, in einem Artikel zum 80. Geburtstag von Baeck 1953. Beide Männer, Hirsch und Baeck, seien »illusionslos« gewesen, und er, Heuss, hätte sich selbst belogen, hätte er, der vor ihnen »in der inneren Scham« gestanden sei, »mit billigen Worten das sie bedrohende Schicksal an die Seite« geredet. (AüJ, 141) Dieses »Schicksal« aber sollte beide Männer bald einholen: Otto Hirsch wird, wie wir hörten, im KZ Mauthausen ermordet, Baeck kann Theresienstadt, gesundheitlich gebrochen, gerade noch überleben.

3. Neues Vertrauen nach der Schoah: Bonn, 22. August 1951

Als Heuss, schon im Amt, von Deutschland-Besuchen Baecks erfährt, lädt er diesen umgehend ein. Am 15. August 1951 geht ein Brief an Baeck:

> »Wie ich erfahre, treffen Sie dieser Tage in Berlin ein. Ich weiß nicht, ob Sie die Stätte Ihres langen Wirkens, seitdem das Schicksal sie zerbrochen, schon einmal sahen, aber ich vermag mir auszudenken, welche Wellen der Erinnerungen und des Schmerzens über Ihre Seele hinweggehen.
>
> Ich möchte Ihnen in Erinnerung an unsere Begegnungen im Hause des gemeinsamen und unvergessenen Freundes Otto Hirsch ein Grußwort sagen dürfen und Sie dessen versichern, dass in all den bösen Jahren Ihre ehrwürdige Erscheinung vor meinem Bewusstsein lebendig geblieben ist.
>
> Ich kenne Ihre zeitlichen Dispositionen nicht. [...] Aber ich möchte Ihnen doch sagen, wie willkommen es mir wäre, wenn wir evtl. in Berlin (5. oder 6.9.) oder hier in Bonn uns begegnen könnten. Meine Frau hat mich gebeten, meinen Worten ihre ganz persönlichen Grüße anzufügen.«
> (Briefe 1949–1954, 266)

Baeck nimmt die Einladung an, und am 22. August 1951 kommt es in Bonn zu dem erhofften Wiedersehen. Es ist die Zeit, in der auch Bundeskanzler Konrad Adenauer seine später historisch zu nennende Regierungserklärung über die »Haltung der Bundesrepublik gegenüber den Juden« vorbereitet, die er nur gut vier Wochen später, am 27. September 1951, vor dem Bundestag abgeben wird (s. Kap. XI, 2) und mit der er erstmals regierungsamtlich und öffentlich eine Verpflichtung zur Wiedergutmachung nationalsozialistischen Unrechts gegenüber dem jüdischen Volk einräumt. Am Tag zuvor, am 21. August 1951, hatten Heuss und Adenauer sich zu einem ihrer regelmäßigen »Vier-Augen-Gespräche« getroffen und sich abgestimmt:

»Ich erzählte ihm, dass ich am Tag darauf den Besuch des ehemaligen Berliner Oberrabbiners Dr. *Baeck* erwarte, dass mir viel daran gelegen sei, mit ihm die Behandlung des jüdischen Problems bei der Besprechung zur Klärung zu bringen. Er stimmte der Wichtigkeit dieser Sache zu und teilte mit, dass eine Erklärung dazu bereits in Vorbereitung sei. Wir verabreden für die nächsten Tage eine zweite Konferenz.« (Gespr. A–H, 65)

Zeuge des ersten Nachkriegs-Zusammentreffens von Heuss und Baeck am 22. August 1951 ist der jüdische Publizist Karl Marx, Chefredakteur der »Allgemeinen Wochenzeitung der Juden in Deutschland« und Heuss' wichtigster Berater in »jüdischen Fragen«. (s. Kap. VIII, 6) Seinem Bericht zufolge hat Baeck nach einer längeren Phase ergriffenen Schweigens das Gespräch mit den Worten eröffnet:

»Wenn ich zu bestimmen hätte, Professor Heuss, dann würde ich dem Berliner Arbeiter und dem Berliner Möbelspediteur ein riesiges Denkmal der Dankbarkeit setzen lassen.

Wieso …? Aber …?

Ich würde dieses Denkmal setzen lassen, weil Berliner Arbeiter, wenn ich mit dem Judenstern auf der Brust neben ihnen auf der hinteren Plattform der Straßenbahn in mein Büro fuhr, mir fast täglich heimlich in meine Manteltasche ihre Frühstückbrote steckten. Und dem Spediteur, weil der sich anbot, den Juden, die auswanderten, ohne Entgelt dafür zu nehmen, Wertsachen in den für die Auswanderung bestimmten Lift so einzubauen, dass keine Zollbeamten sie finden konnten.

> Und Sie fragten, Professor Heuss, nach einem Aber. Über dieses Aber wollen wir nicht reden, weil es die Vergangenheit berührt. Lassen Sie uns heute über Gegenwart und Zukunft sprechen und über das, was uns beide bewegt.« (AüJ, 9f.)

Heuss also ist mit Leo Baeck nicht nur über die persönliche Erinnerung an einen gemeinsamen Freund wie Otto Hirsch verbunden, sondern auch über das Anliegen, dem deutschen Volk in seiner inneren Differenziertheit gerecht zu werden und so die Rede von einer »Kollektivschuld« zu unterlaufen. Es hat eben auch die kleinen Gesten der Zuwendung zu jüdischen Mitbürgern gegeben, den Berliner Arbeiter und den Berliner Spediteur! Das soll nicht vergessen sein. Wir erinnern uns an die Prosaminiaturen von Elly Heuss-Knapp »Schmale Wege« (Kap. VI), die Baeck ausdrücklich gewürdigt hatte. Der Rabbiner wird Heuss denn auch in seinem Dankesschreiben vom 26.September 1951 nach dem ersten Treffen bescheinigen: »Echt ist nur, was irgendwie aus der Ewigkeit herkommt, auch die wahre Scham kommt von dort ... Collectivscham [sic!] – dieses Ihr Wort wird ein geschichtliches bleiben«. (Werke Bd. 6, 685)

4. Ein »erschütternder Weckruf für die christliche Kirche«

Zu den Fragen von Gegenwart und Zukunft gehören vor allem auch die theologischen Fragen im Verhältnis von Juden und Christen. Heuss ist geschichtlich orientiert genug, um zu wissen, dass die christlichen Kirchen jahrhundertelang eine fatale Enterbungstheologie gegenüber dem Judentum betrieben haben. Im Klartext: »Die Kirche« hatte alle biblisch bezeugten göttlichen Verheißungen an das Bundesvolk Israel auf sich bezogen. Sie allein ist jetzt Nutznießerin eines *Neuen*

Bundes, sie allein repräsentiert jetzt das *neue* Volk Gottes, sie allein besitzt jetzt jenes *Neue* Testament, welches das erste Testament Israels »alt« und damit überholt sein lässt. Kurz: Die Kirche, die Synagoge beerbend und überbietend, hatte sich an die Stelle Israels gesetzt – mit geschichtlich verhängnisvollen Folgen für das gesamte jüdische Volk.

Denn die »heilsgeschichtliche« Auslöschung Israels als einer von Gott verworfenen und somit veralteten und überholten Größe bereitete über die Jahrhunderte auf geistige Weise die dann vollzogene physische Auslöschung vor. Man hatte unter Christen Europas das jüdische Volk geistig zu lange »vernichtet«, um dann noch gegen dessen leibliche Vernichtung öffentlich Widerspruch einzulegen oder gar Widerstand zu leisten. So bereitete der jahrhundertealte kirchliche Antijudaismus den Nährboden für einen rassischen Antisemitismus, der er sich im 19. Jahrhundert herauszubilden beginnt und im 20. Jahrhundert tödliche Folgen für das jüdische Volk haben wird. Ich verweise auf das, was ich zum Antijudaismus maßgeblicher Repräsentanten der christlichen Kirchen in Deutschland bereits gesagt habe (s. Kap. IV, 4; VIII, 1).

Vor diesem geschichtlichen Hintergrund musste für Heuss die Gestalt Leo Baecks als Denker und Repräsentant des trotz allem lebendigen Judentums ein – so wörtlich – »erschütternder Weckruf für die christliche Kirche« (AüJ, 143) sein. Das Überleben dieses »stillen, alten Mannes«, dem das Leben in der Tat »furchtbare Wunden« geschlagen hatte und die Feier zu einem Geburtstag, den die Schänder und Henker hatten verhindern wollen, *müsste* – so Heuss – ein Anlass dafür sein, dass die Kirche ihm *erstens* »Dank zollt« und *zweitens*, noch entscheidender, endlich »das Gelöbnis zu einer neuen Stellung zu Israel ablegt und zur Tat werden lässt« (AüJ, 143). Warum?

Weil die »nur allzu berechtigte Frage an die christliche Kirche« für Heuss lautet, »warum sie die Prädikate, die der jüdischen Gemeinde gehören, sich beimesse, als der wahren Gemeinde, dem wahren Israel, der eigentlichen Erbin der Verheißungen an Abraham, dem ›dritten Geschlecht‹, während doch Israel immer noch Israel sei und unter den Verheißungen Gottes als das ›dritte Geschlecht‹ stehe. Dr. Baeck hat allen Grund zu dieser Frage, und man beginnt auch in der christlichen Theologie und Kirche ihm recht zu geben. Man ahnt, dass es hier um Urworte geht, mit denen man nicht spielen darf, und liest auch in der Bibel neu.« (AüJ, 142)

Kritische Worte an die Adresse der Kirchen. Sie treffen den theologisch entscheidenden Punkt und lassen eine bemerkenswerte Vertrautheit mit einem Stück christlicher Israel-Theologie erkennen, das vielfach erst nach der Schoah ins Bewusstsein von Theologen dringen sollte: Israel steht »immer noch« unter den Verheissungen des Gottes Abrahams, Isaaks und Jakobs. Der Bund Gottes mit dem auserwählten Volk ist durch Christus und nach Christus von Gott »nicht aufgekündigt«, wie Martin Buber einschärfen wird und wie auch eine neue Lektüre der Bibel, namentlich des Neuen Testamentes in Gestalt des Römerbriefs, ergibt. Hatte der Judenchrist und Völkerapostel Paulus doch in diesem seinem Schreiben keinen Zweifel daran gelassen, dass Israel »von Gott geliebt« *bleibt* und zwar »um der Väter willen«. Denn »unwiderruflich sind Gnade und Berufung, die Gott gewährt.« (Röm 11, 28f.) Ich habe dazu in dem von mir edierten und kommentierten Band mit »Martin Bubers Schriften zum Christentum« (2011) das Nötige zur Figur des »ungekündigten Bundes« gesagt.

Doch von Ansätzen zu einer selbstkritischen christlichen Israel-Theologie kann – von einzelnen Theologen abgesehen:

Karl Barth, Albrecht Goes – in den fünfziger Jahren noch keine Rede sein. 1953, als Heuss diese seine Sätze schreibt, steht kirchlicherseits noch die Erklärung des »Bruderrats der EKD« vom 8. April 1948 im Raum: das *Darmstädter »Wort zur Judenfrage«*, wie der damalige Sprachgebrauch hiess, als ginge es hier nicht vor allem um eine »Christenfrage«. Zwar wird in diesem »Wort« das angesprochen, »was wir an den Juden verschuldet haben« und vor einer Flucht in einen »neuen Antisemitismus« gewarnt, im theologischen Hauptteil aber wird einmal mehr die alte Verwerfungstheologie der Kirche gegenüber Israel präsentiert, als hätte es die Schoah nicht gegeben: »Indem Gottes Sohn als Jude geboren wurde, hat die Erwählung und Bestimmung Israels ihre Erfülllung gefunden«, heisst es beispielsweise. Und »Erfüllung« heisst im Klartext »ihr Ende«. Und weiter: »Indem Israel den Messias kreuzigte, hat es seine Erwählung und Bestimmung verworfen... Dass Gottes Gericht in der Verwerfung bis heute nachfolgt, ist Zeichen seiner Langmut... Dass Gott nicht mit sich spotten läßt, ist die stumme Predigt des jüdischen Schicksals, uns zur Warnung, den Juden zur Mahnung, ob sie sich nicht bekehren möchten zu dem, bei dem allein auch ihr Heil steht.« (Die Kirchen und das Judentum. Dokumente 1945–1985, 1988, 541f.)

Wir machen uns klar, was hier behauptet wird: Die Schoah mit sechs Millionen ermordeter Menschen soll allen Ernstes ein Instrument der »Mahnung« Gottes sein, dass das »verworfene« Israel sich endlich »bekehrt«? Damit wäre dann auch der noch überlebende »Rest« des jüdischen Volkes ausgelöscht. Judentum hätte dann endgültig aufgehört zu existieren. Eine zynische Gotteskonstruktion, deren Ungeist mit dazu beigetragen hatte, die Schoah geistig vorzubereiten und

Kirchenchristen gegenüber der Vernichtung des jüdischen Volkes abzustumpfen.

Im Raum stand 1953 auch noch das »*Wort zur Judenfrage« der Synode der EKD in Berlin-Weißensee vom April 1950*. Hier wird zwar deutlicher als je zuvor von der Mitschuld der Kirche »durch Unterlassen und Schweigen« am »Frevel« gesprochen, der »durch Menschen unseres Volkes an den Juden begangen worden« sei und zugleich werden noch eindringlicher als zuvor die Kirchenchristen beschworen, »sich von jedem Antisemitismus loszusagen«, ihm dort, wo er vorkomme, »mit Ernst zu widerstehen« und den »Juden und Judenchristen in brüderlichem Geist zu begegen«. Zugleich aber wird in einem Schlußsatz der »Gott der Barmherzigkeit« gebeten, den »Tag der Vollendung« heraufzuführen, an dem »wir mit dem geretteten Israel den Sieg Jesu Christi rühmen werden«. (Die Kirchen und das Judentum. Dokumente 1945–1985, 1988, 549) Damit verbleibt auch dieses »Wort« Juden gegenüber im Raum *christlicher* Nächstenliebe und ist kaum dazu angetan, so Frank Stern zu Recht, »einen Bruch mit Traditionen der Gleichgültigkeit und christlichen Judenfeindschaft zu bewirken. Der Schlusssatz des ›Wortes zur Judenfrage‹ ließ überdies bei denen, die die Sprache kirchlicher Dokumente verstanden, erneut missionarische Assoziationen aufkommen, indem am ›Tag der Vollendung‹ ›mit dem geretteten Israel‹ der ›Sieg Jesu Christi‹ zu rühmen sein werde.« (Im Anfang war Auschwitz, 1991, 279) Eine »neue Stellung zu Israel« jedenfalls, wie Heuss sie 1953 im Zusammenhang mit Leo Baeck anmahnte? Davon sind solche und andere kirchenamtlichen Dokumente der Zeit weit entfernt.

Mit Person und Schicksal Baecks aber hatte sich für Heuss auch der Kreis zu Lessing und Lessings »Nathan« geschlossen. Denn insofern dieser Leo Baeck in einer Zeit seelischer Verwirrung »ruhige Würde«, »souveräne Bildung« und »innere Freiheit« ausgestrahlt hat, erinnert er Heuss in dieser seiner Grundhaltung an Lessings Nathan. Gewiss, Lessings Figur ist gerade kein Religionsgelehrter wie Baeck, auch kein Rabbiner, Heuss weiß das. Zugleich aber ist er davon überzeugt: Wenn Lessings Stück in dieser Zeit wieder auf deutschen Bühnen gespielt werden sollte, dann müsste der Darsteller des Nathan »vorher ein paar Tage den Umgang Leo Baecks zu erreichen suchen« (AüJ, 142) und von ihm »die Inspiration für seine Gestaltung finden« (AüJ, 170).

5. Eine Rede über Maimonides: Düsseldorf, 7. Juli 1954

1953 wird Leo Baeck aus den Händen des Bundespräsidenten das Große Bundesverdienstkreuz entgegennehmen. Das Vertrauen zu Heuss als Person spielt dabei zweifellos eine entscheidende Rolle. Das kommt auch in einem Heuss-Brief vom 18. April 1953 an den deutschen Generalkonsul in London zur Sprache. Als Bundespräsident bittet er ihn im Vorfeld der Ordensverleihung um die Erledigung protokollarischer Fragen, da Baeck in der Zwischenzeit britischer Staatsbürger geworden ist:

> »Am 23. Mai wird der frühere führende Berliner Rabbiner Dr. Leo Baeck 80 Jahre alt. Er war bei Ausgang des Krieges in Theresienstadt und ist dann nach England emigriert, auch englischer Staatsbürger geworden.
>
> Ich weiß nicht, ob Sie selber Dr. Baeck einmal begegnet sind. Ich habe in meiner Berliner Zeit mit ihm persönliche, auch familiäre Verbindungen gehabt, und er hat mich in den letzten Jahren bei seinen wiederholten Aufenthalten in

> Deutschland auf meinen Wunsch immer besucht. Dr. Baeck ist menschlich eine wunderbare Erscheinung, auch als Gelehrter und Schriftsteller über die jüdischen Kreise weithinaus bekannt und anerkannt, völlig frei von allem Ressentiment und wohl neben Martin Buber, der ja nun immer Zionist war, die geistig führende Erscheinung des mit der deutschen philosophischen und religiösen Tradition verbundenen jüdischen Menschen. [...] Ich möchte [ihn mit dem Großen Verdienstkreuz] auszeichnen. Nach einem Gespräch mit einem ihm vertrauten Mann wird Dr. Baeck dies gerne annehmen, umso mehr als ja zwischen ihm und mir seit Jahrzehnten immer eine vertrauensvolle Beziehung bestand.« (Briefe 1949–1954, 438)

Ein Jahr später kommt es noch einmal zu einer besonderen Begegnung mit Heuss. Am 7. Juli 1954 hält Baeck auf Einladung des Zentralrats, der Düsseldorfer Synagogengemeinde und des Institutum Judaicum der Universität Münster im Plenarsaal des Düsseldorfer Landtags den Festvortrag anlässlich des 750. Todestags eines der größten Denker des Judentums: Moses Maimonides (1135–1204). Es ist für Baeck auch eine Rückkehr nach Düsseldorf, wo er von 1907 bis 1912 als Gemeinderabbiner gewirkt hatte. Unter den Zuhörern: Bundespräsident Heuss. Er wird nachvollzogen haben, was »vermutlich nur wenige Zuhörer« sonst kaum verstanden haben dürften, dass Baeck mit seinem Maimonides-Portrait »auch auf die aktuelle Situation der Juden in Deutschland anspielte«, so Walter Homolka in seinem Buch über »Leo Baeck: Jüdisches Denken – Perspektiven für heute« (2006). Denn Baeck stellt seinen (in der Mehrzahl nichtjüdischen Zuhörern) nicht nur die überragende denkerische Leistung dieses mittelalterlichen Rechtsgelehrten, Philosophen und Arztes vor Augen, er zeichnet vor allem eine jüdische Persönlichkeit nach, die in den Wechselfällen eines oft dramatischen Lebens, einschließlich Vertreibung ins Exil, ihre innere Autonomie zu bewahren verstand. Baecks Rede endet denn auch mit den programmatischen Sätzen:

> »Dieser Mann hatte vieles geschaffen und vieles vollbracht, und hinter allem stand und bestand immer er selbst, die Persönlichkeit. Nicht sein geringstes Werk ist er selbst, diese seine Persönlichkeit. Er war ein Eigener, ein Jude im Eigenen, ein Denker im Eigenen, ein Eigener auch inmitten der Tage des Schicksals. [...] Für die anderen zu leben und doch im Eigenen zu stehen, Maimonides hat es erfüllt. Das war dieser Mann, Rabbi Moses ben Maimon, der Rambam. Seiner gedenken, heißt, an uns eine Frage richten, die uns selbst gilt.« (L. Baeck, Werke Bd. 5, 2002, 157)

Die Baecksche Rede unter dem Titel »Maimonides – der Mann, sein Werk und seine Wirkung« ist heute wieder nachzulesen im fünften Band der »Leo Baeck Werke« (2002). Dessen Herausgeber, Rabbi Albert H. Friedländer und der evangelische Theologe Bertold Klappert haben in ihrer Einleitung zum Abdruck des Textes ihrerseits in aller Vorsicht die Aktualität der »Maimonides-Rede« angedeutet, zugleich aber auf den fundamentalen Unterschied zwischen dem Schicksal des Maimonides und dem heutiger Juden hingewiesen: »Und hier nun scheint hinter dem Rückblick die Aktualität durch, mit der Baeck Maimonides versteht. RaMbaM [Rabbi Moses ben Maimon] wird zum Gegenbild, zur anderen Möglichkeit im Gegenüber zur jüngst erlebten Geschichte: Während Maimonides das ius emigrandi [das Recht auf Auswanderung] gewährt wurde, er sich zwar auf den beschwerlichen Weg machen musste, aber als Fremder in der Fremde neue Möglichkeiten zum Eigenen fand, gab es für die Juden in Deutschland nur den Tod. Maimonides' Weg also als Bild der Hoffnung für Deutsche und Juden im Jahr 1954? Was Baeck hier andeutet, ist allenfalls ein vorsichtiges Vielleicht.« (Werke Bd. 5, 2002, 140)

Augenzeuge auch des Düsseldorfer Vortrags ist der Publizist Karl Marx, Heuss' engster Berater in »jüdischen Fragen«. Seinem Bericht zufolge hätten der damalige Ministerpräsident von Nordrhein-Westfalen, Karl Arnold und er, Heuss nach Vortrag und Empfang »gegen Mitternacht« zu dessen Wagen begleitet: »Als wir die große Freitreppe heruntergekommen waren, vor der Hunderte von Düsseldorfern viele Stunden gewartet hatten, um ihren Bundespräsidenten zu sehen, da drückte Heuss unsere Hände und sagte: ›Dieser Vortrag von Dr. Baeck war für mich eines meiner schönsten Erlebnisse. Aber ebenso groß ist meine Freude, zu sehen, dass so viele Deutsche die halbe Nacht auf der Straße stehen, um ihre Landesväter zu erwarten, obgleich sie wissen, dass sie bei den Juden waren.‹« (AüJ, 10)

6. Eine »Brücke von Seele zu Seele« bauen: Baeck über Heuss

Baeck selbst wird noch im selben Jahr in der Festschrift zu Heuss' 70. Geburtstag davon sprechen, dass Heuss bei Begegnungen in der Lage gewesen sei, »eine Brücke von Seele zu Seele« zu bauen und hinzufügen: »Auch Menschen jüdischen Schicksals« wüssten voller Dankbarkeit darum, »sie, denen mehr als anderen das Leben schwere Fragen gestellt« habe. Mehr noch als andere sehnten sich »diese Menschen danach, begriffen zu werden«, denn sie seien einem Prophetenwort zufolge »die an die Hoffnung Gebundenen«, diejenigen somit, die »von der Hoffnung nicht lassen können«. Wenn Theodor Heuss zu ihnen gesprochen habe, hätten sie dessen bewusst werden können, »wie ein Geschick und eine Hoffnung, beide in einem«. Ein »seelisches Begreifen« hätte zu ihnen gesprochen. (Begegnungen, 1954, 421)

Leo Baeck stirbt am 2. November 1956 in London. In einem bewegenden Nachruf erinnert sich Heuss seinerseits an die Begegnung in Düsseldorf: »Als der über Achtzigjährige, ohne Notizen, vor einigen Jahren anderthalb Stunden über Maimonides sprach, mit einer souveränen Gegenwärtigkeit und in künstlerischer Ordnung über die zeit- und geistesgeschichtlichen, über die biographischen Elemente verfügend, empfanden wir alle dies als kaum vergleichliches Ereignis: keinerlei Rhetorik, der Mann ganz dicht vom Stoff erfüllt und ihn doch mit einer pädagogischen Leichtigkeit und Heiterkeit ausbreitend.« (AüJ, 158) An Baecks Tochter Ruth Berlak schreibt Heuss am 2. November 1956, nachdem er die Nachricht vom Tod des Rabbiners erhalten hatte:

> »Es liegen ja einige Jahrzehnte – und was für Jahrzehnte – zwischen heute und der ersten Begegnung mit Ihrem Vater im Hause meines alten Freundes und Studienkollegen Otto Hirsch. Zwischen Ihrem Vater und mir, zumal auch meiner Frau, war gleich eine Atmosphäre freundschaftlichen Verstehens, und diese unmittelbare Vertrautheit im Denken und im Fühlen hat sich erneut bestätigt, als nach den schlimmen, schlimmen Jahren Ihr Vater Deutschland wieder besuchte. Er hat dann, wenn immer es möglich war, bei mir vorgesprochen oder ich habe einen Vortrag von ihm, wie etwa in Düsseldorf über Maimonides, angehört, und jedes Mal war das Zusammensein menschlich wie sachlich eine Bereiche-

rung. Ich habe ihn bewundert und geliebt und spüre die Verarmung, die Ungezählte mit seinem Hinscheiden erfahren haben, aber sein Gedächtnis wird im Segen bleiben.« (Werke, Bd. 6, 694)

XI. Schirmherr der jüdischen Gemeinschaft

Am 22. August 1951 hatte Heuss in Bonn Leo Baeck empfangen. Tags zuvor hatte er mit Bundeskanzler Konrad Adenauer über »das jüdische Problem« gesprochen und Konsens mit ihm über »die Wichtigkeit« dieser Sache erzielt. Adenauer kündigt »eine Erklärung« an; sie sei »in Vorbereitung«.

1. »Etwas Deutliches muss geschehen«: Heuss als der Drängende

Bei dieser »Erklärung« handelt es sich um eine Regierungsstellungnahme, die Konrad Adenauer am 27. September 1951 vor dem Deutschen Bundestag abgeben wird. Sechs Jahre nach Ende des Krieges hatte er sich dazu durchgerungen, sich erstmals offiziell und öffentlich zur »Haltung der Bundesrepublik gegenüber den Juden« zu äußern. In der Sache geht es um die Anerkennung der Verpflichtung Deutschlands zur Wiedergutmachung nationalsozialistischen Unrechts gegenüber rassisch, religiös, weltanschaulich oder politisch Verfolgten.

In vielen Fragen hatten Adenauer und Heuss unterschiedliche Ansichten, auch kontroverse Positionen, bei der Behandlung des »jüdischen Problems« im Grundsatz nicht, insbesondere nicht beim Komplex »Wiedergutmachung«. Und doch musste sich Heuss hier anfangs in die Position des Drängenden begeben. Denn als CDU-Vorsitzender und Bundeskanzler sieht Adenauer sich offensichtlich zu politischer Rücksichtnahme genötigt, was sein anfängliches Zögern und ungeschicktes Taktieren in der »Judenfrage« erklärt. In seiner breit angelegten ersten Regierungserklärung als neu gewählter Bundeskanzler vom 20. September 1949 war Adenauer auf ungezählte aktuelle Themen der deutschen Politik eingegangen, angefangen von der Wirtschafts-, Landwirtschafts-, Außenhandels- und Außenpolitik über Fragen der Einkommenssteuersätze, der Pensionen vertriebener Beamter und ehemaliger Militärs sowie des kriegsbedingten »Frauenüberschusses« bis hin zu Problemen der Entnazifizierung, der abgetrennten Ostgebiete und der Vertriebenen. Alles brennende Themen, keine Frage. Nur über die deutschen Verbrechen an Juden hatte Adenauer kein Wort verloren. Von »Wiedergutmachung« ganz zu schweigen. Antisemitismus wird zwar als *aktuelles* Problem kurz angesprochen und verurteilt, zugleich aber heruntergespielt. In seiner langen Rede beschränkt Adenauer sich auf diese drei Sätze:

> »Lassen Sie mich in diesem Zusammenhang [Radikalismus von rechts und links] ein Wort von hier und da anscheinend hervorgetretenen *antisemitischen Bestrebungen* sagen. Wir verurteilen diese Bestrebungen aufs schärfste. Wir halten es für unwürdig und für an sich unglaublich, dass nach all dem, was sich in nationalsozialistischer Zeit begeben hat, in Deutschland noch Leute sein sollten, die Juden deswegen verfolgen oder verachten, weil sie Juden sind.« (Reden 1917–1967, 1975, 163)

Dieser letzte Satz – so der amerikanische Historiker Jay Howard Geller in seinem höchst informativen Buch »Jews in Post-

Holocaust Germany, 1945–1953« (2005) zu Recht – »war die einzige Anspielung auf das Schicksal von Juden in Deutschland. Er [Adenauer] verbrachte mehr Zeit damit, die sog. Exzesse der Entnazifizierung und der Ungerechtigkeiten gegenüber den aus Zentral- und Osteuropa vertriebenen Deutschen zu diskutieren.« (S.186. Eig. Übers.) Über das Leid der aus Deutschland vertriebenen und zu Millionen von Deutschen in KZs ermordeten Juden fällt in *dieser* Rede kein Wort.

Die Kritik in diesem Punkt bleibt Adenauer nicht verborgen und veranlasst ihn zu einem Schritt, der noch unglücklichere Folgen haben sollte. Zwei Wochen nach seiner Regierungserklärung gibt er der »Allgemeinen Wochenzeitung der Juden in Deutschland« ein Interview in der Absicht, in der »Judenfrage« Vertrauen zurückzugewinnen. Zwar bezeichnet Adenauer die Wiedergutmachung jetzt ausdrücklich als »unsere Pflicht«, auch durch Hilfe beim Wiederaufbau von »jüdischen Kultstätten«, aber *neben* der »moralischen Wiedergutmachung« sowie der anlaufenden individuellen Entschädigung wolle er »dem Staat Israel Waren zum Wiederaufbau im Werte von 10 Millionen zur Verfügung stellen, und zwar als erstes unmittelbares Zeichen dafür, dass das den Juden in aller Welt durch Deutsche zugefügte Unrecht wiedergutgemacht werden muss.« (Ausgabe vom 25.11.1949, 1) Das war gut gemeint, verschlimmerte aber alles. Die Schoah – und 10 Millionen für Waren zum Wiederaufbau in Israel? Diese konkrete Zahl musste den Eindruck erwecken, hier wollte sich jemand freikaufen und die Juden mit einigen Millionen »abspeisen«. Adenauer musste lernen, dass auf diese Weise nichts »wiedergutzumachen« war. Im Gegenteil.

Anders Heuss. Er hat ja auch weniger ein politisches als ein moralisches Amt, und er nutzt es, um sich wie kein anderer der hohen Bonner Politiker für eine Erneuerung des Verhältnisses zwischen Deutschen und Juden einzusetzen. Ja, mit Amtsantritt wird Heuss zu »the Jewish community's patron within the state administration and worked for a comprehensive reconciliation with Jews«, so Jay Howard Geller, zu Deutsch: wird Heuss zu »*dem* Schirmherrn der jüdischen Gemeinschaft innerhalb der staatlichen Administration«, der für eine »umfassende Versöhnung mit Juden« arbeitet. (Geller 2006, 1; 2005, 263–267)

Nicht von ungefähr. Denn Heuss ist, wie wir zeigen konnten, wie kaum ein anderer deutscher Spitzenpolitiker auf diese »Rolle« vorbereitet, hatte er doch in der Tat, wie auch Geller feststellt, eine »unique personal connection to the Jewish community stemming from the past« (2006, 3), eine »einzigartige Verbindung zur jüdischen Gemeinschaft, die aus seiner Vergangenheit herrührt«. Als Staatsoberhaupt sieht er es denn auch von Anfang an als seine Aufgabe an, Brücken der Verständigung und des Ausgleichs zu bauen. Wie sehr, zeigt uns nicht nur seine Wiesbadener Rede vom 7. Dezember 1949, gut eine Woche nach dem unglücklichen Adenauer-Interview (s. Kap. IX, 1), sondern auch ein besonderes Dokument: die Niederschrift eines Gesprächs, das Norbert Wollheim (1913–1998), KZ-Überlebender und stellvertretender Vorsitzender des Zentralkomitees Befreiter Juden in der Britischen Zone, am 19. Januar 1950 in Kiel mit Bundespräsident Heuss geführt hat, gut zwei Monate nach dem Adenauer-Interview und nur fünf Wochen nach Wiesbaden. Heuss ist an diesem Tag zu einem Staatsbesuch bei der Schleswig-Holsteinschen Landesregierung und hatte von sich aus die Einladung an Wollheim veranlasst.

Den Aufzeichnungen Wollheims zufolge ist es Heuss offensichtlich ein Anliegen, in dem für einen Staatsbesuch ungewöhnlich langen, fast einstündigen Gespräch dem Vertreter der jüdischen Gemeinschaft eine dreifache Botschaft mitzugeben (Text dokumentiert bei: Y.A. Jelinek, Zwischen Moral und Realpolitik, 1997, S. 135–138). *Erstens*: Ihm sei »die jüdische Problematik in- und außerhalb Deutschlands wohl vertraut« und er fühle sich »tief beschämt mit Rücksicht auf die unbeschreiblichen Leiden, die das deutsche Volk unter Hitlers Führung jüdischen Menschen angetan habe.« *Zweitens:* Er verstehe, dass sich heute das Leid des jüdischen Volkes in Israel konzentriert habe und von daher auch die scharfen Reaktionen in Israel zu allem, was aus Deutschland zu jüdischen Dingen gesagt werde. Und *drittens*: Bei aller politischen Beschränkung, die das Amt des Bundespräsidenten seiner Zuständigkeit auferlege, sehe er, Heuss, eine seiner Hauptaufgaben darin, dem deutschen Volk die Wahrheit zu sagen, so bitter sie auch sein möge und es zu entkrampfen aus dem geistigen, politischen und moralischen Schockzustand, in den es geraten sei. Sein persönliches Anliegen, das nicht notwendigerweise an seine Pflicht als Bundespräsident gebunden sei, bleibe heute und in verstärktem Maße, das Gespräch mit jüdischen Menschen wieder aufzunehmen und die Kluft überwinden zu helfen, die ein verbrecherisches Regime zwischen Deutschland und den Juden in Deutschland und der Welt geschaffen habe.

Wollheim seinerseits konfrontiert Heuss mit dem in der jüdischen Welt vorhandenen Vorwurf an die verantwortlichen deutschen Politiker, keinerlei oder aber bisher einen nur völlig unbedeutenden Beitrag dafür geleistet zu haben, das Verhältnis von Deutschen und Juden auf eine neue Grundlage zu stellen. Die jüdische Gemeinschaft in Deutschland habe eine Reihe von Wünschen an und praktischen Vorschlägen für die

Bundesregierung, um deren Berücksichtigung sie bitten müsse. Heuss hat die Anspielung offenbar verstanden, denn er läßt in einer »beiläufigen Bemerkung« durchblicken, dass er wesentliche Teile des Interviews ablehnt, das Bundeskanzler Adenauer der »Allgemeinen Wochenzeitung« gewährt hat. »Mit besonderer Vehemenz«, schreibt Wollheim, »wandte er sich gegen das Angebot an Israel auf Zuwendung von 10 Millionen Mark, da unter jüdischen Menschen berechtigterweise der schreckliche Eindruck entstehen muss, dass wir die Blutschuld an 6 Millionen ermordeter Juden durch die Zuwendung von 10 Millionen DMark ablösen wollen.«

Das Gespräch wieder aufnehmen, die Kluft überwinden: Darin erblickt Heuss in der Tat eine vordringliche Aufgabe seines Amtes. Und da gelingt vieles, nicht zuletzt, weil auch Adenauer dazulernt und zwei Jahre nach seiner ersten Regierungserklärung auf eine historisch zu nennende Stellungnahme in der »Judenfrage« zusteuert. »In zahlreichen Unterhaltungen mit Deutschen jüdischen Glaubens«, schreibt Heuss am 18. Juni 1951 an den jüdischen Gelehrten Hans-Joachim Schoeps (1909–1980) nach Erlangen, drei Monate vor Adenauers Regierungserklärung und zwei Monate vor dem genannten ersten Treffen mit Rabbi Leo Baeck, »mit solchen, die aus der Emigration zu Besuch hier weilten, mit solchen, die in Deutschland leben, aber auch mit Juden anderer Nation ist von mir der ganze Problemkreis oft durchgegangen worden, und ich blieb auch immer bemüht, auf diesem von Bosheit und Schuld so verwüsteten Gelände an dem Bau gangbarer Wege mitzuarbeiten.« (Briefe 1949–1954, 243)

Und zu diesen »gangbaren Wegen« gehört auch seine Unterstützung für ein »Wiedergutmachungsverfahren«. Nahum Goldmann (1895–1982) bestätigt das. Von 1949 bis 1977 war er als Präsident des Jüdischen Weltkongresses und ab 1951 als Präsident der von ihm gegründeten »Conference on Jewish Material Claims against Germany« (künftig abgekürzt: »Jewish Claims Conference«) der Verhandlungsführer auf jüdischer Seite gewesen. In seinen »Erinnerungen« hält er fest: »Solange er [Heuss] Bundespräsident war, besuchte ich ihn regelmäßig, wenn ich nach Bonn kam, und hatte auch das Vergnügen, ihn nach seiner Amtszeit in Israel zu begrüßen, für ihn ein Essen zu veranstalten und ihn nach Eilat zu begleiten. Theodor Heuss war seinem ganzen Wesen nach kein Politiker, und es war gut und segensreich für das neue Deutschland, einen geistigen Menschen an seiner Spitze zu haben und keinen Berufspolitiker. Er setzte sich voll und ganz für unsere Forderungen in der Entschädigungsfrage ein, und seine moralische Unterstützung war von großem Wert.« (Mein Leben als deutscher Jude, 1980, 427)

In der Tat setzt Heuss seine ganze moralische Autorität in der »Entschädigungsfrage« ein. Am 21. August 1951 hatte er sich »für die nächsten Tage« zu einer »zweiten Konferenz« mit Adenauer verabredet. Und zu dieser kommt es am 24. August 1951. Zuvor hatte in Bonn ein Interview Aufsehen erregt, das Heuss dem Chefredakteur der in New York erscheinenden deutschsprachigen jüdischen Wochenzeitung »Aufbau«, Manfred George (1893–1965), gegeben hatte und das am 20. Juli 1951 erschienen war. Zwei Jahre später wird Heuss das publizistische Werk von Manfred George, der als Manfred Georg Cohn einstmals für den Berliner Ullstein Verlag gearbeitet hatte und über Prag nach New York geflohen war, zu dessen 60. Geburtstag in einem einfühlsamen Brief würdigen und zwar im Blick auf die jüdischen Emigranten in den USA. Sein Blatt sei »für gequälte, verfolgte, in seelischer und weiß Gott auch oft genug in sachlicher Not befindliche Menschen ein Organ der inneren Bindung« geworden, »der Mitteilung, der Orientierung, des Trostes, der Belehrung« – und so in letzter Konsequenz auch ein »Wegweiser zum Besseren« (Briefe 1949–1954, 470.472).

Auf die Frage, wie man einen praktischen Weg zu einer Aussprache zwischen Deutschen und Juden finden könne, hatte Heuss in dem genannten Interview im Juli 1951 erklärt:

»Leider konnten wir bisher dazu keinen offiziellen jüdischen Gesprächspartner finden. Als wir eine spezielle Stelle für die Behandlung jüdischer Probleme aller Art einrichten wollten, wurde das von jüdischer Seite abgelehnt, weil es zu unangenehme Erinnerungen an die Vergangenheit wachriefe [»Judenreferat« im NS-Staat]. Es ist mir klar, dass im Bereich außerpersönlicher Beziehungen – die persönlichen sind ja nie abgerissen – alles nur sehr behutsam angegangen werden kann. Wir sind jedenfalls sowohl den Juden in Deutschland wie dem Staat Israel gegenüber zur Aussprache und Diskussion aller schwebenden Fragen bereit.

Freilich vermissen wir auf der jüdischen Seite eine gewisse Einheitlichkeit der gesamtjüdischen Repräsentanz, was die praktische Durchführung einer Annäherung sehr erschwert. Unberührt davon ist freilich die Aussprache und Annäherung auf dem religiösen Feld, auf der Bahn des inneren Zusammenhangs zwischen Christentum und Judentum, der dem deutschen Volk so lange unterschlagen worden ist. Es wird zwar eine geraume Zeit dauern, aber mir scheint sicher: die Liebe von Mensch zu Mensch wird auch hier die sicherste Brücke sein, um zwei durch so schreckliche Jahre entfremdete Gruppen wieder zusammenzuführen.« (»Aufbau« vom 20.7.1951)

Dann das 2. Gepräch mit Adenauer am 24. August 1951. Er, Heuss, habe dem Kanzler, lesen wir im Protokoll der »Vier-Augen-Gespräche«, *erstens* »von den verschiedenen Konferenzen der letzten Zeit« erzählt, die er »mit hervorragenden jüdischen Menschen, darunter dem Oberrabbiner Dr. Leo Baeck gepflogen« habe. *Zweitens* legt Heuss Adenauer nahe, »dass hier etwas Deutliches geschehen« müsse, weil »bestimmte Stimmungserweichungen« in der deutschen Öffentlichkeit festzustellen seien. Und *drittens* empfiehlt er – offensichtlich eine kontroverse Debatte im Parlament über das »Restitutionsproblem« fürchtend – zu überlegen, ob sich der Kanzler nicht, falls eine Plenarsitzung auf den Tag des jüdischen Neujahrsfests falle, *vor* der Tagesordnung das Wort zu einer Erklärung geben lasse, »ohne dass darauf eine Diskussion erfolge«. (Gespr. A–H, 68) Heuss ist offenbar von der Sorge umgetrieben, dass eine parteipolitisch kontroverse, möglicherweise giftige Debatte das moralische Anliegen diskreditieren könnte, das die Erklärung des Kanzlers ganz wesentlich trägt. Noch zwei Tage vor Adenauers Auftritt im Bundestag hatte Heuss einem Briefpartner geschrieben: »Es ist auch, wie ich weiß, eine Erklärung der Regierung zu dem Komplex in Aussicht genommen, deren Entwurf ich durchsah und zu ergänzen suchte, aber auch hier scheinen bestimmte Vorklärungen noch nicht abgeschlossen zu sein. Ich selber dränge dem Bundeskanzler wie auch dem Auswärtigen Amt gegenüber – mit beiden bin ich im Grundsätzlichen einer Meinung – in dieser Richtung, aber ich sehe, wie die Überlastung die Verwirklichung von Absichten immer wieder verzögert.« (Briefe 1949–1954, 277f.)

2. Adenauers Regierungserklärung zur »Wiedergutmachung«: 27. September 1951

Zwar übernimmt Adenauer Heuss' Vorschlag nicht, fällt doch das Jüdische Neujahrsfest Rosh ha-Shana 1951 auf den 1. Oktober und Adenauer gibt seine Erklärung schon am 27. September ab. Wohl aber hatte der Kanzler im Vorfeld den Entwurf seiner Erklärung Heuss in der Tat zuleiten lassen. Dieser hatte korrigiert und ergänzt, und Adenauer hatte die Heuss'schen Anregungen übernommen. So hatte Heuss vorgeschlagen, nicht nur »über die Juden in Deutschland« zu sprechen, sondern auch über solche »in den von den deutschen Truppen besetzten Gebieten«, weil »gerade das letztere ja für die Welt mit eine der bösesten Erinnerungen geblieben« sei. Überdies war ihm der Satz zu schwach erschienen, der in der Rede auf die versteckte Hilfe vieler Deutscher für verfolgte Juden hinweisen sollte. Es könne ruhig heißen: »Es hat in der Zeit des Nationalsozialismus im deutschen Volk viele gegeben, die auf eigene Gefährdung aus religiösen Gründen, aus Gewissensnot, aus Scham über die Schändung des deutschen Namens ihren jüdischen Mitbürgern Hilfsbereitschaft gezeigt haben.« (Gespr. A–H, 360)

Dass die Vorschläge von Heuss in die Rede vom 27. September 1951 Eingang gefunden haben, zeigt der Wortlaut:

> »Die Bundesregierung und mit ihr die große Mehrheit des deutschen Volkes sind sich des unermesslichen Leides bewusst, das in der Zeit des Nationalsozialismus über die Juden in Deutschland und in den besetzten Gebieten gebracht wurde. Das deutsche Volk hat in seiner überwiegenden Mehrheit die an den Juden begangenen Verbrechen verabscheut und hat sich an ihnen nicht beteiligt.

Es hat in der Zeit des Nationalsozialismus im deutschen Volke viele gegeben, die mit eigener Gefährdung aus religiösen Gründen, aus Gewissensnot, aus Scham über die Schändung des deutschen Namens ihren jüdischen Mitbürgern Hilfsbereitschaft gezeigt haben. Im Namen des deutschen Volkes sind aber unsagbare Verbrechen begangen worden, die zur moralischen und materiellen Wiedergutmachung verpflichten, sowohl hinsichtlich der individuellen Schäden, die Juden erlitten haben, als auch des jüdischen Eigentums, für das heute individuell Berechtigte nicht mehr vorhanden sind. Auf diesem Gebiet sind erste Schritte getan. Sehr vieles bleibt aber noch zu tun. Die Bundesregierung wird für den baldigen Abschluss der Wiedergutmachungs-Gesetzgebung und ihre gerechte Durchführung Sorge tragen. Ein Teil des identifizierbaren jüdischen Eigentums ist zurückerstattet. Weitere Rückerstattungen werden folgen.

Hinsichtlich des Umfangs der Wiedergutmachung – in Anbetracht der ungeheuren Zerstörung jüdischer Werte durch den Nationalsozialismus ein sehr bedeutendes Problem – müssen die Grenzen berücksichtigt werden, die der deutschen Leistungsfähigkeit durch die bittere Notwenigkeit der Versorgung der zahllosen Kriegsopfer und der Fürsorge für die Flüchtlinge und Vertriebenen gesetzt sind. Die Bundesregierung ist bereit, gemeinsam mit Vertretern des Judentums und des Staates Israel, der so viele heimatlose jüdische Flüchtlinge aufgenommen hat, eine Lösung des materiellen Wiedergutmachungsproblems herbeizuführen, um damit den Weg zur seelischen Bereinigung unendlichen Leides zu erleichtern.

Sie ist tief davon durchdrungen, dass der Geist wahrer Menschlichkeit wieder lebendig und fruchtbar werden muss. Diesem Geist mit aller Kraft zu dienen, betrachtet die Bundesregierung als die vornehmste Pflicht des deutschen Volkes.« (Bundestag, Sten. Berichte, 27.9.1951, S. 6698 B)

Die Gelegenheit des jüdischen Neujahrsfestes nutzt Heuss dann selbst. Angeregt durch seinen wichtigsten Berater in Fragen des Judentums, den Publizisten Karl Marx, hatte er schon 1949 damit begonnen, als Bundespräsident »den Juden in Deutschland« schriftlich *gute Wünsche zu Rosh ha-Shana* zu übermitteln. (Texte von 1949–1958 in: AüJ, 113–120) Dabei sind die ersten beiden Adressen von 1949 und 1950 noch sehr stark geprägt *erstens* vom Mitgefühl für das »unmenschliche Leid«, von dem »keine jüdische Familie in den Jahren der Verfolgung« und des »satanischen Vernichtungswillens verschont« geblieben sei und *zweitens* vom Bedauern darüber, »dass auch in den letzten Jahren nur ein Bruchteil der Erwartungen« hätten erfüllt werden können. Im Jahr 1951 dagegen kann Heuss seine guten Wünsche bereits mit dem Hinweis auf einen konkreten Fortschritt verbinden: die »Bildung des Zentralrats deutscher Juden« (s. Kap. IX, 1–2). Er sieht darin ein Zeichen des »Neubeginns«. Und noch einmal ein Jahr später, 1952, kann Heuss bereits berichten: »In diesen Tagen wurde nach langen und schwierigen Beratungen der Vertrag zwischen der Bundesrepublik Deutschland und dem Staate Israel unterzeichnet.« (AüJ, 115)

Ein Vertrag? Und wie kommt auf einmal der Staat Israel ins Spiel?

3. Die »Flügel der Weltgeschichte«: London, 6. Dez 1951

Die weitere Rolle von Konrad Adenauer in der »Wiedergutmachungsfrage« ist hier nicht zu beleuchten. Verwiesen sei auf die einschlägige Biographie von Hans-Peter Schwarz »Adenauer. Der Aufstieg: 1876–1952« (1986), S. 897–906 und den Bericht des Verhandlungsführers auf deutscher Seite, Franz Böhm: »Das deutsch-israelische Abkommen 1952« (1976), vor allem aber auf das Kapitel III im zweiten Band von Adenauers »Erinnerungen« (1966): »Das Luxemburger Abkommen: Ordnung unseres Verhältnisses zu den Juden.« Einzelheiten zum gesamten Komplex »Judentum« bei Adenauer bietet der Band: »Adenauer, Israel und das Judentum«, hrsg. v. Hanns Jürgen Küsters (2004).

Ein entscheidender Moment allerdings verdient festgehalten zu werden. Überliefert hat ihn Nahum Goldmann. Er ereignet sich am 6. Dezember 1951. Schauplatz ist das Hotel Claridge's in London. Nachdem Adenauer wenige Wochen zuvor die genannte Regierungserklärung abgegeben hatte, sieht Goldmann von jüdischer Seite die Zeit für ein erstes Treffen mit dem Kanzler reif, vor allem, um die Ansprüche des jüdischen Volkes und Staates an die Bundesrepublik sachgerecht zu quantifizieren. Adenauers »10 Millionen« schweben noch im Raum. Innerjüdisch war dies bereits geschehen. Am 12. März 1951 hatte der Staat Israel in einer Note an die alliierten Regierungen die Reparationszahlungen auf eine Milliarde Dollar für Westdeutschland beziffert, für Ostdeutschland noch einmal eine halbe Milliarde. Die Westmächte hatten sich zunächst bedeckt gehalten, die Sowjetunion und ihr Satellit in Ostberlin werden überhaupt nicht reagieren. Der Wortlaut dieser historischen Note ist dokumentiert in den Erinnerungen eines der Verhandlungspartner des »Luxemburger Abkommens« auf israelischer Seite, Dr. Felix E. Shinnar (1905–1983), von 1952–1966 überdies Leiter der »Israel-Mission« in Köln, eine Vorstufe zur späteren israelischen Botschaft: »Bericht eines Beauftragten. Die deutsch-israelischen Beziehungen 1951–1966« (1967), S. 203–210.

Eine Milliarde? Die geforderte Summe beruht vor allem auf der Berechnung, dass in der Zeit zwischen 1939 und 1950 fast 380.000 Juden aus den von den Nazis eroberten Gebieten im heutigen Israel Zuflucht gefunden hatten, hinzu kommen noch einmal 70.000 Menschen, die während der Vorkriegsjahre aus Furcht vor der Verfolgung durch die Nazis Mitteleuropa hatten verlassen müssen und nach Palästina eingewandert waren. Für gut 450.000 Menschen also hatte der neugegründete kleine jüdische Staat in kürzester Zeit zu sorgen, eine Belastung von historisch beispiellosem Ausmaß.

Würde aber Adenauer im Namen Westdeutschlands zu einer derart »großen Geste guten Willens« bereit sein? Und nur um eine solch *moralisch* begründete Geste konnte es sich ja handeln, nachdem es für Zahlungen an Israel weder juristisch zwingende noch machtpolitisch erzwingbare Gründe gab. Konkret: Würde Adenauer im Bewusstsein der moralischen Verantwortung die außerordentliche Summe von 1,5 Milliarden Dollar als Basis für die künftigen Verhandlungen akzeptieren und dies auch schriftlich erklären?

Nach den Erinnerungen von Goldmann, die der Kanzler in seinen Memoiren im Wesentlichen bestätigt (Bd. 2, 137–139), hat Adenauer in dem entscheidenden ersten Gespräch am 6. Dezember 1951 in London auf die ihm vorgetragenen jüdischen Argumente so reagiert:

> »Herr Goldmann, diejenigen, die mich kennen, wissen, dass ich ein Mann karger Worte bin und große Phrasen hasse. Sie werden es darum zu würdigen wissen, wenn ich Ihnen sage, dass ich, während Sie gesprochen haben, die Flügel der Weltgeschichte in diesem Raum gespürt habe. Mein Wille zur Wiedergutmachung ist aufrichtig. Ich betrachte sie als ein großes moralisches Problem und eine Ehrenschuld des neuen Deutschland. Sie haben mich richtig eingeschätzt. Ich bin bereit, die Verantwortung für die Erklärung, die Sie wünschen,

auf mich zu nehmen. Ich bitte Sie, gleich jetzt im Nebenzimmer meiner Sekretärin den Entwurf eines solchen Briefes zu diktieren, und Sie werden noch im Laufe des heutigen Tages ein Schreiben von mir erhalten.« (zit. nach N. Goldmann, Mein Leben als deutscher Jude, 385f.)

Wahrhaftig eine kühne Wende! »Ohne vom Kabinett autorisiert zu sein«, schreibt der Adenauer-Biograph Hans-Peter Schwarz, hatte Adenauer in dieser Stunde »eine der großen einsamen Entscheidungen seiner Kanzlerschaft« getroffen. »Am Ende der Aussprache fordert er Goldmann auf, gleich jetzt im Nebenzimmer seiner Sekretärin den Entwurf des Briefes zu diktieren, den Adenauer dann im Lauf des Nachmittags [...] an Goldmann überbringen lässt.« Die entscheidenden Sätze lauten, dass die Bundesregierung in dem Problem der Wiedergutmachung »vor allem eine moralische Verpflichtung« sehe und es »für eine Ehrenpflicht des deutschen Volkes« halte, »das Mögliche zu tun, um das am jüdischen Volk begangene Unrecht wiedergutzumachen«. Deshalb sei die Bundesregierung bereit, bei den kommenden »Verhandlungen die Ansprüche, die die Regierung des Staates Israel in ihrer Note vom 12.3.1951 gestellt« habe, zur »Grundlage der Besprechungen zu machen.« (Adenauer, Erinnerungen Bd. 2, 1966, 138f.)

Und Adenauer steht nicht nur zu seinem Wort in London, er steht auch zu seinem Wort in dem jetzt folgenden, außerordentlich schwierigen, mehrfach vom Scheitern bedrohten Verhandlungsprozess, auch angesichts des politischen Drucks aus seiner eigenen Partei und Fraktion, bevor es zum Abschluß und zu gemeinsamen Vereinbarungen kommt, festgehalten im sogenannten »Luxemburger Abkommen«. Goldmann spricht ihm dafür seine Anerkennung aus: »Streng in Aussehen und Haltung, nicht leicht zu erfassen und zu behandeln, aber sehr imposant in seinen Worten, in seinen Gesten und seiner Figur, schien er tiefe moralische Überzeugungen mit einer ungewöhnlichen politischen Begabung zu vereinigen, eine höchst seltene Kombination unter den Staatsmännern der Welt.« (Mein Leben als deutscher Jude, 1980, 386) Aus diesen »tiefen moralischen Überzeugungen« heraus ist denn auch das genannte Kapitel III im zweiten Band von Adenauers »Erinnerungen« (1966) geschrieben. Dessen geradezu programmatischen Auftakt-Sätze verdienen auch nach fast 50 Jahren festgehalten zu werden:

> »Eines der schwärzesten Kapitel der hinter uns liegenden Zeit ist die Verfolgung der Juden durch die Nationalsozialisten. Diese haben zunächst in Deutschland die Deutschen, die jüdischer Herkunft waren, obgleich nichts gegen sie vorlag, obgleich unsere jüdischen Mitbürger im deutschen Geistesleben eine hervorragende Rolle gespielt hatten, verfolgt und später getötet, Männer und Frauen, Kinder und Greise, Reiche und Arme. Nach Ausbruch des Zweiten Weltkriegs setzten die Nationalsozialisten dann auch in den Ländern, die von den deutschen Truppen erobert wurden, das grausame Werk der Vernichtung der Juden fort. Die Juden flohen, wenn sie konnten, aber den meisten gelang die Flucht nicht. Nichts hat den deutschen Namen so geschändet und uns in solchem Masse die Verachtung der anderen Völker zugezogen wie diese Vernichtung der Juden.
>
> Nicht alle Deutschen haben sich dieser Verbrechen schuldig gemacht, viele haben erst später davon erfahren, aber die nationalsozialistischen Führer handelten, wie sie erklärten, für das deutsche Volk. Als der Zusammenbruch Deutschlands kam, umgab uns Deutsche ein Meer von Hass, Furcht und Verachtung.« (Bd. 2, 132)

4. Einsatz für den Wiederaufbau der Wormser Synagoge

Nachdem Adenauer am 27. September 1951 seine Regierungserklärung abgegeben hatte, folgt monatelanger Stillstand. So jedenfalls musste es Heuss erscheinen. Einmal mehr ist er der Drängende. Bei ihrem »Vier-Augen-Gespräch« am 17. Januar 1952 bringt er dem Kanzler gegenüber zunächst einen konkreten Fall zur Sprache: den Wiederaufbau eines besonderen jüdischen Gotteshauses, der Synagoge zu Worms. Immerhin ist sie die älteste Synagoge im deutschen Sprachraum, 1034 vollendet, im Lauf vieler Jahrhunderte aber durch Pogrome und Brände immer wieder beschädigt, aber auch immer wieder in zeitgemäß veränderter Form aufgebaut. Bis zur Pogromnacht vom 9. auf den 10. November 1938. Wie viele jüdische Gebetshäuser in Deutschland wird auch die Wormser Synagoge niedergebrannt und in den Folgejahren weiter verwüstet. Es sollte ja auch ihr endgültiges Ende sein. Wir verfolgen zunächst diese wichtige Spur, bevor wir auf das »Luxemburger Abkommen« weiter eingehen.

Nicht nur an Alter ragt die Synagoge zu Worms heraus. Heuss dürfte auch bekannt gewesen sein, dass Worms im Mittelalter als Zentrum jüdischer Gelehrsamkeit hohes Ansehen genossen hatte. Der ersten Synagoge war ein Lehrhaus angegliedert gewesen, dessen legendärer Ruf u.a. mit einem jungen Mann zu tun hat, der um 1060 hier studierte und der später als einer der bedeutendsten Gelehrten des abendländischen Judentums Ruhm erlangen sollte: Rabbi Salomon ben Isaak aus dem französichen Troyes, genannt Raschi (1040–1105), der wohl bekannteste jüdische Schriftausleger überhaupt. Seine Kommentare zu Tora und Talmud haben normative Bedeutung und werden bis heute studiert. In Troyes, der Hauptstadt der Champagne, geboren und aufgewachsen, wo seine Familie einen Weinberg besitzt, wird zunächst der eigene Vater Raschis erster Lehrer. 1055 aber geht er nach Mainz und dann nach Worms, um an den dortigen renommierten jüdischen Lehrhäusern zu studieren: bei Jakob ben Jakar (gest. 1064) und Isaac ben Judah in Mainz und bei Isaak ben Eleasar ha-Levi (gest. ca. 1070) in Worms. Um das Jahr 1065 kehrte Raschi nach Troyes zurück, wo er seinerseits ein Lehrhaus gründet und zahlreiche Schüler ausbildet. Gründe genug also, sich mit der abermaligen Zerstörung dieses großen jüdischen Gebetshauses nicht abzufinden und Hitler und seinen Schändern den Triumph nicht zu lassen, zumal Worms auch noch über einen einzigartigen, über die Jahrhunderte gewachsenen jüdischen Friedhof verfügt.

In der Tat ist Heuss exakt dieser Meinung. An ihn sei die Anregung herangetragen worden, berichtet er Adenauer in ihrer Unterredung am 17. Januar 1952, als »Geste gegenüber dem Judentum eine Synagoge aufzubauen und zwar maßgeblich mit Hilfe der beiden großen christlichen Kirchen.« Er beabsichtige, diese Frage mit den Führern der beiden Großkirchen, dem Kölner Kardinal Josef Frings (1887–1978) und dem Vorsitzenden der EKD, Bischof Otto Dibelius, zu besprechen und »denke an den Wiederaufbau der historisch berühmten Synagoge in Worms«. Adenauer stimmt zu und verspricht seine Unterstützung. (Gespr. A–H, 78). Zuvor aber war Heuss in dieser Sache bereits aktiv gewesen. Er hatte das Gespräch mit Prälat Wilhelm Böhler (1891–1958) gesucht, seit 1949 Beauftragter der Deutschen Katholischen Bischofskonferenz bei der Bundesregierung und als solcher der Vertreter des Kölner Kardinals Josef Frings, der von 1945 an 20 Jahre bis 1965 Vorsitzender der Deutschen Bischofskonferenz sein wird. Wir wissen das aus einem Brief, den Heuss am 10. Januar 1952, gut eine Woche vor dem Gespräch mit Adenauer also, an den damaligen Minister für Unterricht und Kultus des Landes Rheinland-Pfalz, Albert Finck (1895–1956), geschickt hat. Dieser ist ja zuständig für alle Kulturangelegenheiten rund um Worms. Heuss informiert ihn über sein »kürzlich« geführtes »sehr langes Gepräch« mit Prälat Böhler. Er habe diesem u. a. eine Frage vorgelegt, die in sein, Fincks, Ressort falle und die ihn selber »erst seit zwei Tagen« intensiver beschäftige und zwar »nach der Unterhaltung mit einem amerikanischen Freund.« (Briefe 1949–1954, 301)

Bei diesem Freund handelt es sich um den Agrarwissenschaftler Karl Brandt (1899–1975), den Heuss vermutlich am 7. Januar 1952 zu einem Gespräch empfangen hatte. Brandt hatte das für seine Generation typische Schicksal eines deutschen Juden getroffen. Heuss kennt ihn als Professor an der Landwirtschaftlichen Hochschule in Berlin in den Jahren 1929 bis 1933, und wie so viele jüdische Weggefährten ist auch Brandt zur Emigration gezwungen. Er geht in die USA, wo er zunächst an Universitäten in New York und Louisiana, schließlich auch an der renommierten Stanford University (1938–1963) lehren kann. Wie Gustav Stolper kehrt auch Brandt als Berater der amerikanischen Regierung nach Deutschland zurück. Das am 1. Oktober 1945 gegründete »Office of Military Government of Germany, United States« (OMGUS), die amerikanische Militärregierung für die US-Zone also, berät er 1945/46 in Berlin in Fragen von Ernährung und Landwirtschaft.

Die Verbindung zu Heuss hatte den Krieg überdauert. Ein erstes Nachkriegs-Treffen mit Brandt wird nicht zufällig Gustav Stolper am 25. März 1946 gemeldet. (Briefe 1945–1949,

163) Dann ein weiterer Besuch, schon beim Bundespräsidenten, am 7. Januar 1952. Darauf spielt Heuss in seinem Brief an Kultusminster Finck an. In diesem Gespräch mit einem »amerikanischen Freund«, dem deutschen Juden Karl Brandt also, ist offenbar die Idee eines Wiederaufbaus der Wormser Synagoge erörtert worden. Sie ist für Heuss allerdings nicht neu, war sie an ihn doch bereits kurz nach seinem Amtsantritt als Bundespräsident im September 1949 durch den damaligen Kulturamtsleiter der Stadt Worms, Karl Heyl, herangetragen worden. Die Korrepondenz mit Heyl und Dokumente über weitere Aktivitäten von Heuss und der von ihm eingeschalteten Rheinland-Pfälzischen Staatskanzlei in dieser Angelegenheit sind noch nicht publiziert. Sie lagern im Bundesarchiv in Koblenz und konnten von mir über Mikrofiches in der Stuttgarter Heuss-Stiftung eingesehen werden.

Heyl weiss: Es ist für Worms »selbstverständlich«, »dass an den Wiederaufbau der Raschisynagoge gedacht wird«, zumal selbst nach 1945 »Juden und besonders Rabbiner und Rabbinerschüler aus allen Ländern der ganzen Erde« Worms besuchen, »einzig und allein nur, um an der Stelle, wo Raschi gelebt und gelehrt, ihre Gebete zu verrichten«. Zugleich hält Heyl die Finanzierung dieses Unternehmens für eine nationale Aufgabe; daher sein Schreiben an Heuss als Bundespräsident:

> »Nachdem nun aber die neue Bundesrepublik, obwohl nur ein Teil Deutschlands, doch aber der Repräsentant aller Deutschen, ins Leben getreten ist, halte ich die Zeit für gekommen, durch eine großzügige Geste dieser neuen deutschen Republik allen Juden der gesamten Welt durch eine einmalige großangelegte charakteristische Handlung zu zeigen, dass alle wahrhaft Deutschen sich mit Abscheu abwenden von dem schreienden Unrecht, das deutschen Juden von Deutschen

angetan worden ist, dass sie aufs tiefste bedauern, dass Juden solch unmenschliche Greul erdulden mussten, dass der Wiederaufbau ihres Heiligtums als ein sichtbares Zeichen des Abscheus, des Bedauerns, aber auch der Wiedergutmachung gewertet werden kann und soll.« (Brief an BP Heuss vom 15.9.1949: Stiftung BP-Th.-Heuss-Haus, Bundespräsidialamt, Amtszeit Heuss, B 122, 2086 = Bundesarchiv Koblenz)

Bis Anfang des Jahres 1952 war nun bereits einige Zeit verstrichen. Die Angelegenheit war offensichtlich von Heuss aus trotz großen Interesses nicht weiter betrieben worden, nicht zuletzt weil er von der Mainzer Staatskanzlei im Juli 1950 erfahren hatte, dass die zuständige jüdische Kultusgemeinde Rheinland-Pfalz »zurzeit anstelle dieses Wiederaufbaues vordringlich die Wiederherrichtung der gottesdienstlich notwendigen Kultstätten zu betreiben wünsche«. (Brief von Mi.Rat Hermans an das Bundespräsidialamt vom 6. Juli 1950: Stiftung BP-Th.-Heuss-Haus, Bundespräsidialamt, Amtszeit Heuss, B 122, 2086 = Bundesarchiv Koblenz)

Jetzt aber, Anfang Januar 1952, scheint im Gespräch mit dem alten jüdischen Weggefährten Karl Brandt Heuss' Interesse neu erwacht zu sein. Dabei macht er sich nicht nur einmal mehr die Wiederaufbau-Idee zu eigen, jetzt bezieht er auch die christlichen Kirchen mit ein, von denen im Brief von Karl Heyl noch keine Rede gewesen war. Fragt er sich doch, »ob«, so Heuss an Kultusminister Finck, »die beiden christlichen Kirchen gemeinsam etwas für den Aufbau einer Synagoge leisten könnten. Das beschäftigt mich jetzt sehr, und ich habe dabei an die Wormser Synagoge gedacht, die ja einen historischen Rang besitzt«. Naürlich müsse diese Frage noch »vollkommen vertraulich« behandelt werden, fährt Heuss fort, aber er würde sich »sehr gerne« einmal mit Finck darüber unterhalten. »Mit der evangelischen Seite« habe er noch »nicht Fühlung« nehmen können. Auch übersehe er nicht, ob die Frage einer christlichen Wiederaufbauhilfe, die sich für ihn »in Worms lokalisiert« habe, überhaupt »praktisch sinnvoll« sei. Doch immerhin habe er »bei Prälat Böhler auch Verständnis für die tiefere religionspolitische Möglichkeit dieses Vorschlags gefunden«. Dieser wolle ihn dem Kardinal »einmal zur Überlegung vortragen«. (Briefe 1949–1954, 301)

Die mir bisher zugänglichen Heuss-Quellen geben für die weitere Behandlung »dieses Vorschlags« keine Auskunft. Zwar wissen wir aus den stets auch Heuss zugeleiteten Akten, dass die Stadt Worms 1951 eine Aufstellung des noch vorhandenen »kulturellen Besitzes der jüdischen Gemeinde Worms« vorgenommen hat, ja dass im Oktober 1956 ein förmliches Abkommen zwischen der Bundesregierung, der Regierung des Staates Israel, dem Land Rheinland-Pfalz, der Stadt Worms und einer jüdischen Organisation geschlossen wurde, um den Plan zu verwirklichen, »die zerstörte Synagoge in Worms auf ihrem alten Platz in ihrer alten Form als ein Erinnerungs- und Mahnmal wiederaufzubauen«. Nichts freilich sagen die Quellen im amtlichen Nachlaß Heuss, ob es eine Unterredung des Bundespräsidenten mit Frings und Dibelius in Sachen Wormser Synagoge gegeben hat. Damit kann ich die spannende Frage nicht beantworten, ob Heuss, falls er mit den Kirchenführern hatte sprechen können, mit seinem Vorschlag auf Ablehnung stieß oder der Plan aus anderen Gründen von den christlichen Kirchen nicht aufgegriffen worden ist.

Ich weiß nur ein Doppeltes:

Erstens: Die Initiative zu einer zutiefst *christlichen* Geste der Versöhnung Juden gegenüber geht offensichtlich nicht von Vertretern der beiden Kirchen aus, sondern von Theodor

Heuss, einem Repräsentanten des Staates aus dem Geist des Liberalismus und Humanismus, der offensichtlich seinerseits des erneuerten Kontaktes mit einem deutsch-*jüdischen* Weggefährten bedurfte, um sich *aufs Neue intensiv* mit dieser Frage zu beschäftigen und die Idee voranzutreiben. Die Initialzündung ist das Verdienst des Wormser Bürgers Karl Heyl, der sich schon drei Tage nach Heuss' Wahl zum Bundespräsidenten am 15. September 1949 mit einem langen handschriftlichen Schreiben an Heuss gewandt hatte. Die mögliche Einbeziehung der christlichen Kirchen ist Heuss' eigene »Zutat«.

Zweitens: Es wird bis zum 27. September 1959 (!) dauern, bis der Grundstein zum Wiederaufbau der Wormser Synagoge gelegt wird. Von einer »Gemeinschaftsleistung« der christlichen Kirchen ist dabei keine Rede, allein von einer »Gemeinschaftsleistung der Bundesregierung, des Landes Rheinland-Pfalz und der Stadt Worms«. Hätten die christlichen Kirchen sich im Vorfeld finanziell oder sonst wie engagiert, wäre dies von ihren Repräsentanten bei der Grundsteinlegung gewiss mit Stolz erwähnt worden. Kein Wort davon. Ein evangelischer Pfarrer und ein katholischer Dompropst nehmen teil, sprechen aber die üblichen Grußworte.

Die Pointe dieser Geschichte? Sie besteht nicht darin, dass es *staatliche* Instanzen sind, die letztlich für den Wiederaufbau eines geschichtlich so bedeutenden »Kulturdenkmals« wie der Wormser Synagoge Sorge getragen haben. Die Pointe ist, dass hier offensichtlich ein ökumenisches Projekt von Christen verpasst wurde, durch Hilfe beim Wiederaufbau einer geschändeten Synagoge ein sichtbares Zeichen der Mitverantwortung und Wiedergutmachung zu setzen. Eine verpasste Chance – einmal mehr.

Zum Zeitpunkt der Grundsteinlegung ist Heuss nicht mehr im Amt. Grund dafür, warum er die freundliche Einladung des Wormser Oberbürgermeisters vom 16. August 1959 zu Präsenz und Ansprache bei der Grundsteinlegung ablehnen muss:

> »Sie wissen, wie sehr gerade die Tradition der alten jüdischen Wormser Gemeinde mir vertraut ist und wie mannigfaltigen Anteil ich an dem Gedanken, die ehrwürdige Stätte zu retten und in ihrer Würde zu sichern, genommen habe und nehme. Aber Ihrer Bitte kann ich doch nicht entsprechen und dies aus grundsätzlichen Erwägungen, die Sie gewiss begreifen werden. Meine Amtszeit läuft am 12. September ab«. (Brief an OB H. Völker vom 28. August 1959: Stiftung BP-Th.-Heuss-Haus, Bundespräsidialamt, Amtszeit Heuss, B 122, 2086 = Bundesarchiv Koblenz)

Anders als Heuss aber ist Adenauer noch im Amt. Er lässt ein Glückwunschtelegramm nach Worms schicken, das den Wortlaut hat: »Zu der feierlichen Grundsteinlegung der Synagoge in Worms spreche ich der Jüdischen Gemeinde meine aufrichtigen und herzlichen Wünsche aus. Möge das wiedererstandene Gotteshaus, das die Tradition tausendjähriger Geschichte deutschen Judentums fortsetzt, der Verherrlichung Gottes, dem Frieden und der Nächstenliebe dienen.« (Die Alte Synagoge zu Worms, 265) In den nächsten zwei Jahren wird der gesamte Synagogenkomplex nach alten Plänen wieder in den Vorkriegszustand versetzt und dabei so weit wie möglich das noch vorhandene alte Baumaterial wiederverwendet. Am 3. Dezember 1961 wird die Synagoge neu geweiht. Sie ist Teil der jüdischen Gemeinde Mainz-Worms. Reichhaltiges Material zur Geschichte der Wormser jüdischen Gemeinde und zur Baugeschichte der Wormser Synagoge sowie die Reden anlässlich der Grundsteinlegungsfeier enthält der Band: Die Alte Synagoge zu Worms, hrsg. v. Ernst Roth unter Mitwirkung von Georg Illert u. Hans Lamm, Frankfurt/M. 1961.

5. Das Luxemburger Abkommen: 10. September 1952

3. März 1952: Bei ihrer nächsten Unterredung spricht Heuss den Bundeskanzler noch einmal »auf das Verhältnis zu Israel und die moralische Wiedergutmachung gegenüber dem Judentum« an. In wenigen Tagen werde er »aus Anlass der von den christlich-jüdischen Organisationen vorbereiteten ›Woche der Brüderlichkeit‹ eine Rundfunkrede halten«, über dessen Inhalt er Adenauer ebenfalls informiert. (s. Komm. zur »Rundfunkrede 1952« in Dok. II, 376–379) Jetzt aber kann der Kanzler darauf verweisen, dass Ende März, genauer: am 21. März 1952 in Kastel Oud-Wassenaar bei Den Haag die Reparationsverhandlungen zwischen der Bundesrepublik auf der einen sowie dem Staat Israel und der »Jewish Claims Conference« auf der anderen Seite beginnen werden.

Es ist hier nicht der Ort, Details über die überaus komplexe Vorgeschichte und Geschichte eines Vertragswerks auszubreiten, das als »Luxemburger Abkommen« in die Geschichte eingegangen ist und das am 10. September 1952 zwischen der Bundesrepublik Deutschland auf der einen sowie dem Staat Israel und der »Jewish Claims Conference« auf der anderen Seite unterzeichnet worden ist. Einzelheiten sind der quellengesättigten, monumentalen Studie von Niels Hansen zu entnehmen: »Aus dem Schatten der Katastrophe. Die deutsch-israelischen Beziehungen in der Ära Konrad Adenauer und David Ben-Gurion« (2002) sowie dem Buch von Constantin Goschler aus dem Jahre 1992: »Wiedergutmachung. Westdeutschland und die Verfolgten des Nationalsozialismus (1945–1954)«. Lesenswert auch die frühe, knapp zusammenfassende Darstellung aus jüdischer Sicht von Kurt R. Grossmann: »Die Ehrenschuld. Kurze Geschichte der Wiedergutmachung« (1967). Wir bleiben auf das Wesentliche der Sache und vor allem auf die Rolle von Heuss konzentriert.

Die enormen Probleme von »Wiedergutmachungszahlungen« sind Adenauer wie Heuss nur zu bewusst. Sie haben mit der Komplexität der Materie, der realistischen Einschätzung der wirtschaftlichen Leistungsfähigkeit Nachkriegsdeutschlands und der Grundsatzfrage zu tun, was denn das Ziel einer solchen »Wiedergutmachung« sein soll. Will sich das »Land der Täter« mit Geld von seiner Schuld freikaufen? Das wäre zynisch gegenüber den Opfern. Auf beiden Seiten ist die Opposition denn auch heftig. Die Vertreter des Judentums bekommen das im Staat Israel genauso zu spüren wie Konrad Adenauer zuhause. Größte Mühe hat er, das Luxemburger Vertragswerk durch den Bundestag zu bringen. Große Teile von Adenauers eigener Fraktion der CDU/CSU verweigern ihre Zustimmung. Der Kanzler ist auf die Stimmen der SPD angewiesen, und so kommt am 18. März 1953 mit 239 von 402 Abgeordnetenstimmen nur eine knappe Mehrheit für das Abkommen zustande. Woraus besteht es?

Es besteht aus einem förmlichen Vertrag, in dem die Bundesrepublik dem Staat Israel eine pauschale Erstattung von Eingliederungskosten der aus Deutschland nach Israel vertriebenen Juden in Höhe von drei Milliarden DM zusichert. Diese Gelder können in Form von Warenlieferungen und Dienstleistungen innerhalb der nächsten 14 Jahre in Anspruch genommen werden. Hinzu kommen zwei Protokolle. Das eine sichert ein noch folgendes Gesetzgebungsverfahren zu, um geraubtes jüdisches Vermögen zurückzuerstatten und Verfolgten individuelle Entschädigung zukommen zu lassen. Im anderen Protokoll ist die Bereitschaft der Bundesrepublik festgehalten, über die »Jewish Claims Conference« notleidenden jüdischen Verfolgten auch außerhalb des Staates Israel Entschädigungen zu zahlen.

6. Heuss' Unterstützung

Die langwierigen und schwierigen Verhandlungen bei Den Haag hat Heuss von Anfang an mit größter Aufmerksamkeit verfolgt. Vielfach hatte er auch Kontakt mit Nahum Goldmann gehalten, dem er gegen Ende seiner Amtszeit, am 27. Juli 1959, in der Rückschau schreiben kann: »Wir beide haben ja in dem verwichenen [sic!] Jahrzehnt manches freundschaftliche Gespräch führen können, dessen Unterton immer war: es ist moralisch nicht erlaubt, das Geschehene mit einem bequemen Vergessen-Wollen zu verharmlosen, aber es ist moralisch geboten, die Voraussetzungen zu sichern, dass eine humane Gesinnung, die auch dankbar sein kann, die Wechselbeziehung zwischen den beiden Gruppen bestimmt.« (AüJ, 177) Entsprechend signalisiert Heuss während der Krise der Verhandlungen seine Entschlossenheit, »dass er aus seiner ihm durch die Verfassung aufgezwungenen Reserve heraustreten würde, wenn keine zufriedenstellende Lösung gefunden werden würde«. (zit. nach K.R. Grossmann, Ehrenschuld, 39) Constantin Goschler hat deshalb in seiner einschlägigen Studie zum Thema »Wiedergutmachung« (1992) nicht zufällig im Zusammenhang u.a. mit Heuss davon gesprochen, »dass die Bemühungen um die Wiedergutmachung auf deutscher Seite häufig den Zug eines ausgeprägten Einzelkämpfertums« getragen hätten. (S. 205)

Und so ist Heuss sichtlich erleichtert, dass er der jüdischen Gemeinschaft in Deutschland sowohl in seiner Neujahrsadresse 1952 wie auch in der von 1953 »Vollzug« melden kann. In diesen Tagen sei »nach langen und schwierigen Beratungen der Vertrag zwischen der Bundesrepublik Deutschland und dem Staat Israel unterzeichnet worden«, schreibt er zu Rosh ha-Shana 1952. Gewiss: Die Dauer der Verhandlungen hätten auch Enttäuschungen für viele Betroffene mit sich gebracht. Nicht alle Erwartungen seien erfüllt worden und die Fragen der »individuellen Wiedergutmachungen« müssten ohnehin noch gesetzlich geregelt werden. »Das Entscheidende« aber sei, »dass im Elementaren der Wille zu einem loyalen Kompromiss über Missverständnisse und ›Zwischenfälle‹ hinweg geholfen« habe. Und wörtlich fügt Heuss hinzu: »Unsere eigene Hoffnung ist, dass der realistische Weg helfen wird. Schritt um Schritt über dies und dies Ressentiment, das von uns nie verkannt und verkleinert wird, hinwegzukommen.« (AüJ, 115)

Als der deutsch-jüdische SPD-Bundestagsabgeordnete Jakob Altmaier (1889–1963), der wegen seiner unterstützenden Verdienste um das Wiedergutmachungs-Abkommen von Adenauer zur Unterzeichnungszeremonie ins Luxemburger Rathaus eingeladen worden war, sich in einem Brief an Heuss dafür bedankt, dass er, Heuss, durch seine »jahrelange, offene und noch mehr stille Arbeit« das Zustandekommen des Vertragswerks als »Pionier« und »psychologischer Wegbereiter« gefördert habe, antwortet ihm Heuss am 1. April 1953: »Sie haben recht, dass ich in der Entkrampfung der jüdisch-deutschen Beziehungen und in der Wiederherstellung wechselseitiger guter Gesinnungen von Beginn meines Amtes an eine meiner vornehmsten Aufgaben gesehen habe. Ich hoffe mit Ihnen, dass der Schritt, der jetzt getan worden ist, so wirksam werden möge, wie wir beide, aber nicht nur wir beide, es aufrichtig erhoffen.« (Briefe 1949–1954, 435f.; Einzelheiten zur Rolle Altmaiers bei W. Albrecht, 1989)

7. Was »Wiedergutmachung« meint und nicht meint

1953 kann Heuss der jüdischen Gemeinschaft gegenüber weitere in der Zwischenzeit erfolgte Schritte ansprechen. Die »Ratifizierung des Haager [Luxemburger] Vertragswerks« sei erfolgt, schreibt er. Die »ersten Lieferungen auf Grund dieser Verträge nach Israel« seien unterwegs! Und auch die »individuelle Wiedergutmachung« sei gefördert worden »durch die Verabschiedung des Bundesentschädigungsgesetzes«. Es bringe die Vereinheitlichung des Wiedergutmachungsrechts für die Bundesrepublik und schließe »noch bestehende Gesetzeslücken«. (AüJ, 116)

Dabei war sich Heuss von Anfang an im Klaren, dass die Sache selbst prekär ist und bleibt. Als ob man mit Geldzahlungen oder Sachleistungen Unrecht »wiedergutmachen«, sich von Schuld loskaufen, von Scham befreien, kurz: unter die ganze »Angelegenheit« einen »Schlussstrich« ziehen könne. Schon in seiner Rundfunkansprache 1952 hatte er das Problem offen angesprochen und mit einer stark metaphorischen Wortwahl plastisch verdeutlicht: »Und wir wissen gut genug, dass das Wort ›Brüderlichkeit‹ sich etwas frierend und eingeschüchtert in der Nähe eines Ortes aufhält, an dem von Millionen, von Milliarden der Entschädigung, der Wiedergutmachung verhandelt werden wird«. (Dok. II, 384)

In einer Würdigung nach zehn Jahren »Luxemburger Abkommen« (1962) stellt Heuss denn auch noch einmal klar:

»Wiedergutmachung« gegenüber dem jüdischen Volk bedeute nicht und könne nicht bedeuten, »dass die Deutschen sich etwas darauf zugute tun«. Die »Vernichtung von Glück und Leben«, die Juden zu Millionen hätten erdulden, aber auch »die Beschmutzung des deutschen Namens«, die »wir Deutsche« hätten erleiden müssen, würden »nicht durch eine Reihe staatlicher Schecks in der Geschichte ausgelöscht«. Das geläufige Wort von der »Wiedergutmachung« sei nur »die Ersatzformel für einen Annäherungswert der Form«. Aber wir Deutsche seien wenigstens dankbar dafür, dass die Konkretisierung geschehen und damit »ein Ausblick, wenn nicht in das Land des ›Guten‹, so doch des Besseren gewährt« sei (AüJ, 224). Ja, während seines Israel-Besuchs im Mai 1960 (s. Kap. I, 1–4) hatte Heuss einem Journalisten gegenüber sogar noch schärfer formuliert:

> »Was geschehen ist, lässt sich nicht wiedergutmachen, denn Tote lassen sich nicht zum Leben erwecken. Die Wiedergutmachungszahlungen sind nach meiner Meinung eher ein Ausdruck redlichen guten Willens – wir versuchen, die Menschen zumindest für den materiellen Schaden zu entschädigen, den wir ihnen zugefügt haben. Aber ich möchte, dass Sie verstehen – die kollektive Scham, von der ich gesprochen habe, bleibt davon unberührt.« (AüJ, 206)

Für Konrad Adenauer gilt Ähnliches. Er weiß von Anfang an, dass durch »Hergabe materiellen Gutes«, wie er schreibt, »das Unrecht, das geschehen war«, nicht »gesühnt« werden kann. Sie könne nur »äußeres Zeichen unseres Bestrebens nach Wiedergutmachung« sein (Erinnerungen, 1966, 132). Und Adenauer offenbart in seiner Rückschau auf das Luxemburger Abkommen auch noch ein persönliches Motiv. Unerwartet. Man vermutet es bei bei ihm nicht, und es rührt einen noch heute an, wenn man es entdeckt. »Zutiefst bewegt« sei er gewesen, schreibt Adenauer in seinen »Erinnerungen«, als er am 10. September 1952 in Luxemburg beim Unterzeichnungsakt dem Vertreter des Staates Israel, Minister Mosche Scharet (1894–1965), gegenüber gesessen sei, glücklich, »etwas zur Tilgung des Unheils« beigetragen zu haben.

8. Adenauer erinnert sich an jüdische Hilfe in Not

In diesem Moment seien seine Gedanken zurückgegangen an die Zeit, als die Nazis ihn als Oberbürgermeister von Köln aus dem Amt gejagt hätten. In der Tat hatte Adenauer am 13. März 1933 Köln verlassen müssen. Für ein Jahr hatte er Zuflucht im Benediktinerkloster Maria Laach gefunden. Bezüge und Bankkonto? Auf einmal gesperrt. Es droht der Verkauf von Wertgegenständen, um die Familie überhaupt noch durchbringen zu können. Da kommt ein »guter Freund« auf ihn zu. Er weiß um Adenauers finanzielle Sorgen und händigt ihm ungefragt einen Betrag von 10.000 Reichsmark aus. Das ist vorläufig die Rettung. Der Freund ist ein Deutsch-Amerikaner, heißt Dannie Heineman (1872–1962), lebt in Greenwich, Connecticut und gilt als einer der großen Technik-Pioniere bei der Entwicklung und Verteilung elektrischer Energie und dem Aufbau von Stromerzeugungs- und -verteilungsanlagen in Europa. Und: »Heineman war Jude«, schreibt Adenauer lapidar. Details teilt er nicht mit. Alles sonst bleibt ausgespart. Aber in diesem historischen Moment in Luxemburg braucht es auch nicht mehr als dieses Signal: »Heineman war Jude.« (Einzelheiten bei: Hans-Peter Schwarz, Dannie N. Heineman und Konrad Adenauer im Dialog, 1992, 803–825 u. H.P. Mensing, Adenauers Beziehungen, in H.J. Küsters, 2004, 117–136)

Und noch ein weiteres Mal hatte ein jüdischer Bekannter finanzielle Hilfe in schwieriger Zeit angeboten: der Vater der von Adenauer seinerzeit eingesetzten Stadtdirektorin, die »aus einer jüdischen Familie« stammt und glücklicherweise »rechtzeitig nach Amerika« emigrieren kann. Auch daran erinnert sich Adenauer, während er in Luxemburg unterschreibt. Ihr Vater, ein emeritierter Frankfurter Professor, hatte den ehemaligen Oberbürgermeister aufgesucht, bevor er seiner Tochter in die USA hatte nachreisen wollen. Er habe noch »einige Ersparnisse«, hatte er gesagt, die könne er anbieten. Diesmal lehnt Adenauer dankend ab, »zutiefst gerührt« auch von dieser Geste. Die Pointe dieser beiden Geschichten? Adenauer liefert sie selbst:

> »Ich hatte als Oberbürgermeister von Köln viele Freunde. Heineman und Prof. Kraus waren die einzigen, die mir nach meiner Absetzung ihre Hilfe anboten. Ihre Handlungsweise mir gegenüber hat mich daran erinnert, dass ›Du sollst deinen Nächsten lieben wie dich selbst‹ im Alten Testament steht.« (Erinnerungen, Bd. 2, 1966, 157f.)

Später noch einmal wird Adenauer von dieser Erfahrung mit Juden öffentlich Gebrauch machen, aus gegebenem Anlaß in dramatischer Stunde. Als ausgerechnet zu Weihnachten 1959 die noch im September desselben Jahre neu eingeweihte Kölner Synagoge besudelt und geschändet worden war (im Vorfeld von Heuss' Israel-Reise haben wir schon davon gehört: Kap. I, 1), wendet sich Adenauer am 16. Januar 1960 übers Fernsehen an die deutsche Öffentlichkeit und wirft um der Ernsthaftigkeit und Glaubwürdigkeit seiner Verurteilung willen seine ganz persönlichen Erfahrungen mit dem NS-Regime und mit jüdischen Freunden in die Waagschale:

»Ich erachte mich als besonders befugt dazu [zu einem Wort über die Schändung der Synagoge zu Köln]. Meine Familie und ich sind selbst Opfer des Nationalsozialismus. Es genügt wohl, wenn ich Ihnen sage, dass ich viermal auf einer Todesliste der Nationalsozialisten gestanden habe, und dass es an ein Wunder grenzt, wenn ich diese Jahre lebend überstanden habe.

Und mein Verhältnis zum Judentum? Nun, zwei Juden waren es, die, als meine Familie und ich uns in der Zeit des Nationalsozialismus in großer finanzieller Bedrängnis befanden, als erste mir finanzielle Hilfe anboten. Sie wussten, wie ich zu den Juden immer gestanden habe.

Als ich Bundeskanzler geworden war, habe ich mit ganzer Kraft mich eingesetzt für das Wiedergutmachungsabkommen mit Israel. Ich wollte damit vor der ganzen Welt kundtun, dass das heutige Deutschland den Antisemitismus von Grund auf ablehnt.

Was in Köln an der Synagoge und an dem Denkmal geschehen ist, ist eine Schande und ein Verbrechen. Die Bundesregierung, für die ich spreche, hofft, dass die Organe der Justiz mit aller Schärfe hiergegen vorgehen.« (Reden 1917–1967, 1975, 409)

XII. Anerkennung des Staates Israel und das »Araberproblem«

In Wassenaar bei Den Haag hatte man von offizieller deutscher Seite 1952 bereits mit Vertretern des *Staates* Israel verhandelt. Das am 10. September 1952 im Rathaus zu Luxemburg unterzeichnete Abkommen hatte auch die Unterschrift des damaligen israelischen Außenministers Mosche Scharet getragen.

1. Ein Abkommen mit Israel ohne Anerkennung des Staates

Aber eine formelle Anerkennung Israels als Staat durch die Bundesrepublik Deutschland war noch nicht erfolgt. Diplomatische Beziehungen waren noch nicht aufgenommen worden. Begreiflich, dass man auf israelischer Seite, namentlich von Seiten des damaligen Ministerpräsidenten David Ben-Gurion (1886–1973), je länger desto entschiedener auf eine Formalisierung der Beziehungen zu drängen beginnt – vor allem angesichts der prekären Sicherheitslage des jungen Staates, umgeben von feindlich gesinnten arabischen Nachbarstaaten, gegen die man 1948 die Unabhängigkeit militärisch hatte erkämpfen müssen.

1956 kommt die Suez-Krise verschärfend hinzu. Nachdem der damalige ägyptische Staatspräsident Gamal Abdel Nasser

(1918–1970) am 26. Juli 1956 den Suez-Kanal verstaatlicht hatte, intervenieren Großbritannien und Frankreich im Zusammenspiel mit Israel militärisch zunächst erfolgreich, bevor die USA diplomatisch eingreifen und Waffenstillstand und Rückzug erzwingen. Die nationale und internationale Sicherheitslage rund um Israel verbessert sich dadurch kaum, zumal die Sowjetunion die Krisenlage nutzt, um im November 1956 einen Aufstand gegen die kommunistische Diktatur in Ungarn niederzuschlagen und Europa in einen prekären Spannungszustand zu versetzen.

2. Die deutsche Diplomatie in der Zwickmühle

Doch auf deutscher Seite zögert und taktiert man in der Anerkennungsfrage. Man fürchtet eine massive wirtschaftliche und politische Störung des Verhältnisses zu den arabischen Staaten des Nahen Ostens, eine Verschärfung der ohnehin schon reichlich vorhandenen Spannungen in der Region, vor allem aber im Gegenzug zu einem entsprechenden Bonner Schritt die diplomatische Aufwertung des verhassten Ulbricht-Regimes in Ostberlin. Schon die milliardenschweren Lieferungen Deutschlands an Israel auf der Basis des Luxemburger Abkommens hatten massive Kritik der arabischen Nachbarstaaten Israels nach sich gezogen. Schon sickert im Verlauf der 1950er Jahre durch, mit dem Sozialismus sympathisierende Staaten wie Ägypten und Syrien seien gewillt, die »DDR« anzuerkennen, zumal sie unter politischem und ökonomischem Druck Moskaus stünden.

Die Bonner Diplomatie ist in einer Zwickmühle. Moralisch und ökonomisch hatte man die Anerkennung des Staates Israel mit Abschluss des Luxemburger Abkommens und den kontinuierlichen Warenlieferungen *faktisch* vollzogen; ihre Formalisierung ist somit überfällig. Außenpolitisch aber fürchtet die Bundesrepublik eine Isolation im Nahen Osten, eine Aufwertung des kommunistischen Regimes in Pankow und damit den Beginn des Verlustes ihres »Alleinvertretungsanspruchs« als des einzig legitimen Staates auf deutschem Boden. Denn nach der seit 1955 praktizierten »Hallstein-Doktrin« (benannt nach Walter Hallstein, Staatssekretär im Auswärtigen Amt von 1951 bis 1958) würde die Bundesrepublik ihre Beziehungen zu denjenigen Staaten abbrechen müssen, welche die »DDR« anerkennen. Und das konnte weder im westdeutschen noch im westlichen Interesse liegen.

Kurz: In Regierungskreisen Bonns geht die Furcht um, durch eine diplomatische Anerkennung des Staates Israel der sowjetischen Nahost-Politik in die Karten zu spielen und so die Position des Westens insgesamt zu schwächen. Daran hatte offensichtlich auch die US-Administration kein Interesse, welche die Bundesregierung in der Frage der Aufnahme diplomatischer Beziehungen zu Israel offensichtlich auch zu nichts drängt, ja für das Zögern Bonns in dieser Frage Verständnis aufbringt. So ist man in Bonn für Jahre hinsichtlich einer Entscheidungsfindung blockiert – mit der Folge, dass es bis Mitte der 1960er Jahre hinein beim *status quo* bleibt, nachzulesen in der genannten großen Studie von Niels Hansen (2002, 468–479).

An diesem *status quo* hatte auch das später historisch genannte erste Zusammentreffen des israelischen Ministerpräsidenten David Ben-Gurion mit Bundeskanzler Adenauer am 14. März 1960 im New Yorker Hotel Waldorf-Astoria nichts geändert (vgl. N. Hansen, 2002, 539–553). Denn bei dieser knapp zweistündigen Unterredung ist vor allem über

Themen wie deutsche Investionen in die israelische Wirtschaft und die Lieferung von Waffen als »Verteidigungshilfe« gesprochen worden. »Kein Gesprächsgegenstand« dagegen ist »trotz gegenteiliger Spekulationen in den Medien, die Aufnahme diplomatischer Beziehungen« (N. Hansen, 2002, 548). Ben-Gurion hatte sich denn auch bereits im Vorfeld des Treffens von New York in sein Tagebuch notiert. »Die [diplomatischen] Beziehungen stören mich nicht. Ich denke, zwei Themen sind hier sehr wichtig: Dass die Deutschen in den nächsten zehn Jahren eine viertel Milliarde Dollar in unsere Industrie investieren und dass sie uns Waffen liefern.« (zit. bei Hansen, 2002, 548)

3. Heuss' letzter Brief an Adenauer

Dieser unbefriedigende Schwebezustand dauert auch noch an, als Heuss knapp einen Monat nach dem New Yorker Treffen im Mai 1960 »als Privatperson« nach Israel reist. Wir haben eingangs dieses Buches davon berichtet (Kap.I, 1–4). Jetzt schließt sich für uns der Kreis, und wir kehren mit Heuss noch einmal nach Israel zurück.

Selbstverständlich hatte auch Theodor Heuss als Bundespräsident die hin- und herwogende Diskussion um eine diplomatische Anerkennung des Staates Israel verfolgt. Mit wachsendem Verdruss, denn auch er hält eine Formalisierung der Beziehungen nach dem Luxemburger Abkommen für überfällig, ist aber froh, während seines Israel-Besuchs mit dieser Frage nicht konfrontiert worden zu sein. Eine öffentliche Stellungnahme war ihm auf diese Weise erspart geblieben. Den Grund dafür teilt Heuss Konrad Adenauer in einem Brief vom 12. August 1960 mit. Äußerer Anlass seines Schreibens ist das Erscheinen seines Buches »Staat und Volk im Werden«, das die Vorträge und Ansprachen während des Israel-Besuchs dokumentiert (s. Kap. I, 1). Heuss legt diese Publikation seinem Schreiben an den Kanzler bei und fügt hinzu:

> »Die Aufnahme, die ich in Israel erfuhr, war freundschaftlich und taktvoll. Ich war mit den führenden Männern und Frau Golda Meir wiederholt zusammen, aber keiner der führenden Leute hat mich, womit ich ja rechnete, auf das Problem der diplomatischen Beziehungen angesprochen und damit den privaten Charakter meines Besuches respektiert.« (Briefe A–H, 305)

Als drei Jahre später immer noch nichts geschehen ist, schreibt Heuss noch einmal an Adenauer: 28. September 1963. Mittlerweile hatte sich sein Gesundheitszustand dramatisch verschlechtert. Mehrere Klinikaufenthalte sind die Folge. Dem 79-Jährigen war Ende August diesen Jahres das linke Bein amputiert worden. Eine Herz- und Kreislaufschwäche kommt hinzu. Aber auch Konrad Adenauer steht vor einer Lebens-Zäsur. Im Oktober wird er von Ludwig Erhard als Bundeskanzler abgelöst werden. Noch können beide nicht ahnen, dass ihr kurzer Briefwechsel im September/Oktober der letzte sein wird, denn Theodor Heuss wird am 12. Dezember 1963 in Stuttgart sterben.

Und so nehmen wir es als glückliche Fügung, dass der letzte Brief von Heuss an Adenauer der Sorge um Israel gilt. Auf die ihm zu Ohren gekommene nach wie vor kontroverse Debatte um diplomatische Beziehungen zu Israel eingehend, schreibt Heuss am 28. September 1963:

> »Man hat mir hier im Krankenhaus erzählt, dass dabei [bei der Argumentation gegen diplomatische Beziehungen] auch

auf die Amerikaner Rücksicht genommen wird, was mir reine Gerüchtemacherei zu sein scheint, ohne dass ich irgendwelche Fühlung mit politischen Organen dieses Staates heute halte. Die Stellungnahme der arabischen Staaten, die ich aus persönlichem Eindruck gar nicht kenne, scheint mir durchaus verworren, und eine Entscheidung von unserer Seite würde wohl nur eine vorübergehende Trübung herbeiführen können.

Ich habe keine Ahnung, wer jetzt politisch-diplomatischer Sachberater in der politischen Gruppe des AA [Auswärtigen Amtes] ist. Ich persönlich habe, auch auf Grund meines mehrwöchigen Besuchs in Israel, den vielen Beziehungen, die ich dort erneuerte, das Gefühl, dass die Herstellung diplomatischer Beziehungen überreif ist. Ich wäre Ihnen sehr dankbar, wenn Sie diese Sache noch in Ihrer Amtszeit zum Abschluss bringen wollten.« (Briefe A–H, 338)

Adenauer antwortet am 8. Oktober 1963 kurz und knapp, denn schon am 15. Oktober wird sein Rücktritt vom Amt erfolgen:

»Gar zu gerne hätte ich noch während meiner Amtszeit die diplomatischen Beziehungen mit Israel hergestellt. Ich habe deswegen in Washington angefragt, weil Washington ja übernommen hatte, dafür zu sorgen, dass im Orient nichts passiere. Washington hat mich gebeten, die diplomatischen Beziehungen jetzt nicht herzustellen. Unter diesen Umständen kann ich leider mein Vorhaben nicht ausführen. Es tut mir sehr leid, aber ich kann leider daran nichts ändern.« (Briefe A–H, 342)

Die Formalisierung der diplomatischen Beziehungen zum Staat Israel erfolgt denn auch erst unter Adenauers Nachfolger als Bundeskanzler, unter Ludwig Erhard (1897–1977) im Mai 1965. Zu diesem Zeitpunkt ist Deutschland das 87. Land, das den Staat Israel offiziell anerkennt. Zehn der dreizehn Mitgliedsstaaten der Arabischen Liga brechen daraufhin noch im selben Monat ihre diplomatischen Beziehungen zu Bonn ab. Nur Libyen, Marokko und Tunesien schließen sich diesem Schritt nicht an.

4. Wahrnehmung des »Araberproblems«

Dass man aber über die Frage diplomatischer Anerkennung als Staat hinaus über Israel nicht sprechen kann, ohne gleichzeitig das Palästina-Problem wahrzunehmen, sollten die folgenden Jahre noch drastisch und dramatisch zeigen. Denn in einem Staat wollen nicht nur Juden, sondern auch Palästinenser leben. Ein bisher, wie man weiß, ungelöstes Problem nicht nur der Regional-, sondern der Weltpolitik von einer Brisanz, die jederzeit den Weltfrieden zerstören kann.

Hat Theodor Heuss bei seinem Israel-Besuch über die vielen erneuerten Beziehungen hinaus dieses Problem wahrgenommen? Durchaus – bei aller Konzentration primär auf biblische Archäologie, Aufbauleistung eines jungen Staates, deutsch-jüdische Verwerfungen und die Folgen der Schoah. In einem Fernsehgespräch mit dem Journalisten Thilo Koch über seine »Reiseeindrücke in Israel« vom 28. Juni 1960 unterstreicht Heuss zwar zunächst noch einmal, dass er »keine seelische Beruhigungsreise« unternommen habe. Die Israeli hätten doch »den furchtbaren Geschichtsvorgang des Versuchs der Massenaustilgung, der Massenvernichtung ungezählter unschuldiger Männer, Frauen und Kinder in ihrem Bewusstsein behalten«. (AüJ, 221f.)

Zugleich aber hatte der Augenmensch Heuss bei seiner Reise durch das Land die Präsenz muslimischer Araber nicht übersehen können. In Akko zum Beispiel die große Moschee. Heuss ist von ihr derart fasziniert, dass er sie zeichnet. Er weiß: Dieser Bau »gilt als eine der großen Moscheen des Landes, neben der Omar-Moschee in Jerusalem, die nicht zugänglich ist, da sie im jordanischen Gebiet liegt, die wichtigste geschlossene Bauanlage, von den Moslems fleißig besucht«. (AüJ, 220) Ja, Heuss erlebt gerade in Akko hautnah die Präsenz der drei großen prophetischen Religionen Judentum, Christentum und Islam an einem Ort:

> »Der stärkste Eindruck, der für mich geblieben ist, wo ich auch am meisten gezeichnet habe, war die Stadt Akko mit ihrem wunderbaren und auch noch geheimnisvollen Refektorium des alten Johanniterordens, das tief im Boden drin steckt und erst ausgegraben und gehoben werden soll, zwischendurch Moscheen, zwischendurch alte jüdische Male, junge Araber, junge Judenkinder um einen herum.« (AüJ, 220)

Mehr noch: Durch die unmittelbar sinnliche Anschauung (»junge Araber, junge Judenkinder um einen herum«) spürt Heuss offensichtlich über die Impression geschichtlicher Vielfalt im Land hinaus, dass durch die gleichzeitige Präsenz von zwei Völkern und zwei Religionen, deren Menschen *beide* eine staatliche Identität auf ein und demselben Territorium beanspruchen, ein Spannungspotential verborgen ist, das jederzeit zur Explosion kommen kann. Der Unabbhängigkeitskrieg liegt ja gerade erst einmal zwölf Jahre zurück, die Suez-Krise keine vier Jahre. Auf beiden Seiten Tote, Vertriebene, Flüchtlinge. Die Sicherheitslage ist nach wie vor prekär. Von echtem Frieden kann keine Rede sein. Die Israeli lebten denn auch, so Heuss, praktisch »noch in einem Zustand des Waffenstillstands« (AüJ, 218). Sie hätten »einen Krieg hinter sich«, einen

Krieg, der durchaus »auch« (und Heuss formuliert an dieser Stelle sehr diplomatisch) »bestimmte, unvermeidliche, von ihnen bejahte, von manchen auch gefürchtete nationalistische oder militärische Empfindungen« habe lebendig werden lassen. Man müsse das »aus der Situation verstehen«. (AüJ, 218f.)

5. Für eine »friedsame Regelung mit Hilfe der Welt«

Und dann fügt Heuss im Gespräch mit Thilo Koch noch hinzu, als wäre ihm erst im Nachhinein aufgegangen, worüber während der Israel-Reise *nicht*, nicht mit *ihm*, schon gar nicht *politisch*, gesprochen worden war:

> »Das ist mir sehr merkwürdig, wenn ich mich zurückerinnere: es ist nie eigentlich politisch über das Araberproblem gesprochen worden, auch nicht in den ganz privaten Unterhaltungen. Das wird als gegeben hingenommen. Es leben einige arabische Dörfer und Gemeinden in dem Staatsverband. Es existieren arabische Stadtviertel, wo eine harmlose ruhige Kommunikation sich ganz von selbst ergibt. Die Lage ist so, dass die Hoffnung und die Erwartung vorhanden sind, dass eine friedsame Regelung mit Hilfe der Welt an dieser Ecke der Welt entsteht. Doch eine gewisse gelassene Sicherheit der Selbstbehauptung, des Behauptungswillens ist absolut spürbar.« (AüJ, 219)

»Es leben arabische Dörfer und Gemeinden in dem Staatsverband«: Heuss hat das nicht übersehen können und die politische Brisanz zweifellos gespürt. Er deutet sie an, diese Brisanz, wenn er vorsichtig umschreibend vom »Araberproblem« spricht und im Nachhinein zu bedauern scheint, dass »eigentlich politisch« über dieses Problem mit ihm nicht gesprochen worden ist. Eine verpasste Chance?

Martin Buber (1878–1965): Er wäre der kongeniale jüdische Gesprächspartner für Heuss auch in der Durchdringung des »Araberproblems« gewesen, derjenige Martin Buber, der Heuss bei seiner Vorlesung in Jerusalem im Mai 1960 begrüßt hatte (s. Kap. I, 1), der Philosoph des »ICH und DU«, der Meister des »Dialogischen Prinzips«. Der Buber, mit dem »eine Unterhaltung pflegen zu können« Heuss' Wunsch schon 1949 in seiner Wiesbadener Rede gewesen war. Und Jerusalem, damals 1960 ein seit dem Unabhängigkeitskrieg brutal geteilter Ort? Gerade als verwundete, zerrissene Stadt wäre Jerusalem der adäquate Schauplatz für ein solches Gespräch gewesen.

6. Bubers Mahnung zur »echten Zusammenarbeit« von Juden und Arabern

1938 nach Jerusalem gekommen, hält Buber bis zum Ende seines Lebens trotz aller in der Zwischenzeit erfolgten kriegerischen Gewalt an der Überzeugung fest, dass nur eine Kooperation mit den arabischen Nachbarn Israel den Frieden bringen werde. Israel als Staat hatte Buber akzeptiert, als realpolitisch keine Wahl blieb, will sagen: als das, wie Buber sich ausdrückt, anfangs organisch sich entwickelnde jüdische Siedlungswerk in Palästina »von den Folgen des grauenhaftesten Ereignisses der modernen Geschichte, der Ausrottung von Millionen Juden durch Adolf Hitler, überrannt« worden war und die »gepeinigten, gehetzten Massen« begreiflicherweise in ein »Land der Rettung und der Sicherheit« gedrängt hätten. (Ein Land und zwei Völker, 1993, 369f.) Aber Buber sieht auch den Preis, den das jüdische Volk für seine Sicherheit seither hatte zahlen müssen, er sieht das Misslungene und Verfehlte in Sachen Vertrauen zum »arabischen Volk«. Und er weiß: Frieden und Sicherheit wird es für Israel nicht ohne und schon gar nicht gegen die palästinensischen Nachbarn geben, sondern nur mit ihnen.

Noch 1958 – zwei Jahre vor Heuss' Besuch in Israel – hatte Buber in einer in den USA gehaltenen Grundsatzrede seine Freunde noch einmal eindringlich beschworen (und wer wollte bestreiten, dass diese Sätze auch nach 55 Jahren noch gültig sind?):

> »Ich habe die aus dem Krieg hervorgegangene Form des neuen jüdischen Gemeinwesens, den Staat Israel, als den meinen akzeptiert. Ich habe nichts mit jenen Juden gemein, die ihn, die faktische Gestalt der jüdischen Selbständigkeit, bestreiten zu dürfen meinen. Das Gebot, dem Geist zu dienen, ist jetzt von uns in diesem Staat, von ihm aus zu erfüllen. Wer aber dem Geist wahrhaft dienen will, muss all das einst Verfehlte wiedergutzumachen suchen; er muss daran arbeiten, die verschüttete Bahn für ein Einvernehmen mit dem arabischen Volke von neuem freizumachen. Heute scheint es vielen absurd, jetzt noch – zumal in der gegenwärtigen innerarabischen Situation – an eine jüdische Teilnahme an einer Förderation zu denken; morgen, mit einer Änderung gewisser weltpolitischer Momente, kann diese Möglichkeit in eine höchst positive Beleuchtung rücken. Es gilt, soweit es von uns abhängt, den Boden dafür vorzubereiten. Es kann heute keinen Frieden zwischen Juden und Arabern geben, der nur ein Aufhören des Krieges wäre; es kann nur noch einen Frieden der echten Zusammenarbeit geben. Unter so vielfach erschwerten Umständen ist es noch heute und mehr als je das Gebot des Geistes, die Zusammenarbeit der Völker anzubahnen.« (Ein Land und zwei Völker, 1993, 371f.)

Frieden durch »Einvernehmen mit dem arabischen Volke«, durch »Zusammenarbeit der Völker«: Gerade das war auch das große Anliegen eines der Gesprächspartner von Heuss in Shavej Zion gewesen: Leopold Marx (s. Kap. I, 4).

7. Heuss – ein Sprecher in der Sache des Friedens? Marx' Brief vom 12. März 1960

Schon im Vorfeld des Israel-Besuches hatte Marx, wie wir hörten, an Heuss geschrieben und ihm sein Anliegen vorgetragen. Ich zitiere aus seinem bisher noch unpublizierten Brief vom 12. März 1960:

> »Wäre Otto Hirsch am Leben geblieben, so hätte er fast sicher den Weg hierher gefunden, oder er hätte von draußen wie etwa Nachum Goldmann, für Israel und das Judentum gewirkt. Er wäre zweifellos zum Kreis derer gestoßen, die, Buber und Ernst Simon in vorderster Reihe, ihre oberste Aufgabe darin sehen, Weg zu Frieden und Ausgleich zu finden. Schon in einem Brief von 1936, nach seiner damaligen Reise ins Land geschrieben, spricht er von der Notwendigkeit, eine direkte Verständigung mit den Arabern zu suchen. Und ich fühle mich wie von ihm beauftragt, über diesen Punkt mit Ihnen zu sprechen.
>
> Und warum gerade mit Ihnen? Weil ungeachtet der vielen Besucher doch selten ein Mensch Ihres Formates ins Land kommt – ein Mann, in dem nach so vielen Seiten hin die Voraussetzungen für einen Sprecher in der Sache des Friedens gegeben sind. Sie werden ohne Zweifel Buber sehen und – möglichst *nach* ihm! – Ben-Gurion, und dabei herausfinden können, was von hier aus den Weg zu einem Gespräch versperrt; ich sage nicht: von uns aus, denn wenn schon ein Buber nicht das Ohr des Staatslenkers hat, was kann da ein kleiner Dorfsiedler aus Deutschland erwarten, auch wenn er einen Sohn im Kampf gegen die Araber verloren hat. Sie haben, so vermute ich wenigstens, die Möglichkeit, vielleicht sogar die Absicht, zu andrer Zeit einmal arabische Länder zu besuchen. Ich weiß gut, das tun auch andere Leute, die offiziellen Sprecher, [Dag] Hammarskjöld [UN Generalsekretär

1953–1961] und [Ralph] Bunche [US-Bürgerrechtler, 1950 Friedensnobelpreis] u.a., sehr oft sogar. Aber denen ist ihr Leben vorgeschrieben. Sie haben Rechtsverhältnisse zu regeln, Streit zu schlichten. Die menschliche Stimme hört meist da auf, wo die Politik anfängt.

Ich denke nicht an ›Vermitteln‹. Dieses Wort ist schon oft gefallen, immer zugleich mit der Feststellung einer entschiedenen Ablehnung auf der Gegenseite. Ich denke an den tastenden Versuch, eine Brücke zu schlagen. Genauer gesagt, ich denke an nichts Konkretes. Ich denke nur, dass ein Mann vom Schlage Ottos [Hirsch] bitter, bitter fehlt, und dass, wenn jemand, Sie, verehrter Herr Professor Heuss, in seinem Geist sprechen und vielleicht auch wirken könnten.«

Notwendigkeit einer direkten Verständigung mit den Arabern, Sprecher in der Sache des Friedens. Hier hatte ein Mann zu Heuss gesprochen, der persönlich ein doppeltes Opfer hatte bringen müssen: Er hatte seine deutsche Heimat verloren und war vor den Nazis nach Palästina geflohen, und kaum ist er in Israel, verliert er 1948 seinen Sohn Jehoshua im Kampf um die Unabhängigkeit des Landes gegen seine arabischen Nachbarn. Kein Wunder, dass ein solcher Mann nichts anderes verspürt als Sehnsucht nach Frieden im Geiste von Otto Hirsch, Martin Buber und Ernst Simon. Dass er sie auf die Person Heuss projiziert, hat etwas menschlich zutiefst Anrührendes und zugleich Ohnmächtiges und Unpolitisches. Offenbar dringt man im eigenen Land gegenüber einem »Staatslenker« wie Ben-Gurion nicht durch, »kleiner Dorfsiedler aus Deutschland«, der man ist; der »Weg zu einem Gespräch« ist innerisraelisch offensichtlich »versperrt«, also appelliert man in dieser Situation an einen Menschen vom »Format« eines Theodor Heuss, der aber als Außenstehender weder innerisraelisch Autorität besitzt noch die Möglichkeit oder auch nur die Absicht hat, »arabische Länder« zu besuchen und vermittelnd tätig zu werden. Aber welch ein Signal aus Shavej Zion durch einen ihrer geistig profiliertesten Köpfe.

Heuss antwortet denn auch kurz und zurückhaltend. Schon am 17. März geht ein Brief von Stuttgart aus an Leopold Marx, in dem es heißt:

> »Für meinen Aufenthalt in Israel habe ich natürlich keinerlei politische Pläne. Ich werde wohl von Botschafter Shinnar und von deutscher Seite noch erfahren, wie das Gespräch Ben-Gurion/Adenauer in New York verlaufen ist, aber ›Verhandlungen‹ von meiner Seite sind nach der Natur dieser Reise nicht vorgesehen; aber der politische Sinn, der hinter ihr steckt, wird umso deutlicher, je weniger er markiert wird.«

Weitere Äußerungen von Heuss in den ihm noch verbleibenden drei Jahren zum Komplex »Israel-Palästina« sind nicht bekannt. Doch seine zumindest nach dem Besuch ausgesprochenen Beobachtungen zum »Araberproblem« lassen durchblicken, dass ihm wie Buber und Marx die friedensgefährdende Brisanz der Konstellation »zwei Völker, ein Land« klar vor Augen steht. Es weiß offensichtlich, was weltpolitisch auf dem Spiel steht und dass Deutschland hier Mitverantwortung trägt, gäbe es doch den Staat Israel vermutlich nicht (oder nicht zu dieser geschichtlichen Stunde) ohne die fatale Geschichte des europäischen Antisemitismus und seine mörderischen Folgen in Nazi-Deutschland.

Vergessen wir nicht: Theodor Herzls (1860–1904) später welthistorisch gewordene Schrift »Der Judenstaat« (1896) war bekanntlich eine unmittelbare Reaktion auf den skandalösen Pariser Prozess gegen den jüdischen Hauptmann Alfred Dreyfus (1859– 1935) gewesen und auf die bei diesem Prozess 1894 einmal mehr offen zutage getretenen Exzesse des Antisemitismus. Und das einhundert Jahre nach der Französischen Revolution und der Erklärung der Allgemeinen Menschenrechte! Von der Pogromwelle 1881 im zaristischen Russland nicht zu reden, ohne die das Buch des russisch-jüdischen Arztes Leon Pinsker (1821–1891) mit dem Titel »Autoemanzipation« (1882) nicht zu verstehen ist, ebenfalls ein historisches Wegzeichen in der Geschichte des modernen politischen Zionismus. Noch spricht Heuss im Jahre 1960 im Modus der Hoffnung und Erwartung. Er kann ja nicht ahnen, dass noch weitere Kriege zwischen Israel und seinen arabischen Nachbarn folgen werden, dass die Sicherheitslage 2013 nicht weniger fragil ist als 1960 und dass eine »friedsame Regelung mit Hilfe der Welt an dieser Ecke der Welt« immer noch der Einlösung harrt.

8. Eine kleine Summe: Heuss' Brief an Martin Buber 1958

Und so nehmen wir den Brief, den Theodor Heuss Martin Buber am 24. Januar 1958 zu dessen 80. Geburtstag geschrieben hat (AüJ, 167–169), als Gelegenheit, eine kleine Summe des Judentums-Bildes von Theodor Heuss nach 1945 zu ziehen. Alle Grundmotive und -themen kommen in diesem Schreiben noch einmal zur Sprache. Mit ihm können wir unsere Studie abschliessen. Uns ist dabei nach allem, was wir auf den vorausgegangenen Seiten freilegen konnten, mehr denn je bewusst, dass wir hier nur einen *ersten Versuch der Annäherung* haben vorlegen können. Das Thema harrt der weiteren Vertiefung – vor allem durch die Erschließung bisher noch unveröffentlichter Quellen.

Der Kreis der Lebensgeschichte schließt sich damit. Wir sind von Bubers Begegnung mit Heuss an der Jerusalemer

Universität im Mai 1960 ausgegangen (Kap. I, 1) und kehren zu Heuss' eindrücklichem Buber-Portrait von 1958 zurück. Zu Beginn knüpft Heuss an die Verleihung des Friedenspreises des Deutschen Buchhandels an, den Buber schon 1953 in Frankfurt/M. entgegengenommen hatte. Dann:

- Die *Erinnerung an die Schoah*, die Heuss hier einmal mehr eine »jüdische Schicksalstragödie« nennt und das »dunkelste Stück deutscher Staatsgeschichte«.
- Das Wissen darum, dass diese Tragödie »*für Ewigkeiten*« mit der deutschen Geschichte »*verbunden*« bleiben wird.
- Die *Dankbarkeit für die Präsenz Bubers*, der sich in Frankfurt ganz bewusst als »Erzjuden« vorgestellt hatte, im Deutschland nach der Schoah und zwar *trotz allem*: trotz der Last der Vergangenheit und trotz »unwirscher Gefühle« seiner »Mitbürger im Staate Israel«, die es unbegreiflich finden, dass sich ein Jude nach der Schoah im »Land der Täter« mit einem Preis auszeichnen läßt. Dankbarkeit also für das Differenzierungsvermögen Bubers, »das Scheidungsvermögen einer seelisch freien Natur«, wie Heuss formuliert.
- Das Insistieren auf »*Kollektivscham*« anstelle des »zeitgenössischen Propaganda-Geredes« von einer »deutschen Kollektivschuld« und zugleich noch einmal die Betonung, dass die Rede von »Scham« nicht ein Ausweichen vor der Schuldfrage ist. »Scham« ist die »gewichtigere seelische Last«, von der – so Heuss – »wir selber uns nicht mit lässlichem Wegsehen freimachen können oder dürfen«.
- Die *Würdigung von Bubers Werk* und zwar in doppelter Hinsicht. Zum einen hat sich Buber um die Freilegung eines »vergessenen Stücks jüdischer Religiosität« verdient

gemacht (»Chassidische Geschichten«), zum anderen um die deutsche Sprache. Mit der »Schönheit« seiner Sprache ist er, so Heuss, auch zum einem »Anreicherer des deutschen Geistes« geworden.

– Der Verweis auf den anderen großen jüdischen Denker und Bibelübersetzer im 20. Jahrhundert, Franz Rosenzweig. Zunächst die Erinnerung an die »unvergesslichen« gemeinsamen »Tage zu Florenz im Frühjahr 1909«, dann der Respekt vor der großen philosophischen Arbeit, Rosenzweigs Hegel-Studie »Hegel und der Staat« von 1920, ferner die Erschütterung über die »schreckliche Krankheit«, war Rosenzweig doch seit 1922 an einer amyotrophen Lateralsklerose erkrankt, die zu einer totalen Bewegungs- und Sprechlähmung geführt hatte. Schließlich die Bewunderung für die Tapferkeit gegenüber dem allzu frühen Tod mit 43 Jahren. Zugleich kann Heuss auch am Fall des Juden Franz Rosenzweig ein Motiv variieren, was er auch bei anderen jüdischen Weggefährten herausgestellt hatte: die »Gnade des frühen Todes«. Wir erinnern uns an Ludwig Frank, Ludwig Haas und Hugo Preuss. Will sagen: So erschütternd der frühe Tod Rosenzweigs war und ist, im fahlen Licht der Schoah gesehen ist ihm erspart geblieben, einen noch brutaleren Tod zu sterben. »Erspart« ist ihm geblieben, wie Heuss es formuliert, »dass die Rohheit sich an dem Adel eines hilflos Gewordenen« hatte vergreifen können. Der Tod? So paradox es klingt: Er war in Rosenzweigs Fall »noch autonom und wurde taktvoll«.

Heuss' Brief an Buber unter dem Datum des 24. Januar 1958 hat den Wortlaut:

»Verehrter Herr Professor Buber,

als Sie vor bald fünf Jahren bereit waren, den Ihnen aus einer schönen Einsicht in Ihr Wesen und Ihr Werk zugedachten ›Friedenspreis des Deutschen Buchhandels‹ entgegenzunehmen, waren wir zugleich erfreut und gerührt. Ich glaube der menschlichen Seele nicht ganz unkundig, dass manche Ihrer Mitbürger im Staate Israel Sie mit unwirschen Gefühlen die Fahrt von Jerusalem nach Frankfurt antreten sahen, dessen Universität bis 1933 durch ihre Lehrtätigkeit geziert war. Sie haben das missachtet, da Sie immer ein innerlich unabhängiger Mensch gewesen sind. Sie kamen und sprachen, Albrecht Goes hatte Ihre menschlich unmittelbare Wiederkehr in das deutsche Bewusstsein in einer großartigen Würdigung eingeleitet. Wir waren dankbar, dass Sie da waren, und wie Sie, der Sie sich selber einen ›Erzjuden‹ nannten, mit klaren deutlichen Begrenzungen, ohne jede in sich unmögliche Beschönigung, doch mit dem Scheidungsvermögen einer seelisch freien Natur, von der jüdischen Schicksaltragödie sprachen, deren subalterne Rohheit mit dem dunklesten Stück deutscher Staatsgeschichte für Ewigkeiten verbunden bliebt, uns alle, Ihre Hörer, tief ergriffen.

Vier Jahre zuvor, wenige Wochen nachdem ich mein Amt angetreten hatte, ergab sich der Anlaß, in einer meiner ersten Äußerungen von dem bösen Komplex zu reden [Wiesbadener Rede 1949, Dok. I, 368–375]; ich stellte dem zeitgenössischen Propaganda-Gerde von einer ›deutschen Kollektivschuld‹ die viel gewichtigere seelische Last von einer ›Kollektivscham‹ gegenüber, von der wir selber uns nicht mit lässlichem Wegsehen freimachen können oder dürfen. In jener Rede im Dezember 1949 galt mein suchender Zuruf gerade auch Ihnen; ich weiß nicht, ob er Ihr Ohr erreicht hat. Mir erschien Ihr Werk und Ihr Sein, der Sie nun als ›bewußter‹ Jude vor uns standen, als die Symbiose der gemeinsamen Kräfte und

Wesenszüge. Sie hatten ein verlorengegangenes oder doch vergessenes Stück jüdischer Religiosität, die Erscheinung der östlichen Chassidims, neu entdeckt, übertragen und gedeutet, und damit ins gemeindeutsche Bewusstsein geführt, wohl auch in das der jüdischen Deutschen, ein bewegendes Kapitel aus der Geschichte der Frömmigkeit, wenn man eine solche neben exegierender und dogmatisierender Theologie sehen kann, ergreifend, weil dies Werden, bei völlig verschiedener Formgebung, verwandte seelische Züge bei Gruppen des zeitgenössischen frühen deutschen Pietismus zeigt.

In jener Rede konnte ich sagen, das Ihr Werk ›auch aus der deutschen Geistesgeschichte der letzten vierzig Jahre einfach nicht hinwegzudenken‹ sei, dass Sie durch die Schönheit Ihrer Sprache geradezu ein ›Anreicherer des deutschen Geistes‹ geworden seien. Das ist eine der schauderlichsten Paradoxien dieser schlimmen Zeit: während jene, die als Usurpatoren eines vermeintlichen Geschichtsauftrags Sie aus dem deutschen Geistesraum vertrieben, das ihrige taten, dessen schönsten Besitz, die deutsche Sprache, zu verderben, waren Sie und blieben Sie ein Pfleger und ein Hüter ihrer Würde.

An diesem Ihrem achtzigsten Geburtstag werden manche Gestalten Ihres – trotz aller Bosheit – reichen Lebens vor der reflektierenden Erinnerung stehen. Darf ich den Namen Franz Rosenzweig niederschreiben – da Sie mit ihm gemeinsam der Heiligen Schrift einen neuen deutschen Sprachleib schufen, sind Sie für meine Vorstellung mit dem jüngeren Freund zusammengewachsen. Doch ich vermute, dass ich ihm früher begegnet bin als Sie – unvergessliche Tage zu Florenz, im Frühjahr 1909, das man schon einen Lenz nennen durfte, freundschaftliche Begegnung durch gemeinsame Bekannte. Eine wunderbare Heiterkeit lag über dem Studenten, wenn man durch die Gassen der Stadt strich, Trattorien ausprobierte, auch den Zeugnissen der Geschichte seine Reverenz erwies. Rosenzweig war damals schon durchaus *dem* deutschen Propheten zugewendet, meinem Landsmann Hegel, dem er künftig ein monumentales Werk widmen sollte, ehe er in den Bann der jüdischen Verheißung, Warnung und Deutung trat. Das Heldentum, da er einer schrecklichen Krankheit, da er dem immer gegenwärtigen sachlich kühlen Boten des Todes Kraft und Frist zum Werk abrang, habe ich nicht aus der Nähe erlebt, doch meine Frau – ich sah es manchmal in den Augen der Mutter, die von beiden sprach: von der großen Trauer und dem großen Stolz.

Dies ist ja nun, verehrter Herr Buber, vermutlich nicht ganz der rechte Text für einen Geburtstagsbrief mit den angemessenen Glückwünschen. Solche dürfen, denke ich, wenn man schon schreibt, als biedere Selbstverständlichkeit vorausgesetzt werden. Aber dessen glaube ich gewiß zu sein: Sie spüren, warum ich in dieser Aussprache das Gedenken gerade an Franz Rosenzweig beschworen habe. Ihm, der mit tapferer Überlegenheit durch so viele Schmerzen und Leiden ging, blieb erspart – es blieb auch uns erspart –, dass die Rohheit sich an dem Adel eines hilflos Gewordenen vergriff. Der Tod war noch autonom und wurde taktvoll.

Nun kommen aber doch die ›biederen‹ Wünsche. Die hoffen, Sie, Martin Buber, und Ihre verehrte Gattin in der körperlichen und geistigen Frische anzutreffen, über die ich mich bei unserer letzten Begegnung in Frankfurt freuen durfte.

Ihr
Theodor Heuss« (AüJ, 167–169)

Dokumentation

Drei Schlüsselreden von Theodor Heuss

I. »Mut zur Liebe«

Rede vor der Gesellschaft für christlich-jüdische Zusammenarbeit in Wiesbaden, 7. Dezember 1949

Drei Monate zuvor zum Bundespräsidenten gewählt, nutzt Theodor Heuss die Einladung der am 17. November 1948 in Wiesbaden gegründeten »Gesellschaft für christlich-jüdische Zusammenarbeit« (s. Kap. IX, 1–2) zu einer Rede im Rahmen einer Feierstunde, mit der diese Gesellschaft erstmals an die Öffentlichkeit treten will. Nach den Statuten wird die »Gesellschaft« von drei gleichberechtigten Vorsitzenden geführt. In Wiesbaden sind das die Rechtsanwälte Kurt Kaufmann (katholisch) und Alfred Mayer (jüdisch) sowie der Mediziner Prof. Ernst Siegfried Morgen (evangelisch). Den einschlägigen Untersuchungen von Josef Foschepoth (»Im Schatten der Vergangenheit«, 1993) und Ulrich Baumgärtner (»Reden nach Hitler«, 2001) zufolge nutzt Heuss den Termin in Wiesbaden vor allem, um am 7. und 8. Dezember 1949 dem Bundesland Hessen seinen Antrittsbesuch als Bundespräsident abzustatten. Sein Auftritt vor der »Gesellschaft« ist folglich weder ein »gezielt vorbereiteter politischer Akt« noch einem »konkreten Gedenkanlass« geschuldet (U. Baumgärtner, 188.190). Heuss aber nutzt die Gelegenheit, um seinem von Anfang seiner Amtszeit an vertretenen Anliegen Nachdruck zu verleihen, als Bundespräsident für eine Verständigung von Deutschen bzw. Christen und Juden einzutreten. Zuvor hatte er bereits ein wichtiges Zeichen gesetzt. Er hatte der jüdischen Gemeinschaft in Deutschland am 24. Sep-

tember 1949 erstmals zum Neujahrsfest (»Rosh ha-Shana«) »gute Wünsche« übermittelt und hier bereits von dem »starken Gefühl« gesprochen, »dass noch viel Bitterkeit in den Seelen« hafte, wenn man nur »an die Schändung und Zerstörung der Gotteshäuser« denke, »an all das unmenschliche Leid, von dem keine jüdische Familie in den Jahren der Verfolgung und des satanischen Vernichtungswillens verschont« geblieben sei. (AüJ, 113)

Am Vormittag des 7. Dezember hatte Heuss den Landtag in Wiesbaden besucht. Am Nachmittag findet die Feierstunde im Wiesbadener Kurhaus statt. Politische Prominenz ist präsent, darunter der amerikanische Hochkommissar John McCloy. Schon in der musikalischen Gestaltung hatte man auf interkonfessionelle und interreligiöse »Ausgewogenheit« geachtet und wird Werke von Händel (Katholik), Brahms (Protestant) und Mahler (Jude) zu Gehör bringen. Vor Heuss sprechen der jüdische und der evangelische Vorsitzende. Rechtsanwalt Dr. Mayer spricht »Worte der Besinnung« unter dem Motto »Durch Mitleid wissend«, der Mediziner Morgen (den Heuss zu Beginn seiner Rede anspricht) gibt einen »Abriss der Philosophie der neuen Menschheitsidee« mit der Absicht, durch »Überwindung von Vorurteil und Intoleranz aus dem kulturellen Erbe heraus das Miteinanderleben der Menschen freundlicher zu gestalten«. Der dritte Vorsitzende Dr. Kaufmann spricht das Schlusswort. Heuss selbst hatte für diesen Besuch »offensichtlich keine große Rede vorbereitet«, sondern war, wie er später schreiben wird, von einer »kurzen, im wesentlichen improvisierten Ansprache« ausgegangen (Briefe 1949–1954, 123), für die er vermutlich auf einige Stichwortzettel zurückgriff. Ein fertiges Redemanuskript jedenfalls lag nicht vor. Der später verbreitete Text dürfte weitgehend auf dem gesprochenen Wort beruhen.

Am Ende seiner Rede greift Heuss drei Namen auf: Martin Buber, Präsident Harry Truman und Victor Gollancz. Mit dem

Werk des großen jüdischen Religionsphilosophen und Bibelübersetzers Martin Buber (1878–1965), der, aus Deutschland vertrieben, seit 1938 in Jerusalem lebt, ist Heuss vertraut. Beide werden während Heuss' Reise nach Israel im Mai 1960 in Jerusalem zusammentreffen (Einzelheiten s. Kap. I, 1 u. VIII, 8). Den britisch-jüdischen Verleger Victor Gollancz (1893–1967) kennt Heuss zum Zeitpunkt der Wiesbadener Rede nur von einigen seiner Schriften her, die sich leidenschaftlich für eine Versöhnung der Völker auch mit dem deutschen Volk eingesetzt hatten. Stichwort: »Mut zur Liebe«. Im März 1950 wird es in Bonn zu einem denkwürdigen Treffen von Heuss und Gollancz kommen (Einzelheiten s. Kap. VII, 11), bevor der Brite für Werk und Wirken 1953 das Große Bundesverdienstkreuz und 1960 den Friedenspreis des Deutschen Buchhandels erhält. Bei Heuss' Erwähnung eines »Wortes« des gegenwärtigen, seit 1945 amtierenden US-Präsidenten Harry Truman (1884–1972), im »kommenden Februar« würden »die Probleme Judentum-Christentum, Volkszugehörigkeit« bei »religiöser Sonderhaltung« zur Aussprache kommen, dürfte es sich um eine Anspielung auf die Tradition der sogenannten »Brotherhood Week« handeln, die in den USA seit 1934 jeweils Ende Februar, Anfang März durchgeführt wird. Sie soll dem Anliegen der »National Conference of Christians and Jews« (NCCJ) dienen und den Gedanken der wechselseitigen Toleranz in der Gesellschaft verbreiten helfen (Einzelheiten s. Kap. IX, 1–2).

Das folgende Dokument »Wiesbadener Rede 1949« folgt dem im ersten Band der »Großen Reden« von Theodor Heuss (Tübingen 1965) gedruckten Text: »Mut zur Liebe« (1949), dort S. 99–107. Zur zeitgeschichtlichen Einordnung, zur Argumentationsstrategie und zum rhetorischem Stil der Rede ist das Nötige zu finden bei: Ulrich Baumgärtner, Reden nach Hitler. Theodor Heuss – Die Auseinandersetzung mit dem Nationalsozialismus, Stuttgart 2001,

S. 185–209. Grundinformationen bietet auch: Josef Foschepoth »Im Schatten der Vergangenheit. Die Anfänge der Gesellschaften für christlich-jüdische Zusammenarbeit«, Göttingen 1993, S. 94–99.

Es wäre verlockend für mich, die geschichtsphilosophische Darstellung von Herrn Professor Morgen weiterzuverfolgen, ich bin nämlich nicht mit allem einverstanden, was er gesagt hat. Wir stehen wohl in einem Bruch der Zeiten, schier ausweglos, in dem Zwiespalt rationaler Zwecktechnik und dumpfer Leidenschaft. Aber das Thema, vor dem wir uns befinden, wenn wir von einer christlich-jüdischen Auseinandersetzung sprechen, ist schon einmal gestellt gewesen, und zwar in dem vielgeschmähten 18. Jahrhundert. Es gehört zu den Billigkeiten unserer Zeit und unseres Landes, von dem 18. Jahrhundert gering zu denken, während die Amerikaner stolz darauf sind, von ihm ihre Kraft bezogen zu haben und noch zu beziehen.

Das Wort »Aufklärung« ist in Deutschland ein Spottwort der Gebildeten geworden. Ich glaube, wenn ich nur die Namen Voltaire, Franklin und Lessing nenne, habe ich schon etwas davon gesagt, was auch wir dieser Zeit, diesem 18. Jahrhundert, zu verdanken haben. Gerade wenn ein Mann wie Lessing genannt wird – Sie mögen es vielleicht banal finden, aber er muß heute genannt werden –, dann fällt von dem Gespräch alles weg, was nach sentimentaler Wehleidigkeit aussehen müsste. Lessing war ein Mann von herrlicher Tapferkeit, und diese gehört zu unserem Gespräch.

Ich will keine geistesgeschichtliche Ergänzung geben zu dem, was Herr Professor Morgen gesagt hat. Wenn er aber von Sombart das Wort zitierte, daß »Humanität und Nationalität zusammengehören«, so vermute ich, es handelt sich um ein Zitat aus Sombarts früher Zeit; der Sombart, wie er nach 1933 war, hätte dies bestimmt nicht mehr sagen wollen. Als Professor Morgen dieses Wort zitierte, fiel mir ein anderes Wort ein, ein Wort von Grillparzer: »Von der Humanität über die Nationalität zur Bestialität«, ein Wort, gegen das wir uns früher immer irgendwie innerlich gewehrt haben. Denn wir haben uns bekannt und bekennen uns zur Nationalität. Dieses Wort Grillparzers stammt aus dem Vielvölkerstaat der vormärzlichen Habsburger Monarchie, in dem damals die Dämonien des Nationalen zu brodeln begannen und in dem die Unsicherheit lebendig wurde: Was wird sein, wenn diese nationalen Dämonien die Herrschaft bekommen? Es war ein Wort der Warnung, es ist ein Wort der furchtbarsten Prophezeiung geworden, und das Schrecklichste ist, daß bei der Verwirklichung dieser Prophezeiung die Geschichte unsere Heimat als Exerzierfeld ausgesucht hat.

Es hat keinen Sinn, um die Dinge herumzureden. Das scheußliche Unrecht, das sich am jüdischen Volke vollzogen hat, muß zur Sprache gebracht werden in dem Sinne: Sind wir, bin ich, bist du schuld, weil wir in Deutschland lebten, sind wir mitschuldig an diesem teuflischen Verbrechen? Das hat vor vier Jahren die Menschen im Inland und Ausland bewegt. Man hat von einer »Kollektivschuld« des deutschen Volkes gesprochen. Das Wort Kollektivschuld und was dahinter steht, ist aber eine simple Vereinfachung, es ist eine Umdrehung, nämlich der Art, wie die Nazis es gewohnt waren, die Juden anzusehen: daß die Tatsache, Jude zu sein, bereits das Schuldphänomen in sich eingeschlossen habe.

Aber etwas wie eine Kollektivscham ist aus dieser Zeit gewachsen und geblieben. Das Schlimmste, was Hitler uns angetan hat – und er hat uns viel angetan –, ist doch dies gewesen, daß er uns in die Scham gezwungen hat, mit ihm und seinen Gesellen gemeinsam den Namen Deutsche zu tragen.

Ich weiß: das, was ich hier sagen werde, wird manche Leute ärgern. Ich werde in den kommenden Wochen darüber Briefe erhalten, anonyme Briefe und auch offene Briefe. Das ist ja sozusagen eine passive Berufsfunktion meines Amtes geworden, Briefe zu empfangen. Aber selbst wenn diese Worte die Zahl dieser Briefe vermehren würden, kann mich das nicht stören. Wir dürfen nicht einfach vergessen, dürfen auch nicht Dinge vergessen, die die Menschen gerne vergessen möchten, weil das so angenehm ist. Wir dürfen nicht vergessen die Nürnberger Gesetze, den Judenstern, die Synagogenbrände, den Abtransport von jüdischen Menschen in die Fremde, in das Unglück, in den Tod. Das sind Tatbestände, die wir nicht vergessen sollen, die wir nicht vergessen dürfen, weil wir es uns nicht bequem machen dürfen. Das Schauerliche an diesen Vorgängen, von denen wir offen sprechen, ist dies: Es handelte sich nicht um den aufgestörten Fanatismus der Pogrome, von denen wir ehedem in den Zeitungen lasen, daß in Russland, in Rumänien dieses oder jenes geschehen sei, sondern es handelt sich um die kalte Grausamkeit der rationalen Pedanterie. Das war der sonderlich deutsche Beitrag zu diesem Geschehen. Und das Schreckliche ist, daß dieser Vorgang sich nicht sozusagen emotional vollzog, was auch schlimm genug ist, sondern sich der Paragraphen bediente und eine Weltanschauung für lange Zeit sein sollte. Was war denn das für eine »Weltanschauung«? Das war der biologische Materialismus, der keine moralischen Kategorien anerkannte, aber sie vertreten wollte, und der nichts wußte davon, daß es individuelle Wertsetzungen zwischen Mensch und Mensch gibt.

Lassen Sie mich ein persönliches Wort zu dem jüdisch-deutschen und jüdisch-christlichen Problem aus meinen eigenen Erfahrungen heraus sprechen. Wenn ich an die vier oder fünf nächsten Freunde in meinem Leben denke, die mich begleitet und mein Leben mit aufgebaut haben, so waren zwei oder drei davon Juden. War ich mit ihnen befreundet, weil sie oder trotzdem sie Juden waren? Ich war mit ihnen befreundet, weil der Funke der menschlichen Liebe zwischen uns sprang. Es hat auch Juden gegeben, denen ich in einem schlichten Bogen ausgewichen bin; aber nicht, weil sie Juden waren, sondern weil sie mir nicht lagen. Ich weiche auch heute noch manchen Leuten aus, die – sagen wir es in diesem Falle – »Arier« sind.

(Dieses Wort »Arier« ist die unmittelbare Bestätigung, daß der Ausbruch der Unbildung uns damals ihre Kategorien aufgezwungen hat.)

Warum sage ich das? Ich sage es deshalb, weil wir, auch wenn wir vor einem allgemeinen Problem stehen, dies begreifen müssen: daß wir aus den globalen Wertungen des Menschen herauskommen müssen. Wir dürfen nicht immer sagen: Er ist ein Franzose – also; er ist ein Engländer – also; er ist ein Deutscher – also; er ist ein Jude – also. Nein, so geht es nicht. Wir müssen im Verhältnis Mensch zu Mensch eine freie Bewertung des Menschentums zurückgewinnen.

Nun steht das jüdische Problem vor uns als Vergangenheit, es steht im moralischen Sinne aber auch vor uns als drängende Gegenwart. Ich glaube, genügend von der sogenannten »jüdischen Frage«, wenn es eine solche gibt, zu verstehen. Ich war in meiner Studentenzeit mit Zionisten befreundet und bin mit ihnen befreundet geblieben, wo wir das Problem diskutierten: Kann aus der Kraft gemeinsamer Religion von Menschen der verschiedenen geschichtlichen Nationen eine neue Nation wieder geboren werden? Ich war auch befreundet mit Menschen, mit dem wenig schönen Worte »Assimilationsjuden« benannt, die sich nun von einer sondernden Tradition der Vergangenheit völlig frei machen, aber doch bleiben wollten und geblieben sind in den Bindungen von Ritus und Glauben. Wir sehen das Problem, das uns vorher nie gestellt schien: das Problem von den christlichen Menschen jüdischer Herkunft, die nun in die tragischste Situation zurückgestoßen – nicht zurückgestoßen, sondern hineingestoßen – wurden, daß sie in ihrem christlichen Glauben, in ihrer deutschen Verbundenheit naiv, im furchtbaren Sinn naiv geworden waren gegenüber dem, was ihnen vor allem plötzlich als »Schuld« angerechnet wurde. Ein unerhörter Strom von Leid und individueller Verzweiflung und menschlicher Unsicherheit ist daraus entstanden. Ist es überhaupt zu verantworten, das Wort »Jude« auszusprechen so in der Art und der suggestiven Wiederholung, wie man das in der nationalsozialistischen Zeit getan hat? »Ein Jude«! Von der bunten Farbigkeit, von der Spannung im Jüdischen selber wussten sie nichts. Sie wussten auch nichts von der sozialen Struktur des deutschen Juden. Ich weiß etwas davon. Ich kenne das kleinbürgerliche jüdische Spießbürgertum aus dem Bilderbuch des deutschen Biedermeier und daneben oder dagegen jenes intellektualisierte Judentum, das oft genug und dann auch in der Verzerrung geschildert worden ist. Ich kenne die geistige Fruchtbarkeit der Auseinandersetzung mit ihrem Plus- und ihrem Minuszeichen. Ich habe aus diesen Spannungen viel gewonnen, nicht ich allein, was man nicht vergessen darf, wenn man sich nicht selber belügen will.

Eine Zeitlang haben die Deutschen sich, wenn nicht selber belogen, so doch belügen lassen. Es hat einmal in der Nazizeit eine Kunstgeschichte des 19. Jahrhunderts gegeben. Liebermann fehlte natürlich darin, aber es fehlten auch Marées und Hildebrand, die unter den vielleicht zehn oder fünfzehn großen Deutschen zu nennen waren; weil sie jüdische Mütter gehabt haben, hat man ihnen die Wertigkeit ihrer Leistungen aus Dummheit von vornherein abgesprochen. Über ein Viertel der Nobelpreisträger der Naturwissenschaften trug deutsch-jüdische Namen. Wir haben es erlebt, daß ein deutscher Professor, er mag dumm gewesen sein, eine »Deutsche Mathematik« schrieb mit der These, daß man nichts von dem, was ein jüdischer Denker geschaffen hat, hereinnehmen könne. Das sind Dinge, die wir ruhig aussprechen müssen, weil wir es uns nicht so bequem machen wollen, um diese Erbschaft herumzukommen.

Deutschland hat durch diesen Wahn unendlich viel verloren. Zu den merkwürdigsten Erfahrungen dieser Zeit, die ich sammeln darf, gehören viele Briefe, die ich aus allen Kontinenten dieses Globus bekomme. Es sind viele, viele Briefe jüdischer Menschen darunter, denen die Heimat geraubt wurde. Ich glaube, fast die ganze Gemeinde von Heilbronn – verzeihen Sie das persönliche Wort – ist stolz darauf, daß ein Mann aus der gemeinsamen Heimat nun an dieser Stelle steht, obwohl sie nun wirklich unbeteiligt waren. Sehr bewegend – und wir müssen etwas davon spüren, was in der Seele dieser Menschen vor sich geht, denen die Heimat geraubt worden ist, nur weil sie eben Juden oder Halbjuden gewesen sind – sind die in die Heimat gehenden Gedanken dieser Leute (von allen Briefen, die ich erhielt, hat nur ein einziger ein bitteres Wort enthalten); hier in Deutschland, dessen Sprache ihre Sprache, dessen Landschaft auch ihre Landschaft war, sind die Erinnerungen ihrer Jugend, ihrer wachsenden Jahre verwurzelt, hier liegen die Gräber ihrer Eltern. Dann aber lesen sie in der Zeitung, daß die Steine dieser Gräber umgeschmissen werden, daß Schändungen jüdischer Friedhöfe jetzt noch vorkommen. Ich habe neulich einmal dazu dies gesagt: Jede solche Friedhofsschändung ist für Deutschland in seinem Kampfe um seine Stellung unter den Nationen eine verlorene Schlacht; aber sie hat nichts zu tun mit Antisemitismus, sondern das ist die bewusste politische Lausbüberei von Menschen, die diesen Staat, in dem es Juden als Mitwirkende erst wenige gibt, die die Stellung dieses Staates zwischen den Völkern gefährden will.

Es mag für uns sehr schwer sein, uns in die Lage dieser Menschen hineinzudenken, die ein Stück deutscher Geschichte und deutscher Geistigkeit mit sich hinausgetragen haben und die nun nicht wissen, wie sie zu dem Lande stehen, das ihnen die Sprache und die Erinnerung ihrer Jugend gegeben hat. Es ist die tragische Frage von ehedem: die Frage des bewussten Juden, der ein Stück Deutschland doch immer in sich trug, wie er sich auch entwickelte. Ich möchte heute gern eine Unterhaltung pflegen können mit einem Manne wie Martin Buber in Israel, der ein bewusster Jude und ein Mehrer des jüdischen Geistesgutes in religiösen Dingen ist und der doch auch aus der deutschen Geistesgeschichte der letzten vierzig Jahre einfach nicht hinwegzudenken ist und der mit seiner schönen Sprache auch ein Anreicherer des deutschen Geistes geworden ist.

Für uns in Deutschland sind diese Fragen besonders gestellt. Aber sie gehen die ganze Welt an. Wir zuerst müssen sie in aller Ernsthaftigkeit aufnehmen, weil sie bei uns in dieser sinnlosen teuflischen Art behandelt wurden. Aber auch die andere Welt hat mit die Aufgabe, diese Dinge zu behandeln, nicht nur wir selbst. Ich glaube, das Wort des Präsidenten Truman, das er vor einigen Wochen gesprochen hat, richtig zu deuten, als er davon sprach, daß im kommenden Februar die Probleme Judentum – Christentum, Volkzusammengehörigkeit bei religiöser Sonderhaltung im großen Lande der Vereinigten Staaten zur Aussprache kommen werden. Es geht alle Völker an, alle Kirchen. Seine letzte Antwort findet es in der Seele des einzelnen Menschen.

Und nun würde es mir als ein Unrecht erscheinen, wenn an einem Nachmittag wie an diesem, in einer solchen Stunde, ein Name nicht genannt werden würde, der in dieses Gespräch hereingehört, wenn man ein Gefühl der Dankbarkeit und der Würde besitzt. Und dieser Name heißt Victor Gollancz. Ich kenne den Mann nicht. Ich habe einiges von seinen Schriften gelesen und habe mir manches von ihm erzählen lassen. Aber wie immer es sei in bezug auf geistige Qualität und Originalität: als ich zuerst von ihm hörte, schien er mir ein Zeichen zu sein, ein Zeichen dafür, daß es noch etwas gibt, das ich den »Mut zur Liebe« nennen möchte. Mut zur Liebe? Bedarf es dessen? Ja! Der Haß folgt der Trägheit des Herzens; er ist billig und bequem. Die Liebe ist immer ein Wagnis. Aber nur im Wagen wird gewonnen.

II. Zur »Woche der Brüderlichkeit«

Rundfunkansprache, 3. März 1952

Als vom 9.–16. März 1952 die erste bundesweite »Woche der Brüderlichkeit« in verschiedenen Städten Deutschlands durchgeführt wird, sind gegenüber 1949 bereits wichtige Weichenstellungen vollzogen worden. Am 19. Juli 1950 war in Frankfurt/M. der »Zentralrat deutscher Juden« (ZdJ) gegründet worden: als eine jüdische Selbstorganisation nach innen und eine Vertretung jüdischer Interessen nach außen. Leidenschaftlich diskutiert werden in diesen Jahren u.a. Fragen der »Wiedergutmachung« angesichts der NS-Verbrechen am jüdischen Volk. Nach längerem Zögern hatte sich Bundeskanzler Konrad Adenauer am 27. September 1951 in einer historisch zu nennenden Regierungserklärung erstmals grundsätzlich zur »Haltung der Bundesrepublik gegenüber den Juden« geäußert und für Deutschland die Bereitschaft erklärt, Wiedergutmachungszahlungen zu leisten (s. Kap. XI, 2). Daraufhin hatte ein intensiver Beratungsprozess auf deutscher und jüdischer Seite eingesetzt, der bis in den März 1952 andauert. Er führt zur Bildung einer jüdischen Delegation, die aus Vertretern des Staates Israel und der Jewish Claims Conference (JCC) besteht und ab dem 21. März 1952 Verhandlungen mit einer deutschen Regierungsdelegation unter Leitung des Frankfurter Juristen Prof. Franz Böhm (1895–1977) in der Nähe des holländischen Den Haag aufnimmt (s. Kap. XI, 3 u. 5). Nach Monaten schwierigster Verhandlungen kommt es noch im selben Jahr, am 10. September 1952, im

Rathaus zu Luxemburg zur Unterzeichnung eines »Wiedergutmachungsabkommens« (»Reparations Agreement between Israel and West Germany«), auch »Luxemburger Abkommen« genannt, zwischen der Bundesrepublik Deutschland auf der einen sowie dem Staat Israel und der Jewish Claims Conference auf der anderen Seite. (s. Kap. XI, 6–8)

Die Woche der Brüderlichkeit 1952 und Heuss' Engagement für sie muss in diesem zeitgeschichtlichen Kontext gesehen werden. Von Anfang seiner Amtszeit als Bundespräsident an hatte Heuss die Regierung Adenauer zu Wiedergutmachungsregelungen gedrängt, wie wir den Protokollen ihrer »Vier-Augen«-Gespräche entnehmen können, die seit 1997 gedruckt vorliegen (s. Kap XI, 1). Noch unmittelbar vor seiner Rundfunkrede am 3. März 1952 hatte Heuss Adenauer bei einem solchen Zusammentreffen einmal mehr »auf das Verhältnis zu Israel und die moralische Wiedergutmachung gegenüber dem Judentum« angesprochen und dem Kanzler mitgeteilt, »dass er aus Anlass der von den christlich-jüdischen Organisationen vorbereiteten ›Woche der Brüderlichkeit‹ eine Rundfunkansprache halten werde«. Anschließend berichtet er noch »über den wesentlichen Inhalt« seiner vorgesehenen Ansprache. Adenauer selbst fürchtet zu diesem Zeitpunkt noch, dass es bei den anstehenden Konferenzen mit Vertretern Israels zu »recht erheblichen finanziellen Forderungen kommen werde«. (Gespr. A–H, 81)

Der Vorgang zeigt, wie ernst beide zu dieser geschichtlichen Stunde das Verhältnis zwischen Deutschen und Juden nehmen, das nach dem Krieg in eine entscheidende Phase getreten ist. Beide wissen, dass durch das zeitliche Zusammentreffen der »Woche der Brüderlichkeit« mit dem Beginn der Verhandlungen über Wiedergutmachung die bundesweite Veranstaltung »eine politische Dimension« bekommen hat, »wie sie umgekehrt der Bundesregierung die Möglichkeit bot, ihren Willen zur Versöhnung mit den Juden auch jenseits des politischen Tagesgeschäfts zu demonstrieren.« (U. Baumgärtner, 211) Ja, indem Heuss auch bei dieser Gelegenheit gegen die »Unverfrorenheit« anredet, »jüdischen Menschen zu sagen: ›Vergesst das doch!‹« beleuchtet er – über das Juristische hinaus – gezielt noch einmal die moralische Dimension des Schuldproblems. Das dreimal während der Rede effektvoll wiederholte »so bequem dürfen wir es uns nicht machen«, »so bequem«, »so billig«, zeigt den rhetorischen Kämpfer Heuss und die »Front«, an der er zu kämpfen gedenkt (s. Kap. II, 4–5). Er weiß, wie umstritten in der israelischen und deutschen Öffentlichkeit der Zusammenhang von Schuld und Geldzahlungen ist. Seine Rundfunkrede greift diese Bedenken offensiv auf, wenn davon die Rede ist, »dass das Wort ›Brüderlichkeit‹ sich etwas frierend und eingeschüchtert in der Nähe des Ortes« aufhalte, »an dem von Millionen, von Milliarden der Entschädigung, der Wiedergutmachung verhandelt« werde und »verhandelt werden« müsse!

Auch in der allgemeinen Öffentlichkeit wird die erste »Woche der Brüderlichkeit« ernst genommen. Die Ausstrahlung der Heuss-Rede über den Rundfunk ist dafür nur ein Indiz. Hinzu kommt: »Die deutsche Postreklame erhielt den Auftrag, einen Sonderstempel herzustellen. Die Kultusminister wurden gebeten, den Schulbehörden zu empfehlen, in der Zeit vom 7. bis 16. März das Thema Brüderlichkeit im Unterricht bevorzugt behandeln zu lassen. Der Deutsche Städtetag, das Börsenblatt der Buchhändler und die Intendanten der Rundfunkanstalten wurden um Unterstützung gebeten. Politiker, Wissenschaftler, Publizisten und Autoren wurden angeschrieben mit der Bitte, ein Grußwort oder einen kurzen Artikel in überregionalen Zeitungen zu verfassen bzw. einen Vortrag zu halten. Hohe Würdenträger und Repräsentanten der Katholischen und Evangelischen Kirche wie der jüdischen Gemeinden wurden um Mitarbeit gebeten, ebenso die Gewerkschaften, die

Industrie- und Handelskammern sowie die großen politischen Parteien der Bundesrepublik.« (J. Foschepoth, Im Schatten der Vergangenheit, 145f.)

Auch Heuss persönlich muss diese seine Rede ganz anders vorbereiten als die von Wiesbaden. Zwar hält er auch hier an seinem Prinzip fest, jede Rede selbst zu schreiben, doch dieses Mal lässt er im Vorfeld durch Mitarbeiter Materialien besorgen und seinen Entwurf kritisch gegenlesen. Er kann sich ja auch angesichts einer festgelegten Sendezeit nicht mehr auf eine unkalkulierbare Improvisation einlassen und sich auf mehr oder weniger ausführliche Stichwortzettel stützen. Außerdem weiß er, dass die Redesituation gegenüber der von 1949 jetzt eine andere ist: »Damals eine Feierstunde in einem geschlossenen Raum mit Publikum, jetzt eine Rundfunkansprache mit einem anonymen Massenpublikum; damals die vergleichsweise homogene Zuhörerschaft der Wiesbadener Gesellschaft, jetzt die diffusen und divergierenden Erwartungen der Hörer; damals die persönliche Begegnung mit dem Publikum und die Möglichkeit zum direkten Eingehen auf das Auditorium, jetzt die Übermittlung der Botschaft durch ein technisches Medium ohne Gelegenheit zur unmittelbaren Rückmeldung; damals eine einmalige Feierstunde im Rahmen des Antrittsbesuches in einem Bundesland, jetzt die Eröffnung einer von langer Hand geplanten und öffentlichkeitswirksam inszenierten Gedenkwoche.« (U. Baumgärtner, 215f.)

Das folgende Dokument »Rundfunkansprache 1952« folgt dem in »Theodor Heuss: An und über Juden, zusammengestellt und herausgegeben von Hans Lamm, Düsseldorf-Wien 1964« publizierten Text, dort S. 129–134. Zum zeitgeschichtlichen Hintergrund, zu Argumentationsstrategien und zu Fragen von Stil und Rhetorik vgl. Ulrich Baumgärtner, 2001, 209–232. Ebenso: Josef Foschepoth, Im Schatten der Vergangenheit, 1993, 140–148.

Als ich gebeten wurde, die »Woche der Brüderlichkeit« mit einigen Ausführungen einzuleiten, ähnlich, wie das der Präsident Truman für die USA getan hat, habe ich mir die Zusage mit nüchternem Realismus überlegt. Diese Woche wurde angeregt und wird bei uns durchgeführt von dem deutschen Koordinierungsrat der Gesellschaften für christlich-jüdische Zusammenarbeit. Dem Wirken und der Zielsetzung dieser Vereinigungen gehört seit ihrem Beginn meine sachliche und persönliche Sympathie. Aber die Überlegung schaltete sich ein: kann man, soll man, auch in der sozusagen technischen Regelung, eine Gesinnung, die ihren Gehalt durch die *Dauer* gewinnt, auf eine Woche zusammenstraffen, daß einer keck die Zwischenbemerkung machen könnte: eine Woche? Na, eine Woche, das geht – aber nachher, da ist es wieder, wie es war …

Und ist die Mahnung zur Brüderlichkeit nur und eben dann zu erheben, wenn es sich um die Beziehungen zwischen Christen und Juden dreht, ist sie nicht ebenso dringend, wenn es sich um das wechselseitige Verhältnis der Menschen und Gruppen *innerhalb* der christlichen Kirchen und *zwischen* den christlichen Konfessionen handelt, gilt es nicht auch für das *Judentum selber*, das nur von der Kurzsichtigkeit, der Dummheit oder bequemen Vereinfachung als geistig-seelische Einheit genommen wird? Und müßte das Wort nicht auch an politische Gruppen, an Wirtschaftsinteressenten gerichtet werden? Der Katalog könnte sehr lang werden.

Jedes Nachdenken belehrt also, daß die Frage der »Brüderlichkeit« nicht in dem christlich-jüdischen Komplex sich erschöpft, aber jeder weiß auch, daß sie hier ihre in den letzten Jahrzehnten geschichtlich folgenreichsten Reiz- und Reibungsflächen besessen hat. So ist es sinnvoll, daß die Mahnung zur Selbstprüfung und Selbstbesinnung von *den* Menschen ausgeht, die die Verzerrung des christlich-jüdischen Verhältnisses in der furchtbaren und widergöttlichen Vernichtungspraxis einer deutschen Zwischenstaatlichkeit als ärgste Last der Seele empfinden.

Handelt es sich also bei der »Woche der Brüderlichkeit« um eine Sache der Propaganda? Kann man für Liebe »Propaganda« machen? Wir sind so mißtrauisch geworden gegen dieses Wort, das einmal einer kirchlichen Einrichtung, der Congregatio de propaganda fide, zur Verbreitung des Glaubens, seine Sinngebung verdankte. Daß es eine Propaganda des Hasses geben kann, das haben wir reichlich erlebt, innerhalb des eigenen Volkskörpers, von uns zu den anderen Völkern, von den anderen Völkern zu uns. Keiner glaubte dem andern etwas schuldig bleiben zu dürfen. Manche haben sich des Verfahrens innerlich geschämt. Die meisten begnügten sich damit – und viele begnügen sich noch heute damit – wie die nach einer wüsten Rauferei ermatteten Lausbuben zu beteuern: der andere hat angefangen!

Ich weiß gut genug, bei diesem Begriff »Brüderlichkeit« zucken viele die Achseln: das kennen wir! Damit endigte die Wortfanfare der französischen Revolution: liberté, egalité, fraternité, Freiheit, Gleichheit, Brüderlichkeit, und die Brüderlichkeit wurde damit bestätigt, indem man dem »Bruder«, zuerst dem Adligen und dem Priester, später dem Danton und dem Robespierre, den Hauptakteuren der Revolution, den Kopf abschlug. Es ist vielleicht unpassend, daran zu erinnern. Aber es geschieht mit Bewußtheit, um den Skeptikern unter den Hörern nicht die Meinung zu gestatten: ich rede frischfröhlich darüber weg, was diese berühmte Brüderlichkeit, die als Tugend der sich verantwortlich fühlenden (und zugleich die Macht besitzenden) Kameraderie in Anspruch genommen wurde, an Unrecht und Blutgeruch hinter sich ließ.

Aber gerade an diese Skeptiker darf ich mich jetzt wenden, und die anderen Zuhörer mögen sich das mit überlegen: wer oder was ist denn die Gegenkraft, der Gegenspieler dessen, was man so schlechthin als brüderliche Gesinnung benennen darf, ohne dazu geschichtliche Zeugen oder Gegenzeugen zu berufen?

Es ist die *Selbstgerechtigkeit* die dich als einzelnen so gut gefährdet wie mich als einzelnen, die Glaubensgemeinschaften; die gelegentlich ein Teil ihrer Kraft aus unbekümmerter Gewißheit beziehen, die Deutschen so gut gefährdet (oder so schlecht) wie die Franzosen, wie die Engländer und auch die Amerikaner. Wird man mit *ihr* fertig, als einzelner, als religiöse Gruppe, als staatlich formierte Nation, *dann* ist die Schwelle in das große Haus einer brüderlichen Gesinnung, in dem viele, viele Menschen mit vielen, vielen Sprachen und vielen, vielen Sitten wohnen mögen, überschritten.

Die Kenner der jüdischen Religionsgeschichte werden zu dem, was ich jetzt sagen will, mit Recht einwenden, daß ich etwas Unvollkommenes und vielleicht Schiefes sagen werde, aber sie mögen es mir nachsehen, wenn ich mich an die im christlichen Bereich geläufig gewordene und populär verständliche Ausdrucksform halte und dies meine: der *Pharisäismus* als Geisteshaltung und seelische Substanz, dieses Sich-Besser-Dünken oder gar Sich-Besser-Wissen gegenüber den anderen, sei es der Nächste, gar der Bruder, sei es der Fremde – *das* ist die Krankheit der Menschen und der Völker.

Sie ist eine alte Krankheit und auch der Priester-Arzt ist nicht mit ihr fertig geworden – da er nebenbei auch Mensch, ist er oft genug selber von ihr befallen. Der Heilprozeß ist eine Sache der Selbstheilung. Natürlich wird es nützlich sein, von den Ratschlägen großer Menschen Nutzen zu ziehen. Sentenzen von Spinoza und Goethe, von Pascal und Herder, von Jefferson, Lincoln oder Albert Schweitzer als eine Art von geistiger Arznei zu würdigen und zu verarbeiten. Aber daß man diese annimmt und auf eine Zeitlage, auf ein Menschentum projiziert, damit ist es nicht getan. Im wesentlichen handelt es sich um den Willen zur Selbstheilung. Und der fordert einen gewissen Mut.

Man würde mich gänzlich mißverstehen, wollte·man mich als einen Prediger der Toleranz betrachten. Ich weiß, daß dieser Begriff vielen teuer ist. Ich habe ihn in meinen Sprachvorrat nicht aufgenommen. Denn es hat sich an ihn etwas die Vorstellung vom läßlichen Gewährenlassen, von duldender Unverbindlichkeit angehängt. Es gibt Situationen, es gibt auch Menschen, die die Intoleranz geradezu herausfordern: wer wollte, wer dürfte gegenüber dem zynischen Rechtsbrecher, auch gegenüber dem Spieler und dem Verspieler von Volksschicksalen »tolerant« sein? Im rechten Sinn aber verfliegt vor dem Wort auch jene Atmosphäre des schwächlich Hinnehmenden: man braucht vielleicht nur den Namen des Mannes zu nennen, der bei den Deutschen als der große Vormann der Toleranz-Idee gesehen wird, *Gotthold Ephraim Lessing!* Und dann ist die Sache in Ordnung. Denn in dessen Natur steckte keine sentimentale Weichlichkeit, sondern eine kämpferische, tapfere Seele.

Der Weg zur Brüderlichkeit wird also oft genug eine Sache der Tapferkeit sein, und zwar der Tapferkeit gegen sich selbst, gegenüber überkommener Denkgewöhnung, die zur Denkfaulheit geworden, gegenüber der Trägheit des Herzens; auch gegenüber einer eingängigen Formelwelt von gefrorenen oder gefrierenden Begriffen. Was hat die sogenannte Rassenlehre Unheil angerichtet, indem sie die sittliche Selbstverantwortung und die menschliche Bewertung des anderen in einem wissenschaftlich verkleideten Naturalismus auflöste!

Das liegt nun hinter uns. Liegt es hinter uns? Das Verfahren, um einer Ideologie (oder um eines Interesses) willen den anderen als den Feind zu nehmen, war oder ist nicht überall ausgestorben: statt »Jude« sagt man dann »bourgeois« oder »Burschui« und schon ist ein »volkseigener« Betrieb aus seiner oder seiner Väter Arbeit geworden; er selber aber wandert in ein KZ oder muß über die grüne Grenze. Oder man hatte mit kurzschlüssigem Denken das Wort Demontage in das politische Vokabular geschrieben, um technisch-ökonomischen Widersinn als Ergebnis zu gewinnen. Und wir wissen gut genug, daß das Wort »Brüderlichkeit« sich etwas frierend und eingeschüchtert in der Nähe eines Ortes aufhält, an dem von Millionen, von Milliarden der Entschädigung, der Wiedergutmachung verhandelt werden wird und verhandelt werden muß.

Mir hat neulich einer einmal geschrieben, ich solle doch nicht mehr gegen den Nationalsozialismus etwas sagen – der sei ein Stück geschichtlichen Schicksals gewesen, wie es eben über die Völker komme. Ich konnte ihm nur antworten: *so* bequem dürfen wir es uns nicht machen. Die Amerikaner haben längst eingesehen, wieviel Ungeschick, Härte, Ungerechtigkeit mit dem »automatischen Arrest« in ihren Lagern, auch mit der törichten Pedanterie der sog. Entnazifizierung verbunden waren – daß auf diesem Gebiete an sich einiges geschehen mußte, wollen viele Deutschen nicht mehr recht wahrhaben. – Die Amerikaner sagen: »Forget about it« – »Vergiß das doch«. Aber *so* bequem ist das nun auch nicht für ungezählte Menschen.

Und wer möchte die Unverfrorenheit besitzen, jüdischen Menschen zu sagen: »Vergeßt das doch!« So billig, das Wort im moralischen wie im materiellen Sinn, wird Hitlers Hinterlassenschaft nicht beglichen – es ist eine unerhört schwere Aufgabe, durch das Erbe dieser Geschichte sich hindurchzuarbeiten. Denn aus viel Leid ist auch viel Haß gezeugt worden – wer wollte sich darüber wundern? Ich weiß, wer sich jetzt über diese Worte wundert: jener, der vorhin, bei den Sätzen über die Selbstgerechtigkeit, vergessen hatte, daß auch *er* gemeint war. Und der *eines* nicht begreifen will: daß es, um des gemeinen Wohles willen, notwendig ist, daß bestimmte Typen, die gestern im Dienste des Hasses standen, heute schweigen müßten. Der Haß allein bleibt ein sehr schlechter Berater – denn er lebt nur aus dem Gestern … Und, das ist sehr konkret gemeint: in einer Massensuggestion ist er leicht geneigt, individuelle Brüderlichkeit, die hier einfacher Anstand, dort sich selber gefährdendes Wagnis war, aus dem Bewußtsein zu verdrängen. Das ganze schwierige Problem von Restitution und Wiedergutmachung steckt voll von »brüderlichen« Einzelhandlungen, die, ehedem dankbar begrüßt und anerkannt, jetzt nicht einfach im Erinnern untergehen dürfen. Denn daraus mag nur erneuerte seelische – und nicht nur seelische – Not entstehen. Wer es wagt, in dieser Zeit der Unruhe und der Spannungen zwischen Staatengruppen, der noch ungelösten inneren Probleme, sozial-ökonomisches Schicksal der Vertriebenen und Rentnernot, eine »Woche der Brüderlichkeit« einzuleiten, von dem Sinn der Brüderlichkeit zu sprechen, mag manchem als ein Träumer erscheinen, dem Verängstigten, dem Enttäuschten ein Zyniker. Er wird sich damit abzufinden haben. Aber wenn dieser Versuch einen Sinn haben und einen Erfolg gewinnen kann, dann doch nur, wenn er da und da, dort und dort eine Menschenseele anrührt, das *Leid des anderen, auch die Freude des anderen, als eigenes Leid, als eigene Freude zu empfinden,* zu tragen oder zu genießen. Dann werden die Dinge, die mit einem gewissen pathetischen und programmatischen Anspruch gemeldet werden, ganz einfach. Alles Geschraubte und alles Verdeckte sinkt hinweg. Am Schluß aber bleibt das Wort, das weder um Recherche noch um Fragebogen bemüht war: *»Liebe Deinen Nächsten wie Dich selbst.«*

III. »Das Mahnmal«

Rede bei der Einweihung eines Mahnmals für die Opfer des ehemaligen Konzentrationslagers Bergen-Belsen, 30. November 1952

Das KZ Bergen-Belsen bei Celle in Niedersachsen ist ein Ort unvorstellbaren Massenelends und Massensterbens. Opfer aus nicht weniger als 11 Nationen sind zu beklagen. Als britische Truppen das Lager am 15. April 1945 befreien, finden sie noch rund 60.000 Häftlinge in einem erbärmlichen Zustand vor, Menschen, von Dreck, Krankheit, Hunger, Folter und seelischen Qualen zermürbt. Sie stoßen außerdem auf das grauenhafte Bild von mehr als 10.000 unbestatteten Leichen, die wegen Seuchengefahr in höchster Eile auf dem Lagergelände beerdigt werden müssen. Aber auch noch nach der Befreiung sterben rund 14.000 Menschen an Entkräftung, Kälte oder Seuchen. Die Gesamtzahl der Todesopfer in Bergen-Belsen wird auf ca. 50.000 geschätzt, Juden und Nichtjuden, darunter auch Tausende russischer Kriegsgefangener. Die genaue Zahl der Toten ist ebenso wenig bekannt wie die Namen der meisten Opfer.

Sicher ist nur: Bergen-Belsen zählt zu den größten jüdischen Friedhöfen Mitteleuropas. Dabei ist ein jüdisches Schicksal in besonderer Weise mit diesem Schreckensort verbunden: das von Anne Frank, deren posthum veröffentlichtes »Tagebuch« (deutsche Erstveröffentlichung 1950) sie weltberühmt machen sollte. 1929 in eine Frankfurter liberale jüdische Familie hineingeboren, hatte Anne mit ihrer Familie ab 1933 in Amsterdam gelebt, ist aber nach der deutschen Okkupation der Niederlande ab 1940 gezwungen, sich zu verstecken, ohne dass sie ihrem »Schicksal« entgehen kann. Im September 1944 wird die 15-Jährige zusammen mit ihrer älteren Schwester Margot Frank zunächst nach Auschwitz, dann nach Bergen-Belsen deportiert, wo beide Anfang März 1945 an Typhus zugrunde gehen. Zwar hatte schon am 15. April 1946, ein Jahr nach der Befreiung, ein Belsener Jüdisches Komitee ein Erinnerungszeichen in Stein auf dem ehemaligen Lagergelände errichtet, 1947 war eine Inschriftentafel mit Obelisk hinzugekommen, 1952 aber wird erstmals eine offizielle Gedenkstätte Deutschlands am Ort eines ehemaligen KZs eingeweiht. Eine 50 Meter lange Gedenkmauer ist errichtet worden, auf der Inschriften in 11 Sprachen angebracht sind, um so an die Nationen zu erinnern, deren Menschen hier ermordet wurden.

Die Initiative für eine entsprechende Gedenkfeier in Bergen-Belsen 1952 war von den britischen Behörden ausgegangen, deren Repräsentant, Land Commissioner Henderson, denn auch einer der Redner bei der Einweihungsfeier sein wird. Heuss geht auf dessen Ausführungen am Ende seiner Rede direkt ein. Sie hatten ihm zuvor vorgelegen. Die Organisation liegt in den Händen des Landes Niedersachsen, unterstrichen durch die Präsenz des damaligen Ministerpräsidenten Hinrich Wilhelm Kopf, einiger Minister und des Landtagspräsidenten. Die Bundesregierung ist durch Ministerialdirektor Herbert Blankenhorn vertreten, damals Chef der Politischen Abteilung des Auswärtigen Amtes. Auch das Judentum ist durch eine besondere Persönlichkeit und einen eindrucksvollen Redner repräsentiert, durch Dr. Nahum Goldmann, der als Präsident des World Jewish Congress und der Jewish Claims Conference soeben das »Luxemburger Abkommen« mit der Bundesregierung über »Wiedergutmachungszahlungen« ausgehandelt und es erst vor wenigen Wochen, am 10. September 1952, mit unterzeichnet hatte (s. Komm. zur Rundfunkansprache 1952 sowie Kap. XI, 1–5). Heuss spricht auch ihn, den er in den letzten Jahren immer wieder empfangen hatte, direkt in seiner Rede an. Auch dessen Text hatte er vorher einsehen können. Diplomatisch hochrangig besetzt also ist das Publikum, entsprechend hoch sind die Erwartungen im In- und Ausland, unterstrichen noch durch eine Rundfunkübertragung der Feierstunde und die Präsenz zahlreicher Diplomaten aus verschiedenen Ländern, von Repräsentanten jüdischer Organisationen und von Würdenträgern der drei christlichen Konfessionen. Denn: Erstmals spricht der oberste Repräsentant des nachfaschistischen Deutschlands in einem KZ!

Theodor Heuss ist sich denn auch über das Prekäre seiner Rede völlig im Klaren. Denn jetzt soll er nicht mehr wie 1949 vor einem Festtagspublikum in einem Kurhaus, auch nicht mehr wie 1952 über den Rundfunk zu einem »anonymen« Hörerkreis, sondern an einem konkreten geschichtlichen Ort des Schreckens und des Massenmords sprechen. Man spürt ihm die innere Überwindung förmlich an, wenn er seine Rede damit beginnt, dass eine Absage ihm »als eine Feigheit erschienen« wäre. Denn es komme für »uns Deutsche« gerade darauf an, »tapfer zu sein lernen gegenüber der Wahrheit, zumal auf einem Boden, der von den Exzessen menschlicher Feigheit gedüngt und verwüstet« worden sei. Das betreffe sowohl jüdische Opfer, sollten doch in Bergen-Belsen, so Heuss, »gerade die Juden, die noch irgendwo greifbar waren, vollends verhungern oder Opfer der Seuchen werden.« Das betreffe aber auch die »Söhne und Töchter anderer Nationen.« Die Inschriften seien nicht zufällig »vielsprachig«, ein »Dokument der tragischen Verzerrung des europäischen Schicksals«.

Die Rede selbst hatte Heuss »als eine politische Handlung gesehen und zugesagt und in ihrem Duktus vorbereitet«, wie er einen

Briefschreiber wissen lässt. (Briefe 1949–1954, 386) Neben den Ansprachen seiner Vorredner hatten ihm auch die Aufzeichnungen eines jüdischen Überlebenden von Bergen-Belsen, Josef Rosensaft, vorgelegen, auch ein Erlebnisbericht über die Befreiung des KZ durch den britischen Offizier Derrick Sington »Die Tore öffnen sich« (1946) sowie eine Dokumentation über das Gerichtsverfahren gegen 45 Angehörige der ehemaligen Lagermannschaft. Es hatte vom 17. September bis zum 17. November 1945 in Lüneburg vor einem britischen Militärgericht stattgefunden und zu elf Todesurteilen, einer lebenslangen Haftstrafe, 18 Haftstrafen und 15 Freisprüchen geführt. Empirisches Material also, das Heuss die grauenvollen Vorgänge beispielloser Menschenverachtung in diesem KZ anschaulich vermittelt hatte. Zwar hatte Heuss seiner Gewohnheit entsprechend auch diese Rede »nicht vorher völlig aufgeschrieben«, sie ist aber doch »gut durchkomponiert«, wie er denselben Briefschreiber wissen lässt (Briefe 1949–1954, 386). Während der Ansprachen war ein Tonband mitgelaufen und ein Landtagsstenograph hatte alles mitgeschrieben. So kann Heuss bereits auf der Rückfahrt von Belsen das Stenogramm durchkorrigieren und, in Bonn angekommen, den druckfertigen Text in der »Allgemeinen Wochenzeitung der Juden in Deutschland« (Ausgabe vom 5.12.1952) erscheinen lassen. Ministerialdirektor Herbert Blankenhorn, der, so Heuss, »die politische Bedeutung der Rede sofort und in vollem Umfang« begriffen hatte (Briefe 1949–1954, 387), wird überdies dafür Sorgen tragen, dass Heuss' Text in einer englischen Fassung auch im Ausland verbreitet werden kann.

Am Sonntag, dem 30. November 1952, läuft das Programm in Bergen-Belsen dreiteilig ab. Einem Augenzeugen-Bericht in der »Allgemeinen Wochenzeitung der Juden in Deutschland« zufolge, trifft sich eine kleine Gruppe von Juden zunächst am Mahnmal für die jüdischen Opfer. Sie kommen aus England, Frankreich, den

USA und Deutschland. Eigens angereist ist auch der Oberrabbiner der britischen Armee, Dr. Levy, der seinerzeit am 15. April 1945 mit den britischen Truppen in das Lager eingerückt war und angesichts der vielen tausend Toten das erste Kaddisch gesprochen hatte, das traditionelle jüdische Gebete aus Anlass des Todes. Jetzt kehrt er noch einmal an diesen Ort zurück, um das traditionelle jüdische Gebet für die Verstorbenen (»El Male Rachamim«) zu singen. Weitere Ansprachen und Grußadressen folgen. Vertreter des Staates Israel legen Blumengebinde nieder. Dem folgen Vertreter aller anwesenden in- und ausländischen Organisationen. Anschließend vereinen sich die jüdischen Gäste am internationalen Mahnmal mit den anderen Ehrengästen der Feierstunde, darunter Bundespräsident Heuss.

Der zweite Teil der Gedenkfeier spielt sich zunächst am neuen Mahnmal ab. Nach Kirchgang am Vormittag und Mittagessen im Rathaus war Heuss wie vorgesehen um 14.30 Uhr dort eingetroffen. Es folgen Enthüllung des Mahnmals, Kranzniederlegungen und Blumenspenden sowie Gebete der anwesenden Würdenträger der drei christlichen Konfessionen. Dem Augenzeugenbericht von Karl Marx zufolge, Herausgeber der »Allgemeinen Wochenzeitung der Juden in Deutschland«, geht Heuss nach der Enthüllung »von dem neuen Mahnmal zu dem Gedenkstein, der von den überlebenden Juden unmittelbar nach der Befreiung errichtet worden war. Wir mussten einen schmalen Pfad zwischen den Massengräbern passieren. Plötzlich verfärbte sich Heuss und stützte sich auf mich. Er brachte nur die Worte hervor: ›Schrecklich, schrecklich‹ und zitterte am ganzen Körper.« (AüJ, 10f.)

Der dritte Teil ist der eigentliche Staatsakt mit den am neuen Mahnmal vorgesehenen Reden von Henderson, Goldmann und Heuss. Doch aus Witterungsgründen muss dieser Akt in eine nahegelegene Sporthalle der britischen Garnison verlegt werden, wo-

mit allerdings »der direkte Bezug zum Ort des Geschehens« wegfällt, »der für den Aufbau der Rede eine große Rolle spielte.« (U. Baumgärtner, 2001, 236). Entsprechend ernüchtert ist Heuss' Erinnerung an diesen Teil des Tages. Als ein Briefschreiber ihm gut vier Monate später das Ansinnen vorträgt, die »Schlusssitzung des Bundestags, des Bundesrats und die Ausfertigung« des ersten einheitlichen »Bundesentschädigungsgesetzes« solle an einem so symbolträchtigen Ort wie Bergen-Belsen stattfinden, lässt Heuss durch einen Mitarbeiter kühl erwidern: »Die Erinnerung des Bundespräsidenten steht unter dem Eindruck, dass es ein windiger nasskalter Novembertag gewesen ist, an dem er dort war. Es bedurfte zwischen ihm und Dr. Nahum Goldmann weiter gar keiner längeren Besprechung, dass sich die Feier an dem Obelisk auf die Niederlegung der Kränze und ein Gebet des Rabbiners beschränkte. Die Veranstaltung, bei der Landescommissioner, Dr. Goldmann und Dr. Heuss dann sprachen, fand in der Entfernung von ein paar Kilometern in der Sporthalle einer englischen Garnison statt. Der Boxring in dieser Sporthalle war mit Grünpflanzen umstellt, so dass die Sache nicht zu ›säkularisiert‹ aussah, sonst war es eine schmucklose Halle, an die ein paar Klubräume angeschlossen sind. Dr. Heuss hat die Auffassung, dass der Bundestag nicht bei einer solchen Veranstaltung in einem englischen Garnisonsgebäude zu Gast sein könnte. Das alte Konzentrationslager ist völlig weggeräumt und verbrannt. Ob auf einem ungeebneten Heidefeld eine Bundestagssitzung im Freien stattfinden kann, ist dem Bundespräsidenten höchst zweifelhaft. Der Gedanke bekommt eine romantische Überspitzung, wenn man sich vorher nicht über die technischen Möglichkeiten ein Bild gemacht hat.« (Briefe 1949–1954, 437)

Die folgende »Mahnmal-Rede 1952« folgt dem von Hans Lamm 1964 herausgegeben Band »Theodor Heuss: An und über Juden«, dort auf den Seiten 135–140. Auch in: GrRI, 224–230. Zum zeitgeschichtlichen Hintergrund, zu Argumentationsstrategien und zu Fragen von Stil und Rhetorik vgl. Ulrich Baumgärtner, Reden nach Hitler. Theodor Heuss – Die Auseinandersetzung mit dem Nationalsozialismus, Stuttgart 2001, S. 232–259. Die Bergen-Belsener Reden von Nahum Goldmann und Land Commissioner Henderson sind abgedruckt in der »Allgemeinen Wochenzeitung der Juden in Deutschland«, Ausgabe vom 5. Dezember 1952.

Als ich gefragt wurde, ob ich heute, hier, aus diesem Anlaß ein Wort zu sagen bereit sei, habe ich ohne lange Überlegung mit Ja geantwortet. Denn ein Nein der Ablehnung, der Ausrede, wäre mir als eine Feigheit erschienen, und wir Deutschen wollen, sollen und müssen, will mir scheinen, tapfer zu sein lernen gegenüber der Wahrheit, zumal auf einem Boden, der von den Exzessen menschlicher Feigheit gedüngt und verwüstet wurde. Denn die bare Gewalttätigkeit, die sich mit Karabiner, Pistole und Rute verziert, ist in einem letzten Winkel immer feige, wenn sie, gut gesättigt, drohend und mitleidslos, zwischen schutzloser Armut, Krankheit und Hunger herumstolziert.

Wer hier als Deutscher spricht, muß sich die innere Freiheit zutrauen, die volle Grausamkeit der Verbrechen, die hier von Deutschen begangen wurden, zu erkennen. Wer sie beschönigen oder bagatellisieren wollte oder gar mit der Berufung auf den irregegangenen Gebrauch der sogenannten »Staatsraison« begründen wollte, der würde nur frech sein.

Aber nun will ich etwas sagen, das manchen von Ihnen hier erstaunen wird, das Sie mir aber, wie ich denke, glauben werden, und das mancher, der es am Rundfunk hört, nicht glauben wird: Ich habe das Wort Belsen zum erstenmal im Frühjahr 1945 aus der BBC gehört, und ich weiß, daß es vielen in diesem Lande ähnlich gegangen ist. Wir wussten – oder doch *ich* wußte – Dachau, Buchenwald bei Weimar, Oranienburg, Ortsnamen bisher heiterer Erinnerungen, über die jetzt eine schmutzig-braune Farbe geschmiert war. Dort waren Freunde, dort waren Verwandte gewesen, hatten davon erzählt. Dann lernte man frühe das Wort Theresienstadt, das am Anfang sozusagen zur Besichtigung durch Neutrale präpariert war, und Ravensbrück. An einem bösen Tag hörte ich den Namen Mauthausen, wo sie meinen alten Freund Otto Hirsch »liquidiert« hatten, den edlen und bedeutenden Leiter der Reichsvertretung deutscher Juden, Ich hörte das Wort aus dem Munde seiner Gattin, die ich zu stützen und zu beraten suchte, Belsen fehlte in diesem meinem Katalog des Schreckens und der Scham, auch Auschwitz.

Diese Bemerkung soll keine Krücke sein für diejenigen, die gern erzählen: Wir haben von alledem nichts gewußt. Wir *haben* von den Dingen gewußt. Wir wußten auch aus den Schreiben evangelischer und katholischer Bischöfe, die ihren geheimnisreichen Weg zu den Menschen fanden, von der systematischen Ermordung der Insassen deutscher Heilanstalten. Dieser Staat, den menschliches Gefühl eine lächerliche und kostenverursachende Sentimentalität hieß, wollte auch hier tabula rasa – »reinen Tisch« – machen, und der reine Tisch trug Blutflecken, Aschenreste – was kümmerte das? Unsere Phantasie, die aus der bürgerlichen und christlichen Tradition sich nährte, umfaßte nicht die Quantität dieser kalten und leidvollen Vernichtung.

Dieses Belsen und dieses Mal sind stellvertretend für ein Geschichtsschicksal. Es gilt den Söhnen und Töchtern fremder Nationen, es gilt den deutschen und ausländischen Juden, es gilt auch dem deutschen Volke und nicht bloß den Deutschen, die auch in diesem Boden verscharrt wurden.

Ich weiß, manche meinen: War dieses Mal notwendig? Wäre es nicht besser gewesen, wenn Ackerfurchen hier liefen und die Gnade der sich ewig verjüngenden Fruchtbarkeit der Erde verzeihe das Geschehene? Nach Jahrhunderten mag sich eine vage Legende vom unheimlichen Geschehen an diesen Ort heften. Gut, darüber mag man meditieren; und Argumente fehlen nicht, Argumente der Sorge, daß dieser Obelisk ein Stachel sein könne, der Wunden, die der Zeiten Lauf heilen solle, das Ziel der Genesung zu erreichen nicht gestatte.

Wir wollen davon in allem Freimut sprechen. Die Völker, die hier die Glieder ihres Volkes in Massengräbern wissen, gedenken ihrer, zumal die durch Hitler zu einem volkshaften Eigenbewußtsein schier gezwungenen Juden. Sie *werden* nie, sie *können* nie vergessen, was ihnen angetan wurde; die Deutschen *dürfen* nie vergessen, was von Menschen ihrer Volkszugehörigkeit in diesen schamreichen Jahren geschah.

Nun höre ich den Einwand: Und die anderen? Weißt du nichts von den Internierungslagern 1945/46 und ihren Roheiten, ihrem Unrecht? Weißt du nichts von den Opfern in fremdem Gewahrsam, von dem Leid der formalistisch-grausamen Justiz, der heute noch deutsche Menschen unterworfen sind? Weißt du nichts von dem Fortbestehen der Lagermißhandlungen, des Lagersterbens in der Sowjetzone, Waldheim, Torgau, Bautzen? Nur die Embleme haben sich dort gewandelt.

Ich weiß davon und habe nie gezögert, davon zu sprechen. Aber Unrecht und Brutalität der *anderen* zu nennen, um sich darauf zu berufen, das ist das Verfahren der moralisch Anspruchslosen, die es in *allen* Völkern gibt, bei den Amerikanern so gut wie bei den Deutschen oder den Franzosen und so fort. Es ist kein Volk besser als das andere, es gibt in jedem solche und solche. Amerika ist nicht »God's own country«, und der harmlose Emanuel

Geibel hat einigen subalternen Unfug verursacht mit dem Wort, daß am deutschen Wesen noch einmal die Welt genesen werde.

Und waren die Juden das »auserwählte Volk«, wenn sie nicht gerade auch zu Leid und Qual auserwählt wären? Mir scheint, der Tugendtarif, mit dem die Völker sich selber ausstaffieren, ist eine verderbliche und banale Angelegenheit. Er gefährdet das klare, anständige Vaterlandsgefühl, das jeden, der bewußt in seiner Geschichte steht, tragen wird, das dem, der die großen Dinge sieht, Stolz und Sicherheit geben mag, ihn darum aber nicht in die Dumpfheit einer pharisäerhaften Selbstgewißheit verführen darf. Gewalttätigkeit und Unrecht sind keine Dinge, die man für eine wechselseitige Kompensation gebrauchen soll und darf. Denn sie tragen die böse Gefahr in sich, im seelischen Bewußtsein sich zu kumulieren; ihr Gewicht wird zur schlimmsten Last im Einzelschicksal, ärger noch, im Volks- und Völkerschicksal. Alle Völker haben ihre Rachebarden, oder, wenn diese ermüdet sind, ihre Zweckpublizisten in Reserve.

Es liegen hier die Angehörigen mancher Völker. Die Inschriften sind vielsprachig, sie sind ein Dokument der tragischen Verzerrung des europäischen Schicksals. Es liegen hier auch viele deutsche Opfer des Terrors, und wie viele am Rande anderer Lager? Aber es hat einen tiefen Sinn, daß Nachum Goldmann hier für alle sprach. Denn hier, in diesem Belsen, sollten gerade die Juden, die noch irgendwo greifbar waren, vollends verhungern oder Opfer der Seuchen werden. Goldmann hat von dem schmerzvollen Weg des jüdischen Volkes und seiner den Geschichtskatastrophen trotzenden Kraft gesprochen. Sicher ist das, was zwischen 1933 und 1945 geschah, das furchtbarste, was die Juden der Geschichte gewordenen Diaspora erfuhren. Dabei war etwas Neues geschehen. Goldmann sprach davon. Judenverfolgungen kennt die Vergangenheit in mancherlei Art. Sie waren ehedem teils Kinder des religiösen Fanatismus, teils sozial-ökonomische Konkurrenzgefühle. Von religiösem Fanatismus konnte nach 1933 nicht die Rede sein. Denn den Verächtern der Heiligen Schriften des Alten *und* des Neuen Bundes, den Feinden aller religiösen Bindungen, war jedes metaphysische Problem denkbar fremd. Und das Sozialökonomische reicht nicht aus, wenn es nicht bloß an Raubmord denkt.

Aber das war es nicht allein. Im Grunde drehte es sich um etwas anderes. Der Durchbruch des biologischen Naturalismus der Halbbildung führte zur Pedanterie des Mordens als schier automatischer Vorgang, ohne das bescheidene Bedürfnis nach einem bescheidenen quasi-moralischen Maß. Dies gerade ist die tiefste Verderbnis dieser Zeit. Und dies ist *unsere* Scham, daß sich solches im Raum *der* Volksgeschichte vollzog, aus der Lessing und Kant, Goethe und Schiller in das Weltbewußtsein traten. Diese Scham nimmt uns niemand, niemand ab.

Mein Freund Albert Schweitzer hat seine kulturethische Lehre unter die Formel gestellt: »Ehrfurcht vor dem Leben«. Sie ist wohl richtig, so grausam paradox die Erinnerung an dieses Wort an einem Orte klingen mag, wo es zehntausendfach verhöhnt wurde. Aber bedarf sie nicht einer Ergänzung. »Ehrfurcht vor dem Tode«?

Ich will eine kleine Geschichte erzählen, die manchen Juden und manchen Nichtjuden mißfallen mag. Von beiden Seiten werden sie sagen: das gehört doch nicht hierher! Im ersten Weltkrieg sind 12.000 junge Menschen jüdischen Glaubens für die Sache ihres deutschen Vaterlandes gefallen. Im Ehrenmal meiner Heimatstadt waren auch sie in ehernen Lettern mit den Namen aller anderen Gefallenen eingetragen, Kamerad neben Kamerad, »als wär's ein Stück von mir«. Der nationalsozialistische Kreisleiter ließ die Namen der jüdischen Toten herauskratzen und den Raum der Lücken mit irgendwelchen Schlachtennamen ausfüllen. Ich spreche davon nicht, weil Jugendfreunde von mir dabei ausgewischt wurden. Das war mein schlimmstes Erkennen und Erschrecken, daß die Ehrfurcht vor dem Tode, dem einfachen Kriegstode, untergegangen war, während man schon an neue Kriege dachte.

Das Sterben im Kriege, am Kriege hat dann die furchtbarsten Formen gewählt. Auch hier an diesem Ort Belsen hat der Krieg dann mit Hunger und Seuchen als kostenlosen Gehilfen zur Seite gewütet. Ein zynischer Bursche, ein wüster Gesell mochte sagen: In der Hauptsache waren es ja bloß Juden, Polen, Russen, Franzosen, Belgier, Norweger, Griechen und so fort. Bloß? Es waren Menschen wie du und ich, sie hatten ihre Eltern, ihre Kinder, ihre Männer, ihre Frauen! Die Bilder der Überlebenden sind die schreckhaftesten Dokumente.

Der Krieg war für dieses Stück Land hier im April 1945 vorbei. Aber es wurde als Folge von Hunger und Seuchen weitergestorben. Britische Ärzte haben dabei ihr Leben verloren. Aber ich bin in den letzten Tagen von hervorragender jüdischer Seite gebeten worden, gerade in dieser Stunde auch ein Wort von diesem Nachher zu sagen, von der Rettungsleistung an den zum Sterben bestimmten Menschen, die durch *deutsche* Ärzte, durch *deutsche* Pfleger und Schwestern im Frühjahr und Frühsommer 1945 vollbracht wurden. Ich wußte von diesen Dingen nichts. Aber ich ließ mir erzählen, wie damals vor solchem Elend Hilfswille bis zur Selbstaufopferung wuchs, ärztliches Pflichtgefühl, Scham, vor solcher Aufgabe nicht zu versagen, christliche, schwesterliche Hingabe an den Gefährdeten, der eben immer »der Nächste« ist. Ich bin dankbar dafür, daß mir dies gesagt und diese Bitte ausgesprochen wurde. Denn es liegt in dieser Bewährung des unmittelbar Rechten und Guten doch ein Trost.

In den Worten des englischen Land Commissioners ist Rousseau berufen worden. Rousseau beginnt eines seiner Bücher mit der apodiktischen Erklärung: »Der Mensch ist gut.« Ach, wir haben gelernt, daß die Welt komplizierter ist als die Thesen moralisierender Literaten. Aber wir wissen auch dies: *Der* Mensch, *die* Menschheit ist eine abstrakte Annahme, eine statistische Feststellung, oft nur eine unverbindliche Phrase; aber die *Menschlichkeit* ist ein individuelles Sich-Verhalten, ein ganz einfaches Sich-Bewähren gegenüber dem anderen, welcher Religion, welcher Rasse, welchen Standes, welchen Berufes er auch sei. Das mag ein Trost sein.

Da steht der Obelisk, da steht die Wand mit den vielsprachigen Inschriften. Sie sind Stein, kalter Stein. Saxa loquuntur, Steine können sprechen. Es kommt auf den einzelnen, es kommt auf dich an, daß du ihre Sprache, daß du diese ihre besondere Sprache verstehst, um deinetwillen, um unser aller willen!

Zeittafel

Die wichtigsten Daten zu Leben, Werk und Zeit

1862
Das Großherzogtum Baden gewährt als erster deutscher Staat Juden völlige rechtliche Gleichstellung. 1864 zieht das Königreich Württemberg nach mit einem »Gesetz betreffend die bürgerlichen Verhältnisse der israelitischen Glaubensgenossen«.

1869
3. Juli: Otto von Bismarck unterzeichnet in seiner Eigenschaft als preußischer Ministerpräsident das im Norddeutschen Bund erwirkte »Gesetz, betreffend die Gleichberechtigung der Konfessionen in bürgerlicher und staatsbürgerlicher Beziehung«. Es stellt das Judentum mit allen sonstigen Konfessionen gleich.

1871
22. April: Nach der Reichsgründung wird das »Gleichberechtigungs«-Gesetz auf das gesamte Gebiet des neuen Deutschen Reiches übertragen.

1879–1881
Berliner »Antisemitismusstreit«, ausgelöst durch einen Artikel des Berliner Historikers Heinrich von Treitschke. Er schürt gegenüber Juden in Deutschland erneut Überfremdungsängste, verstärkt Verschwörungstheorien (»Die Juden sind unser Unglück«!) und verschafft den Forderungen der Berliner Bewegung um den protestantischen Theologen Adolf Stoecker nach Begrenzung der Judenemanzipation gesellschaftliche Anerkennung. Der Streit führt 1881 zu der an

Reichskanzler Otto von Bismarck gerichteten »Antisemitenpetition« mit dem Ziel einer Wiederrücknahme der bürgerlichen Gleichberechtigung der Juden in Deutschland. Große öffentliche Resonanz gewinnt der Konflikt auch durch die Gegenstellungnahmen des renomierten Berliner Historikers Theodor Mommsen. Dieser gehört 1880 zu den 75 Unterzeichnern einer »Notabeln-Erklärung« wider den Antisemitismus in Deutschland.

1884

31. Januar: Geburt von Theodor Heuss in Brackenheim/Württemberg.

1893

Gründung des »Centralvereins deutscher Staatsbürger jüdischen Glaubens«.

1894

In Paris endet der Prozess gegen den jüdischen Hauptmann Alfred Dreyfus mit der Verurteilung eines Unschuldigen und einem Justizskandal. Die bei diesem Prozess zutage getretenen antisemitischen Exzesse veranlassen den Wiener Journalisten Theodor Herzl zur Abfassung und Veröffentlichung seiner Programmschrift »Der Judenstaat. Versuch einer modernen Lösung der Judenfrage« (1896).

1897

29.–31. August: In Basel kommt der Erste Zionistische Weltkongress zusammen. Er wählt Theodor Herzl zum Präsidenten der Zionistischen Weltorganisation. Das »Basler Programm« ist künftig die Basis aller Bemühungen um eine »Heimstätte des jüdischen Volkes« in Palästina.

1902

Heuss legt das Abitur auf dem humanistischen Karlsgymnasium zu Heilbronn ab. Kontakt u.a. zum jüdischen Mitschüler Bernhard Schlüchterer, der im 1. Weltkrieg für Deutschland fällt, dessen Name aber auf dem Kriegerdenkmal in Heilbronn während der NS-Zeit getilgt wird. Erste Begegnung mit Friedrich Naumann.

1905
Abschluss des Studiums der Nationalökonomie an der Universität München mit einer Promotion bei Prof. Lujo Brentano.
Redakteur der Naumann-Wochenzeitung »Die Hilfe« in Berlin (bis 1912).

1908
Heirat mit Elly Knapp (geb. 25.1. 1881 in Straßburg), Tochter des Nationalökonomen und Rektors der Universität Straßburg, Georg Friedrich Knapp. *5. August 1910*: Geburt von Ernst Ludwig Heuss (gest. 1967).

1912
Rückkehr nach Heilbronn. Bis 1917 Chefredakteur der Neckar-Zeitung als Nachfolger des jüdischen Weggefährten Ernst Jäckh. Ein Jahr später Übernahme der Schriftleitung der Kulturzeitschrift »März« (bis 1917).

1914–1918
1. Weltkrieg. 12.000 Soldaten jüdischer Herkunft fallen für Deutschland, darunter Heuss-Freunde wie Bernhard Schlüchterer und Ludwig Frank. Andere jüdische Weggefährten wie Eugen Katz werden schwer verwundet oder erlangen hohe Tapferkeitsauszeichnung, darunter Ludwig Haas. In einem Leitartikel seiner Zeitung wendet sich Heuss gegen die antisemitisch motivierte »Judenzählung« während des Krieges im deutschen Heer.

1918
Rückkehr nach Berlin und Mitarbeit in der Geschäftstelle des Deutschen Werkbundes (hauptamtlich bis 1921).

1918/1919
Nov. 1918: Gründung der Deutschen Demokratischen Partei (DDP).
Juli 1919: Wahl Friedrich Naumanns zum 1. Vorsitzenden.
24. August: Tod Friedrich Naumanns.
Die DDP ist künftig Heuss' politische Heimat.

1920
Heuss wird Mitglied der Berlin-Schöneberger Bezirksversammlung. Studienleiter (bis 1925) und Dozent an der Berliner Deutschen Hochschule für Politik.

1920/21
Max Naumann veröffentlicht die Schriften »Vom nationaldeutschen Juden« und »Der nationaldeutsche Jude in der deutschen Umwelt«. Überdies gründet er den »Verband nationaldeutscher Juden« (VnJ). Heuss rezensiert beide Schriften zustimmend.

1922
24. Juni: Ermordung von Reichsaußenminister Walther Rathenau, u.a. auch wegen dessen jüdischer Herkunft.

1924
Heuss wird Vorstandsmitglied des Deutschen Werkbundes.
4. Mai und 7. Dezember: Heuss zieht für die DDP in den 2. und 3. Reichstag ein (bis 1928).

1930
14. September: Heuss wird für die Deutsche Staatspartei (DStP), Nachfolgerin der DDP, in den 5. Reichstag gewählt.

1932
Heuss veröffentlicht »Hitlers Weg. Eine historisch-politische Studie über den Nationalsozialismus«.
Bei den Reichstagswahlen vom *31. Juli* wird Heuss für die DStP erneut in den Reichstag gewählt.

1933
21. März: Tag von Potsdam. Generalsuperintendent Otto Dibelius predigt bei einem Gottesdienst in der Potsdamer Nikolaikirche. Heuss' Predigtempfehlung an Dibelius.
24. März: Heuss und die (fünfköpfige) Reichstagsfraktion der DStP (darunter auch Reinhold Maier) stimmen dem »Ermächtigungsgesetz« zu.

1. April: Erste reichsweite Maßnahmen zum »Judenboykott«. Kein öffentlicher Protest der Kirchen.
7. April: »Gesetz zur Wiederherstellung des Berufsbeamtentums« (mit dem »Arierparagraphen«).
Ab Mai: Heuss verliert durch politische Gleichschaltung alle Aufgaben, Ämter und Mandate. Rückzug auf private biographische Forschungen und publizistische Tätigkeit. In privaten Briefen polemisiert Heuss gegen ein »entwurzeltes jüdisches Literatentum« einerseits, spricht sich andererseits dagegen aus, »von den Juden distanziert zu werden«, mit denen er »befreundet« sei.
17. September: Jüdische Verbände und Gemeinden schließen sich zur »Reichsvertretung der Deutschen Juden« zusammen. Wahl des Berliner Rabbiners Dr. Leo Baeck zum Präsidenten und des Stuttgarter Heuss-Freundes Dr. Otto Hirsch zum geschäftsführenden Vorsitzenden. Hirsch war seit 1930 bis zu seinem Umzug nach Berlin 1935 Präsident des Oberrats der Israelitischen Religionsgemeinschaft Württembergs gewesen.
Viele jüdische Freunde und Weggefährten von Heuss verlassen Deutschland, darunter Moritz Julius Bonn, Wilhelm Cohnstaedt, Ernst Jäckh, Eugen Katz, Karl Marx, Gustav und Toni Stolper, Ernst Toch, Gottfried Treviranus.

1934
3. Februar: Heuss lässt in der »Hilfe« einen polemischen Artikel gegen »Ostjuden« erscheinen.
29. bis 31. Mai: Auf der ersten Bekenntnissynode der »Bekennenden Kirche« in Wuppertal-Barmen wird eine Grundsatz-Erklärung verabschiedet (»Barmer Theologische Erklärung«). Sie schweigt zur »Judenfrage« ebenso wie zur Frage von »Judenchristen«.

1935
15. September: Die NSDAP beschließt in Nürnberg auf ihrem 7. Reichsparteitag die sog. Nürnberger »Rassen- und Ariergesetze«. Propagierung von Zwangsscheidungen bei »rassischen Mischehen« von Deutschen und Juden.

1937
Heuss veröffentlicht »Friedrich Naumann. Der Mann, das Werk, die Zeit«.

1938
März: Martin Buber siedelt mit seiner Familie nach Jerusalem über.
9./10. November: »Reichspogromnacht«. Weitere jüdische Freunde und Weggefährten von Heuss verlassen Deutschland, darunter Julius Bab, Isy Krämer, Kurt Riezler mit seiner Frau Käthe, der einzigen Tochter des Malers Max Liebermann. 1937 war schon Erich Eyck mit seiner Familie nach England geflohen.
Ca. 40 Personen aus der württembergischen Gemeinde Rexingen bei Horb am Neckar können in das damalige britische Mandatsgebiet Palästina auswandern und mit anderen deutsch-jüdischen Emigranten eine genossenschaftlich organisierte landwirtschaftliche Siedlung unter dem Namen »Shavej Zion« (»Rückkehr nach Zion«) gründen. Deren erster Bürgermeister wird der aus Heilbronn stammende Jurist Dr. Manfred Scheuer.

1941
26.2.: Otto Hirsch wird verhaftet, ins KZ Mauthausen deportiert und stirbt dort am 19. Juni. Seine Frau Martha Hirsch wird am 26.Oktober 1942 in den Osten deportiert und stirbt in Riga am 29. Oktober.

1942
20.Januar: Auf einer Geheim-Konferenz in Berlin-Wannsee wird unter der Leitung von SS-Führer Reinhard Heydrich und dessen »Judenreferent« Adolf Eichmann die »Endlösung der Judenfrage« beschlossen und damit die Deportation der gesamten jüdischen Bevölkerung Europas zur Vernichtung in Lagern des Ostens organisatorisch durchgeplant.
27. Januar: Der Heilbronner Jurist Siegfried Gumbel, Vorsitzender der Ortsgruppe des »Centralvereins deutscher Staatsbürger jüdischen Glaubens« und seit 1935 Nachfolger von Otto Hirsch als Präsident

des Oberrats der Israelitischen Religionsgemeinschaft Württembergs, wird im KZ Dachau ermordet.

1943

Leo Baeck wird in das KZ Theresienstadt deportiert, überlebt und läßt sich ab Juli 1945 in London nieder.

1945

4. Januar: Der Berliner Bürgermeister Fritz Elsas wird im KZ Sachsenhausen ermodert.

4. August: Der Heuss-Sohn Ernst Ludwig und die Elsas-Tochter Hanne heiraten in Berlin.

23. August: Erster Nachkriegshirtenbrief der Deutschen Katholischen Bischöfe.

24. September: Heuss wird Kultusminister des neu geschaffenen Bundeslandes (Nord-)Württemberg-Baden im 1. Kabinett von Ministerpräsident Reinhold Maier.

18./19. Oktober: »Stuttgarter Schuldbekenntnis« des Rats der Ev. Kirche in Deutschland.

Wintersemester 1945/46: Karl Jaspers hält an der Universität Heidelberg eine Vorlesungsreihe über die geistige Situation in Deutschland und nimmt in deren Rahmen auch zur »Schuldfrage« Stellung. 1946 erscheint die Jaspers-Schrift »Die Schuldfrage«.

25. November: Heuss' erste programmatische Nachkriegs-Rede zur NS-Zeit im Stuttgarter Staatstheater: »In Memoriam«.

1946

Elly Heuss-Knapps Kurzgeschichten über Schicksale in der NS-Zeit erscheinen unter dem Titel »Schmale Wege«.

18. März: Heuss' Rede in Berlin vor dem Kulturbund zur demokratischen Erneuerung Deutschlands.

April: In der von Karl Jaspers mitherausgegebenen Zeitschrift »Wandlung« erscheint Hannah Arendts Essay »Organisierte Schuld«.

27. Mai: Rede von Heuss an der Universität Tübingen über »Die deutsche Nationalidee im Wandel der Geschichte«.

Heuss' Biographie zu Leben und Werk des Stuttgarter Unternehmers Robert Bosch erscheint.

1947

Sommer im Engadin: Intensiver Gedankenaustausch mit Gustav Stolper, der als Wirtschaftsberater der US-Regierung nach Deutschland zurückgekehrt ist (Dritter Hoover-Bericht vom 18. März 1947) und mit Heuss sein Buch »German Realities« über die politische und ökonomische Lage Deutschlands vorbereitet. Dessen Erscheinen 1948 erlebt Stolper nicht mehr.

1948

14. Mai: Gründung des Staates Israel. Es kommt zu einem 15 Monate dauernden Krieg Israels um seine Unabhängigkeit mit seinen arabischen Nachbarstaaten.

1. September: Heuss wird Abgeordneter im Parlamentarischen Rat zur Ausarbeitung des »Grundgesetzes«.

In München, Stuttgart, Wiesbaden und Frankfurt/M. entstehen unter amerikanischer Protektion erste »Gesellschaften für christlich-jüdische Zusammenarbeit«.

12. Dezember: Heuss wird zum Vorsitzenden der westzonalen »Freien Demokratischen Partei« (FDP) gewählt.

1949

14. August: Wahl in den ersten Deutschen Bundestag.

12. September: Heuss wird zum ersten Bundespräsidenten der Bundesrepublik Deutschland gewählt.

20. September: In seiner ersten Regierungserklärung als neu gewählter Bundeskanzler geht Konrad Adenauer auf die deutschen Verbrechen am jüdischen Volk nicht ein.

24. September: Erstmals übermittelt ein deutsches Staatsoberhaupt der jüdischen Gemeinschaft gute Wünsche zu Rosh ha-Shana, dem jüdischen Neujahrsfest. Diese Praxis wird Heuss bis zum Ende seiner Amtszeit 1959 beibehalten.

Gründung eines »Deutschen Koordinierungsrates« der Gesellschaften für christlich-jüdische Zusammenarbeit. Ab 1968 verleiht dieser

»Rat« jährlich die »Buber-Rosenzweig-Medaille« für Verdienste um die christlich-jüdische Verständigung.
7. Dezember: Heuss' erste programmatische Rede zum Verhältnis Deutsche/Christen-Juden bei einer Feierstunde der »Gesellschaft für christlich-jüdische Zusammenarbeit« in Wiesbaden unter dem Titel »Mut zur Liebe«. Heuss lehnt das Wort »Kollektivschuld« ab und plädiert stattdessen für das Wort »Kollektivscham«.

1950
31. Januar: In einer Rundfunkansprache gibt Elly Heuss-Knapp die Gründung eines »Müttergenesungswerks« bekannt (heute: »Elly Heuss-Knapp-Stiftung – Deutsches Müttergenesungswerk«).

1951
22. August: Erstes Nachkriegstreffen von Heuss mit Rabbiner Dr. Leo Baeck.
27. September: In einer Regierungsstellungnahme erklärt Bundeskanzler Konrad Adenauer vor dem Deutschen Bundestag erstmals offiziell die Bereitschaft der Bundesrepublik Deutschland zur vertraglichen Regelung einer »Wiedergutmachung« der Verbrechen am jüdischen Volk.

1952
17. Januar: In ihren regelmäßigen »Vier-Augen-Gesprächen« regt Heuss gegenüber Adenauer an, als »Geste gegenüber dem Judentum« eine »Synagoge aufzubauen und zwar mit Hilfe der großen christlichen Kirchen«. Er beabsichtige, diese Frage mit den derzeitgen Führern der beiden Großkirchen, dem Kölner Kardinal Josef Frings und dem Vorsitzenden der EKD, Bischof Otto Dibelius, zu besprechen und »denke an den Wiederaufbau der historisch berühmten Synagoge in Worms«. Adenauer stimmt zu und sichert seine Unterstützung zu. Die Grundsteinlegung zum Wiederaufbau der Wormser Synagoge erfolgt allerdings erst am 27. September 1959 ohne vorgängige finanzielle Unterstützung durch die christlichen Kirchen.
3. März: Rundfunkansprache von Heuss aus Anlass der ersten bundesweiten »Woche der Brüderlichkeit«.

21. März: Beginn der offiziellen Verhandlungen über ein »Wiedergutmachungsabkommen« in Kasteel Oud-Wassenaar bei Den Haag.
19. Juli: Elly Heuss-Knapp stirbt in Bonn.
10. September: Unterzeichnung des »Luxemburger Abkommens« zur »Wiedergutmachung« durch Bundeskanzler Konrad Adenauer, Vertreter des Staates Israel (Außenminister Mosche Scharet) und der »Jewish Claims Conference« (Dr. Nahum Goldmann).
30. November: Einweihung eines Mahnmals im KZ Bergen-Belsen. Erste Rede eines Bundespräsidenten in einem Konzentrationslager.

1953
4. März: Der Deutsche Bundestag ratifiziert das Luxemburger Abkommen.
Würdigung Leo Baecks zu dessen 80. Geburtstag.
Heuss' Jugenderinnerungen unter dem Titel »Vorspiele des Lebens« erscheinen.

1954
7. Juli: Festrede Leo Baecks zum 750. Todestag von Moses Maimonides im Plenarsaal des Düsseldorfer Landtags unter Teilnahme von Bundespräsident Heuss.

1956
29. Oktober: Nach der Verstaatlichung des Suez-Kanals durch Ägypten militärische Intervention von Großbritannien, Frankreich und Israel. Die »Suez-Krise« dauert bis zum März 1957.

1958
4.–23. Juni: Staatsbesuch von Theodor Heuss in den USA.
Treffen mit Heilbronner Juden in New York.
Würdigung Martin Bubers zu dessen 80. Geburtstag.

1959
Mit dem *12. September* endet die Amtszeit von Theodor Heuss als Bundespräsident. In seiner vom Rundfunk übertragenen Abschiedsrede erinnert er im Rückblick auf die letzten 10 Jahre nicht nur an den »Lastenausgleich«, die »Wohnungsbau-Gesetze« und die »Kriegs-

opferversorgung«, sondern auch an die »Wiedergutmachung an dem schmachvollen Widerrecht, das so viele, zumal auch jüdische Menschen im ganzen Hitlerschen Machtbereich erleiden mussten«.

1960

Im *Mai* : Reise von Heuss als »Privatmann« nach Israel.
9. Mai: Vorlesung an der Hebräischen Universität über »Staat und Volk im Werden«. Begrüßung durch Martin Buber.
11. Mai: Der israelische Geheimdienst bemächtigt sich in Buenos Aires Adolf Eichmanns, Organisator der NS-»Endlösung der Judenfrage«, und überstellt ihn einige Tage später nach Israel. Ein Jahr später beginn der Eichmann-Prozess in Jerusalem.
12. Mai: Gedenkfeier für Otto und Martha Hirsch in Shavej Zion mit einer Ansprache von Heuss.

1963

Heuss' »Erinnerungen 1905–1933« erscheinen.
28. September: Noch in seinem letzten Brief an Adenauer setzt sich Heuss für die Aufnahme diplomatischer Beziehungen zum Staat Israel ein.
15. Oktober: Rücktritt von Konrad Adenauer vom Amt des Bundeskanzlers. Die von ihm gewünschte Aufnahme diplomatischer Beziehungen der BRD zum Staat Israel kann er nicht durchsetzen. Sie erfolgt erst durch die Regierung von Ludwig Erhard im Mai 1965.
Heuss stirbt am *12. Dezember* in seinem Haus in Stuttgart. Beisetzung auf dem Stuttgarter Waldfriedhof.

1964

Der Dokumentationsband »Theodor Heuss: An und über Juden. Aus Schriften und Reden 1906–1963« erscheint, herausgegeben von Hans Lamm mit einem Vorwort von Karl Marx.

Literatur

I. Texte von Theodor Heuss (1884–1963)

1. Schriften und Reden (nach Erscheinungsjahr)

Hitlers Weg = Hitlers Weg. Eine historisch-politische Studie über den Nationalsozialismus (1932). Faksimilierte Neuausgabe mit einem Geleitwort von Wolfgang Gerhard und einem Nachwort von Werner Tress, Hildesheim – Zürich – New York 2008.

Nationalidee = Die deutsche Nationalidee im Wandel der Geschichte, Stuttgart 1946.

1848. Werk und Erbe, Stuttgart 1948. Neuausgabe: 1848. Die gescheiterte Revolution. Mit einem Geleitwort von Richard von Weizsäcker, Stuttgart 1998.

Naumann = Friedrich Naumann. Der Mann, das Werk, die Zeit (1937), Stuttgart-Tübingen 2. neu bearb. Aufl. 1949.

Vorspiele = Vorspiele des Lebens. Jugenderinnerungen, Tübingen 1953.

Würdigungen = Würdigungen. Reden, Aufsätze und Briefe aus den Jahren 1949–1955, hrsg.v. Hans Bott, Tübingen 1955. »Friedrich Meineke«, S. 280–288.

Bücherwand = Vor der Bücherwand. Skizzen zu Dichtern und Dichtung, hrsg.v. Friedrich Kaufmann u. Hermann Leins, Tübingen 1961.

Erinnerungen = Erinnerungen 1905–1933, Tübingen 1963.

RüI = Staat und Volk im Werden. Reden in und über Israel, München 1960.

AüJ = An und über Juden. Aus Schriften und Reden (1906–1963), zusammengestellt und herausgegeben von Hans Lamm. Vorwort Karl Marx, Düsseldorf – Wien 2. Aufl. 1964.

Profile = Profile. Nachzeichnungen aus der Geschichte, Tübingen 1964.

GrR I u. II = Die großen Reden Bd. I (Der Staatsmann), Bd. II (Der Humanist), Tübingen 1965.

Aufzeichnungen = Aufzeichnungen 1945–1947. Aus dem Nachlass herausgegeben und mit einer Einleitung versehen von Eberhard Pikart, Tübingen 1966. Darin die Berliner Rede vom 18. März 1946: »Um Deutschlands Zukunft«, S. 184–208.

Die Machtergreifung und das Ermächtigungsgesetz. Zwei nachgelassene Kapitel der Erinnerungen, 1905–1933, hrsg.v. Eberhard Pikart, Tübingen 1967.

2. Briefe, Gespräche, Würdigungen

Begegnungen = Begegnungen mit Theodor Heuss, hrsg. von Hans Bott u. Hermann Leins, Tübingen 1954.

Abschied von Theodor Heuss. Mit Beiträgen u.a. von Heinrich Lübke, Tübingen 1964.

Theodor Heuss – Lulu von Strauß und Torney, Ein Briefwechsel, Düsseldorf-Köln 1965.

Tagebuchbriefe = Tagebuchbriefe 1955/1963. Eine Auswahl aus Briefen an Toni Stolper, hrsg. und eingel. von Eberhard Pikart, Tübingen-Stuttgart 1970.

Briefe 1892–1917 = Theodor Heuss: Aufbruch im Kaiserreich. Briefe 1892–1917, hrsg. u. bearb. von Frieder Günther, München 2009 (Stuttgarter Ausgabe).

Briefe 1918–1933 = Theodor Heuss: Bürger der Weimarer Republik. Briefe 1918–1933, hrsg. u. bearb. von Michael Dorrmann, München 2008 (Stuttgarter Ausgabe).

Briefe 1933–1945 = Theodor Heuss: In der Defensive. Briefe 1933–1945, hrsg. u. bearb. von Elke Seefried, München 2009 (Stuttgarter Ausgabe).

Briefe 1945–1949 = Theodor Heuss: Erzieher zur Demokratie. Briefe 1945–1949, hrsg. v. Ernst Wolfgang Becker, München 2007 (Stuttgarter Ausgabe).
Briefe 1949–1954 = Theodor Heuss: Der Bundespräsident. Briefe 1949–1954, hrsg. und bearb. v. Ernst Wolfgang Becker, Martin Vogt u. Wolfram Werner, Berlin-Boston 2012 (Stuttgarter Ausgabe).
Briefe 1954–1959 plus Briefnummer = Theodor Heuss: Der Bundespräsident. Briefe 1954–1959, hrsg. u. bearb. v. Ernst Wolfgang Becker, Martin Vogt u. Wolfram Werner, Berlin-Boston 2013 (Stuttgarter Ausgabe). Erscheint November 2013.
Briefe 1959–1963 plus Briefnummer = Theodor Heuss: Privatier und Elder Statesman. Briefe 1959–1963, hrsg. und bearb. v. Frieder Günther, Berlin-Boston 2013 (Stuttgarter Ausgabe). Erscheint Februar 2014.
BW = Theodor Heuss: Hochverehrter Herr Bundespräsident! Der Briefwechsel mit der Bevölkerung 1949–1959, hrsg. und bearbeitet von Wolfram Werner, Berlin – New York 2010 (Stuttgarter Ausgabe).
Briefe H-A = Theodor Heuss – Konrad Adenauer. Unserem Vaterland zugute. Der Briefwechsel 1948 –1963, bearbeitet von Hans Peter Mensing, Berlin 1989 (Rhöndorfer Ausgabe Bd. 6).
Gespr. A-H = Adenauer – Heuss. Unter vier Augen. Gespräche aus den Gründerjahren 1949–1959, bearbeitet von Hans-Peter Mensing, Berlin 1997 (Rhöndorfer Ausgabe Bd. 9).

II. Texte von Elly Heuss-Knapp (1881–1952)

Bürgerkunde und Volkswirtschaftslehre für Frauen. Leitfaden für Frauenschulen, Leipzig 1910.
Aus der Jugend eines deutschen Gelehrten: Georg Friedrich Knapp. Mit einem Vorwort von Elly Heuss-Knapp, Stuttgart 1927.
Ausblick vom Münsterturm. Erlebtes aus dem Elsass und dem Reich, Berlin 1934. Neuausgabe: Ausblick vom Münsterturm. Erinnerungen. Mit vier Kohlezeichnungen von Theodor Heuss, Stuttgart 2008.

Wege = Schmale Wege, Tübingen – Stuttgart 1946.

Friedrich Rückert. Gedichte. Eine Auswahl von Elly Heuss-Knapp, Stuttgart 1948.

Bürgerin = Elly Heuss-Knapp, Bürgerin zweier Welten. Ein Leben in Briefen und Aufzeichnungen, hrsg. v. Margarethe Vater, Tübingen 1961.

Elly Heuss-Knapp – Theodor Heuss, »So bist du mir Heimat geworden.« Eine Liebesgeschichte in Briefen aus dem Anfang des Jahrhunderts, hrsg. von Hermann Rudolph, Stuttgart 1986.

III. Schriften von und zu jüdischen Weggefährten

(in alphabetischer Ordnung)

Leo Baeck

(23. Mai 1873 Lissa/Polen – 2. November 1956 London)

Korrespondenz mit Theodor Heuss 1951–1955, in: Werke Bd. 6 (Briefe – Reden – Aufsätze), hrsg.v. Michael A. Meyer in Zusammenarbeit mit Bärbel Such, Gütersloh 2003, S. 683–694.

Theodor Heuss, Leo Baeck zum 80. Geburtstag [1953], in: An und über Juden. Aus Schriften und Reden (1906–1963), zusammengestellt und herausgegeben von Hans Lamm. Vorwort Karl Marx, Düsseldorf-Wien 2. Aufl. 1964, S. 141–143;

ders., Botschaft an die Leo-Baeck-Gedenkfeier des Zentralrats der Juden in Deutschland (16.12.1956), in: An und über Juden. Aus Schriften und Reden (1906–1963), zusammengestellt und herausgegeben von Hans Lamm. Vorwort Karl Marx, Düsseldorf-Wien 2. Aufl. 1964, S. 157–160. Auch in: Worte des Gedenkens für Leo Baeck, hrsg. v. Eva G. Reichmann, Heidelberg 1959, S. 218–220.

Begegnung, in: Begegnungen mit Theodor Heuss. [Festschrift zum 70. Geb.], hrsg.v. Hans Bott u. Hermann Leins, Tübingen 1954, S. 418–421.

Moritz Julius Bonn

(26. Juni 1873 Frankfurt/M. – 25. Januar 1965 London)

Crisis of European Democracy, New Haven, Conn. 1925. Dt.: Die Krisis der europäischen Demokratie, München 1925.

Das Schicksal des deutschen Kapitalismus, Berlin 1926.

Die Kultur der Vereinigten Staaten von Amerika, Berlin 1930.

Wandering Scholar, London 1949. Dt.: So macht man Geschichte. Bilanz eines Lebens, München 1953.

Begegnung, in: Begegnungen mit Theodor Heuss [Festschrift zum 70. Geb.], hrsg. v. Hans Bott u. Hermann Leins, Tübingen 1954, S. 25–28.

Fritz Elsas

(11. Juli 1890 Cannstatt – 4. Januar 1945 KZ Sachsenhausen)

[Theodor Heuss], Fritz Elsas, in: Das Gewissen steht auf. 64 Lebensbilder aus dem deutschen Widerstand 1933–1945, gesammelt v. Annedore Leber, hrsg. in Zusammenarbeit mit Willy Brandt u. Karl Dietrich Bracher, Frankfurt/M. 1956, S. 121f. Neuausgabe von Karl Dietrich Bracher in Verbindung mit der Forschungsgemeinschaft 20. Juli e.V., Mainz 1984, S. 96–98. Auch in: Th. Heuss, Profile. Nachzeichnungen aus der Geschichte, Tübingen 1964, S. 299–302.

Auf dem Stuttgarter Rathaus 1915–1922. Erinnerungen, hrsg. v. Manfred Schmid, Stuttgart 1990.

Jörg Thierfelder, Fritz Elsas, in: Zeugen des Widerstands, hrsg. v. Joachim Mehlhausen, Tübingen 1996, S. 91–110.

Manfred Schmid, Fritz Elsas. Ein Demokrat im Widerstand. Zeugnisse eines Liberalen in der Weimarer Republik, Gerlingen 1999. Darin: M. Schmid, Fritz Elsas – Eine biographische Skizze (S. 11–60) sowie »Autobiographische Fragmente« und »Tagebuch«-Auszüge (1933) von Fritz Elsas.

Erich Eyck

(7. Dezember 1878 Berlin – 23. Juni 1964 London)

Die Monarchie Wilhelms II. nach seinen Briefen, seinen Randbemerkungen und den Zeugnissen seiner Freunde, Berlin 1924.

Die Stellung der Rechtspflege zu Juden und Judentum, in: Deutsches Judentum und Rechtskrisis. Drei Vorträge, Berlin 1927, S. 31–66.

Gladstone, Zürich 1938.

Bismarck. Leben und Werk Bd. 1–3, Zürich 1941–1944.

Die Pitts und die Fox'. Väter und Söhne. Zwei Paar verschlungene Lebensläufe, Zürich 1946.

Politische Geschichte Englands: Von der Magna Charta bis zur Gegenwart, Bielefeld 1951.

Geschichte der Weimarer Republik, Bd. 1–2, Zürich 1954–1956.

Begegnung, in: Begegnungen mit Theodor Heuss [Festschrift zum 70. Geb.], hrsg.v. Hans Bott u. Hermann Leins, Tübingen 1954, S. 29–32.

Ludwig Frank

(23. Mai 1874 Nonnenweier/Baden – 3. September 1914 Westfront)

Aufsätze, Reden und Briefe. Ausgew. u. eingel. von Hedwig Wachenheim, Berlin 1924. Gekürzte Ausgabe: Ludwig Frank: Ein Vorbild der deutschen Arbeiterjugend. Aufsätze, Reden und Briefe. Ausgew. u. eingel. von Hedwig Wachenheim, Berlin 1924.

Theodor Heuss, Ludwig Frank (1914), in: Theodor Heuss: An und über Juden. Aus Schriften und Reden (1906–1963), zusammengestellt und herausgegeben von Hans Lamm. Vorwort Karl Marx, Düsseldorf-Wien 2. Aufl. 1964, S.43–45. Auch in: Th. Heuss, Profile. Nachzeichnungen aus der Geschichte, Tübingen 1964, S. 236–239.

Carlo Schmid, Tätiger Geist. Gestalten aus Geschichte und Politik, Hannover 1964, S. 141–168.
Alex Möller, In memoriam Ludwig Frank, in: Friedrich-Ebert-Stiftung (Hrsg.): Ludwig Frank – ein Mahner für den Frieden, Bonn 1984, S. 13–36.
Karl Otto Watzinger, Ludwig Frank. Ein deutscher Politiker jüdischer Herkunft. Mit einer Edition Ludwig Frank im Spiegel neuer Quellen. Bearb. von Michael Caroli, Jörg Schadt und Beate Zerfaß, Sigmaringen 1995.
Sylvia Neuschl-Marzahn, Ludwig Frank (1874–1914), in: Reinhold Weber u. Ines Mayer (Hrsg.), Politische Köpfe aus Südwestdeutschland, Stuttgart 2005, S. 54–63.

Victor Gollancz

(9. April 1893 London – 8. Februar 1967 London)

Begegnung, in: Begegnungen mit Theodor Heuss. [Festschrift zum 70. Geb.], hrsg.v. Hans Bott u. Hermann Leins, Tübingen 1954, S. 478–480.
Our Threatened Values, London 1946. Dt.: Unser bedrohtes Erbe, Zürich 1947.
In Darkest Germany, London 1947.
My Dear Timothy. An Autobiographical Letter to his Grandson, London 1952.
Aufbruch und Begegnung. Erinnerungen, Gütersloh 1954.
Auf dieser Erde. Erinnerungen, Gütersloh 1955.
Stimme aus dem Chaos. Eine Auswahl der Schriften von Victor Gollancz, hrsg. u. eingel. von Julius Braunthal, Frankfurt/M. 1960.
Ruth D. Edwards, Victor Gollancz. A Biography, London 1987.

Siegfried Gumbel

(22. September 1874 Heilbronn – 27. Januar 1942 KZ Dachau)

Theodor Heuss, Schreiben an die Israelitische Kultusvereinigung Stuttgart vom 7. März 1952, in: Theodor Heuss: An und über Juden. Aus Schriften und Reden (1906–1963), zusammengestellt und herausgegeben von Hans Lamm. Vorwort Karl Marx, Düsseldorf-Wien 2. Aufl. 1964, S. 128.

Hans Franke, Geschichte und Schicksal der Juden in Heilbronn, Heilbronn 1963.

Martin Uwe Schmidt, Siegfried Gumbel: Humanität gegen Barbarei, in: Heilbronner Köpfe Bd. 4, Heilbronn 2007, S. 51–68.

Ludwig Haas

(16. April 1875 Freiburg/Br. – 2. August 1930 Karlsruhe)

Theodor Heuss, Dr. Ludwig Haas, seine Persönlichkeit, sein Wirken (1930), in: Theodor Heuss: An und über Juden. Aus Schriften und Reden (1906–1963), zusammengestellt und herausgegeben von Hans Lamm. Vorwort Karl Marx, Düsseldorf-Wien 2. Aufl. 1964, S. 65–68.

Judith Schrag-Haas, Erinnerungen an meinen Vater Ludwig Haas, Leo-Baeck-Institute, New York 1961.

Ludwig Luckemeyer, Ludwig Haas als Reichstagsabgeordneter der Fortschrittlichen Volkspartei (FVP) und der Deutschen Demokratischen Partei (DDP), in: Kritische Solidarität. Betrachtungen zum deutsch-jüdischen Selbstverständnis. Festschrift für Max Plaut, Bremen 1971, S. 119–174.

Heinz Schmitt (Hrsg.), Juden in Karlsruhe. Beiträge zu ihrer Geschichte bis zur nationalsozialistischen Machtergreifung (unter Mitwirkung von Ernst Otto Bräunche u. Manfred Koch), Karlsruhe 1988, bes. S. 431f.

Otto Hirsch

(9. Januar 1885 Stuttgart – 19. Juni 1941 KZ Mauthausen)

Gedenkfeier für Otto Hirsch. Shavej Zion 12. Mai 1960. Mit Ansprachen von Leopold Marx, Theodor Heuss u. Theodor Hirsch, in: Theodor Heuss, Staat und Volk im Werden. Reden in und über Israel, München 1960, S. 45–66.

Leopold Marx, Otto Hirsch – ein Lebensbild, New York 1963.

Paul Sauer, Für Recht und Menschenwürde. Lebensbild von Otto Hirsch, Gerlingen 1985;

ders., Otto Hirsch: Director of the Reichsvertretung, in: Year Book Leo Baeck Institute 1987, S. 341–368.

Ernst Jäckh

(22. Februar 1875 Urach – 17. August 1959 New York City)

Der aufsteigende Halbmond. Beiträge zur türkischen Renaissance, Berlin 1911.

Die deutsch-türkische Waffenbrüderschaft, Stuttgart 1915.

Die Türkei und Deutschland, Berlin 1916.

Politik als Wissenschaft. 10 Jahre Deutsche Hochschule für Politik, Berlin 1931.

Die Politik Deutschlands im Völkerbund (mit Wolfgang Schwarz), Genf 1932.

Der Goldene Pflug. Lebensernte eines Weltbürgers, Stuttgart 1954.

Weltsaat. Erlebtes und Erstrebtes, Stuttgart 1960.

Walter Mogk, Art. »Ernst Jäckh«, in: Neue Deutsche Biographie, Bd. 10, Berlin 1974, S. 264–267.

Eugen Katz

(1881 – 1937)

Theodor Heuss, Judentum und Landwirtschaft. Die Simonsche Stiftung in Hannover (1911), in: Theodor Heuss: An und über Juden. Aus Schriften und Reden (1906–1963), zusammengestellt und herausgegeben von Hans Lamm. Vorwort Karl Marx, Düsseldorf-Wien 2. Aufl. 1964, S. 31–40.

Karl Marx

(9. Mai 1897 Saarlouis – 15. Dezember 1966 Ebersteinburg)

Vorwort, in: Theodor Heuss: An und über Juden. Aus Schriften und Reden (1906–1963), zusammengestellt und herausgegeben von Hans Lamm. Vorwort Karl Marx, Düsseldorf-Wien 2. Aufl. 1964, S. 7–11.

Theodor Heuss, Vor einer schweren Aufgabe. Zum 60. Geburtstag von Karl Marx, in: Theodor Heuss: An und über Juden. Aus Schriften und Reden (1906–1963), zusammengestellt und herausgegeben von Hans Lamm. Vorwort Karl Marx, Düsseldorf-Wien 2. Aufl. 1964, S. 161–165.

Lilli Marx, Karl Marx zum Gedenken, Düsseldorf 1966.

Kurt Riezler

(12. Februar 1882 München – 6. September 1955 München)

Über Finanzen und Monopole im alten Griechenland, Berlin 1907.

Die Erforderlichkeit des Unmöglichen: Prolegomena zu einer Theorie der Politik und zu anderen Theorien, München 1913.

[unter Pseudonym J.J. Ruedorffer] Grundzüge der Weltpolitik in der Gegenwart, Stuttgart-Berlin 1914.

Gestalt und Gesetz. Entwurf einer Metaphysik der Freiheit, München 1924.

Traktat vom Schönen. Zur Ontologie der Kunst, Frankfurt/M. 1935.

Tagebücher, Aufsätze, Dokumente, hrsg. und eingel. v. Karl Dietrich Erdmann, Göttingen 1972. Neuausgabe mit einer Einleitung von Holger Afflerbach, Göttingen 2008 (mit Schriftenverzeichnis, S. 739–742).

Karl Dietrich Erdmann, Kurt Riezler – ein politisches Profil, in: Kurt Riezler, Tagebücher, Aufsätze, Dokumente, hrsg. u. eingel. v. Karl Dietrich Erdmann, Göttingen 1972. Neuausgabe mit einer Einleitung von Holger Afflerbach, Göttingen 2008, S. 19–159.

Gustav Stolper

(25. Juli 1888 Wien – 27. Dezember 1947 New York City)

Das mitteleuropäische Wirtschaftsproblem, Wien 1917.

Die wirtschaftlich-soziale Weltanschauung der Demokratie, Berlin 1929.

German Economy 1870–1940. Issues and Trends, New York 1940. Dt.: Deutsche Wirtschaft 1870–1940: Kaiserreich, Republik, Drittes Reich. Ubers. v. Toni Stolper, Stuttgart 1950.

This Age of Fable. The Political and Economic World we live in, New York 1943.

German Realities, New York 1948. Dt.: Die deutsche Wirklichkeit. Ein Beitrag zum künftigen Frieden Europas. Übers. v. Toni Stolper. Mit einem Nachwort von Theodor Heuss, Hamburg 1949.

Deutsche Wirtschaft seit 1870. Fortgef. von Karl Häuser und Knut Borchardt, Tübingen 1964.

Theodor Heuss, Nachwort zu G. Stolper »Die deutsche Wirklichkeit. Ein Beitrag zum künftigen Frieden Europas«, Hamburg 1949, S. 369–372. Gekürzte Fassung auch in: Theodor Heuss: An und über Juden. Aus Schriften und Reden (1906–1963), zusammengestellt und herausgegeben von Hans Lamm. Vorwort Karl Marx, Düsseldorf-Wien 2. Aufl. 1964, S. 104–108.

Theodor Heuss, Gustav Stolper, in: ders., Profile. Nachzeichnungen aus der Geschichte, Tübingen 1965, S. 316–320.

Toni Stolper

(18. Oktober 1890 Wien – 11. November 1988 Alexandria/Virgina)

Begegnung, in: Begegnungen mit Theodor Heuss. [Festschrift zum 70. Geb.], hrsg. v. Hans Bott u. Hermann Leins, Tübingen 1954, S. 444–449.

Theodor Heuss, Tagebuchbriefe 1955–1963. Eine Auswahl aus Briefen an Toni Stolper, hrsg. u. eingel. v. Eberhard Pikart, Tübingen-Stuttgart 1970.

Ein Leben in Brennpunkten unserer Zeit: Wien-Berlin-New York. Gustav Stolper 1888–1947, Tübingen 1960.

Abschied, in: Abschied von Theodor Heuss, Tübingen 1964, S. 81–87.

Gottfried R. Treviranus

(20. März 1891 Schieder-Schwalenberg – 7. Juni 1971 bei Florenz)

Das Ende von Weimar. Heinrich Brüning und seine Zeit, Düsseldorf-Wien 1968.

Für Deutschland im Exil, Düsseldorf-Wien 1973.

IV. Arbeiten zu Theodor Heuss und seiner Zeit

1. Zur Lebens-, Werk- und Wirkungsgeschichte

(in chronologischer Ordnung)

Hans Bott – Hermann Leins (Hrsg.), Begegnungen mit Theodor Heuss, Tübingen 1954.

Hildegard Hamm-Brücher – Hermann Rudolph, Theodor Heuss. Eine Bildbiographie, Stuttgart 1983.

Martin Vogt (Hrsg.), Theodor Heuss – Politiker und Publizist. Aufsätze und Reden. Mit einem einleitenden Essay von Ralf Dahrendorf, Tübingen 1984.

Horst Möller, Theodor Heuss. Staatsmann und Schriftsteller. Homme d'Etat et Homme des Lettres, Bonn 1990.

Hermann Rudolph, »Ein neues Stück deutscher Geschichte«. Theodor Heuss und die politische Kultur der Bundesrepublik, Stuttgart 2000.

Thomas Hertfelder – Christine Ketterle (Hrsg.), Theodor Heuss. Publizist – Politiker – Präsident. Begleitband zur ständigen Ausstellung im Theodor-Heuss-Haus. Mit einem Vorwort von Ralf Dahrendorf, Stuttgart 2003.

Günther Scholz, Theodor Heuss, in: Günther Scholz – Martin E. Süskind, Die Bundespräsidenten. Von Theodor Heuss bis Horst Köhler, München 2004, S. 93–157.

Ernst Wolfgang Becker, Theodor Heuss. Bürger im Zeitalter der Extreme, Stuttgart 2011.

Peter Merseburger, Theodor Heuss. Der Bürger als Präsident, München 2012.

2. Zum Thema NS-Zeit, Judentum, Israel

(in chronologischer Ordnung)

Max Naumann, Vom nationaldeutschen Juden, Berlin 1920;

ders., Der nationaldeutsche Jude in der deutschen Umwelt. Beiträge zur Klärung der deutschen Judenfrage. Erstes Sonderheft: Vom mosaischen und nicht mosaischen Juden, Berlin 1921.

Die Alte Synagoge zu Worms, hrsg.v. Ernst Roth unter Mitwirkung von Georg Illert u. Hans Lamm, Frankfurt/M. 1961.

Kriegsbriefe gefallener Deutscher Juden. Mit einer Zeichnung von Max Liebermann, hrsg.v. Reichsbund jüdischer Frontsoldaten, Berlin 1935. Neuausgabe mit einem Geleitwort von Franz Josef Strauß, Stuttgart 1961.

Walter Boehlich (Hrsg.), Der Berliner Antisemitismusstreit, Frankfurt/M. 1965.

Konrad Adenauer, Erinnerungen Bd. 2: 1953–1955, Stuttgart 1966.

Felix Elieser Shinnar, Bericht eines Beauftragten. Die deutsch-israelischen Beziehungen 1951–1966, Tübingen 1967.

Margret Boveri, Tage des Überlebens: Berlin 1945, München 1968.

Ernest Hamburger, Juden im öffentlichen Leben Deutschlands. Regierungsmitglieder, Beamte und Parlamentarier in der monarchischen Zeit 1848–1918, Tübingen 1968.

Karl Jaspers, Die Schuldfrage. Von der politischen Haftung Deutschlands (1946), München – Zürich 1974 (Piper TB 20698).

Lilli Zapf, Die Tübinger Juden. Eine Dokumentation, Tübingen 1974, 3. Aufl. 1981.

Konrad Adenauer, Reden 1917–1967. Eine Auswahl, hrsg. v. Hans-Peter Schwarz, Stuttgart 1975.

Franz Böhm, Das deutsch-israelische Abkommen 1952, in: Konrad Adenauer und seine Zeit. Politik und Persönlichkeit des ersten Bundeskanzlers. Bd. 1: Beiträge von Weg- und Zeitgenossen, hrsg. v. Dieter Blumenwitz u.a., Stuttgart 1976, S. 437–465.

Nahum Goldmann, Adenauer und das jüdische Volk, in: Konrad Adenauer und seine Zeit. Politik und Persönlichkeit des ersten Bundeskanzlers. Bd. 1: Beiträge von Weg- und Zeitgenossen, hrsg. v. Dieter Blumenwitz u.a., Stuttgart 1976, S. 427–436.

Klaus Scholder, Die Kirchen und das Dritte Reich, Bd. 1 (Vorgeschichte und Zeit der Illusionen 1918–1934), Frankfurt 1977, bes. S. 322–354 (»Die Judenfrage: März-April«).

Nahum Goldmann, Mein Leben als deutscher Jude, München-Wien 1980.

Hannah Arendt – Karl Jaspers, Briefwechsel 1926–1969, hrsg. v. Lotte Köhler u. Hans Saner, München – Zürich 1985.
Hannah Arendt, Zur Zeit. Politische Essays, Berlin 1986. Darin: »Besuch in Deutschland« (1950), S. 43–70.
Hans-Peter Schwarz, Adenauer. Der Aufstieg: 1876–1952, Stuttgart 1986, S. 897–906.
Das deutsche Judentum und der Liberalismus – German Jewry and Liberalism. Dokumentation eines internationalen Seminars der Friedrich-Naumann-Stiftung in Zusammenarbeit mit dem Leo Baeck Institute, London, St. Augustin 1986 (Schriften der Friedrich-Naumann-Stiftung: Liberale Texte).
Ralf Giordano, Die zweite Schuld oder Von der Last Deutscher zu sein, Hamburg 1987.
Dan Diner (Hrsg.), Zivilisationsbruch: Denken nach Auschwitz, Frankfurt/M. 1988.
Die Kirchen und das Judentum. Dokumente von 1945–1985, hrsg. v. Hans Hermann Henrix u. Rolf Rendtorff, Paderborn-München 1988.
Heinz Schmitt (Hrsg.), Juden in Karlsruhe. Beiträge zu ihrer Geschichte bis zur nationalsozialistischen Machtergreifung (unter Mitwirkung von Ernst Otto Bräunche u. Manfred Koch), Karlsruhe 1988, bes. S. 431f. (Darin: Bernhard Schmitt, Im Spannungsfeld von Assimilation, Antisemitismus und Zionismus 1890–1918, S. 121–154).
Willy Albrecht, Ein Wegbereiter: Jakob Altmaier und das Luxemburger Abkommen, in: Wiedergutmachung in der Bundesrepublik Deutschland, hrsg. v. Ludolf Herbst u. Constantin Goschler, München 1989, S. 205–213.
Hildegard Hamm-Brücher, »Gerechtigkeit erhöht ein Volk«. Zum Demokratieverständnis von Theodor Heuss, in: Protestanten in der Demokratie. Positionen und Profile im Nachkriegsdeutschland, hrsg.v. Wolfgang Huber, München 1990, S. 37–54.
Thomas Nipperdey, Deutsche Geschichte 1866–1918, Bd. 1–2, München 1990–1992.

Frank Stern, Im Anfang war Auschwitz: Antisemitismus und Philosemitismus im deutschen Nachkrieg, Gerlingen 1991.
Constantin Goschler, Wiedergutmachung. Westdeutschland und die Verfolgten des Nationalsozialismus (1945–1954), München 1992.
Hans-Peter Schwarz, Dannie N. Heineman und Konrad Adenauer im Dialog (1907–1962), in: Staat und Parteien. Festschrift für Rudolf Morsey zum 65. Geb., hrsg. v. Karl Dietrich Bracher u.a., Berlin 1992, S. 803–825.
Martin Buber, Ein Land und zwei Völker.Zur jüdisch-arabischen Frage, hrsg. u. eingel. von Paul R. Mendes-Flohr, Frankfurt/M. 1993.
Josef Foschepoth, Im Schatten der Vergangenheit. Die Anfänge der Gesellschaften für Christlich-Jüdische Zusammenarbeit, Göttingen 1993.
Albrecht Goes, Erinnerungen an Theodor Heuss (1984), in: ders., Vierfalt. Wagnis und Erfahrung, Frankfurt/M. 1993, S. 128–136.
Wolfgang Gerlach, Als die Zeugen schwiegen. Bekennende Kirche und die Juden. Mit einem Vorwort von Eberhard Bethge, 2. bearb. u. erg. Aufl. Berlin 1993.
Günther und Leslie Petzold, Shavei Zion. Blüte in Israel aus schwäbischer Wurzel. Ein Bericht in Wort und Bild, Gerlingen 3. Auflage 1993.
Horst R. Sassin, Liberale im Widerstand. Die Robinsohn-Strassmann-Gruppe 1934–1942, Hamburg 1993.
Susanne Bauer-Hack, Die jüdische Wochenzeitung »Aufbau« und die Wiedergutmachung, Düsseldorf 1994. Zu Heuss S. 141–144.
Jürgen C. Hess, »Die deutsche Lage ist ungeheuer ernst geworden.« Theodor Heuss vor den Herausforderungen des Jahres 1933, in: Jahrbuch zur Liberalismus-Forschung 6 (1994), S. 65–136.
Yeshayahu A. Jelinek (Hrsg.), Zwischen Moral und Realpolitik. Deutsch-israelische Beziehungen 1945–1965. Eine Dokumentensammlung, Gerlingen 1997.
Theodor W. Adorno, Worte zum Gedenken an Theodor Heuss (1964), in: ders., Gesammelte Schriften, hrsg. v. Rolf Tiedemann, Bd. 20.2 (Vermischte Schriften II), Darmstadt 1998, S. 708–712.

Ursula Büttner, »Wohl dem, der auf die Seite der Leidenden gehört«. Der Untergang des Dichters Jochen Klepper mit seinen jüdisch-christlichen Angehörigen, in: Die verlassenen Kinder der Kirche. Der Umgang mit Christen jüdischer Herkunft im »Dritten Reich«, hrsg. v. Ursula Büttner u. Martin Greschat, Göttingen 1998, S. 123–149;

dies., Von der Kirche verlassen: Die deutschen Protestanten und die Verfolgung der Juden und Christen jüdischer Herkunft im »Dritten Reich«, in: Die verlassenen Kinder der Kirche. Der Umgang mit Christen jüdischer Herkunft im »Dritten Reich«, hrsg. v. Ursula Büttner u. Martin Greschat, Göttingen 1998, S. 15–69.

Hartmut Fritz, Otto Dibelius. Ein Kirchenmann in der Zeit zwischen Monarchie und Diktatur. Mit einer Bibliographie der Veröffentlichungen von Otto Dibelius, Göttingen 1998.

Saul Friedländer, Nazi-Germany and the Jews, Bd. 1: The Years of Persecution: 1933–1939, New York 1997. Dt.: Das Dritte Reich und die Juden. Bd. 1: Die Jahre der Verfolgung 1933–1939. Aus dem Englischen von Martin Pfeiffer, München 1998;

ders., Nazi-Germany and the Jews, Bd. 2: The Years of Extermination: 1939–1945, New York 2006. Dt.: Das Dritte Reich und die Juden. Bd. 2: Die Jahre der Vernichtung 1939–1945. Aus dem Englischen von Martin Pfeiffer, München 2006.

Reiner Burger, Theodor Heuss als Journalist. Beobachter und Interpret von vier Epochen deutscher Geschichte, Münster 1999.

Hannah Arendt, In der Gegenwart. Übungen im politischen Denken, Bd. 2, München- Zürich 2000. Darin: »Organisierte Schuld« (1946), S. 26–37. Auch in: H. Arendt, Die verborgene Tradition. Essays, Frankfurt/M. 1976, S. 35–49.

Wolfgang E. Heinrichs, Das Judenbild im Protestantismus des Deutschen Kaiserreichs. Ein Beitrag zur Mentalitätsgeschichte des deutschen Bürgertums in der Krise der Moderne, Köln 2000.

Ulrich Sieg, Jüdische Intellektuelle und die Krise der bürgerlichen Welt im Ersten Weltkrieg, Stuttgart 2000 (Stiftung Bundespräsident-Theodor-Heuss-Haus, Kleine Reihe Bd. 7).

Ulrich Baumgärtner, Reden nach Hitler: Theodor Heuss – die Auseinandersetzung mit dem Nationalsozialismus, Stuttgart 2001.

Ernst Wolfgang Becker, Ermächtigung zum politischen Irrtum. Die Zustimmung zum Ermächtigungsgesetz von 1933 und die Erinnerungspolitik im ersten württembergisch-badischen Untersuchungsausschuss der Nachkriegszeit, Stuttgart 2001.

Hildegard Hamm-Brücher, Theodor Heuss: Was hat er uns heute noch – und heute wieder zu sagen?, in: dies., Erinnern für die Zukunft. Ein zeitgeschichtliches Nachlesebuch 1991–2001, München 2001, S. 157–167.

Andreas Tassilo Klotz, Juden und Judentum bei Hannah Arendt unter besonderer Berücksichtigung des Briefwechsels mit Karl Jaspers, Frankfurt/M. 2001.

Leo Baeck, Maimonides – der Mann, sein Werk und seine Wirkung (1954), in: Leo Baeck Werke Bd. 5, hrsg. v. Albert H. Friedländer u. Bertold Klappert, Gütersloh 2002, S. 139–157.

Niels Hansen, Aus dem Schatten der Katastrophe. Die deutsch-israelischen Beziehungen in der Ära Konrad Adenauer und David Ben-Gurion, Düsseldorf 2002.

Jürgen C. Hess, »Die Nazis haben gewusst, dass wir ihre Feinde gewesen und geblieben sind.« Theodor Heuss und der Widerstand gegen den Nationalsozialismus, in: Jahrbuch der Liberalismus-Forschung 14 (2002), S. 143–195.

Ernst Wolfgang Becker (Hrsg. und Bearb.), Politischer Irrtum im Zeugenstand: die Protokolle des Untersuchungsausschusses des Württemberg-Badischen Landtags aus dem Jahr 1947 zur Zustimmung zum »Ermächtigungsgesetz« vom 23. März 1933, Stuttgart-München 2003.

Ralf Dahrendorf, Vorwort, in: Theodor Heuss. Publizist – Politiker – Präsident. Begleitband zur ständigen Ausstellung im Theodor-Heuss-Haus, hrsg. v. Thomas Hertfelder – Christine Ketterle, Stuttgart 2003, S. 4–6.

Dan Diner, Den Zivilisationsbruch erinnern. Über Entstehung und Geltung eines Begriffs, in: Zivilisationsbruch und Gedächtniskultur: das 20. Jahrhundert in der Erinnerung des beginnenden 21. Jahrhunderts, hrsg. v. Heidemarie Uhl, Innsbruck-Wien, München-Bozen 2003, S. 17–34.

Hanns Jürgen Küsters (Hrsg.), Adenauer, Israel und das Judentum, Bonn 2004.

Wolf Gruner, Widerstand in der Rosenstraße: die Fabrik-Aktion und die Verfolgung der »Mischehen« 1943, Frankfurt/M. 2005.

Jay Howard Geller, Jews in Post-Holocaust Germany: 1945–1953, Cambridge 2005;

ders., Theodor Heuss and German-Jewish Reconciliation after 1945, in: German Politics and Society 24 (2006) Nr. 2, S. 1–22.

Walter Homolka, Leo Baeck. Jüdisches Denken – Perspektiven für heute, Freiburg/Br. 2006;

ders. und Elias H. Füllenbach, Leo Baeck. Eine Skizze seines Lebens, Gütersloh 2006.

Guido Müller, Moral und Politik. Das Beispiel der Biographie von Theodor Heuss, in: Geschichte der Politik: alte und neue Wege, hrsg. v. Hans-Christof Kraus – Thomas Nicklas, München 2007, S. 333–350.

Jacob Rosenthal, Die Ehre des jüdischen Soldaten. Die Judenzählung im Ersten Weltkrieg und ihre Folgen, Frankfurt/ M. – New York 2007.

Gilbert Merlio, Hannah Arendt im Zwiegespräch mit Karl Jaspers. Über das »deutsche Problem« und die »deutsche Schuld«, in: Geschichtswissenschaft und Zeiterkenntnis. Von der Aufklärung bis zur Gegenwart. Festschrift zum 65. Geb. v. Horst Möller, hrsg. v. Klaus Hildebrand u.a., München 2008, S. 699–706.

Helmut Zwanger, Albrecht Goes. Freund Martin Bubers und des Judentums. Eine Hommage, Tübingen 2008.

Walter Homolka, Jüdisches Leben in Deutschland: Aufbrüche zu religiöser Vielfalt und staatlicher Gleichbehandlung, in: Religion im öffentlichen Raum. Religion – Staat – Gesellschaft, Bd. 1, hrsg. v. Karlies Abmeier u.a., Paderborn 2013, S. 127–139.

V. Eigene Arbeiten zum Interreligiösen Dialog

Streit um Abraham. Was Juden, Christen und Muslime trennt – und was sie eint, Düsseldorf 1994, Neuausgabe Düsseldorf 2001.

Vom Streit zum Wettstreit der Religionen. Lessing und die Herausforderung des Islam, Düsseldorf 1998.

Gottes grausamer Spass? Heinrich Heines Leben mit der Katastrophe, Düsseldorf 2002. Gekürzte Neuausgabe: Der Kampf mit Gott. Heinrich Heine, Düsseldorf 2099.

Juden-Christen-Muslime: Herkunft und Zukunft, Düsseldorf 2007.

Josef in Ägypten. Nach der Einheitsübersetzung der Bibel und der Neuübersetzung des Koran von Hartmut Bobzin. Text und Vergleich, München 2008.

Die Ringparabel und das Projekt Weltethos, hrsg. v. Hans Küng, Karl-Josef Kuschel u. Alois Riklin, Göttingen 2010.

Rilke und der Buddha. Die Geschichte eines einzigartigen Dialogs, Gütersloh 2010.

Edition und Kommentierung von Martin Bubers »Schriften zum Christentum«. Martin Buber Werkausgabe Bd. 9, Gütersloh 2011.

Im Ringen um den wahren Ring. Lessings »Nathan der Weise« – eine Herausforderung der Religionen, Stuttgart-Ostfildern 2011.

Leben ist Brückenschlagen. Vordenker des interreligiösen Dialogs, Stuttgart-Ostfildern 2011.

Festmahl am Himmelstisch. Wie Mahlfeiern Juden, Christen und Muslime verbindet, Stuttgart-Ostfildern 2013.

Namenverzeichnis

Ein Wort des Dankes

Sehr unterschiedlichen Menschen bin ich zu Dank verpflichtet. Sie gaben mir Anstoß, dieses Buch zu schreiben oder gaben mir durch ihre Begleitung Ermutigung, es abzuschließen. Dankbar bin ich Peter Merseburger. Seine 2012 veröffentlichte Heuss-Biographie geht an verschiedenen Stellen zum einen auf Heuss' Beziehung zu jüdischen Zeitgenossen und Weggefährten vor und nach dem 2. Weltkrieg ein, zum anderen auf Heuss' selbstkritische Auseinandersetzung mit den deutschen Verbrechen am jüdischen Volk und seinem Versuch, neue Wege der Verständigung zu bahnen. Das gab mir den Anstoß, eigene Recherchen zum Thema »Heuss und das Judentum« zu unternehmen. Ich entdeckte ein Doppeltes: Erstens, dass dieses Thema in der Heuss-Literatur noch kaum bearbeitet worden und dass es zweitens von einer Breite und Tiefe ist, die ich so nicht erwartet hatte und mich in Erstaunen versetzte. Umso lohnenswerter schien mir die Aufgabe, der weithin vergessenen Stimme von Theodor Heuss im Diskurs über Schoah, Judentum und Israel aufs Neue Gehör zu verschaffen.

Dankbar bin ich meinen Weggefährten Walter Lange (Castrop-Rauxel), Dr. Helmut Zwanger (Tübingen) und Magdalena Ebertz für analytisch-genaue und zugleich ermutigende Lektüre des Manuskriptes. Frau Ebertz danke ich darüber hinaus für gründliche und präzise Korrekturen am Text und an den Druckfahnen, für deren sehr genaue Kontrolle ich auch Dr. Sabine Besenfelder vom Verlag Klöpfer und Meyer zu großem Dank verpflichtet bin.

Der Heuss-Stiftung danke ich für die Möglichkeit der Recherche vor Ort in Stuttgart. Das gilt namentlich für Dr. Ernst Wolfgang Becker, den Wissenschaftlichen Leiter der Edition »Theodor Heuss. Stuttgarter Ausgabe«, der mir in einem frühen Stadium meiner Recherche einige Literaturhinweise gab, mir aus den beiden noch unveröffentlichten Briefbänden (1954–1959 u. 1959–1963) einige für mein Thema relevante Dokumente zur Verfügung stellte und ansonsten für Sachfragen immer ein offenes Ohr hatte.

Und mein Dank gilt nicht zuletzt Herrn Ulrich Theurer (Schorndorf) für einige Informationen zur Familiengeschichte von Reinhold Maier sowie Herrn Heinz Högerle (Horb/Neckar), dem Vorsitzenden des Gedenkstättenverbundes Gäu-Neckar-Alb und Mitglied im Vorstand des Träger- und Fördervereins Ehemalige Synagoge Rexingen. Er hat 2013 in Horb eine vorzüglich dokumentierte Ausstellung über Rexingen/Shavej Zion betreut, mir eine Führung durch diese Ausstellung ermöglicht und mir einen kleinen, noch unpublizierten Briefwechsel zwischen Heuss und Leopold Marx zur Verfügung gestellt. Ihm verdanke ich auch die dokumentarischen Fotos von Heuss' Aufenthalt in Shavej Zion, die diesem Buch beigegeben sind.

Stuttgarter Lehrhaus
STIFTUNG FÜR INTERRELIGIÖSEN DIALOG

Autor und Verlag bedanken sich herzlich für die Förderung durch das Stuttgarter Lehrhaus, Stiftung für interreligiösen Dialog.

ISBN 978-3-86351-068-8

Lektorat: Sabine Besenfelder, Tübingen.
Umschlaggestaltung: Christiane Hemmerich
Konzeption und Gestaltung, Tübingen.
Herstellung: Horst Schmid, Mössingen.
Satz: CompArt, Mössingen.
Druck und Einband: Pustet, Regensburg.

Mehr über das Verlagsprogramm von Klöpfer & Meyer
finden Sie unter *www.kloepfer-meyer.de*

Stuttgarter Lehrhaus

STIFTUNG FÜR INTERRELIGIÖSEN DIALOG

Das Stuttgarter Lehrhaus, Stiftung für interreligiösen Dialog will – ganz im Sinne von Theodor Heuss – den jüdisch-christlichen Dialog fördern und vom Dialog zum Trialog von Juden, Christen und Muslimen weiter entwickeln.

Dies bedeutet für das Stuttgarter Lehrhaus:

◊ die eigene und jeweils andere Religion, deren Ethik und Kultur kennenlernen,
◊ Gemeinsamkeiten erkennen und Unterschiede respektieren,
◊ damit zu einem friedvollen Leben beitragen.

Das Stuttgarter Lehrhaus, Stiftung für interreligiösen Dialog, fördert diesen Trialog zwischen den monotheistischen Religionen auf der Grundlage von Toleranz, Verstehen, Verständnis und Gleichberechtigung alleine und im Netzwerk ihrer Partnerorganisationen:

◊ Gesellschaft für Christlich-Jüdische Zusammenarbeit Stuttgart,
◊ forum jüdische bildung und kultur Stuttgart,
◊ AG Wege zur Zusammenarbeit mit dem Judentum der Evang. Landeskirche Württemberg,
◊ Haus Abraham Stuttgart,
◊ Christlich-Islamische Gesellschaft Stuttgart.

Die Gründungsstifter des Stuttgarter Lehrhauses Lisbeth Blickle, Karl-Hermann Blickle und Meinhard Tenné freuen sich, das Erscheinen dieses Buches von Prof. K.J. Kuschel über die Beziehungen von Theodor Heuss zum Judentum fördern zu dürfen.

Weitere Informationen zum Stuttgarter Lehrhaus finden sie unter *www.stuttgarter-lehrhaus.de*